玉韫·九州

中国早期文明间的碰撞与聚合

Chinese Archaic Jades

Cultural Collision and Integration in Prehistoric China

庞雅妮 主编
陕西历史博物馆 编

陕西师範大學出版总社

“玉韫·九州——中国早期文明间的碰撞与聚合”展

展览主办：
国家文物局　陕西省人民政府

展览协办：
陕西省文物局
山西省文物局
内蒙古自治区文物局
辽宁省文化和旅游厅
黑龙江省文化和旅游厅
江苏省文化和旅游厅（省文物局）
浙江省文物局
安徽省文化和旅游厅
山东省文化和旅游厅
湖北省文化和旅游厅
湖南省文物局
甘肃省文物局
青海省文化和旅游厅
宁夏回族自治区文化和旅游厅
西安市文物局
铜川市文化和旅游局（市文物局）
宝鸡市文物局
咸阳市文化和旅游局
渭南市文化和旅游局（市文物局）
延安革命纪念地管理局
汉中市文化和旅游局
商洛市文化和旅游局

展览承办：
陕西历史博物馆

展览总负责：侯宁彬
展览统筹：庞雅妮
学术顾问：王炜林　徐天进
展览策划：庞雅妮　任雪莉　胡中亚　张　倩　王　棣
展览执行：姜　涛　任雪莉　马晋川
展品调集：姜　涛　任雪莉　张　正　王　妮　吴海云　张　建　翟晓兰
张　梅　周光顺　姜　鹏　王建玲　方　琳　陈闽非　吕梦琪
杨梦颖　耿　亮　王　涛　郭　徽　潘　婷　贺达炘　罗天艺
岳敏静　魏秋萍　杨　亮　董　洁　张旭东
展览设计协调：马晋川
展览设计：陕西大秦博展装饰有限公司

展览图录编辑委员会

主　　任：侯宁彬

副 主 任：庞雅妮　魏成广　朱　铭　步　雁

委　　员：程　俊　许　晨　杨成成　陈增斌　马军辉　杨效俊　贺达炘
　　　　　路智勇　姜　涛　卢　轩　王　洪　张　静　赵　慧　王攀东

主　　编：庞雅妮

副 主 编：胡中亚

撰　　稿：（以姓氏笔画排序）
　　　　　马　佳　王　棣　邓　聪　邓淑苹　任雪莉　刘　斌　刘国祥
　　　　　刘佳林　孙周勇　张　倩　庞雅妮　胡中亚　高江涛　高青山

摄　　影：龙剑辉

绘　　图：胡玉佳

英文翻译：杨红英

展览支持单位：

中国社会科学院考古研究所
山西博物院
山西省考古研究院（山西考古博物馆）
临汾市博物馆
内蒙古自治区文物考古研究院
巴林右旗博物馆
赤峰博物院
辽宁省博物馆
辽宁省文物考古研究院（辽宁省文物保护中心）
辽宁省公共文化服务中心
黑龙江省文物考古研究所
常州博物馆
江阴市博物馆
浙江省文物考古研究所
良渚博物院（良渚研究院）
杭州市临平博物馆（中国江南水乡文化博物馆）
杭州市萧山跨湖桥遗址博物馆
安徽省文物考古研究所
山东大学博物馆
海阳市博物馆
河南省文物考古研究院
湖北省博物馆
荆州博物馆
湖南省文物考古研究院
陕西省考古研究院（陕西考古博物馆）
西安博物院
西安半坡博物馆
西北大学博物馆
西安市长安博物馆
铜川市耀州区博物馆
宝鸡市陈仓区博物馆
宝鸡市凤翔区博物馆
岐山县周原博物馆
扶风县博物馆
咸阳博物院
武功县文物旅游服务中心
长武县博物馆
韩城市梁带村芮国遗址博物馆
延安市文物研究院
甘泉县文物保护中心（甘泉县博物馆）
城固县博物馆
商洛市博物馆
甘肃省博物馆
甘肃省文物考古研究所
会宁县博物馆
青海省博物馆
青海省文物考古研究所
宁夏回族自治区固原博物馆
彭阳县博物馆

FOREWORD

On the Planning of the Exhibition "Chinese Archaic Jades: Cultural Collision and Integration in Prehistoric China" :

Constructing the Exhibition Significance Based on Themed Narratives

by Pang Yani

宏大叙事主题下的展览意义建构：

"玉韫·九州——中国早期文明间的碰撞与聚合"展的内容策划（代序）

庞雅妮　陕西历史博物馆

为展示和活化中华文明探源工程重大考古研究成果，陕西历史博物馆（简称陕历博）于2017年开始筹划"早期中国"系列展览，试图以彩陶、玉器、冶金三重视角，依次解读中华文明起源与早期发展的伟大进程。该项目2018年年初正式启动后，于2020年1月至7月向社会推出了第一部"彩陶·中华——中国五千年前的融合与统一"展览（简称"彩陶·中华"展）。该展览及与之相关的配套子项目均得到了业界和广大观众的一致好评，且获得了不同类别的奖项[1]。其后，核心策展团队再度出发，于2022年9月完成了第二部"玉韫·九州——中国早期文明间的碰撞与聚合"展览（简称"玉韫·九州"展）的内容策划。此展览于2023年1月在陕历博开幕，接受社会各界的审视和检阅。

一、展览策划缘起

毫无疑问，中华文明起源问题是中国现代考古学诞生一百年来最重要的研究主题。1921年，安特生在河南仰韶村发现仰韶文化，标志着中国现代考古学的诞生。虽然当时安特生也认为仰韶文化是"中华远古之文化"，但他却提出仰韶文化即中国文化西来的假说。随着现代考古学在中国大地上的生根、发芽和成长，关于中华文明起源及中华文化起源的学说，经历了从最初的中国文化西来说，到二十世纪三四十年代的东西二元对立说，五十年代的一元说及中原中心论，再到八十年代中期中国文化起源的多元论几个发展演变过程。[2]

虽然到二十世纪八九十年代时，随着全国各地新石器时代考古的一系列重大发现，特别是夏鼐、苏秉琦、张光直、严文明、张忠培等多位学者有关中华文明的重要理论和认识的提出，

1　"彩陶·中华"展入选国家文物局2020年度"弘扬中华优秀传统文化、培育社会主义核心价值观"主题展览重点推介项目，获得第十八届（2020年度）全国博物馆十大陈列展览精品优胜奖、首届陕西省博物馆优秀展览第一名；配套同名学术图录荣获2020年度全国文化遗产十佳图书，配套科普读物《泥火幻彩：听小姐姐讲彩陶》荣获2022年陕西省优秀科普作品奖，配套文创产品《2020陕博日历·彩陶中华》荣获2021年度陕西省优秀外宣品出版印刷类一等奖。

2　陈星灿：《考古学家眼中的中华文明起源》，文物出版社，2021，前言。

中华文明起源研究已达到了前所未有的高潮，但是，有关文明形成的标志、各区域文明间的关系，以及中华文明形成和发展的背景、机制、道路、模式和特点等深层次问题，依然没有解决。进入21世纪后，为了解决上述这些深层次问题，同时在世界文明研究领域赢得话语权，在多位学者建议下，2001年，由国家支持、多学科结合的综合性研究项目“中华文明起源与早期发展综合研究”（简称中华文明探源工程）启动并正式立项。20余年来，经过20多个学科400余位专家的共同努力，中华文明探源工程取得了丰硕的成果。这些成果不仅具有重大的学术意义，而且对我国民众以及全世界中华儿女了解中华文明的悠久历史、增强民族自信和文化自信、促进中华民族伟大复兴具有深远意义。

对于中华文明起源研究的关注，一直以来都是陕历博的学术重点之一。陕西以其特殊的地理历史地位，成为人类重要的诞生地，中华文明的摇篮，周、秦、汉、唐等14个王朝的建都之地，以及丝绸之路的起点。陕历博作为集中收藏和展示陕西历史文化的综合性博物馆，其藏品自然也呈现出同中华文明起源与早期发展的密切相关性。体现陕历博藏品特色的基本陈列“陕西古代文明”包括七个部分，第一部分即为“文明摇篮”。因此，陕历博不管是出于对自身藏品的研究，还是出于对基本陈列内容的更新和拓展，都不能不关注同中华文明起源与早期发展密切相关的中华文明探源工程的进展和所取得的丰硕成果。

陕历博相关研究人员注意并认识到，尽管学术圈内关于中华文明起源与早期发展的讨论已经非常热烈了，但公众却对之知之甚少。对于中华文明起源研究这一具有重大学术意义和社会意义的课题，陕历博有责任将学术界的研究成果转化为社会大众的认知。作为公众文化传播机构，博物馆的展示传播无疑是一条活化考古研究成果的重要途径。

梳理10余年来各大博物馆已经推出的涉及中华文明起源与早期发展的历史文化类展览，大致可分为综合、精品文物和以具体考古遗址为切入点等三类。其中，综合类有“早期中国——中华文明起源展”“考古中华——中国社会科学院考古研究所成立60周年成果展”“美·好·中华——近二十年考古成果展”“鸿古余音：早期中国文明展”“根·魂——中华文明物语展”“何以中国”等；精品文物类有“玉出山河——南阳地区出土古玉精品展”“又见红山——精品文物展”“礼出红山——红山文化精品文物展”“玉魂——中国古代玉文化展”等；以具体考古遗址为切入点的展览有“权力与信仰——良渚遗址群考古特展”“良渚与古代中国：玉器显示的五千年文明”“玉出红山——红山文化考古成就展”“黄河文明的标识——陶寺·石峁的考古揭示”“玉·见——红山·良渚文化展”等。纵观上述展览，除“早期中国——中华文明起源展”外，并未见专门聚焦整个新石器时代晚期及末期，系统阐释中华文明起源与早期发展的综合性历史文化展。虽然“早期中国——中华文明起源展”是一个聚焦中华文明起源与早期发展的综合性历史文化展，但却是在2009年举办的，当时中华文明探源工程尚未取得后来如此丰硕的成果。因此，系统转化中华文明探源工程的考古研究成果，全面阐释中华文明起源与早期发展的伟大进程，显然是一个大有可为的选题。而且，从2001年至2016年，中华文明探源工程经历了预备性研究和四个阶段的正式研究，取得了大量成果，有关中华文明起源与早期发展的许多重大问题和关键点已经变得比较清晰[1]，这也为我们在2017年开始着手策

1　王巍：《勾勒五千年前的文明图景——“中华文明探源工程”成果巡览》，《中国社会科学报》2018年9月28日，第4版。

划这一宏大的展览选题奠定了坚实的学术基础。

2020 年 9 月，正当陕历博“早期中国”系列展览第一部“彩陶·中华”展圆满闭幕，第二部“玉韫·九州”展刚刚启动之时，中共中央政治局以我国考古最新发现及其意义为题举行了第二十三次集体学习会，习近平总书记在会议上指出：“要通过深入学习历史，加强考古成果和历史研究成果的传播，教育引导广大干部群众特别是青少年认识中华文明起源和发展的历史脉络，认识中华文明取得的灿烂成就，认识中华文明对人类文明的重大贡献，不断增强民族凝聚力、民族自豪感。”2022 年 5 月，在中共中央政治局就深化中华文明探源工程进行的第三十九次集体学习会上，习近平总书记又一次指出：“要营造传承中华文明的浓厚社会氛围，广泛宣传中华文明探源工程等研究成果，教育引导群众特别是青少年更好认识和认同中华文明，增强做中国人的志气、骨气、底气。”应该说，我们策划的“早期中国”系列展览三部曲确实适逢其时。其中，第二部“玉韫·九州”展的策划，更是伴随着学习贯彻习近平总书记的这两次讲话而不断向前推进的。

二、“早期中国”系列展三部曲框架构建

什么是“文明”，是探讨中华文明起源的首要问题。中华文明探源工程坚持恩格斯关于“国家是文明社会的概括”的观点，以国家形成作为文明社会的最重要标志和最本质特征，并基于良渚、陶寺、石峁等几处都邑性遗址的考古发现，同时参考世界其他古代文明的情况，归纳出判断是否进入文明社会的关键特征。这些关键特征有八条说[1]、四条说[2]，但最为核心的有三条：生产发展、人口增加，出现城市；社会分工和社会分化，出现阶级；权力不断强化，出现王权和国家。[3]

中华文明什么时候起源是探讨中华文明起源的核心问题。在中华文明起源研究的过程中，“早期中国”这个概念被提了出来。学者们普遍认为，“夏商周王国时代的中国形成应当有一个史前基础”[4]，可将之称为“早期中国”[5]“最初的中国”[6]或“最早中国”[7]。虽然这几个提法不很一致，但指的都是社会从基本平等到社会分化、阶级出现、国家建立所经历的一个转型阶段。关于“早期中国”这个转型阶段的时间框架，或者说中华文明起源的节点问题，虽然学界的认识不尽一致，但比较多的学者都认为仰韶文化庙底沟时期是“早期中国”初具

1 王巍等：《百年考古与中华文明之源——访中国历史研究院考古研究所王巍研究员》，《历史研究》2021 年第 6 期。

2 赵辉：《中华文明起源与早期发展的总体进程（构建中国特色哲学社会科学）》，《人民日报》2022 年 8 月 8 日，第 11 版。

3 王巍：《中华文明探源工程——揭示中华文明起源、形成、发展的历史脉络》，《人民日报》2022 年 7 月 4 日，第 9 版。

4 张致政等：《文化上“早期中国”的形成和发展学术研讨会纪要》，《南方文物》2011 年第 4 期。

5 韩建业：《论新石器时代中原文化的历史地位》，《江汉考古》2004 年第 1 期。

6 李新伟：《重建中国的史前基础》，载北京联合大学考古学研究中心编《早期中国研究》第 1 辑，文物出版社，2013，第 1—18 页。

7 韩建业：《最早中国：多元一体早期中国的形成》，《中原文物》2019 年第 5 期。

雏形的阶段[1]，所以，其年代上限可以定为庙底沟文化时期，年代下限可定为二里头文化时期之前。二里头文化是历史的一个重要节点，呈现出之前社会从未显露出的王朝气派，也正因为这个原因，可以将二里头文化之前的聚落形态或“国家”形态称为“古国时代”。[2]由此也可以看出，“早期中国”与“古国时代”在时间框架和研究内涵上是基本相同的。

中华文明起源与早期发展的进程，即“早期中国”或“古国时代”的文明化进程，是探讨中华文明起源的重点问题。学者们认为：距今6000年前，各地区相继开始出现比较明显的社会分化和显贵家族。其中，表现最为突出的即为距今6000—5500年的中原地区的庙底沟文化，它不仅实现了内部的融合，而且对周边文化产生了强烈影响。[3]距今5500—5000年，各区域文化的社会分化进一步加剧，形成了集军事权力与祭祀权力于一身的王者及地位显赫的家族，出现了早期国家，进入区域文明社会。在距今4300年前后，各区域文明相继发生衰变，而中原地区的文明兼收并蓄，一跃成为最兴盛的文明，开启了以中原地区为核心的历史格局，形成了早期中国。[4]对应“早期中国”文明化进程上述三个阶段，从“古国时代”演进的视角看：第一阶段可称为“古国时代初期”，主要表现为聚落群内部的整合；第二阶段可称为“古国时代早期”，呈现出聚落群之间整合的趋势；第三阶段可称为“古国时代晚期”，这一时期人群的流动明显增加，文化间、社会间的交流频度和深度也随之加强，战争暴力现象明显超过过往。[5]

古国时代初期庙底沟文化彩陶的传播、古国时代早期和晚期各区域文明普遍“以玉为贵”的习俗，以及古国时代晚期铸铜技术等一些全新生产力要素在改变和推进社会进程上产生的巨大作用，显示出彩陶、玉器、冶金在不同阶段各自起到了突出而重要的作用。因此，通过彩陶、玉器、冶金三个视角，可以审视当时农业与手工业的发展、贵重资源和高等级手工业制品的生产和分配、社会的阶层分化以及社会管理权力的运行等社会现象。此外，鬼神天地崇拜是史前先民精神世界的重要组成部分，祭祀活动构成先民最初的礼制世界[6]。作为丧葬祭祀礼仪用器的彩陶、玉器、青铜器本身，都是具有丰富内涵的文化载体，“古礼是看得见摸得着有载体的制度文化，其具体抓手主要有用彩制度、用玉制度和用鼎制度”[7]。

正是基于对“早期中国”文明化进程以及彩陶、玉器、冶金在这一进程中重要作用的认识，我们策划了“彩陶·中华”“玉韫·九州”“吉金·中国”系列展览三部曲。其中，“彩陶·中华”展聚焦古国时代初期的庙底沟文化，探讨这一时期以彩陶为媒介所成就的中国历史上的第一次大规模的文化融合；“玉韫·九州”展聚焦古国时代早期和晚期各区域文明间的互动及其兴衰，探讨这一时期玉器如何助推和强化神权、军权和王权的文明起源发展模式；

1 张致政等：《文化上“早期中国”的形成和发展学术研讨会纪要》，《南方文物》2011年第4期。陈星灿：《庙底沟时代：早期中国文明的第一缕曙光》，《中国文物报》2013年6月21日，第5版。韩建业：《略论文化上“早期中国”的起源、形成和发展》，《江汉考古》2015年第3期。

2 赵辉：《“古国时代”》，《华夏考古》2020年第6期。

3 韩建业：《庙底沟时代与“早期中国”》，《考古》2012年第3期。

4 王巍：《更好认识源远流长博大精深的中华文明》，《红旗文稿》2020年第23期。

5 赵辉：《“古国时代”》，《华夏考古》2020年第6期。

6 罗丰：《黄河中游新石器时期的玉器——以馆藏宁夏地区玉器为中心》，《故宫学术季刊》2001年第2期。

7 卜工：《为神绽放还是为礼歌唱——从仰韶时代的神采飞扬说开去》，《中国文物报》2020年8月7日，第7版。

“吉金·中国”展聚焦古国时代晚期，探讨以铸铜技术为代表的各种文化因素如何向中原汇聚，并进而催生出王国文明的伟大历程。我们希望通过这三个主题密切关联的展览，实现对中华文明探源工程研究成果的创新性转化，以及对中华文明起源与早期发展进程的系统阐释。

三、“玉韫·九州”展内容阐释

20世纪70年代以来，“为社会和社会发展”成了国际博物馆界新的战略方向和思想指南，并深刻影响了博物馆的实践，使其发生了从“以物为中心”到“以人为中心”的转变。而对于博物馆最重要的业务工作——展览策划的影响，则主要体现在对展品阐释的重视和加强上。通过对展品的阐释，将隐藏在物件背后的信息呈现出来，并将所有呈现出来的信息链接在逻辑清晰、有意义的网络之中，从而为公众提供一个完整而系统的展览叙事。对于这样的展览，陆建松称之为“叙事型”[1]，严建强称之为“信息定位型”[2]，周婧景称之为“阐释性”[3]，吕理政称之为“主题取向型”[4]。但不管其名称如何，也不管先从物件出发还是先从概念出发，从展览策划的角度讲，其核心都是在揭示出展品丰富生动的物载信息的基础上，由明确的主题思想统领，以清晰的故事线和逻辑结构形成展览故事文本。

（一）提炼展览主题

考古发现，我国境内目前发现的最早玉器，见于距今9000年左右位于三江平原的小南山文化。之后，在辽阔的中华大地上，不同族群的人们都先后开始选取玉或美石制作工具、装饰品，乃至祭祀礼仪用品，从而使玉器成为体现中国史前时代生产力发展水平、原始信仰和观念形态最为重要的代表性遗存。特别是在新石器时代晚期及末期，玉器更成为社会开始复杂化之后涉及重要资源、高级工艺、社会权力的重要物证，是当时社会政治、经济、文化的直接体现。而且，玉石材料的坚韧、玉器形制的精巧、玉器加工工艺的高端和复杂，以及玉器所承载的思想观念的神秘和丰富，都使得玉器成为最为合适的远距离传播、交流、融汇的物质和精神的载体。所以，玉器在纵向时间轴上能成为区域文化发展的标志，在横向空间上能成为不同区域文化交流、融汇的代表[5]。

基于上述认识，我们提炼出“玉韫·九州”展的主题，那就是以古国时代早期和晚期玉器在各区域文化中的兴衰及其互动，探讨这一时期玉器在不同区域助推和强化神权、军权和王权的文明起源发展模式，呈现以玉为代表的各种文化元素在不断向中原汇聚的过程中，经由“藏礼于器”“以器载道”，使得其所承载的思想观念不仅有力地推动了各区域文明的一

1 陆建松：《博物馆展示需要更新和突破的几个理念》，《东南文化》2014年第3期。

2 严建强：《新的角色 新的使命——论信息定位型展览中的实物展品》，《中国博物馆》2011年第Z1期。

3 周婧景：《“阐释性展览”：试论当代展览阐释的若干问题》，《东南文化》2019年第6期。

4 吕理政：《博物馆：展示的传统与展望》，台北南天书局，1999，第19—23页。

5 方向明：《再论中国史前玉器考古学研究》，载北京大学考古文博学院、北京大学中国考古学研究中心编《考古学研究（十三）》上册，科学出版社，2022，第118页。

体化进程，而且逐渐成为泽被后世、影响深远的中华礼制文明的重要组成部分。

展览标题是表达展览主题的最重要载体。我们通过主标题和副标题共同呈现展览主题的丰富内涵，同时在语言结构上保持与第一部"彩陶·中华"的一致性，以起到接续及呼应的效果。晋人陆机在《文赋》中说："石韫玉而山辉，水怀珠而川媚。"意思就是山因为蕴藏美玉而光耀生辉，水因为蕴藏美玉而润泽妩媚。"九州"最早出现在先秦时期的典籍《尚书·禹贡》中，相传古代大禹治水时，把"天下"分为"九州"。也有黄帝始创"九州"之说。不管"九州"概念到底起源于何时，但自战国以来，"九州"已经成为古代中国的代称，而且"九州"的概念也与古国时代"万邦林立"的社会形态相吻合。正是基于以上考虑，我们以"玉韫·九州"作为展览的主标题。这个主标题在表层意义上是指九州处处蕴藏美玉，使得中华大地山辉水润；在深层意义上则是指华夏民族爱玉崇玉，助推中华文明玉汝于成。关于展览副标题"中国早期文明间的碰撞与聚合"：因为展览内容聚焦古国时代的早期和晚期，这一时段正是中国早期文明发生、发展的关键期，因此定义为"中国早期文明"；又因为展览目的重在展示不同区域玉文化的自身传承、互动交流，以及最终的汇聚融合，所以用"碰撞与聚合"来体现中华文明早期发展所呈现的多元一体化特点。

（二）梳理展览叙事重点

展现史前玉器在不同文化区的发生、发展及互动交流是展览叙事的第一大重点。我们通过在每个区域中按时间轴梳理玉器及玉文化从早到晚的发展变化，分析以玉器为代表的各区域文化之间的互动，从而构建起关于中国史前玉文化的总体概貌。所以，首先要进行文化分区。关于新石器时代的考古学文化，苏秉琦、殷玮璋先生将之分为六个区系类型，即陕豫晋邻境地区、山东及邻省一部分地区、湖北和邻近地区、长江下游地区、以鄱阳湖—珠江三角洲为中轴的南方地区、以长城地带为重心的北方地区[1]；张光直先生在1986年新版的《古代中国考古学》中，提出相互作用圈理论，并将从距今6000年时还没有迈过国家门槛的中国相互作用圈，分为内蒙古长城地带、中原地区、黄河下游、长江中游、太湖长江三角洲、台湾北部地区等多个文化圈；严文明先生把中国的新石器文化分为中原文化区、山东文化区、燕辽文化区、甘青文化区、江浙文化区、长江中游区等六个地区[2]；牟永抗先生把全国史前玉器分为六个地区：以辽河为中心的东北地区、长江下游地区、黄河下游的海岱地区、长江中游地区、西北地区、台湾和华南地区[3]。

上述几位先生的文化分区虽然不完全相同，但却大同小异。根据上述不同的文化分区，我们重点展示的六大区域是：以西辽河为中心的东北地区、以长江下游为中心的东南地区、长江中游的江汉地区、黄河下游的海岱地区、甘青地区、陕西地区。其中，前五个区域的划分综合了诸位先生的文化分区和近几年关于新石器时代考古和玉文化研究的新进展。将陕西地区作为一个独立的区域，体现了我们作为陕西博物馆人的策展视角，而其立足点则在于陕西地区发现了新石器时代较为丰富的玉器文化遗存。这些玉器文化遗存从时间上涵盖了仰韶

1　苏秉琦、殷玮璋：《关于考古学文化的区系类型问题》，《文物》1981年第5期。

2　严文明：《中国史前文化的统一性与多样性》，《文物》1987年第3期。

3　牟永抗：《中国史前古玉概论》，载牟永抗《牟永抗考古学文集》，科学出版社，2009。

文化、客省庄二期文化及石峁文化不同的历史时段，从空间上覆盖了关中、陕南、陕北三个不同的文化区域。陕北属于北方文化圈，关中属于中原文化圈，这样独立出来不仅能弥补前五个区域没有涉及的“以长城地带为重心的北方地区”，也能以陕西关中地区为代表，特别是通过关中地区太平遗址的最新考古发现，一窥中原地区史前玉文化发展的概貌。

分析史前玉器在不同阶段不同区域对文明起源发展模式的影响是展览叙事的第二大重点。如前文所述，在距今5500—4300年的古国时代早期，各区域文化的社会分化进一步加剧，出现了早期国家，进入区域文明社会。在距今4300年前后的古国时代晚期，各区域文明相继发生衰变，而中原地区的文明兼收并蓄，形成了早期中国。关于中国文明起源的这种阶段性特点，更有学者明确指出：第一阶段以良渚、石家河、大汶口和红山文化的崛起为代表，相当于中国新石器时代的晚期。这一阶段中国各地史前文化加速发展并相继达到区域文明的巅峰，是中国文明起源的首次高潮。第二阶段以陶寺、石峁和中原核心区的区域文明中心为代表，相当于中国新石器时代末期的龙山文化。这一时期跨区域交流频繁，不同文化的碰撞和交融加剧，并发展出新的文明形态。[1]

基于中国文明起源的这种阶段性特点，展览选择第一阶段的红山、良渚和第二阶段的陶寺、石峁四个典型遗址，进行区域文明起源模式分析。这四个遗址不仅在区域分布上分别代表了燕辽、长江下游、中原和北方地区，而且也是同一时段中特点更为显明、文明要素更为齐全、玉器更为发达的遗址。在分析每个遗址时，则从遗址所体现的社会复杂化以及玉器在社会复杂化过程中独特而重要的作用两个层面上展开。遗址所体现的社会复杂化，从内部看体现为社会成员在财富、权力和社会地位上的分化，从外部看，这些遗址作为中心聚落统领着多个大小不一的中小型聚落。社会成员的分化和遗址的分化，是不同的人及人群所掌握的资源、技术，包括知识体系以及思想观念的不同而导致的。同时，也正是因为上述的诸种不同，形成了不同的文明起源发展道路和模式。玉器作为当时最重要的资源、最高端的技术和丰富精神内涵的物质载体，成为推动不同文明起源发展道路和形成不同发展模式的重要力量。

探讨史前玉器在中华传统礼制文明起源和发展中的作用是展览叙事的第三大重点。礼是中国传统社会的核心内容，是中华文明有别于其他世界文明的独特品质。《说文解字》曰：“礼，履也。所以事神致福也。”可见，“礼”是一种通过事神以期获得福佑的行为。“中国的神祇系统主要有二：一是上天，即天道自然神；一是祖先，即人道祖先神。尊天敬祖是中国文化的重要传统，而尊天敬祖的主要表现是祭祀。”[2]新石器时代中晚期，随着生产力的发展，社会开始出现贵贱和贫富的分化，相应地，祭祀的次序和等级也逐渐有所区分，程序和资格也必须得以认定，而这种区分和认定则会进一步强化社会的分化，从而逐渐形成对权力的尊崇。当这种区分和认定被不断规范并最终实现制度化时，中华礼制文明便得以真正形成。所以，正是在天人相通、天人合一的宇宙观和认识论基础上，中华文明逐步积淀、凝练、升华

1 张海：《再论中国早期文明起源的阶段性》，载北京大学考古文博学院、北京大学中国考古学研究中心编《考古学研究（十三）》上册，科学出版社，2022，第156—171页。

2 张辛：《礼与礼器：中国古代礼器研究论集》，上海古籍出版社，2022，第3页。

出礼敬天地、宗事先祖、尊崇王权的礼制文化，即所谓“礼之三本”。

在漫长的使用石器的基础上，中国古人发现了“石之美者”，并按照自己的意愿对其进行加工，然后敬献给天地祖先，“玉由其夺人的物理性质和中国传统的天人合一观念而成为最佳和最主要的交通天人的媒体”[1]。于是，基于“天圆地方”的认知和“制器尚象”“同类感通”的观念，圆璧与方琮被制作出来，用于祭天；在“万物有灵”的观念下，动物被认为是上天的使者，是它们将生命带给部族祖先，即所谓“天命玄鸟，降而生商”，因此许多玉器或制作成动物的样子，或在其上雕刻出动物纹饰图案，而以各种猛兽、猛禽为基础抽象演绎出的龙和凤，则无疑是中华民族崇祖的隐晦映像；当石制的斧、钺、铲、刀等生产工具，被改用稀少而珍贵的玉料制作而成，同时不再被用于实际的生产劳作，而作为彰显拥有者身份地位的礼仪用器时，王权得以凸显[2]。可见，作为祭祀礼仪用器的史前玉器，祭天、崇祖、尊王的意蕴早已深植于玉器的器形或纹饰中，并借由“以器载道”规范着人们的生活方式和社会的运转秩序，不断推动各区域文明的一体化进程和对核心文化的认同，并成为后世礼制文明的重要源泉和核心内涵。

（三）“重新脉络化”展品

“从文化的观点来看，博物馆藏品的价值和意义，除存在其本身之外，还应该在其原存的脉络中来探索，或即因该尽可能地保存于原始脉络中，才能彰显其较完整的意义。从历史的观点来看，物件的原始脉络与其原存的地点有不可分割的关系，而同一地点发现的诸多物件，即相关联的一组件存物件通常亦有其相关的文化历史脉络。……博物馆经过研究、展示的过程，企图来诠释藏品的意义，并展示历史或文化。这一连贯的过程，也正是博物馆企图将‘去脉络化’的藏品再予‘重新脉络化’的努力。”[3]

为了支撑“玉韫·九州”展的主题和叙事，我们从全国15个省、自治区、直辖市48家文博单位，精挑细选了450余件玉器精品和其他相关文物。这些玉器精品和相关文物绝大多数都是考古遗址出土的，虽有少量征集品，但大量的研究结果也对其时代、地域、文化归属等有定性。所以，将所有展品置于其当时的时空及文化情境下，也即“原存的脉络”中，不仅是可能的，也是必要的。因为，如果不考虑物件“原存的脉络”，对其的认识只能停留在诸如外形、材质、工艺、花纹等表层信息上，而当将这些展品“重新脉络化”之后，就有可能揭示其历史的、文化的、社会的深层意义。

为了阐释展品背后的深层意义，针对展览叙事的第一大重点，即玉器在不同文化区的发生、发展及互动交流，我们首先在空间上将玉器置于六个文化区的视角下，然后在每一个区域里再按照时间顺序依次勾勒出不同时代玉器文化的特点，并在此基础上分析不同时空下玉器文化的传承和交流。针对展览叙事的第二大重点，即通过选择红山、良渚、陶寺、石峁四个不同时段不同空间的典型文化，分析玉器在各自文化中对社会复杂化的不同作用，从而认识玉器对文明起源发展模式的不同影响。正是基于让展品重回其“故事”发生的时间和空间，

1 张辛：《礼与礼器：中国古代礼器研究论集》，上海古籍出版社，2022，第70页。

2 邓淑苹、张丽端、蔡庆良：《敬天格物：中国历代玉器导读》，台北故宫博物院，2011，第42—60页。

3 吕理政：《博物馆：展示的传统与展望》，台北南天书局，1999，第15—17页。

展品的“重新脉络化”才得以实现，其背后的深层意义也才能得以阐释。

为了使展品的“重新脉络化”得以清晰表达，除了利用单元、章、节、展品说明四级文字表述之外，我们利用多张地图以更直观地呈现展品“故事”发生的时间、空间以及其所处的文化。针对展览叙事的第一大重点，我们用了七张地图。其中，第一张图用以展示本展览内容中的六个玉文化区的空间分布，其余六张图则分别展示每一文化区从早到晚不同时段玉文化重要遗址的分布范围。针对展览叙事的第二大重点，我们用了四张地图分别展示红山、良渚、陶寺、石峁四个文化重要遗址的分布情况。十一张地图与文字共同串联起展品的原始脉络，从而编织起展品的“意义之网”。

（四）构建叙事文本

展品及其意义形成的这张“意义之网”，用文字表达就是“叙事文本”。我们用三个单元，“技术·流变”“区域·文明”“玉礼·中国”分别勾连起前文所述的三大叙事重点和450余件玉器精品及其他相关文物。

第一单元的“技术·流变”分为“美玉良工”和“玉华四方”两章。其中，第一章的“美玉良工”又分为“何以为玉”和“切磋琢磨”两节，重在阐述玉器的概念和制作工艺；第二章的“玉华四方”则通过“玉出东北”“瑾瑜东南”“琼林海岱”“玥凝江汉”“玉璨陇右”“玉润三秦”六节，勾勒玉器在不同区域的分布和传承，以及玉器在不同时空下的交流互动。

第二单元的“区域·文明”分为四章，主要展现以红山、良渚为代表的古国文明早期，玉器在推动区域文明整合上的独特作用；以陶寺、石峁为代表的古国文明晚期，玉器在跨区域文明互动交流中的重要体现。其中，第一章的“辽西圣地——红山”分为“祭祀中心”“唯玉为葬”两节，重在阐述处于红山文化分布区中心的牛河梁遗址，凭借其得天独厚的地理优势和规模宏大的祭坛、女神庙和积石冢墓群，成为红山文化最高等级的祭祀中心。而玉器作为积石冢墓葬中几乎唯一的随葬品，显示出其拥有者不仅以至高无上的宗教权掌控着牛河梁社会，而且在红山文化的分布区内形成了强大的凝聚力与向心力。第二章的“水乡泽国——良渚”分为“聚落繁荣”“权力信仰”两节，重在阐述良渚文化时期的环太湖地区聚落林立、等级分明，而良渚古城则以规模宏大的城址、功能复杂的水利系统、分等级墓地、祭坛等一系列相关遗迹，体现出其作为区域文明中心的特殊地位。良渚统治者则通过对玉器资源的占用和分配，和以钺、琮、璧为代表的玉礼器制度，以“神徽”为代表的精神信仰，规范社会秩序，强化神权和王权。第三章的“中土之国——陶寺”分为“王城气象”“王权至上”两节，重在阐述陶寺遗址以其所具有的内外两重城墙、内城宫殿、多组大型夯土建筑基址、完善的水管理设施、观象授时的“天文台”，以及等级分化显著的墓地和高等级大墓，彰显了其作为区域性政治中心的超然气魄。而陶寺玉器所呈现的对肖家屋脊文化、山东龙山文化玉器元素的吸纳，体现出区域间文化交流的频繁。特别是以玉钺为代表的玉器，不仅是陶寺贵族身份地位的象征，更是军事力量庇护下的王权至上观念的彰显。第四章的“河曲石城——石峁”分为“聚落城防”“藏玉于墙”两节，重在阐述由外城、内城和“皇城台”三部分构成的石峁城址，设计精巧、结构复杂、规模庞大，彰显了其位于社会金字塔尖的崇高地位。城内遗迹所体现出的对防御的高度重视和残酷的杀戮祭祀行为，是当时文化冲突加剧的反映，而玉器所呈现出来的多元化特点则说明当时文化之间的交流和融合已成常态。特别是“藏玉于墙”的独特习俗反映了石峁文化强烈的宗教信仰和“政教合一”的文明形态。

第三单元的“玉礼·中国”分为三章，展示了史前玉器所蕴含的祭天、崇祖、尊王这“礼之三本”的深厚基础。第一章的“恭祀天地”通过“璧象天道”“琮贯天地”两节，重在阐述古人按照他们所理解的天圆地方观念制作圆璧方琮，以发挥“制器尚象”和“同类感通”的法力，从而祭祀天地。第二章的“龙飞凤舞”通过“龙行天下”“凤舞九州”两节，重在阐述在“万物有灵”观念主导下，自然界的动物被视为天地的使者将生命带给人类。而随着不同文化之间的交流和融合，撷取拼合了多种动物元素的龙凤形象，更被赋予了超乎一般的神性，不仅被广为认同，而且最终成为中华民族的文化图腾。第三章的“礼仪万邦”通过“斧钺王权”“玉刀皇皇”两节，重在阐述原本作为生产工具的石质斧、钺、铲、刀，伴随着财富的累积、社会分化的日益明显，被改用玉料制作，其功能也相应地变成了象征军权、王权的符号。

“玉韫·九州”展主题宏大，是因为其所叙说的那个时代是中华文明诞生和早期发展的关键阶段，不仅波澜壮阔，而且异彩纷呈。如何用博物馆的展览讲好、讲清楚这个宏大的主题和伟大的故事，既受我们策展团队学术能力等主观条件的限制，也受很多客观条件，比如叙事主角——展品的限制。但两年多来，我们积极迎接各种挑战，在不断地“否定之否定”过程中，努力“在妥协中求圆满”，希望还能续写“早期中国”系列展览第一部“彩陶·中华”展的广泛认可和良好口碑。

（原载《文博》2023 年第 2 期）

Catalogue

目录

学术专文
ACADEMIC RESEARCH

In Search of the Hongshan Jade Culture in the Past Five Thousand Years

by Liu Guoxiang

追寻红山玉文化五千年

刘国祥　中国社会科学院考古研究所

1935年，日本人发掘了赤峰红山后遗址[1]；1954年，我国著名考古学家尹达先生首次提出了“红山文化”的命名[2]。红山文化研究多年来已成为考古学界中的显学。

特别值得一提的是在红山文化发现和研究历程中，牛河梁遗址[3]的发现和发掘是一个重要的转折点。20世纪80年代初以前，红山文化研究的重点是文化内涵特征、源流关系与文化交流等领域，其中红山文化与中原仰韶文化的交流关系亦得到学术界的高度关注。

牛河梁遗址的正式考古发掘工作始自1983年，此前经过调查和试掘，直到今天，田野考古工作仍在继续。2012年年底，由辽宁省文物考古研究所编著的大型考古发掘报告——《牛河梁：红山文化遗址发掘报告（1983—2003年度）》正式出版，系统刊发了牛河梁遗址20余年的田野考古发掘材料，对于深入推动红山文化与辽西地区文明化进程研究具有里程碑式意义。

牛河梁遗址分布范围广达50平方千米，发现坛、庙、冢等祭祀和墓葬遗存，出土一批具有典型地域特征和时代风格的红山文化玉器，也使得红山文化玉器群最终得以科学确认，成为中国史前玉器发展史上第一个高峰期的代表。

以牛河梁遗址科学考古发掘出土的红山文化玉器为参照，国内外博物馆早年征集、收藏的红山文化玉器的文化性质与年代得以确认，进一步丰富了对红山文化玉器内涵的认识。

由此可见，牛河梁遗址的发掘和成组玉器的出土，使得学术界广泛关注红山文化与辽西地区文明化进程的关系及其对中华五千年文明形成所发挥的作用。这也就是说，红山文化晚期，玉器的雕琢和使用能够深刻反映辽西地区史前社会的重要变革，也是中华五千年文明形成的重要标志。

一、红山文化玉雕工艺技术的飞跃性进步

史前时期玉雕工艺技术的进步是判定生产力发展水平的重要标志之一，也是判定当时社会是否拥有高等级技术能力的重要实证之一。红山文化在形成和发展的过程中，承继了兴隆洼文化和赵宝沟文化的传统，在玉雕工艺技术方面具有明显的传承轨迹。

兴隆洼文化玉器是中国迄今所知年代最早的玉器，将我国雕琢和使用玉器的历史上推至距今8000年左右的新石器时代中期，开创了中国史前时期雕琢和使用玉器之先河。玉玦是兴隆洼文化最典型的器类之一，通常成对出自墓主人耳部，是目前所知世界范围内年代最早的耳饰。红山文化早期资料零散，目前尚未发现玉器；红山文化中期玉器发现数量较少，目前所知仅克什克腾旗南台子遗址[4]的一座墓葬内出土1对玉玦。尽管如此，我们仍然可以判断，兴隆洼文化玉器是红山文化玉器的

1　滨田耕作、水野清一：《赤峰红山后》，东亚考古学会，1938。

2　尹达：《中国新石器时代》，生活·读书·新知三联书店，1955。

3　辽宁省文物考古研究所编著：《牛河梁：红山文化遗址发掘报告（1983—2003年度）》，文物出版社，2012。

4　内蒙古文物考古研究所：《克什克腾旗南台子遗址》，载内蒙古文物考古研究所编《内蒙古文物考古文集（第二辑）》，中国大百科全书出版社，1997。

图 1-1 牛河梁遗址出土红山文化斜口筒形玉器（N2Z1M4：1）

图 1-2 牛河梁遗址出土红山文化勾云形玉器（N2Z1M27：2）

直接源头。

红山文化晚期，玉器的种类和数量显著增多，玉雕技术取得飞跃性进步。线切割技术始自兴隆洼文化，在红山文化晚期依旧流行，技法更加娴熟，不仅用于玉料的切割，在制作斜口筒形玉器（见图 1-1）、玉曲面牌饰等器类上也广泛使用。

同时，红山文化晚期的玉雕匠人掌握了锯片状切割技术，器体扁薄、形体较大的勾云形玉器、玉凤等均采用锯片状切割技术进行加工。牛河梁遗址第二地点一号积石冢 27 号墓内出土 1 件勾云形玉器，长 28.6 厘米、宽 9.8 厘米，是目前所知形体最大的一件红山文化玉器，其背面留有一道长达 14.6 厘米的锯片状切割痕迹。（见图 1-2）玉器的抛光、施纹、钻孔等工艺技术更加规范和成熟。从出土文物来看，几乎所有玉器表面均经过抛光处理，部分器类的局部或通体雕琢出各种纹样，如阴刻线纹、瓦沟纹、凸棱纹、网格纹、几何形纹样等。阴刻线纹主要用来表现动物形体的各部位器官及外部轮廓特征；瓦沟纹主要雕琢在勾云形玉器的正面和曲面牌饰的正面；凸棱纹主要雕琢在棒形器的一端，龟的背部，鸮、蚕等器体的外侧；网格纹和几何形纹样分别见于赛沁塔拉[1]、东拐棒沟 C 形玉龙[2]的额顶、下颌部位和尖山子玉猪龙[3]的背部。

红山文化玉器上的钻孔比较普遍，有单面钻成的圆孔或自两面相对直钻而成的长孔，还有自两侧斜钻而成的洞孔，后者为红山文化最具代表性的钻孔方式。

从造型题材看，红山文化玉器可以分为装饰类、工具或武器类、人物类、动物类、特殊题材类。装饰类玉器主要有玦、环、管、珠等。玉玦是兴隆洼文化和赵宝沟文化的典型器类，至红山文化中期依然流行；然而至红山文化晚期，耳部佩戴玉玦的习俗几乎消失，这是辽西地区史前用玉制度发生变化的重要标志之一。

牛河梁上层积石冢遗存共出土 145 件玉器，其中玉玦仅有 1 件，出自墓主人右侧胸部，未作为耳饰使用。工具或武器类玉器主要有斧、锛、凿、钺、棒形器等。兴隆洼文化工具类玉器与石质同类器造型相近，但形体明显偏小。红山文化工具类玉器与石质同类器造型相近，形体相当，有的明显偏大。人物类玉器较少，正式发掘出土的整身玉人仅有 1 件，出自牛河梁遗址第十六地点 4 号大型墓内，通高 18.5 厘米，采用带有红褐色皮壳的籽料雕琢而成。动物类玉器主要有龙、兽面形器、鸟、鸮、鹰、龟、鱼、蚕等。动物类玉器的造型特征突出，气韵生动，充满灵性，是红山文化晚期玉器雕琢工艺取得飞跃性进步的重要体现。牛河梁遗址第五地点一号积石冢 1 号大型墓内出土 2 件玉龟，分别放置在墓主人左、右手部位，一雌一雄，特征鲜明，充分体现出红山文化先民娴熟的玉雕工艺技术、精细入微的生活观察能力及特定的原始宗教观念。

红山文化特殊类玉器是为满足宗教典礼的特殊需求雕琢而成的，造型奇特，工艺复杂，寓意深刻，主要器类有勾云形玉器、斜口筒形玉器、璧、双联璧、三联璧等。动物类和特殊类玉器的大量雕琢和广泛使用，突破了辽西地区原有的玉器造型传统，从出土数量和分布地

1 又名三星他拉。参见翁牛特旗文化馆：《内蒙古翁牛特旗三星他拉村发现玉龙》，《文物》1984 年第 6 期。

2 刘国祥：《"中华第一龙"C 形玉龙文化血脉揭露》，《中国社会科学报》2010 年 12 月 28 日。

3 王未想：《巴林左旗出土的红山文化玉器》，《辽海文物学刊》1994 年第 1 期。

域看，勾云形玉器、斜口筒形玉器和玉猪龙应为红山文化最具代表性的三种器类，对夏商周时期的玉器产生了深远的影响。玉人和玉凤具有独特的专属功能，共出在牛河梁遗址上层积石冢阶段规模最大、规格最高的墓葬内，属于红山文化晚期的王者用器。

图 1-3　牛河梁遗址出土红山文化玉凤（N16M4：1）

二、红山文化晚期形成以玉为载体的礼制形态

红山文化玉器绝大多数出自积石冢石棺墓内，而积石冢代表一种特殊形式的埋葬制度，在兴隆洼文化时期已经出现，规模偏小，分布零散，至红山文化时期发展成熟。冢地多选择在山梁或土丘的顶部，外观呈方形、圆形或方圆结合。通常情况下，积石的下面埋有墓葬。

积石冢的规模大小不一，有单冢与多冢之分，也有积石冢与祭坛并列分布，应为大型埋葬和祭祀中心。牛河梁遗址第三、五、十六地点均为单冢，第二地点分布有四冢二坛，结构复杂，规模最大。分布在积石冢内的石棺墓的规模也有大、小型之分：大型石棺墓多位于积石冢内中心部位，圹穴和石棺的规模较大且深；小型石棺墓主要分布在积石冢内边缘部位，圹穴和石棺规模较小且浅。

从随葬玉器的数量看，大型石棺墓内随葬的玉器明显多于小型石棺墓。牛河梁遗址第二、三、五、十六地点共清理上层积石冢阶段的石棺墓 66 座，出土随葬玉器的有 37 座，出土玉器总数为 145 件。大型石棺墓内随葬玉器的数量为 7—20 件，小型石棺墓内随葬玉器的数量为 1—5 件，此外，还有 29 座小型石棺墓内未随葬玉器。因墓主人生前社会等级、地位、身份不同，不仅墓葬的规模、形制及分布位置有明显的差异，而且在随葬玉器的数量、种类及组合关系方面均有相应的变化。勾云形玉器和斜口筒形玉器形成较稳定的组合关系，在大型石棺墓内随葬；小型石棺墓内未见两种器类共出的现象。牛河梁遗址第十六地点 4 号墓是目前所知保存最完整、圹穴和石棺规模最大、等级最高的一座大型石棺墓，分布在长方形冢体的正中心，随葬玉人、玉凤（见图 1-3）系首次发现，与斜口筒形玉器形成最高级别的玉器组合关系，成为红山文化晚期独尊一人式的王者地位和身份的象征。

由此可见，红山文化晚期，玉器已非一般性随葬品，也非个别性礼器，而是已经形成了一套能够标志墓主人级别高低的用玉制度，构成了以玉为载体的礼制形态，充分反映出玉器在红山文化先民的社会生活中占据至高无上的地位。

礼器和礼制是两个不同层次的概念，礼器是相对于实用器而言的，礼制则是以礼器使用数量、种类的多寡及组合关系的变化体现社会等级高低的一套制度，礼器的出现早于礼制。

从辽西地区史前玉器发展的进程看，兴隆洼文化的某些器类可能已经具有了礼器的功能，但未形成礼制；至红山文化晚期，以牛河梁上层积石冢内石棺墓出土成组玉器为代表，玉礼制系统真正形成，这是目前能够确认的、中国最早的礼制形态，也是牛河梁遗址出土红山文化玉器的核心价值所在。

红山文化玉礼制系统的特征主要表现在以下三个方面：一是玉礼制系统具有唯一性。从随葬品的出土状况看，在红山文化晚期积石冢内的石棺墓中，以玉礼器为主，也随葬少量的陶、石质礼器，但唯有玉礼器的使用能够反映墓主人生前级别高低的变化，并且形成了一套固定的制度，陶礼器和石礼器的使用均未形成礼制。二是玉礼器的使用功能具有多重性。现有的研究结果表明，红山文化玉器不仅仅是专供随葬用的礼器，同时也是墓主人生前举行宗教祭祀活动的主要工具。在各种宗教祭祀典礼中，玉器被赋予了神秘的属性，成为沟通天地、祖灵和神灵的媒介。勾云形玉器、斜口筒形玉器、玉龙应为三种最典型的通天工具。玉人、玉凤、玉龟、玉鸮等也应具有独特的沟通祖灵和神灵的功能。三是玉礼器的使用者具有特殊性。这里需要强调指出，红山文化积石冢代表一种特殊的埋葬制度，其功能不仅仅是埋葬死者的茔地，同时也是生者举行祭祀活动的场所。

玉礼器的使用者并非普通社会成员，应是生前主持各种祭祀活动的祭司，也是当时社会统治阶层的代表人物，死后成为被祭祀的对象。

玉礼制所体现出的应是祭司之间、社会统治人物之间不同级别的差异。已故著名考古学家、美国哈佛大学教授张光直先生认为："（商代）是凡国家王室大事，包括生老病死，事事要听祖先的指示。这从一方面来说，表现了'鬼神之明智于圣人'。可是从另外一方面来说，占有通达祖神意旨手段的便有统治的资格。统治阶级也可以叫做通天阶级，包括有通天本事的巫觋与拥有巫觋亦即拥有通天手段的王帝。事实上，王本身即常是巫。"[1]牛河梁积石冢中心大墓内随葬各类玉器，墓主人应兼具"巫者"和"王者"的身份。红山文化晚期，社会内部产生分化，等级制度确立，这是玉礼制系统形成的先决条件，也应为中华五千年文明形成的重要标志之一。

三、红山文化的龙图腾崇拜

关于中华龙的起源问题，学术界有不同的观点，众说纷纭。从现有的考古材料和研究结果看，辽西地区无疑应为中华龙的重要起源地之一，从兴隆洼文化、赵宝沟文化至红山文化，考古材料相互衔接，见证了龙文化孕育、形成和发展的整个过程，对中华文化研究具有独特价值。

兴隆洼遗址发现118号居室墓葬[2]，埋葬在二期聚落的中心性大型房址内，应为首领式人物，其右侧葬有一雌一雄两头整猪，均呈仰卧状，占据墓穴底部近一半的位置，应为祭祀祖灵和祭祀猎物灵魂合二为一的真实见证，具有图腾崇拜的意义。兴隆沟遗址发现的祭祀坑内埋葬有野猪的头骨及用石块和陶片摆放出的S形躯体[3]，是辽西地区所发现的猪首龙的原始形态。赵宝沟文化小山遗址的尊形陶器上发现有刻画完整的鹿、猪、鸟三种动物形象[4]，其中，猪的头部经过写实处理，突出表现猪的獠牙，身体呈S形蜷曲，不同弧度的勾角组合在一起恰似腾飞的羽翼，充满灵性，这是中国目前所知年代最早的猪首龙的形象，距今约7000年。红山文化玉龙与赵宝沟文化小山尊形器腹部刻画的猪首龙的形态具有一脉相承的发展关系。红山文化时期，玉龙的出现是红山文化先民共同崇拜龙图腾的重要证据。

红山文化玉龙的造型分为两类：一类为C形玉龙，有正式出土地点的仅有2件，分别出自翁牛特旗境内的赛沁塔拉和东拐棒沟遗址。玉龙头部窄长，吻部前伸，双目呈水滴状，颈部正中竖起一道恰似飘扬的勾角，以往的研究中，将其称为鬣。对比赵宝沟文化小山尊形器腹部刻画的鹿、猪、鸟动物形象，身体飘扬不同弧度的勾角，恰似腾飞的羽翼。我们认为红山文化C形玉龙颈部竖起的勾角不应为鬣，应为表示飞翔状态的羽翼。从C形玉龙的造型特征看，其可能属于红山文化中期。（见图1-4）

另一类为玉猪龙，正式发掘出土的有4件，分别出自牛河梁遗址和半拉山遗址[5]的积石冢石棺墓内。其中，牛河梁遗址第二地点一号积石冢4号墓内出土2件（见图1-5），牛河梁遗址第十六地点14号墓内出土1件，半拉山遗址12号墓内出土1件。另外，敖汉旗博物馆收藏有3件、巴林右旗博物馆收藏有2件、巴林左旗博物馆收藏有1件，均有明确出土地点。辽宁省博物馆、旅顺博物馆、天津博物馆、首都博物馆、故宫博物院等收藏有10余件红山文化玉猪龙，出土地点不详。此外，

1 张光直：《考古学专题六讲》，文物出版社，1986，第107页。

2 中国社会科学院考古研究所内蒙古工作队：《内蒙古敖汉旗兴隆洼聚落遗址1992年发掘简报》，《考古》1997年第1期。

3 中国社会科学院考古研究所内蒙古第一工作队：《内蒙古赤峰市兴隆沟聚落遗址2002～2003年的发掘》，《考古》2004年第7期。

4 中国社会科学院考古研究所内蒙古工作队：《内蒙古敖汉旗小山遗址》，《考古》1987年第6期。

5 辽宁省文物考古研究所、朝阳市龙城区博物馆：《辽宁朝阳市半拉山红山文化墓地的发掘》，《考古》2017年第2期。

图 1-4　翁牛特旗赛沁塔拉遗址出土红山文化 C 形碧玉龙

图 1-5 牛河梁遗址出土红山文化玉猪龙（N2Z1M4：2）

英国大英博物馆收藏有 2 件，其中 1 件器体身部残缺；法国吉美博物馆收藏有 1 件。

玉猪龙的造型特征有强烈的共性，头部较大，精细雕琢，双耳竖起，双目圆睁，吻部前噘，多数褶皱明显；身体蜷曲如环，中部较大圆孔多自两面对钻而成，首尾相连或分开；颈部有一个自两面对钻而成的小圆孔，少数颈部有两个小圆孔。尽管玉猪龙在已经发掘过的红山文化大型石棺墓中尚未出土过，但从发现数量之多、分布地域之广、器物造型特征之鲜明等因素看，无疑应为红山文化玉器群中最典型的器类之一。辽西地区以山地丘陵为主，是种植粟、黍等的旱作农业的重要起源区。红山文化中期以后，旱作农业的发展和成熟助推了文明社会的诞生，但干旱是困扰农业生产的最主要因素，祈雨、祈求农业生产的丰收成为红山文化晚期宗教祭祀典礼的核心内涵。龙文化在辽西地区的起源和发展与旱作农业之间存在密不可分的关系。

如果对辽西地区崇龙礼俗的形成进行阶段划分，兴隆洼文化应属于孕育期，赵宝沟文化则属于形成期，红山文化晚期则进入发展和成熟期。以龙图腾崇拜为主的共同精神信仰的产生，是辽西地区史前社会进入文明阶段的重要标志之一。红山文化玉猪龙对商、西周、东周时期蜷体玉龙的造型产生了直接影响，应为中华龙的本源，是中华五千年文明形成的重要标志之一。

我国著名考古学家苏秉琦先生在《迎接中国考古学的新世纪》一文中明确指出：“玉是传统价值观念的综合体现物。而这一文化现象为中国所独有而且一直长盛不衰。中国史前史中虽不必另划出一个玉器时代，但中国传统的价值观念、道德标准，却实实在在是在玉器被当成礼器、王权象征物、通神的媒介物、美德的象征物那个阶段上形成的，这个时代确实比‘青铜时代’为早。对玉独有所钟这一文化现象，最初可能出现于东部几个文化大区之内，后来随方国间文化的交流、夷夏共同体的逐步形成、传统美德得到共识，体现美德的玉器遂为中华民族所共同珍视，成为物质财富和精神财富的象征。”[1]

辽西地区兴隆洼文化早期玉器的出现距今 8200 年左右，此后历经 3000 余年的发展，至红山文化晚期，开创出中国史前时期雕琢和使用玉器的鼎盛时代。玉器被当成礼器、王权象征物、通神的媒介物使用，玉雕工艺技术取得飞跃性进步；以玉为载体的礼制形态形成；龙图腾崇拜成为红山文化先民共同的精神信仰。

中华民族爱玉和用玉的传统始自兴隆洼文化时期，距今已有 8000 余年的历史，并且延续至今，未曾中断，成为中国传统文化的核心内涵之一。在中华五千年文明形成的早期发展阶段，玉器是贯通天地、沟通祖灵和神灵、彰显礼仪的核心物质载体；秦汉以后至明清，在我国统一的多民族国家形成和发展的进程中，玉器发挥了延续文明血脉、凝聚民族共识等重要功能，成为中华文化的象征。鉴于距今 5300—5000 年时，红山文明正式形成，红山文化玉器的成就亦可作为中华五千年文明形成的重要标志。

（原载《人民政协报》2017 年 8 月 31 日第 12 版）

1　邵望平、汪遵国：《迎接中国考古学的新世纪——中国考古学会理事长苏秉琦教授访谈录》，《东南文化》1993 年第 1 期。

A Research on Liangzhu Jades — the Ingetration of Spirit and Art

by Liu Bin

神灵与艺术的结合——良渚玉器研究

刘　斌　浙江大学艺术与考古学院

一、良渚文化发现与研究历程

2021年中国考古学迎来了百岁华诞，100年前河南渑池仰韶遗址的发现，让我们第一次走进了夏王朝以前的世界，从而开启了中华民族百年寻根的历程。受到黄河流域发现的影响，一些学者开始探索长江流域的文化起源。1936年吴越史地研究会成立，5月31日其便联合西湖博物馆，对杭州古荡新石器时代遗址进行了试掘，并发表了《杭州古荡新石器时代遗址之试探报告》。古荡遗址的发掘可谓浙江史前考古的肇始。

受到古荡发掘的启发，西湖博物馆的施昕更先生意识到在他的家乡杭县（今余杭区）良渚镇一带曾经见到过类似的石器和陶片，于是他多次回到良渚镇一带进行野外调查，终于在1936年11月3日在良渚棋盘坟的一个干涸的池塘里发现了几片黑陶片，他拿回去对照《城子崖》考古报告，发现其与山东城子崖龙山文化的陶片十分相似，于是他正式提出了发掘申请，取得了中央古物保管委员会颁发的采掘执照。1936年12月1—10日、12月26—30日，1937年3月8—20日，他分三次对浙江余杭良渚棋盘坟、横圩里、茅庵前、古京坟、荀山东麓以及长明桥钟家村等六处遗址进行了试掘，获得了大批黑陶和石器，并于1938年出版了《良渚——杭县第二区黑陶文化遗址初步报告》一书。施昕更先生的发掘成为良渚遗址考古和良渚文化研究的开端。

回顾良渚文化学术史，可以分为三个阶段。

第一阶段是1950—1980年。第一阶段又可以分为前期和后期。前期从1950年至1970年。随着新中国的成立，基本建设的蓬勃发展，中国的考古事业进入了一个黄金时代，开始了大量积累材料的阶段。在长江下游地区新石器时代的考古发掘，主要有杭州老和山遗址、吴锡仙蠡墩遗址、吴兴钱山漾遗址、吴兴邱城遗址、杭州水田畈遗址、上海马桥遗址、青浦崧泽遗址、松江广富林遗址、苏州越城遗址、吴江梅堰遗址等。随着材料的增加，研究者们发现长江下游地区的黑陶文化和山东地区的黑陶文化不太一样，山东的黑陶是陶片里外都是黑的，而长江下游地区的黑陶只是皮是黑的。另外石器也非常有特点，有石钺、三角形石刀、耘田器、有段石锛等遗物。所以，在1959年长江流域考古工作会议上，夏鼐先生正式提出了良渚文化的命名。

第一阶段的后期从70年代开始。首先，随着1972年全国知识分子归队，考古工作的恢复和碳-14测年方法的引进，中国考古学开始进入一个新的阶段。1972年陆续公布了一系列碳-14测年数据，以前只知道文化的相对年代，自从有了碳-14测年，才有了史前文化的绝对年代。碳-14测年让我们知道了良渚文化的年代大约在距今5300—4300年。

1973年对良渚文化研究来讲是标志性的一年，江苏吴县草鞋山遗址发掘，第一次发现了玉琮、玉璧等大型玉礼器和良渚文化的陶器共存的墓葬，从而开始认识到这些以往被认作周汉时期的玉器原来是良渚文化之物。继草鞋山发掘之后，到80年代中期，先后在江苏吴县张陵山、武进寺墩、上海青浦福泉山等地发现了多处随葬玉器的良渚文化的高等级墓地，从而开始引起学术界对良渚玉器的关注：一方面这些中国礼制中的重器，竟在江南找到了渊源；另一方面大墓与小墓之间所表现出的悬殊，也促使人们对这一地区史前文化的先进性重新进行评估。

1977年是长江下游地区史前考古学的一个新的转变节点。首先，夏鼐先生在《碳-14测定年代和中国史前考古学》及《中国史前考古》两文当中，提出青莲岗

图 2-1　反山发掘现场

图 2-2　反山 M12

图 2-3　瑶山远景（由西南往东北）

图 2-4　瑶山 M7

文化应该分为江南和江北类型，江南类型主要是马家浜文化和崧泽文化，年代根据碳-14 的数据相当于中原的仰韶文化，从年代上证明长江下游地区史前文化与中原地区史前文化是同步的。

1977 年 10 月在南京召开了长江下游新石器时代文化学术讨论会，会上有很多文章，将长江下游作为一个独立发展的区块来考量。苏秉琦先生第一次提出了考古学文化区系类型的概念。

第二阶段是从 1980 年到 2006 年。1982—1983 年，上海文管会（上海博物馆）对上海青浦福泉山遗址进行发掘。我们在福泉山遗址不仅发现了许多随葬玉器的贵族墓葬，还认识到福泉山墓地是由人工堆筑的高大土台。良渚文化的普通墓葬，一般在居住地附近，营建这种高大土冢需要组织大量的劳动力，也彰显了埋葬者高贵的身份，因此，考古界称之为“土筑金字塔”。

1986 年是良渚遗址发现 50 周年，江、浙、沪的考古学家们，在 1985 年就开始商量要在浙江召开一个纪念良渚文化发现 50 周年的学术研讨会。从 1973 年以来，江苏、上海都陆续发现了良渚文化的大墓，而作为良渚文化命名地的浙江却一直没有发现，寻找良渚大墓成为浙江考古人梦寐以求的事。

最终我们将目标锁定在了杭州余杭长命村的反山。反山是一座东西长约 90 米，南北宽约 30 米，相对高约 4 米的土墩。1982 年上海福泉山遗址发掘以后，我们进一步认识到了良渚文化的大墓与高大的土墩有着密切的关系，“土筑金字塔”的认识增加了浙江考古学者们对于反山这座熟土墩可能埋藏着良渚文化大墓的信心。1986 年 5 月 8 日，发掘正式开始，我们希望能有好的收获，为纪念大会献上一份厚礼。

反山仅发掘了西端的 30 米，便非常幸运地发现了 11 座出土玉器的大墓。（见图 2-1、图 2-2）反山的发掘，不仅丰富了原来玉器的种类，也让我们对很多玉器的配置、出土位置有了非常清楚的认识。反山发掘一个非常重要的贡献，就是对良渚文化和良渚玉器认识的改变：在反山 12 号墓，发现了完整的神徽图像。良渚玉琮上面刻的图像到底是什么意思？以前多认为是兽面纹，类似于青铜器的饕餮纹，反山 12 号墓完整的神徽的发现，才使考古界认识到玉琮上刻的不是兽面，而是当年崇拜的神像。

1987 年浙江省文物考古研究所又发掘了余杭安溪瑶山遗址，在瑶山的山顶上揭露出了一座平面上呈内外三重土色结构、边缘砌有石头护坡的覆斗形的祭坛遗迹，并在祭坛上清理出 11 座与反山相类似的良渚文化大墓。（见图 2-3、图 2-4）瑶山的发掘，不仅又一次获得了大量的精美玉器，而且也为良渚文化增加了一项新的重要内容——祭坛。

1991 年，在西去反山仅 2 千米的瓶窑汇观山上，又发掘到了一座与瑶山相类似的祭坛，复原祭坛面积 1500 多平方米，清理出良渚大墓 4 座。通过此次发掘，学界对这种良渚祭坛的形制有了更进一步的认识。[1] 日后笔者通过多年思考与观测，发现瑶山与汇观山祭坛，应是与观测太阳轨迹、确定历法有关的观象台 [2]。

1987 年及 1992—1993 年，通过对反山东侧的莫角山遗址的发掘，我们认识到这个面积 30 多万平方米、相对高度约 10 米的大型土台，是良渚文化人工堆筑营建的大型宫殿基址。如此规模宏大的建筑遗址以及与反山、瑶山大量精美玉器的联系，反映了这里应是良渚文化的中心所在。

另外，80 年代末以来，浙江主要发掘了余杭的钵衣山、梅园里、卢村、上口山、庙前、茅庵里、塘山、横山、文家山、卞家山、后头山、横圩里，海宁的郜家岭、荷叶地、达泽庙、大坟墩、佘墩庙、金石墩，嘉兴的大坟、高墩，海盐的王坟、龙潭港、周家浜、仙坛庙，桐乡的普安桥、新地里、徐家浜、叭喇浜、姚家山，平湖的戴墓墩、庄桥坟，奉化名山后以及浦江的疍塘山背等遗址 [3]。

江苏主要发掘了新沂花厅，吴江龙南，常熟罗墩，昆山赵陵山、绰墩，江阴高城墩，句容的丁沙地，无锡邱承墩，兴化蒋庄等遗址。

上海主要发掘了金山亭林、松江广富林、青浦福泉山吴家场墓地等。

大量发现使我们对良渚文化的物质文化以及社会发展状况，有了较为全面的认识。对于良渚文化的空间分布也有了新的认识：从长江下游太湖流域，向北扩展到了苏北与山东交界地区，向南扩展到了浙江中部的金华、衢州地区。对于良渚文化的后续发展，以及在中华文明形成中的地位和作用，也有了更为全面客观的认识。

第三阶段是 2007 年良渚古城的发现。这不仅仅使人们对良渚文化的研究更加深入，也直接推动了全国史前考古和中华文明探源工程的发展，改变了考古界对中国新石器时代社会发展的认识。良渚文化和古埃及文明、苏美尔文明、哈拉帕文明大致上处于相同的纬度——北纬 30 度左右，也都在距今 5000—4000 年的同一时代。2019 年 7 月 6 日，在第 43 届世界遗产大会上，良渚古城遗址获得全票通过，成为中国第 32 项世界文化遗产。

1 浙江省文物考古研究所、余杭文物管理委员会：《浙江余杭汇观山良渚文化祭坛与墓地发掘简报》，《文物》1997 年第 7 期。

2 刘斌：《良渚文化的祭坛与观象测年》，载浙江省文物考古研究所编《纪念良渚遗址发现 70 周年学术研讨会文集》，科学出版社，2006，第 428—438 页。

3 浙江省文物考古研究所编：《浙江考古新纪元》，科学出版社，2009。浙江省文物局编著：《发现历史：浙江新世纪考古成果展》，中国摄影出版社，2011。

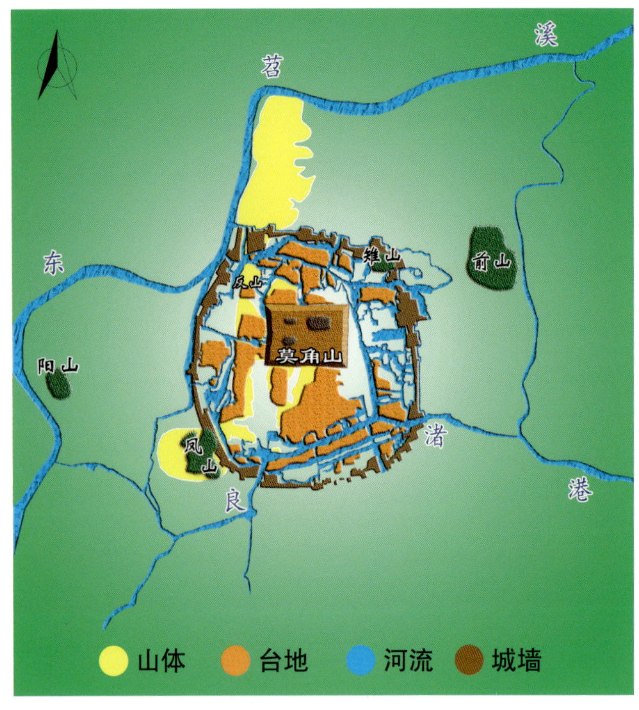

图 2-5　良渚古城城内外早期地貌

图 2-6　良渚古城城内外晚期地貌

二、良渚文明的内涵与特点

1. 城市

良渚古城从 2007 年发现以来，经过十几年的考古钻探与发掘，如今城市的功能布局已经基本搞清楚了。古城粗略分为三重结构，中间是宫殿区，东西 630 多米，南北 450 多米，总面积约 30 万平方米。宫殿区基础土台相对高度约 12 米，其上再建独立的高台，相对高约 4 米；内城东西约 1700 米，南北约 1900 米，总面积约 320 万平方米；良渚晚期又在外围形成了外郭城，与内城加起来总面积约 630 多万平方米。另外在良渚古城外围西北部还发现了由 11 条水坝组成的水利系统，库区面积约 1400 万平方米。水利系统可能具有防洪、调节城内的水路交通、灌溉等综合功能。内城、外城，加上水利系统总的土石方量，有 1000 多万立方米，要组织修建如此超大的工程，其背后的社会形态应该已经是成熟的国家体系。良渚古城这种以山为郭，以中为尊，宫殿区、内城、外城三环结构的城市布局是良渚文明的重要特点。良渚古城也是一座典型的江南水乡城市，除南城墙只有内河外，其余三面城墙都是夹河筑城的修筑模式。城里的居民也临水而居，舟楫出行。在城内共发现有 51 条古河道，总长度达 31562 米，构成完整的纵横交错的水路交通系统。（见图 2-5、图 2-6）

2. 生业

发达的稻作农业也是良渚文明的特点之一。长江中下游地区是目前所知的稻作农业的原产地，稻作驯化始于 10000 多年以前，发展到良渚文化时期，稻作水平已达到很高的水平。良渚文化制作精良的石犁与石镰是农业发展水平的标志。

2010—2012 年莫角山东坡的发掘中，在莫角山土台的边坡以东清理出的一个编号为 H11 的大型灰坑是本次发掘一个非常重要的收获。坑内的填土可分三层，其中第一层和第三层均为灰黑色土，包含大量木炭、炭化稻米、红烧土块、草木灰和少量草绳、灰烬等，浮选出大量炭化稻谷遗存，经分析，该灰坑中共填埋约 2.6 万斤稻谷。（见图 2-7）如此大量炭化稻谷的集中出土实属罕见，很可能是粮仓失火后倾倒烧毁稻谷而形成。从灰坑的填土分层可知，这样的失火事故共发生了两次。2016 年，在莫角山宫殿的南面池中寺区域，发现了面积约 10000 平方米的粮仓遗迹，当初因为失火被就地填埋的稻谷按照千粒重测算，约有 20 万公斤。大量的粮食储备是良渚城市文明的支撑。

2010 年以来，在美人地、莫角山等遗址进行发掘的同时，我们在古城遗址内外做过专门的良渚文化稻田的钻探和调查，但并未发现任何水稻田的迹象。这一现象说明，居住在城内及外郭的人是不生产水稻的，这些水稻应是由古城郊区的居民以及良渚遗址群以外的居民提供的，说明当时必然产生了类似贡赋的制度。

临平遗址群中茅山遗址良渚文化水稻田的发现为我们了解当时小型村落中的农业生产状况提供了重要资料。（见图 2-8）茅山遗址是一处典型的坡地形遗址，揭露出居住区、墓葬区和稻田区，其中稻田区位于山麓

图 2-7　莫角山东坡 H11 浮选出的炭化稻谷

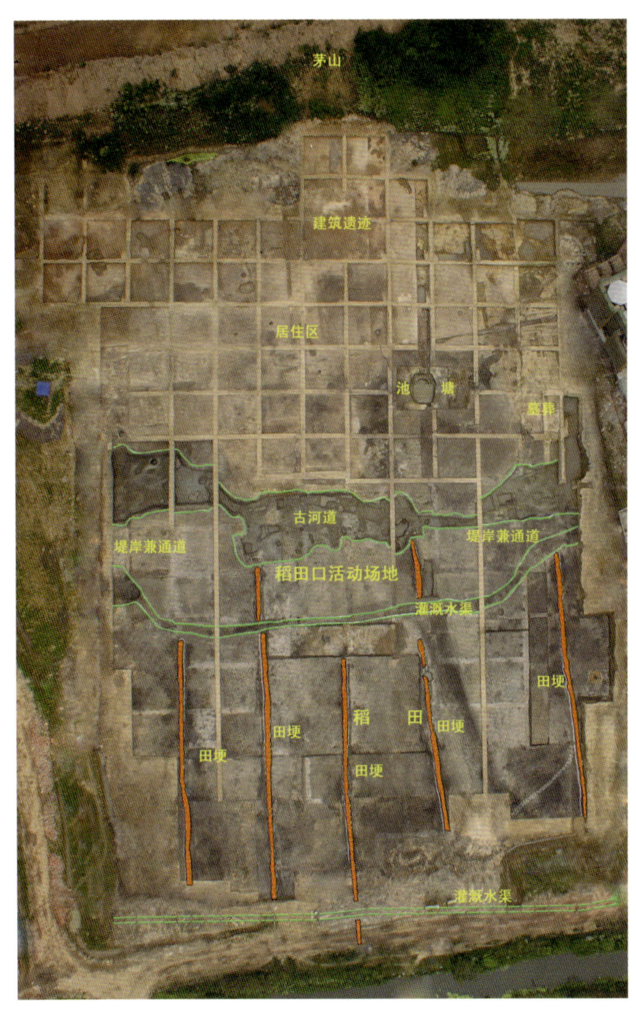

图 2-8　茅山遗址良渚文化晚期的大面积水稻田

南侧的低地，经调查，稻田的面积达 5000 平方米。良渚文化中期的稻田规模并不大，呈面积不大的条块状，每块稻田面积从 1—2 平方米到 30—40 平方米不等。发展到良渚晚期，则形成面积达 5000 平方米的超大稻田区。发掘发现 5 条南北向的红烧土田埂和 2 条东西向的河沟。这些田埂长 17—19 米，将整个稻田区区分为许多面积 1000—2000 平方米的大田块[1]。

2020 年，浙江省文物考古研究所又在余姚寺岙遗址发现了总面积超过 10 万平方米的大型良渚文化水稻田遗迹。

发达的农业为良渚古城和良渚文明的出现奠定了坚实的基础，并由此出现从农业中脱离出来的手工业者，从事玉石器、漆木器、陶器等的制作和纺织等，社会分工达到了很高的程度，创造出了丰富多彩的艺术形式，包括精美的玉器、漆器、陶器等。（见图 2-9）从良渚古城内古河道出土的遗物看，当时在城内临河而居的居民，主要是手工业者。

人们常常会用“饭稻羹鱼”来形容江南地区的生活，但是这句话用到良渚文化却并不是太贴切，良渚人主要的肉食来源应该是猪而不是鱼。从良渚古城河道里发现的动物骨头看，猪骨头约占 80%。

3. 玉与信仰

玉文化是中华文明的重要文化基因之一。早在距今约 8000 年的兴隆洼文化先民就已经开始广泛地使用透闪石、阳起石等软玉制作装饰品和生产工具。距今 5500—4000 年前的那段时期，是中国新石器时代玉文化的高峰，主要有红山文化、凌家滩文化、崧泽文化、良渚文化、石家河文化和齐家文化等。这一时期玉器的种类从早期的以装饰品和工具为主，发展出成套的玉礼器，标志着中国进入玉器时代[2]，这一时期也正是中国各区域文明形成和发展的第一个高峰。良渚玉器是史前时期中国玉文化的最高峰。

良渚人创造了一套以琮、璧、钺、冠状饰、三叉形器、玉璜、锥形器为代表的玉礼器系统，不仅许多玉器上雕刻有神徽图案，而且玉琮、冠状饰、玉钺柄端饰等

1　王宁远：《从村居到王城》，杭州出版社，2013。

2　牟永抗、吴汝祚：《试论玉器时代——中国文明时代产生的一个重要标志》，载苏秉琦主编《考古学文化论集》（四），文物出版社，1997，第 164—187 页。

1 2 3 4 5 6 7

图 2-9　良渚古城出土的漆器和陶器

1. 反山 M12：1 出土的嵌玉漆杯　2. 反山 M12：1 出土的嵌玉漆杯复原图　3. 卞家山出土的漆觚细部　4. 卞家山出土的彩绘漆器盖　5. 葡萄畈出土的兽面纹陶片　6. 卞家山出土的鸟首纹陶器　7. 葡萄畈出土的蟠龙纹陶器

许多玉礼器的构形都与表现这一神徽有着直接的关系。玉礼器系统及神徽在整个环太湖流域表现得极为统一，是维系良渚社会政权组织的主要手段和纽带，显示出良渚文化有着极强的社会凝聚力，且存在统一的神灵信仰。良渚国王和权贵通过一整套标志身份的玉礼器及其背后的礼仪系统，达到对神权的控制，从而完成对王权、军权的垄断。以大量玉礼器随葬的良渚文化的大墓，集中体现了王者的高贵以及男女贵族的分工。良渚文化所创造的玉礼器系统以及君权神授的统治理念，也被后世的中华文明吸收与发展。

良渚文化墓葬起码有三个以上的等级。普通人是以陶器、石器为主要随葬品，也有少数墓葬随葬狗或猪。在一般的氏族墓地里，有少数的墓葬除了随葬陶器、石器以外，还会随葬冠状器、玉璧等少数玉器，应该属于中等级。良渚人的贵族或者统治阶层，常常有专门营建的高台墓地，随葬品以玉器为主，陶器非常少，且多为明器。

玉器是良渚文化最为重要的物质文化和精神文化的代表，反映了以神权为纽带的文明模式。这是良渚文明的特点，也是人类早期文明的共性——神王一体。

长江下游地区大概从 7000 多年前的马家浜文化开始有玉玦及玦形的玉镯，浙江钱塘江以南地区的河姆渡文化也有玉玦。此时尚没有真正的软玉，多是石英玛瑙类的美石。太湖流域大概在 6000 年前的崧泽文化时期才开始出现真正的软玉。崧泽文化玉器的主要特点是早期以玉璜、玉玦为主，晚期开始有玉钺，用以标识身份。

人类早期普遍存在巫术，巫术产生的根本原因就是原始人对事物“集体表象”的神秘属性所产生的“互渗”作用的认识。因为这种“互渗率”的思维，在早期的人类看来，事物一旦相互接触过，它们之间将一直保留某种联系，这就是巫术和法器产生的主要根源。在巫术时代，人和神不分，巫师通过神灵附体成为神的代言人。巫师发现通过巫术可以不断地“改变”世界和神的意志，意识到神是主宰世界的根本力量，就产生了对神的崇拜、祭祀和祷告的宗教，就开始有了偶像崇拜。良渚文化可以说是中国早期唯一的有偶像崇拜的考古学文化，类似于早期的宗教。

良渚文化开始有了人与动物合体的神灵形象。这种造神行为的发生说明人物领袖的出现，这是社会进入国家文明阶段的一种标志。良渚文化崇拜神的设计，虽然有不同的表现形式，但是它有一个共同特点——以鸟为载体，神的上部是一个人的样子，左右都配着鸟纹。反山 M12 的玉琮王中间的竖槽里面刻有八个完整的神徽，神人头上戴了一个大型羽冠，身上有很多纹饰，相当于文身，胸前是一个兽面，这个兽面是为了显示神的威严而附加上去的，底下是鸟的爪子。（见图 2-10）以人神和鸟融为一体的神的造型，标志着王的出现和宗教的产生。

图 2-10　反山 M12 玉琮王及神徽

良渚的神徽设计往往根据器物的造型而加以变化。比方说反山 M22 的玉璜，不是典型的玉璜造型，中间少了一个半圆的口，这是为了照顾刻纹的需要——出土时跟玉管连在一起作为璜使用是毫无问题的。这个神徽只刻画了一半，羽冠是完整的，胳膊只有一半，像翅膀一样，兽面下面没有刻底下的鸟爪。而且，从正面看这个图像是倒的，戴在脖子上拿起来自己看就是正的，这说明这个神徽的设计是给佩戴者自己看的，不是给其他人看的。（见图 2-11 的 1、2）

瑶山 M2 的冠状饰上面刻的神徽与反山 M22 玉璜上的神徽相似，刻了戴羽冠的神人，胳膊变得更短，完全是翅膀的样子，底下是兽面，也没有鸟爪。两侧配了鸟纹，鸟纹有头、身，在鸟身上刻有神眼，鸟的翅膀像祥云一样。（见图 2-11 的 3）

反山 M14 的三叉形器上的神徽把羽冠压缩到了神人面的后面，仅露了一个羽冠的帽尖，下面的鸟爪是完整的。左右两侧也有鸟纹，鸟纹有翅膀、身体和鸟头。（见图 2-11 的 4）

瑶山 M7 的三叉形器又是另外一种表现方式。羽冠上的羽毛表现得很清楚，但整体造型不是一个完整的羽冠，完整的神人羽冠被一分为二刻在两边的器体上，很漂亮，中间部分因为中间的叉短一点，所以只刻了羽毛，胳膊也是相当于翅膀一样。底下是兽面部分，有眼睛、獠牙，像一个编织的物件，雕刻得非常流畅漂亮。（见图 2-11 的 5）

反山 M12 半圆形额饰，由于器物造型需要，把头

图 2-11　神徽的不同表现形式

1. 反山 M22：8 玉串饰　2. 反山 M22：8 玉串饰上的兽面　3. 瑶山 M2：1 冠状饰　4. 反山 M14：135 三叉形器正面
5. 瑶山 M7：26 三叉形器　6. 反山 M12 半圆形额饰

图 2-12 反山 M12：87 柱形器

图 2-13 反山 M12：100 玉钺

戴羽冠的神人压缩到了兽面的后面，只露了一个羽冠的帽尖，兽面的眼睛、鼻子、嘴都在。（见图 2-11 的 6）

另外反山 M12 出土的圆柱形玉器上的神徽，是四面交错及上下交错组合的表现方式：首先像玉琮一样在两头刻出了射部。分节的设计理念是繁简相间，一个完整神徽、一个压缩神徽、一个完整神徽，然后转一个面就是一个压缩神徽、一个完整神徽、一个压缩神徽，如果把四面展开来就是一个螺旋上升的样子。（见图 2-12）这种艺术创作不是简单地为艺术而艺术，而应该是为了表达宗教神像的某种想法。

反山 M12 的玉钺两面也刻了完整神徽，神徽的下面有一个鸟纹，作为神的载体的鸟纹刻在下面，表达的一种意涵应该是神高高在上，在鸟的上面，是乘着鸟飞来的。（见图 2-13）

在甲骨文《卜辞通纂》里面有“帝史凤”，在《山海经》里面也有“南方祝融，兽身人面，乘两龙。……东方句芒，鸟身人面，乘两龙”的记载，都表达了神是乘着鸟来的。这个跟良渚神徽与鸟纹的表现方式非常像，是非常巧妙的设计。

良渚文化时期宗教和巫术混杂，良渚玉器的造型很多来源于对神徽的表现。巫师通过掌握神权达到统治社会的目的，这在早期人类社会是一种非常普遍的现象，比如古埃及法老既是神也是王。所以巫师、首领要在装饰上把自己打扮成神的样子，以表示他的权力是神赋予的，这也是很多良渚玉器造型的来源。

冠状饰是发掘反山之后起的名字，因为其外形和神徽帽子一样，所以称为“冠状饰”。冠状饰底下是一个榫头，最初我们认为它是良渚人供奉的木头神像头上的玉冠，后来在浙江海盐的周家浜遗址发现了冠状饰下面的梳子，我们才知道冠状饰不是插在神像头上，而是通过一个梳子（见图 2-14 的 1）插在王和巫师的头上。把神的帽子戴在头上，那显然是为了扮演神。

冠状饰多为素面（见图 2-14 的 2、3），只有少数有神徽图案。反山 M15 与 M16 的冠状饰是以镂孔和阴刻结合的方式表现，把兽面的眼睛钻成圆孔，把神人面部和羽冠用阴刻表现。（见图 2-14 的 4、5）反山 M17 的冠状饰则是把兽面做成浅浮雕，而用阴刻表现鸟的腿爪，冠状饰本身的造型则体现了把羽冠重合到兽面后面的思想。（见图 2-14 的 6）

玉钺一般一座墓中只有一把，是王或者首领的权杖。林沄先生在《说王》中指出，甲骨文中“王”这个字即是以钺为蓝本创造出来的[1]，因此玉钺可以作为王权和军权的重要象征。在目前所知良渚文化等级最高的墓葬反山 M12 出土的玉钺上，两面对称地刻有两个神徽图案，显示神权与王权是紧密结合的，而玉钺端饰的构形正是冠状饰从中间对折的形态，在玉钺的前端装上这种代表神冠的冠状饰，正是“君权神授”的表征。君权与神权的结合，使玉钺超脱了兵器的范畴，而成为一种权杖[2]。《史记》记载武王伐商“左杖黄钺，右秉白旄”，是理解王与钺的最形象的表达。

反山 M12 还出土了造型与玉钺端饰相似的神徽玉冠，当初我们并不清楚其功能，直到上海福泉山吴家场遗址出土了 1 件象牙，上面刻满了神徽图案，象牙的顶端就是神的帽子，底下是端首，与反山 M12 出土的玉

1 林沄：《“说王”》，《考古》1965 年第 6 期。

2 刘斌：《神巫的世界》，杭州出版社，2013。

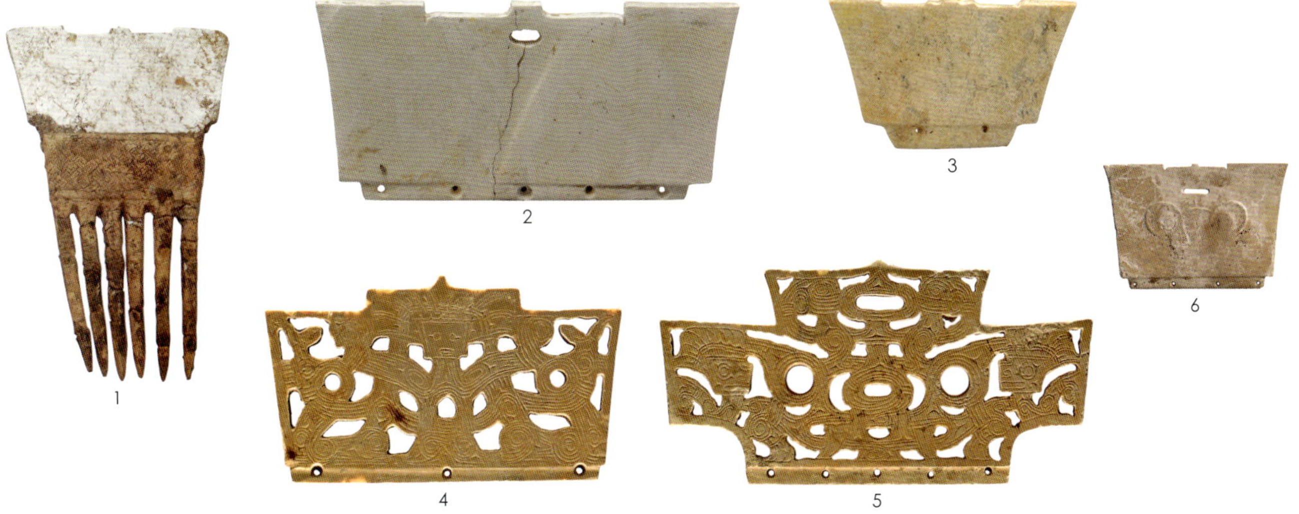

图 2-14　冠状饰

1. 海盐周家浜 M30 梳子　2. 反山 M12：81 素面冠状饰　3. 汇观山 M4：4 素面冠状饰　4.M15：7 玉冠状饰　5. M 16：4 玉冠状饰　6.M17：8 玉冠状饰

端饰十分相似，我们才明白原来这应该是镶嵌在象牙权杖两端的玉饰，这也更加证明玉钺上面像小船一样的装饰应该就是纵向视觉的羽冠。（见图 2-15）

玉琮是良渚文化最重要的法器，玉琮形制有高低胖瘦之差，但都是神徽的载体。玉琮造型的来源，通过反山 M12 的玉琮王可知，玉琮四面竖槽中刻的完整神徽，帽子对应的一节，其平行纹表达的是羽毛纹，下面一节是兽面。这样多层的设计，也有学者认为是萨满式宗教多层宇宙观的表现，与美洲玛雅人的图腾柱的表达有异曲同工之妙。说通俗一点，玉琮就是一个刻满神像的神柱。由于良渚人对神的崇拜，这个刻满了神像的柱子就成了神的一个象征，所以也产生了很多仿玉琮的造型，有做成琮形的玉管，有下端做成琮形的锥形器。

在良渚文化早期，有一些琮是圆形的，随着神面纹鼻子的不断加高，就变成了外方内圆体。琮的造型是随着表达观念逐渐产生的，从圆到方，纹饰越来越简化。（见图 2-16）到了良渚以后的广富林文化，玉琮造型只保留竖槽、横槽，没有眼睛和鼻子了。

良渚文化对同时期文化的影响，主要表现在江苏北部的大汶口文化和广东的石峡文化。在良渚文化向北的扩展中，江苏新沂花厅遗址表现最为突出。花厅遗址的墓葬中有着大汶口文化陶器与良渚文化陶器共存的现

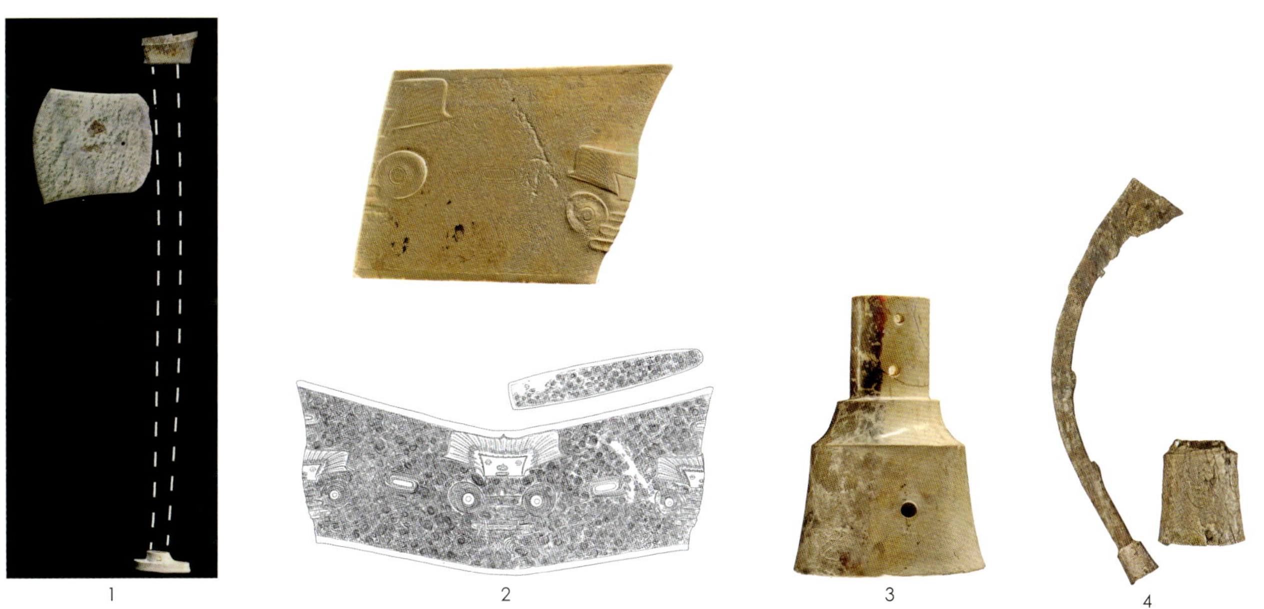

图 2-15　玉钺及权杖端饰

1. 反山 M12：100 装柄复原　2. 反山 M12：103 权杖玉瑁及其纹饰展开图　3. 反山 M12：91 权杖玉镦　4. 上海青浦福泉山吴家场出土的象牙权杖

图 2-16 良渚文化玉琮的发展

1. 瑶山 M9：4 玉琮 2. 瑶山 M7：34 玉琮 3. 反山 M14：181 玉琮 4. 瑶山 M2：23 玉琮 5. 反山 M20：124 玉琮 6. 反山 M21：4 玉琮

象，同时还随葬着不少良渚玉器，在这里发现了迄今为止良渚文化最长的 1 件锥形器，以及琮、璧、钺、冠状饰等良渚文化的典型玉礼器[1]。广东石峡文化也有多处遗址发现了良渚文化的琮和锥形器等玉器。石峡遗址出土的陶器中，也有少量良渚文化陶器[2]。

龙山时代是中国文化的大交融期，在山西陶寺遗址，陕西延安芦山峁、神木石峁遗址以及甘青地区的齐家文化遗址中，都出土有简化和素面的玉琮，除了少数为良渚文化晚期的遗物之外，大多应该是龙山时代广富林文化传播影响的结果，从玉质看一般应该生产于西北地区。

良渚文化发明的玉琮一直传承到商周时期，仍然是祭祀中的重要礼器。在河南殷墟妇好墓，四川成都金沙、广汉三星堆等遗址中都有玉琮出土，其中成都金沙遗址出土的十节长琮从造型、纹饰、加工工艺以及玉质看都

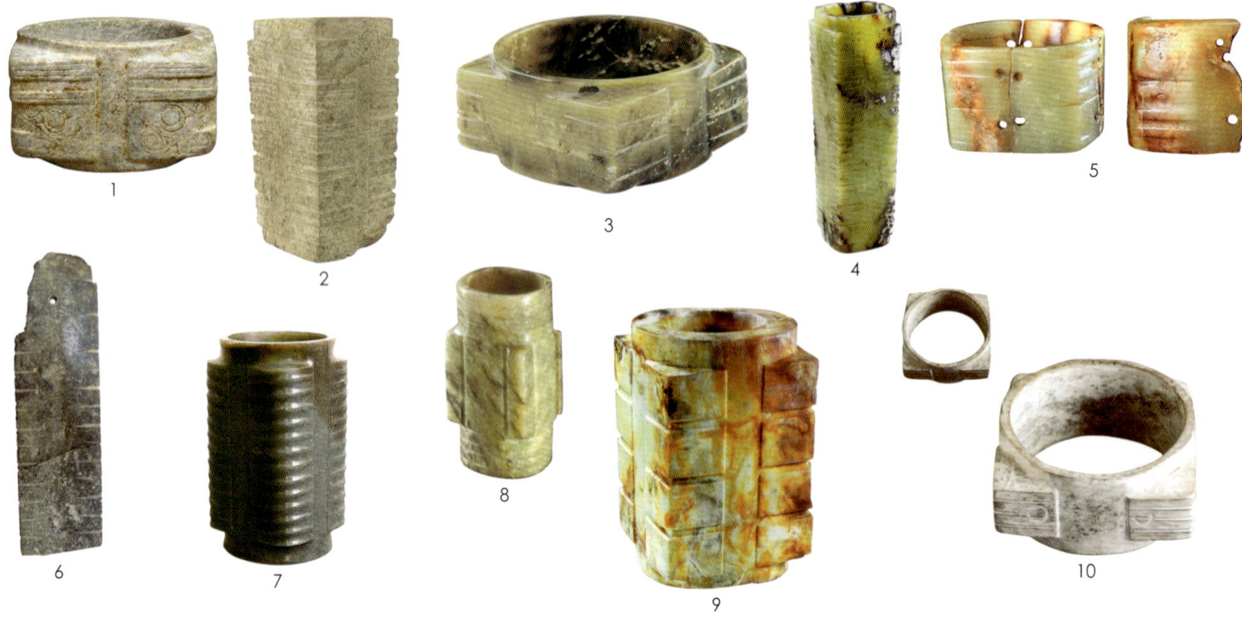

图 2-17 良渚文化玉琮的传承

1. 广东曲江石峡遗址出土神人纹玉琮 2. 广东曲江石峡遗址出土玉琮 3. 山西襄汾陶寺遗址出土玉琮 4. 四川成都金沙遗址出土良渚文化玉琮（2001CJQC：61） 5. 陕西延安芦山峁遗址出土玉琮 6. 陕西神木石峁遗址出土玉琮 7. 甘肃静宁后柳沟村出土玉琮 8. 河南安阳殷墟妇好墓出土玉琮 9. 四川成都金沙遗址出土仿良渚文化玉琮 10. 四川成都金沙遗址出土良渚文化玉琮

1 南京博物院编著：《花厅——新石器时代墓地发掘报告》，文物出版社，2003。

2 杨式挺：《广东史前玉石器初探》，载邓聪主编《东亚玉器 01》，香港中文大学中国考古艺术研究中心，1998，第 304—315 页。广东省博物馆、曲江县文化局石峡发掘小组：《广东曲江石峡墓葬发掘简报》，《文物》1978 年第 7 期。广东省文物考古研究所、广东省博物馆、广东省韶关市曲江区博物馆编著：《石峡遗址：1973—1978 年考古发掘报告》，文物出版社，2014。

图 2-18　玉鸟

1. 反山 M15：5 玉鸟　2. 反山 M16：2 玉鸟　3. 反山 M14：259 玉鸟　4. 瑶山 M2：50 玉鸟

是良渚文化时期长江下游地区的产物[1]。（见图 2-17）

从苏州严山吴国窖藏中被当成玉料切割了的良渚玉琮、战国时期江苏涟水三里墩作为香盒使用的素面玉琮，以及陕西凤翔雍山血池遗址祭祀坑中出土的扁薄的方片形穿孔玉琮等分析，作为神灵载体的良渚人发明的玉琮到春秋战国时期便已经失传了。

前文讲到良渚的神徽图案，在早期常常与鸟纹配合使用，鸟纹一般雕刻在神徽的左右两侧或下方，而鸟纹的身体部分完全用神徽兽面的眼睛表示，这说明这种鸟是良渚人所崇拜的神灵的载体。除了纹饰，良渚文化还有圆雕的玉鸟，而反山、瑶山出土的玉鸟，往往放置在墓主人的下肢部位，这说明其使用时应该是缝在衣服上的。其显然是王和巫师的道具，以表示他们可以像神灵一样驭鸟飞翔（见图 2-18 的 1、2、3）。瑶山 M2 出土的玉鸟，在鸟的颈部刻有神的眼睛，是对鸟与神灵关系的更直接的表达（见图 2-18 的 4）。

玉璜从马家浜文化晚期就已经出现了，作为女性贵族的身份象征佩挂于胸前。其早期为窄条形玉璜，发展到良渚时期就比较符合文献里的定义，即半璧为璜（见图 2-19）。良渚文化的璜以素面为主，也有少数以雕刻或镂孔的方式施刻神徽图案。

从以上可以看出，良渚文化玉器形态的产生，许多都和表现神徽形象有着密切的关系。神灵的形象应该是某个创世纪的人物，曾对良渚社会产生过重要的影响，

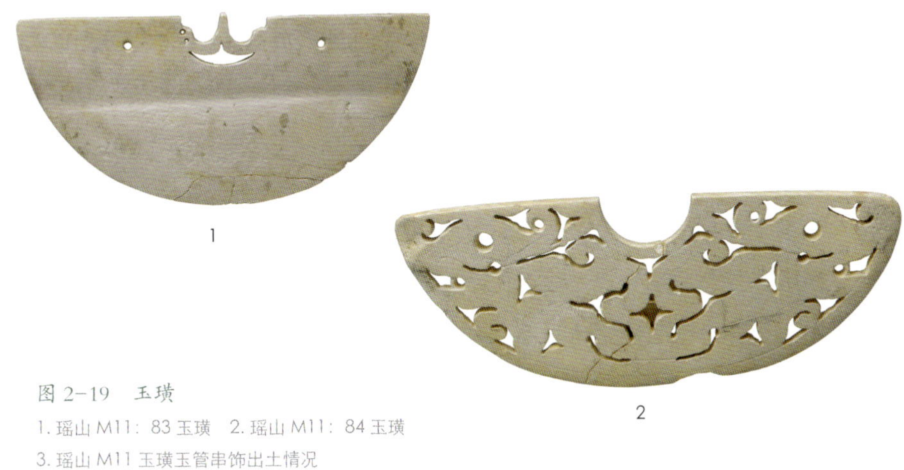

图 2-19　玉璜

1. 瑶山 M11：83 玉璜　2. 瑶山 M11：84 玉璜

3. 瑶山 M11 玉璜玉管串饰出土情况

1　中国社会科学院考古研究所编著：《殷墟妇好墓》，文物出版社，1980。中国科学院考古研究所洛阳发掘队：《河南偃师二里头遗址发掘简报》，《考古》1965 年第 5 期。四川省文物考古研究所编：《三星堆祭祀坑》，文物出版社，1999。成都市文物考古研究所、北京大学考古文博院编著：《金沙淘珍——成都市金沙村遗址出土文物》，文物出版社，2002。

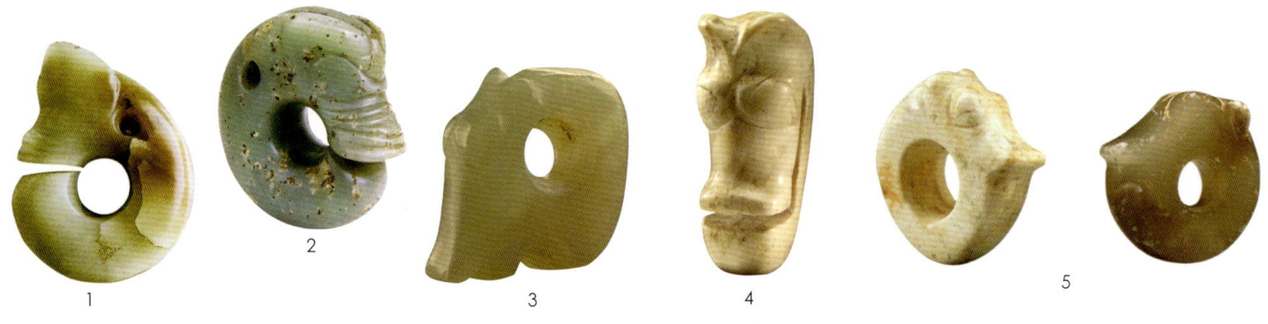

图 2-20　红山文化与崧泽文化玉龙

1. 辽宁牛河梁遗址出土红山文化玉龙　2. 内蒙古敖汉旗大五家村遗址出土红山文化玉龙　3. 浙江海盐仙坛庙 M51：2 崧泽文化龙形玉饰　4. 浙江桐乡普安桥 M8：28 崧泽文化玉龙首　5. 浙江余杭官井头 M65：20（左）、M47：9（右）崧泽文化龙首环

在良渚的神话中，也许有关于他死后与自然神结合的传说，因此才有了这样的神像设计。除了直接表现神徽的玉礼器之外，三叉形器、锥形器、圆雕玉鸟这些都和表现神像有关。

良渚文化玉器纹饰除了神徽和鸟纹之外，还有一个主题即龙首纹——龙首纹玉器仅出现在良渚早期。龙形玉器在崧泽文化晚期开始出现，相当于红山文化晚期和凌家滩文化阶段，这应该是文化交流影响的结果。崧泽文化晚期和良渚文化早期的玉龙形象，与红山文化的玉猪龙相比，有神似之处。（见图 2-20）

到了良渚反山时期，龙首纹已经非常规范化了，成为良渚文化特有的表现方式，主要见于圆牌饰的侧面，大部分有两个龙首，也有少数施刻于玉镯和玉璜上。龙首纹有突出的构图特点，跟神徽不一样，神徽是以鼻子为折线放在两个面上，龙首纹则是以眼睛为折线放在三个面上，而且是一种轮向的排列方式。另外一个非常明显的特点，就是龙首纹没有獠牙，应当是一种食草动物，比如牛、鹿这类动物的形象，个别纹饰在眼睛上方有类似于鹿角的纹饰。龙首纹额部还常常施刻一个菱形纹。在少数玉管和柱形器上也有龙首纹，一般为两面式，眼睛两面共用。（见图 2-21）商周时期的龙纹玉环，或许跟良渚早期的龙首纹有关。

良渚文化的大型礼器还有玉璧。玉璧和神徽没有直接关系。玉璧的用料一般与其他玉器的质料不同，多呈

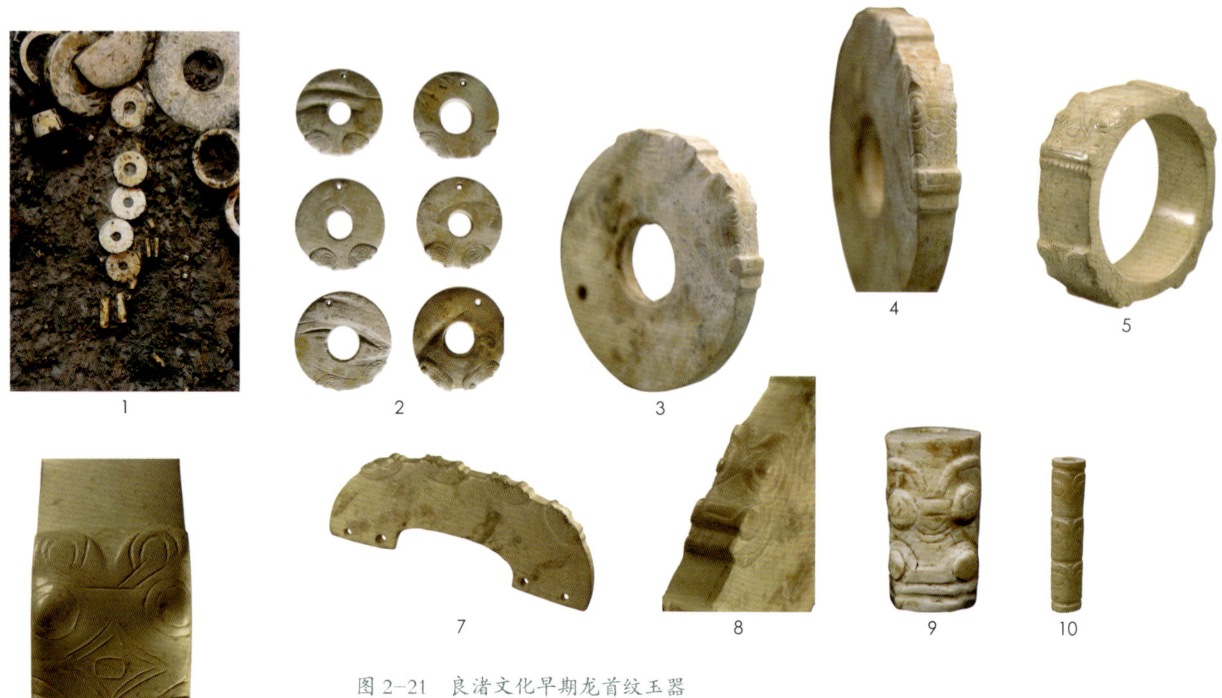

图 2-21　良渚文化早期龙首纹玉器

1. 反山 M22：26 玉龙牌出土情况　2. 反山 M22：26 玉龙牌　3. 反山 M22：26 龙首纹环之一　4. 反山 M22：26 龙首纹环之二　5. 瑶山 M1：30 龙首纹镯　6. 瑶山 M1：30 龙首纹镯细部　7. 瑶山 M11：94 龙首纹玉璜　8. 瑶山 M11：94 龙首纹玉璜细部　9. 反山 M16：14 玉管　10. 瑶山M 10：21 玉管

图 2-22　反山 M23 出土玉璧

1. 反山 M23　2. 反山 M23 玉璧出土情况

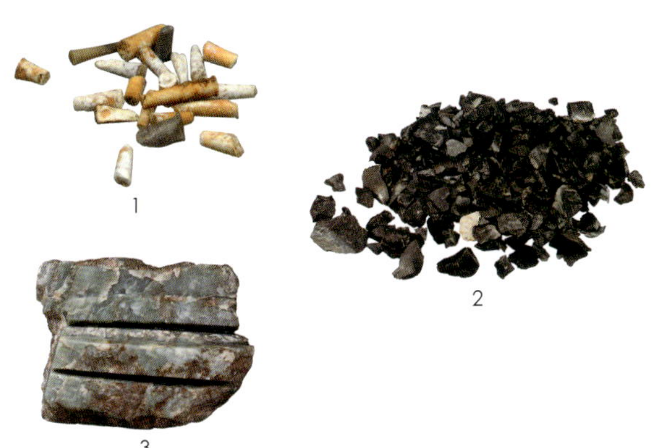

图 2-23　玉料与工具

1. 玉钻芯　2. 燧石料与燧石工具　3. 带切割痕迹的玉料

现斑杂结构，表面往往肉眼可见纤维状组织。玉璧在当时应是作为“以玉事神”的玉本质意义上的一种祭品，反山 M23 就出土了 54 件玉璧。（见图 2-22）随着玉礼器系统的逐渐完善和发展，玉璧越来越被重视，有的良渚晚期玉璧上还加刻了隐秘的祭台与神鸟图案，或许是对祭祀场景的一种刻画。

除了功能性的玉礼器之外，还有很多的装饰性玉器，主要有手镯、玉管及嵌玉漆木器等，实用性的玉器则有带钩、纺轮以及工具的把手等。

在马家浜和崧泽时期，玉器加工一般是单件打制成坯，而到了良渚文化时期一般是柱状成形工艺，玉琮、锥形器本身就是柱状，而玉璧、玉牌饰、玉管等都是先做成柱状，再切割成单件。在装饰手法上，良渚玉器常常将细刻、镂空和浮雕结合使用，以表现神徽的层次感。[1]

近年来我们发现了许多与玉器生产相关的遗址，在良渚古城内部的许多河道里，都出土了与玉器加工相关的残余碎料以及石英碎片。另外在良渚古城东北 20 千米的德清杨墩村中初鸣遗址发现了 100 多万平方米的玉器加工遗址群，出土了大量的玉碎料、加工打磨工具、雕刻工具等，为我们理解良渚玉器的专业化生产提供了资料。（见图 2-23）

除了玉器之外，在良渚文化的陶器上，尤其是良渚古城古河道中出土的良渚晚期的陶器上，也常常可以见到精美的细刻纹饰，这是良渚文化陶器独特的装饰风格。此外，良渚文化还有发达的漆器。在反山等高等级墓地中，曾出土有嵌玉漆器。近年来在良渚古城的河道中出土的良渚漆器标本较多，有觚形杯、盘、豆、盆等造型。漆器常常采用红黑相间的装饰风格，髹漆工艺也已经出现了多层施漆的方法。良渚漆器的精美程度已堪比商周时代。

长期以来，人们对一个发达的考古学文化何以走向消失而感到困惑和不解，以至于做种种推测和假说。良渚文化就是这样一个特别引人瞩目的文化。如何理解这种看似消亡或消失的文化现象，是很值得我们思考的问题。我认为历史特别是考古学文化所展现的历史，在很大程度上反映了一定区域内的一个延续的过程。中国历史的无间断性，更是要求我们在一个过程中，连续看待文化现象。以玉器为线索来看，良渚文化并不存在灭亡的问题，良渚文化的因素在良渚文化以后的时代，融进了一个更大的范围之中。通过对中国史前时期文化演变过程的检讨，我们可以看出在文化因素和时代转换的同时，考古学文化的空间范围往往也随之发生改变。因此，如果单就一时一地去看待某一个考古学文化，我们则难免会产生断灭观，而如果我们在一个更长的时间阶段和一个更大的空间范围里观察，看到的则不仅仅是一个文化内部消长的现象，更多的将是文化间及局部集团间的交织与互动，是一种时空的交换与此消彼长的过程——通过这种交替转换与螺旋式的发展，最终融合成为一个大范围的中华民族共同体。一个地域集中、特点明显的良渚文化，在考古者的搜寻中变得模糊的同时，更多的良渚文化因素出现在了长江中上游和黄河中上游地区。这种有趣的现象正是中华文化从多元走向一体过程的一个很好的说明。

1　刘斌：《神巫的世界：良渚文化综论》，浙江摄影出版社，2007。

A Tentative Study on the Earlier-Found Jades from the Taosi Cemetery

by Gao Jiangtao　Ma Jia　Gao Qingshan

陶寺早期大墓出土玉石器浅析

高江涛　马　佳　中国社会科学院考古研究所
高青山　侯马市博物馆

1978—1985年，陶寺遗址共发掘墓葬1309座，墓葬面积大小、随葬物品多少已呈鲜明的等级分化。一般来说，面积越大者，随葬品数量越多，种类也越丰富，且各类随葬品常以组合形式出现，并在墓中有大致固定的位置。面积较小者，宽度甚至不及墓长的四分之一，仅可容身，无随葬品。据此，发掘者将陶寺文化墓葬分为六大类[1]，又概括为大型墓、中型墓、小型墓。

陶寺遗址出土的玉石器大多出现在陶寺文化早期墓葬中。综合来看，陶寺大型墓葬出土器物以陶器尤其是彩绘陶、漆木器、玉石器的组合为主，有别于其他类型墓葬。中型墓葬出土一定数量的玉石器、陶器。小型墓葬则大多无随葬品，少数出土骨器、石器。从质地来看，陶寺出土的1019件玉石器就玉料而言有四类，即软玉、半玉、似玉美石、其他石材类，分别占到总数的9.6%、0.6%、42.5%、45.6%，绝大多数为假玉或石器[2]。本文以陶寺早期大墓，M3002、M3015、M3016、M3072、M3073出土的玉石器为研究对象，从玉石器的数量、形制、功用、种类、来源等方面入手，对陶寺早期大墓出土的玉石器作一探讨。

一、　陶寺早期大墓

陶寺遗址的陶寺文化早期大墓与其他墓葬集中分布于陶寺遗址东南部，早期大墓墓圹一般长3米，宽2米多，存深0.7—2.1米，均叠压在陶寺文化晚期文化层下，因历代整修梯田、截坡取土，原来墓的深度已不可知。从已发掘的大体相同规格而等级略低的一类乙型墓M2001墓葬埋藏情况来看，墓室原应有考究的木棺和殓衾，现已不复存在。墓主尸骨及葬具受到不同程度的破坏、扰失，其中M3072、M3073、M3016内已不见葬具和墓主尸骨痕迹，无法判定墓主性别、年龄；M3002尚存死者髌骨以下部位，经测定为22—24岁的成年男性；M3015残存墓主盆骨、股骨、肋骨等部位，经测定为年龄40岁上下的中年男性。需要提及的是，5座大墓排列规整（见图3-1），靠西北端的M3072与M3073近乎并列布置，M3015旁并列一座中型墓M3085，M3016两侧对称分布M3017、M3018，M3002两侧并列分布M3009、M3084，且5座大墓的葬式和头向同整个墓地一致，可见大墓的穴位经人为事先规划而成，墓主为当时社会的最高统治者。

关于M3015大型墓墓主身份，学者们已有所论述，多认为是“王”者。墓葬简报发表后不久，发掘者高炜等据随葬品尤其是鼍鼓、特磬及彩绘蟠龙陶盘，结合有关文献分析认为，M3015大墓墓主身份非同寻常，起码应是部落首领一类的人物，但同时又认为陶寺早期很可能已进入阶级社会，国家或国家雏形已经产生。[3]随后，高先生撰文较明确地提出此类大墓墓主是具有“王”者

1　中国社会科学院考古研究所、山西省临汾市文物局编著：《襄汾陶寺：1978～1985年考古发掘报告》，文物出版社，2015，第394页。

2　中国社会科学院考古研究所、山西省临汾市文物局编著：《襄汾陶寺：1978～1985年考古发掘报告》，文物出版社，2015，第669页。另，18件未鉴定的玉石器占1.7%。

3　高炜、高天麟、张岱海：《关于陶寺墓地的几个问题》，《考古》1983年第6期。

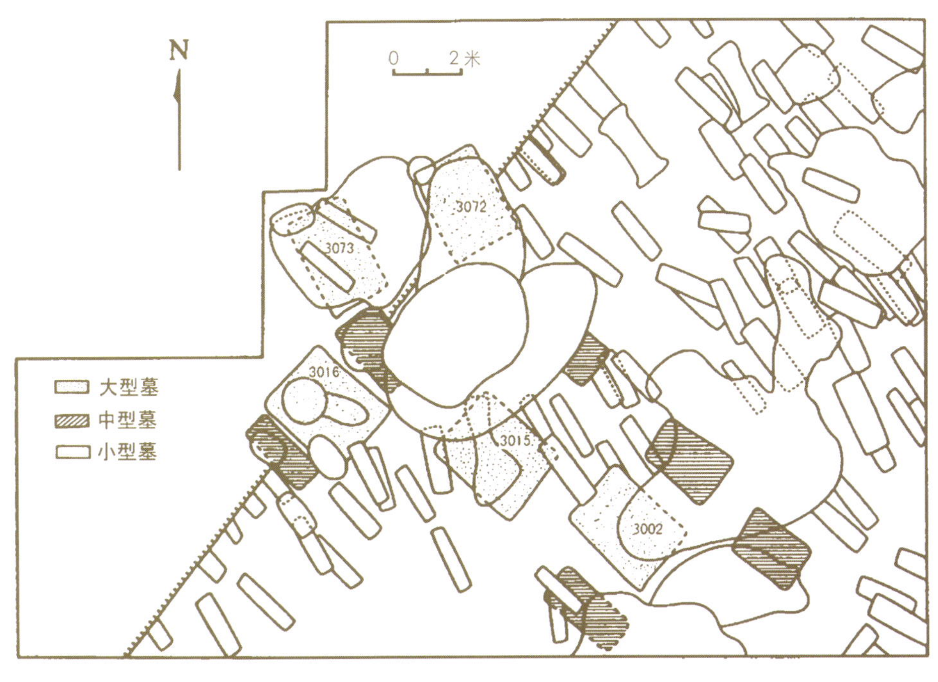

图 3-1 陶寺文化早期大墓分布图

地位的首领人物[1]。严文明也认同此种看法，认为墓主身份为最初的国王。[2]可见，M3015 等早期大墓墓主为“王”者，大家多持一致意见。

早期大型墓随葬品中随葬的玉石钺，众多的石镞、骨镞等兵器类器物很可能是墓主拥有军事权的体现。而彩绘陶器、木器、鼍鼓、特磬等礼器器类很可能被用于祭祀，这又表明墓主也应拥有一定的神权。墓葬本身在该族墓地中是规格最高的，反映墓主又拥有最高的族权。所以，此类墓墓主似乎同时拥有了军权、神权和族权。而此三种权力正是王权的三个来源和组成部分，此类墓墓主为国王应无疑问。

需要注意的是，5 座规格最高的甲种大型墓相对集中于一个区域，按时序自西北向东南安排穴位，下葬先后顺序是 M3072→M3073→M3016→M3015→M3002，有明显的早晚之分，却无打破关系，并在 M3015、M3016 和 M3002 等 3 座大墓的两侧出现了似属陪葬墓性质的中小型墓。[3]甲种大墓区域的布局和结构，似乎有着“王者”或“王族”单独成葬区的情形，具有“早期王陵区”或“王陵区雏形”的性质。[4]对墓葬出土遗物尤其是玉石器的分析离不开上述对墓葬的所处时代社会和文化大背景的考察。

二、陶寺早期大墓出土玉石器分析

早期大墓随葬品丰富、种类繁多，包括由玉石器、陶器、漆木器制成的礼乐器、炊具、生产工具、饰品等。研究发现，相对于只出现在早期大墓中的鼍鼓、龙盘等彩绘陶器、漆木器组合，玉石器随葬现象在大、中型墓葬中普遍存在（见表 3-1）。

1 高炜：《中原龙山文化葬制研究》，载中国社会科学院考古研究所编著《中国考古学论丛——中国社会科学院考古所建所 40 年纪念》，科学出版社，1993，第 90—105 页。高炜：《晋西南与中国古代文明的形成》，载中国考古学会、山西省考古学会、山西省考古研究所编《汾河湾：丁村文化与晋文化考古学术研讨会文集》，山西高校联合出版社，1996，第 111—118 页。

2 严文明：《中国王墓的出现》，《考古与文物》1996 年第 1 期。

3 高炜：《晋西南与中国古代文明的形成》，载中国考古学会、山西省考古学会、山西省考古研究所编《汾河湾：丁村文化与晋文化考古学术研讨会文集》，山西高校联合出版社，1996，第 111—118 页。

4 杨锡璋、高炜：《殷商与龙山时代墓地制度的比较》，载中国社会科学院考古研究所编《中国商文化国际学术讨论会论文集》，中国大百科全书出版社，1998，第 208—219 页。

表 3-1 陶寺早期大墓出土器物登记表

墓号		M3002	M3015	M3016	M3072	M3073	占总数比例
墓主		22—24 岁的成年男性	40 岁上下的中年男性	不详	不详	不详	—
玉石器	石镞	4 件	120 件	2 件	—	—	38%
	玉环	—	1 件	—	—	—	25%
	绿松石饰片	—	2 件	—	—	—	18%
	玉管	—	1 件	—	—	—	33%
	玉石钺	3 件	5 件	—	—	1 件	11%（其中玉钺 25%）
	研磨器	1 件	1 件	1 件	—	—	100%
	石斧	7 件	—	4 件	1 件	—	80%
	石锛	13 件	6 件	4 件	—	—	85%
	石刀	2 件	3 件	—	1 件	—	29%
	特磬	1 件	1 件	1 件	1 件	—	100%
陶器		14 件	15 件	12 件	15 件	16 件	23%
木器		7 件	26 件	6 件	3 件	11 件	42%

玉钺较多出现在大、中型墓中。陶寺墓葬中出土的钺，除部分已残无法统计外，其他大部分有红彩、木柄使用痕迹。早期大墓出土的玉石钺，多置于头端墓壁下，不同于其他墓葬多置于股骨间或两侧、胸、膝等身体部位，可看作特殊的随葬礼仪。大墓中的玉石钺较一般墓葬中同类器器形较大且规整些，尤其是软玉类玉钺制作更为精美。

此外，关于玉石钺值得注意的还有三点：第一，玉石钺随葬很可能男女有别。大中型墓男性墓葬随葬玉石钺比较常见，女性墓葬中却罕见，常见以玉石组合头饰或骨簪等随葬。目前发掘的上千座墓葬中，随葬玉石钺明确为女性墓葬者仅有 3 座，即 M1352、M2384、M3160。从这个角度推测，早期 5 座大墓虽然只有 M3002 和 M3015 能够判断墓主为男性，其他 3 座 M3072、M3073 和 M3016 中，M3073 出土 1 件玉石钺，墓室被严重毁扰，这件玉石钺斜立于未被扰动的墓壁，应该是保留下来的 1 件，墓主人推测应为男性。其他两座大墓 M3072 与 M3016 同样因被严重毁扰而不见玉石钺，墓主很可能也为男性。第二，玉石钺随葬虽然大墓在数量和精美程度上普遍略高，但中型墓中也常见，并没有依据墓葬等级形成严格的规制或固定配置。出土玉石钺的 80 座墓葬中，除了 3 座大墓外，还有 77 座中型墓，甚至加工精细者并不是只出土于大墓中，中型墓如 M3168 等的玉钺也不乏精品[1]。第三，墓葬随葬的玉石钺从早期到晚期在形制类型上有一定的变化。出土玉石钺的 80 座墓葬，很多墓葬因多无陶器随葬，难以判断早晚期别；能够判断年代的仅有陶寺文化早晚两期的 27 座墓。早期的玉石钺形制类型较多，如平面正视为梯形、长方形、长条形等等，尤其大墓中各类形制共存。但至陶寺文化晚期时，玉石钺的形制似乎较为统

1　中国社会科学院考古研究所、山西省临汾市文物局编著：《襄汾陶寺：1978 ~ 1985 年考古发掘报告》，文物出版社，2015，第 673—674 页。

一，多见窄长条形的器类，少见早期的其他形制同类器，形成了相对固定的流行形态和特征。

石镞多出土于男性墓葬中。早期大墓出土的有3座，其中M3015出土数量多达120件，并且在报告已分类的十种类型中[1]，占有Ⅰ—Ⅸ共九种，另一种类型Ⅹ于M3016中出土，其中Ⅶ—Ⅹ与商周时期青铜镞造型近似，是比较先进的类型，且这一部分数量较少，共42件，占出土总数的12.6%，基本出现于大墓M3015、M3016中。小型墓葬中的石镞则以Ⅰ、Ⅱ两种类型普遍存在，占到总数的75.1%。可见，不同等级的墓葬在石镞的器物类型上也有着高低等级之分。

研磨盘、研磨棒是陶寺文化早期墓葬中出土的很有特色的一组器类，一般研磨棒置于研磨盘中部的研磨槽中，或研磨棒在研磨盘旁边，很明显二者虽各自为单件，但却是配套成组出现的。研磨棒或研磨槽中常常残留有红、黄、黑或绿等颜料痕迹，为研磨制作颜料之器无疑。陶寺遗址彩绘的使用，包括用于扁壶上的朱砂“文、易”字和棺墓撒朱砂、人骨涂朱、葬具涂朱以及宫殿区带蓝色彩绘的白灰墙皮。大墓的典型代表器物彩绘陶器制作，也离不开颜料的制作与使用。值得注意的是，研磨盘与研磨棒随葬位置一般与石斧、石锛等邻近，似乎表明了其类同“生产工具”的功能。但研磨盘与研磨棒却不似石斧、石锛数量较多而是仅仅一套。更为重要的是，目前早期墓地中1000多座墓葬只见大型墓随葬，中小型墓中均不见随葬，似乎为大墓独有，彩绘颜料也为王权所控制。因此，反映了对颜料拥有的研磨器具也可看作地位身份高等级的象征。

石斧在陶寺墓葬共出土15件，其中有12件出土于早期大墓，并且形制较大。与石斧同出的还有石锛，已知的27件中，有23件出土于早期大墓，如M3002中石斧7件、石锛13件，M3016中石斧4件、石锛4件。石锛与石斧（以及M3016中出土的石凿）多摆放于足端右角，一般经过琢磨或磨修。大墓中的石锛较居住址发现的石锛更为精细，用料更为讲究，可判定前者更具礼仪性，而后者更具实用性。石斧、石锛较多出土于大墓，同时摆放位置固定，可考虑已形成固定的大墓随葬礼仪，而非简单的注重实用性。

石厨刀在大型墓中2件或3件成组出现，呈侧置“V”字形。二类墓虽也有石厨刀出土，但不及一类墓形制大、数量多，且常与案俎组合出现，并伴有肋、下颌、蹄、脊椎、头等已被肢解的整猪。在二类及以下墓葬中，仅有猪的二三种部位。可见陶寺早期大墓独有整猪殉葬的习俗，显示出大墓墓主较高的地位与尊贵的身份。

特磬是相对编磬而言的史前至夏商周时期单件的大型石磬。在早期大墓除M3073外的4座大墓各出土1件，共4件，且全部与鼍鼓和陶鼓呈固定组合形式出现，多摆放于墓主足端。磬在商周时期是王室、诸侯或方国首领专用的礼乐重器，在祭典中拥有重要地位。据调查发现，距离陶寺遗址6千米处的一处大型石器制造场遗址大崮堆山也出土石磬（坯）1件，与陶寺出土的石磬在石料、制法、器形方面极为相似。[2]因此，陶寺石磬的材料来源应是此处。鉴于资源易取和距离较近的优势，陶寺出土的石器数量多，墓葬中的小型墓也出土大量石器，但石磬的出土数量明显少于一般石器，等级、功用明显高于普通石器。而后世的石磬，如礼乐盛行的西周时期，磬多用于大射礼等礼仪性场合，并有赠予封国的记载。因此推测陶寺大墓墓主应为王者，故只有大墓墓主掌控礼乐制度和知识体系。

三、陶寺玉石器的社会属性

考古学的研究，尤其史前考古由于自身的局限往往“见物不见人”，透过器物去探寻它所反映的人类社会属性更加困难。然而，人们所使用的器物必然在一定程度上折射出当时的社会属性，大型墓葬随葬品在这一点上更具代表性。

玉钺一般被认为是军权或王权的象征物。陶寺大墓

1 中国社会科学院考古研究所、山西省临汾市文物局编著：《襄汾陶寺：1978～1985年考古发掘报告》，文物出版社，2015，第737—754页。

2 陶富海：《山西襄汾大崮堆山发现新石器时代石磬坯》，《考古》1988年第12期。

随葬一定数量的玉石钺，而且前文已言这些玉石钺相对而言制作比较精美，且大多带有彩绘木柄，基本为男性墓主所独有，显然是一种武力与军事权力的代表。值得注意的是，在大墓中玉石钺一般出现在墓主人头部左侧墓壁下，与石斧、石锛等其他石器陈设位置有意区分开来，虽然同为石器一类质地，却在观念上认为它们功用不同。可见此类钺不同于其他石器，也体现了它代表军权武力的社会性质。

但是，我们发现玉钺在中型墓葬中也常见随葬，且形式多样。同属于陶寺文化的下靳墓地由两次发掘推测，墓地原来面积约 6000 平方米，墓葬总数可达 1500 座以上，也是一处较大规模的墓地。[1] 与陶寺墓地墓葬相比，下靳大型墓大致可与陶寺墓地中型墓相当，未发现类似陶寺墓地的那类大型墓葬。这表明墓葬等级也存在着地域的差别，规模小、规格低的聚落，其墓葬等级和规格也较低，最高等级的大型墓仅存在于陶寺遗址，这与陶寺遗址为陶寺文化都邑的中心地位是一致的。[2] 下靳墓地也出土一定数量的玉石钺。出土玉石钺的墓葬不仅有相当于陶寺的中型墓，甚至还见于一些规模较小的墓葬中，如第一次发掘的 M6 和第二次发掘的 M47 等等。此外，至陶寺文化中期时，从 M22 看，大墓开始崇尚玉器，随葬多为玉钺，罕见石钺。[3]

因此，陶寺文化早期大墓玉石钺似乎反映了一种相互矛盾的社会属性，玉石钺既是军权的表征，又比较模糊，具有不确定性。有学者认为陶寺文化中出现了玉钺与石钺的分化，玉钺代表军权，而石钺代表的仅仅是“军事身份”。[4] 可见，玉石钺并不是早期大墓体现墓主高等身份的最主要标志物。但这并不妨碍玉石器在陶寺文化早期大墓中被视为以军权为重要表征的王权的载体。

陶寺大、中型墓中一些珍贵的器物，种类繁多且有一定的组合，主要是彩绘木器、彩绘陶器和玉石器组成的家具、炊器、盛器、食器、酒器、乐器、兵器或仪仗以及牲体等。各类器具在大中型墓，尤其大型墓中成套出现，漆木器与陶器或互为配套，并在墓中有大致固定的位置。[5] 更为重要的是，随墓主身份不同，器物的使用已有相当严格的限制。蟠龙纹陶盘、鼍鼓、特磬只见于大型墓中；朱绘大口罐在大型墓中用 4 件，而中型墓只用 2 件 [6]。可见，一些随葬品已成为墓主社会地位和等级特权的象征，而且有些随葬品又进一步成为区分显贵阶层中等级和差别的标志物，服务于社会等级秩序的建立。有学者断定，陶寺文化时期社会上、中层已普遍使用了礼器，并已形成一套按等级身份依次有序使用礼器的制度。[7]

我们注意到，虽然陶寺早期的 5 座大墓均被晚期毁墓 [8]，但明显可以推断出 M3072 应有 1 对鼍鼓，其近处偏北一侧为 1 件土鼓，土鼓旁为 1 件残石磬；M3073 也是 1 对鼍鼓，近旁有不能复原的陶异形器（土鼓）残片，因西北部被毁严重，此处原有石磬无踪；M3016 出土 1 对鼍鼓，其西侧为石磬，东侧为土鼓，十分明确；M3015 同样见有 1 对鼍鼓，近处偏北一侧为 1 件石磬，未见土鼓，但却在毁墓扰坑 H3005 中可见无法复原的陶异形器（土鼓）残片，应是随葬土鼓被扰于此；M3002 中 1 对鼍鼓，近旁为大型石磬，而土鼓被扰入 H3001，已复原 1 件完整器。可见，陶寺早期大墓出现

---

1 山西省临汾行署文化局、中国社会科学院考古研究所山西工作队：《山西临汾下靳村陶寺文化墓地发掘报告》，《考古学报》1999 年第 4 期。下靳考古队：《山西临汾下靳墓地发掘简报》，《文物》1998 年第 12 期。

2 高江涛：《中原地区文明化进程的考古学研究》，社会科学文献出版社，2009，第 334 页。

3 中国社会科学院考古研究所山西队、山西省考古研究所、临汾市文物局：《陶寺城址发现陶寺文化中期墓葬》，《考古》2003 年第 9 期。

4 许鹏飞：《钺代表的军权意义的起源与发展》，《考古》2018 年第 1 期。

5 高炜：《陶寺龙山文化木器的初步研究——兼论北方漆器起源问题》，载《中国考古学研究》编委会编《中国考古学研究——夏鼐先生考古五十年纪念论文集（二）》，科学出版社，1986，第 24—36 页。

6 高炜：《龙山时代的礼制》，载《庆祝苏秉琦考古五十五年论文集》编辑组编《庆祝苏秉琦考古五十五年论文集》，文物出版社，1989，第 235—244 页。

7 高炜：《中原龙山文化葬制研究》，载中国社会科学院考古研究所编《中国考古学论丛》，科学出版社，1993，第 90—105 页。

8 高江涛：《试析陶寺遗址的“毁墓”现象》，载中国社会科学院考古研究所夏商周考古研究室编《三代考古（七）》，科学出版社，2017，第 345—354 页。

了1对鼍鼓、1件土鼓与1件石磬等固定数量、固定组合陈列于大型墓中固定地方的规制，这种“三固定”显然表明此时的鼍鼓已是礼乐器，且在使用中已形成了较为严格的规制，表明了礼乐制度在陶寺社会已经形成。

陶寺大墓中随葬的石斧与石锛属于我们通常认为的生产工具吗？在早期大墓中除了二者外，罕见石铲、石凿等在普通墓葬中常见的石质工具，或言之，陶寺早期大墓仅仅随葬石斧与石锛这两种“生产工具”？前文已言，石斧大多出现在一类甲种大墓中，而石锛在大中型墓中外观与软玉接近的大理岩、蛇纹岩占三分之二，十分“似玉”，与居住址石锛多以硬度大的角岩为主明显不同。此外，在保存较好的M3015、M3016和M3002中，我们发现这类玉质感强的石锛和大墓中常见的石斧在墓中的放置位置最为接近厨刀、木板木匣、猪骨等显示饮食礼仪的相关器类，大体都集中在墓主人右侧下部一带。因此，不排除这些石斧和石锛像石厨刀一样属于加工制作美食的“厨具”的可能性。

史前社会时期，面对难以抵御的自然灾害，人们对未知世界充满恐惧，同时认识到个人力量之薄弱，由此衍生的神灵信仰与崇拜在当时社会占据重要位置。良渚文化早期出土了大量玉器，其制作工艺达到当时最先进的水平，其数量之多，占出土随葬器物的近90%，包括被称为“琮王”的神人纹玉琮、龙首纹玉镯以及兽面纹玉梳等，均显现出了鲜明的神权属性、宗教色彩。相对而言，陶寺文化出土的玉石器并没有所谓的充满神性的繁缛华丽的纹饰，且早期大墓出土的玉器数量少之又少。更不可思议的是，陶器早期大墓中没有璧、璜、琮、项饰、臂环等装饰品的随葬，更没有其他等级二至五类墓中普遍存在的玉骨组合头饰。早期大墓仅有的玉饰类随葬品出现在M3015中，包括作为头饰的玉环，以及2件绿松石饰片和由抛光的软玉制成的玉管1件。

我们知道陶寺玉器并非宗教法器，而用于别贵贱、身份的同时又有比较明显的饰品化倾向，如玉琮和玉璧多是直接佩戴于胳膊上，用于修饰，更加具有世俗性的内涵。[1]

早期大墓玉饰数量较少，而在同一时期的下靳墓地则出土了玉璧、玉环、玉璜等，且与玉石杂饰、管珠等成组合出现，摆放位置一般是人架附近和身上，是为装饰品。[2]清凉寺墓地也出土了多璜联璧、琮等。[3]但下靳墓地、清凉寺墓地的墓葬等级，均低于陶寺早期大墓等级。可以推测，陶寺早期墓葬随葬品中，玉器虽作为装饰品佩戴或随葬，但只是陶寺玉器世俗性的体现，从而引领陶寺文化时期用玉的整体特征。直到中晚期，玉饰才普遍出现在陶寺中型以上墓葬中，并逐渐以琮、璧的组合形式固定下来。

陶寺早期大墓墓主似乎不太注重像社会中层身份者中流行的用玉修饰的世俗作风，更加盛行用漆木器、乐礼器和饮食礼器具，偏重展示军权与礼制。但到了中期偏晚的M22时，用于装饰佩戴的玉琮、玉璜和玉璧出现在了最高等级者的墓中，世俗性的修饰作风走向了包括最高统治者在内的社会各个阶层。

四、陶寺早期大墓玉石器的来源

陶寺至今并未发现制作玉器的作坊类遗迹，玉器在种类、数量、材质方面也远不及出土数量较多、大量使用软玉的石峁、良渚、薛家岗等遗址，玉器发达程度相对较低，用玉习俗较为单一，似乎也未形成一种明确的用玉制度。玉器就形制与工艺而言，含有较多的周边与四方其他同期或较早考古学文化因素。

邓淑苹认为，大兴安岭、太行山、巫山、雪峰山形成的山脉链将华夏大地分为华东、华西两部分，以此有了华东地区“物精崇拜”下的以动物为母题的玉鸟、玉鹰、玉卷龙、神面玉饰与华西地区“天圆地方宇宙观”

1 高江涛：《中国文明与早期国家起源的陶寺模式》，载中国社会科学院考古研究所夏商周考古研究室编《三代考古（五）》，科学出版社，2013，第38—46页。

2 山西省临汾行署文化局、中国社会科学院考古研究所山西工作队：《山西临汾下靳村陶寺文化墓地发掘报告》，《考古学报》1999年第4期。

3 马金花：《山西芮城清凉寺墓地出土玉器浅说》，《文物世界》2009年第3期。

下产生的牙璋、玉璧、玉琮。[1] 按此，陶寺玉器应划归为华西玉器系统。同属于华西玉器系统的还有石峁文化、齐家文化等。从出土玉器的形制、种类、材质来看，陶寺出土玉器无论种类还是数量均明显少于位于山西西北部不远处的陕西神木石峁遗址，但少见纹饰、材质相近也显示出陶寺玉器与石峁密切的联系，不排除存在上层人物交流的可能。同样较少纹饰的还有齐家文化玉琮，多素面、扁矮状，这一点与陶寺文化晚期玉琮较为相似。可见，华西系内部有着丰富的文化互动交流，只是互动中的角色和变动需要具体问题具体分析。同样，华西系与华东系的文化交流早已存在，两系交流明显影响到陶寺文化，不排除陶寺文化的玉器的种类、形制特征以及用玉作风是这种不同体系交流的结果。

陶寺早期大墓中常见玉石钺多有穿孔，且常见双孔。其他墓葬中玉石钺也见有双孔，甚至多个钻孔。这种主孔与副孔以及其他散孔相配使用很有特点，尤其散孔多为装饰玉钺所置。此外顶端不平，缺角与带缺口凹槽的一类玉石钺也很有特色。包括玉石钺在内的陶寺玉器并没有之前年代的明显的传统和传承。临汾下靳墓地也出土大体同类、形制相近的钺、璧、刀、环、璜、腕饰等等，属于陶寺文化遗存，只是下靳墓地多单孔，少见双孔或散孔。晋南中条山南麓的清凉寺墓地也出土数量较多的大体同时期的玉器，在器类与形制上与陶寺遗址墓地出土玉石器有诸多相同之处。因此，陶寺、下靳、清凉寺地域同处晋南，玉器显然也属于同一个体系，它们之间，尤其是陶寺与清凉寺似乎很难判断用玉习俗或制度是否存在源流，或孰是源孰是流的关系，只能暂作一个玉器体系考虑。

值得注意的是，清凉寺墓地出土的数量不少的玉石钺在形制特征上与陶寺玉石钺有诸多相近之处是显而易见的，甚至都见有缺口凹槽的特色，只是清凉寺墓地缺口凹槽者更多见、盛行，不排除陶寺此类玉石钺来源于清凉寺的可能性。但二者也有一些不同特点，清凉寺玉石钺罕见双孔，仅见 M79 与 M82 两例，也罕见长条形的石钺。更有意思的是，陶寺玉石钺主要出土于男性墓葬，而清凉寺玉石钺男女均常随葬。清凉寺墓地的第二至四期测年数据在公元前 2300—前 1800 年之间，大体与陶寺文化年代相当，第二期约与陶寺早期相当。

宋建忠先生集中论述了下靳墓地出土的玉石钺，并与海岱地区大汶口文化出土的玉石钺进行了型式比较，认为二者表现出很大的一致性，推测下靳玉石钺可以上推到大汶口文化。[2] 栾丰实先生认为晋南地区的玉钺与海岱地区更为接近，但是否就是来源于海岱地区的大汶口—龙山文化系统还难以断定。[3] 我们注意到，海岱地区与晋南地区的玉石钺不仅在器形上比较接近，钻孔和装饰风格也有些相近，如二者玉石钺都有双孔的做法，主孔以外还见有副孔，而副孔既有与主孔上下对应规整者，也有副孔游离一侧不对应者[4]。还有个别在副孔嵌补玉片或松绿石圆片以装饰者。只是在海岱地区罕见陶寺玉石钺多孔以及散孔随意远离主孔的特点，这可称为“陶寺式玉钺”。

陶寺出土石刀多为双孔，与海岱地区出土的极为相似，且不同于薛家岗文化、石峁遗址出土的多孔刀。因此可以说，陶寺文化早期大墓玉石器深受海岱地区的影响。学者认为，晋南地区在联结海岱地区与陕北地区方面显然起到了桥梁的作用。[5]

此外，陶寺早期大墓中未见任何其他中型墓中常见的玉璧、多璜联璧以及玉琮。出土玉璧墓葬大多年代不明，年代明确者均属陶寺文化晚期，发掘报告认为早期墓没有出土玉璧的证据。下靳墓地年代相当于陶寺文化

1 邓淑苹：《玉礼器与玉礼制初探》，《南方文物》2017 年第 1 期。

2 宋建忠：《山西临汾下靳墓地玉石器分析》，载北京大学中国考古学研究中心、北京大学震旦古代文明研究中心编《古代文明（第 2 卷）》，文物出版社，2003，第 121—137 页。

3 栾丰实：《简论晋南地区龙山时代的玉器》，《文物》2010 年第 3 期。

4 海岱地区如两城镇、西朱封、丹土等遗址也常见主副双孔的玉石钺，参见杨小博、赵国靖、王青：《山东龙山文化玉器发现与研究综述》，载杜金鹏主编《临朐西朱封龙山文化玉器研究》，科学出版社，2015，第 27— 63 页。

5 宋建忠：《山西临汾下靳墓地玉石器分析》，载北京大学中国考古学研究中心、北京大学震旦古代文明研究中心编《古代文明（第 2 卷）》，文物出版社，2003，第 121—137 页。

早期偏晚阶段，明确出土了一定数量的玉璧，因此，属于陶寺文化的典型遗址陶寺墓地其早期墓中也应该随葬有玉璧，一些期别不明的出土玉璧的墓葬当属此类情况。清凉寺墓地属于其早期的第二期中也出土有玉璧，也可作为陶寺早期应有玉璧的旁证。早于陶寺文化的玉璧，集中于良渚文化、红山文化、大汶口文化中。良渚玉璧孔径多较小，为神器，非佩玉。红山有与大汶口同类的玉璧，或为后者来源。值得思考的是，陶寺墓地玉琮也多为晚期墓出土，早期未见明确墓葬出土，属于陶寺文化中期偏晚的 M22 等开始出现玉琮。而下靳墓地同样未见玉琮，清凉寺墓地属于其早期的第二期竟也未见玉琮，到了其第三期时才在 M52、M87 中出现玉石琮。[1] 换言之，玉琮与玉璧不同，玉琮出现在陶寺等晋南玉器体系中较晚。而在海岱地区属于大汶口文化的花厅以及属于龙山文化早期的丹土、湖台等遗址均见有玉琮。[2] 因此，陶寺文化玉琮不排除源于海岱地区大汶口—龙山文化的可能性。

陶寺早期大墓中如 M3015 与 M2001 中均出土有绿松石片，M2001 墓主更戴有镶嵌绿松石的组合头饰和腕饰。绿松石装饰为陶寺社会所重视。陶寺周边甚至晋南一带均无绿松石矿，绿松石料源于外地可以肯定，只是绿松石器是否本地加工制作难以断定。张登毅先生通过对陶寺出土 8 件绿松石的同位素、化学成分、物相结构等的分析，认为陶寺早期绿松石制品至少有三处不同的矿源，其中一处应与陕西洛南辣子洞古绿松石矿同属一个矿脉。陶寺中期绿松石制品有多处矿源。[3] 最近，李延祥等先生重新审视并正式公布陶寺出土 8 件绿松石样品的测定结果，略有改正地认为陶寺 8 件绿松石制品矿源于陕西竹山喇嘛洞、白河白龙洞和三处未知矿源，未见源于洛南辣子洞。下靳墓地显然属于陶寺文化早期，下靳墓地出土绿松石矿源为喇嘛洞、辣子洞和未知地。值得注意的是，出自 M3168 的样品多是未知矿源，而 M3168 虽然葬于陶寺遗址早期墓地，但并非陶寺文化早期墓葬而是其晚期墓葬。因此，可以肯定的是陶寺绿松石制品矿源于多地，且晚期增加了矿源地。陶寺绿松石制品多属于陶寺自己新创玉类，且是集中使用之地，也很可能是再分配散开之地，即绿松石制品集散地。

五、结语

陶寺早期大墓出土玉石器以玉石钺、玉石镞、石研磨盘磨棒、石磬、石厨刀、石斧、石锛为主。相对于只出现在早期大墓中的鼍鼓、龙盘等彩陶、漆木器等成组礼器，以及中型墓葬普遍存在的玉石器随葬现象来看，玉石器并不是早期大墓体现墓主身份的最主要标志物。陶寺早期大墓出土的玉石器，多以钺、镞等代表王权，在有限程度上体现了陶寺早期鲜明的阶层分化现象，同时凸显军权；或以较少的玉饰置于男女墓主身体相关部位，直到中晚期才普遍随葬于中型墓葬中，而小型墓葬随葬则以石器、骨器为主。陶寺文化把玉的佩戴和装饰的世俗功用发展到前所未有的高度，之前以玉或玉雕形象为通神之器或灵物的功用在陶寺文化时期基本消失殆尽。这在陶寺文化早期就已明显表现出来。这种用玉的世俗性引领了陶寺文化时期的整体特征，从而不同于良渚琮文化等鲜明的宗教神权属性。正是因为陶寺玉器世俗务实的特性，早期大墓出土玉器较少的现象也才不足为奇。

1 薛新明主编，山西省考古研究所、运城市文物工作站、芮城县旅游文物局编著：《清凉寺史前墓地》，文物出版社，2016，第 224、242 页。

2 杨小博、赵国靖、王青：《山东龙山文化玉器发现与研究综述》，载杜金鹏主编《临朐西朱封龙山文化玉器研究》，科学出版社，2015，第 27—63 页。

3 李延祥、张登毅等：《山西三处先秦遗址出土绿松石制品产源特征探索》，《文物》2018 年第 2 期。

A Study on the Discovery and Research on the Jades from the Shimao Culture: the City and Its Jades

by Sun Zhouyong

城与玉：石峁文化玉器的发现与研究

孙周勇　陕西省考古研究院

自2012年以来，随着石峁遗址考古新发现的不断公布，以内蒙古中南部、晋西北、陕西北部为核心的河套地区龙山晚期一系列重要考古新发现，引起了学术界的高度关注。这一区域内的陕西石峁、山西碧村、内蒙古后城咀等遗址先后出土了数量众多的玉器，器类独特、玉质庞杂、玉色绚丽。其特殊的出土背景体现了石峁集团独特的用玉传统和意识形态：包括石砌城垣及重要城防设施的石墙（或其倒塌堆积）、墓葬、房址（地面）、祭坛或祭祀坑等多类，尤以罕见的“藏玉于墙”令人印象深刻。

目前来看，可以认为石峁文化是继红山文化和良渚文化用玉中心衰落之后，与齐家文化、后石家河文化（肖家屋脊文化）鼎足而立的一处重要史前用玉中心。本文回顾了石峁文化玉器的发现和认知过程，探讨了其出土背景及文化特征，指出了石峁文化玉器在中国史前玉器发展史中的时空位置和重要价值。

一、缘之所起

——从新华遗址玉器坑的发现说起

20世纪90年代，我国的基本建设考古工作尚未形成制度，仅有拟建的国家大型工程按照《中华人民共和国文物保护法》中的相关要求履行了考古工作。1996年5月，陕京天然气输气管道工程开始建设，管线全长853千米，是当时中国陆上输送距离最长的一条天然气管线，也是中国第一条大口径、全自动的输气管线。管线在陕西境内300余千米，穿越了靖边、横山、榆林、神木及府谷等县市。为了配合输气管道的建设，陕西省考古研究所与榆林市文管会联合组成考古队，结合前期考古调查资料，对管线穿越区域进行了详细考古勘探，确定了靖边红墩界，神木大保当汉代画像石墓地、新华遗址和府谷郑则峁遗址作为发掘对象。[1]

事实上，陕京管线真正穿越的仅有画像石墓地，新华和郑则峁遗址距离管线尚有一段距离，工程建设并未对遗址构成破坏和威胁。当时配合陕京管线的考古工作也是多年以来省所承担规模最大的一项任务，所里派出了一支由七八人组成的考古队，工作经费也相对宽裕，考古队选点自主权较大。因此，才能够利用基本建设考古工作的机遇，在工程范围及影响区域开展一些带有学术目的的考古发掘与研究。之所以选择新华遗址这样一处龙山时期的遗址，与内蒙古中南部、晋中、晋西北史前考古成就突出，而陕北地区工作较为薄弱（文化谱系等基本框架尚未建立）的尴尬困境有着直接关系。

新华遗址位于神木西南大保当镇东北新华村附近一个名叫“彭素圪塔”的土丘之上，据当地百姓讲，过去这里曾经开过榨油的作坊，由此得名“油房梁”。按照考古遗址命名原则，我们依据其行政隶属关系及20世纪80年代考古调查资料，称之为“新华遗址”[2]。从地理位置上来看，新华遗址位于明长城以外，毛乌素沙地犹如一块地毯若有若无地遮盖在方圆，遗址附近有间歇性河流——野鸡河流经。野鸡河是秃尾河的一条支流，随着

1　陕西省考古研究所、榆林市文物管理委员会办公室编著：《神木大保当：汉代城址与墓葬考古报告》，科学出版社，2001。陕西省考古研究所、榆林市文物保护研究所编著：《神木新华》，科学出版社，2005。

2　艾有为：《神木县新石器时代遗址调查简报》，《考古与文物》1990年第5期。

毛乌素沙地的南侵和生态环境的恶化，野鸡河水流量逐年减少，成为内流河，注入附近的大坝梁海子。新华遗址中心区域的面积约 3 万平方米，累年的流沙掩埋加上水土流失，放眼望去，除了满眼黄沙之外，唯一能够令人眼前一亮的是点缀在这荒凉之中的沙柳沙蒿，让人感觉到生命的顽强。地表随处可见破碎的陶片、动物骨骼和一些晶莹剔透的细石器等文物。在遗址东北部断崖旁边还可以观察到一些灰坑、窑址等遗迹。这次发掘的面积不足 500 平方米，发现了房址、灰坑、墓葬、瓮棺葬等百余个遗迹。

3 年之后，为配合准神铁路建设，我们再次启动了新华遗址考古工作，发掘面积近 3400 平方米。这次发掘最大的收获就是意外发现了一个“鞋底状”的玉器坑。这处玉器坑距离 1996 年的发掘探方不足 10 米，当年因时间和经费原因，发掘范围并未延伸到此。这处编号为 K1 的玉器坑，位于探方之间保留的隔梁之下。由于新华遗址整体堆积比较简单，所以一开始这条隔梁没有打掉，考古队差点和这个极为重要的考古发现再次失之交臂。神延铁路穿越遗址西部区域，路基被垫高了数十米。为了照一张遗址的远景照片，我爬上了路基，打算居高临下拍摄整个发掘区域的全景照片，当时的场景至今仍记忆犹新：烈日当空，尘土飞扬，拉运沙土的大型车辆穿梭迂回。拍了几张照片之后，我感觉隔梁将发掘区人为分成了条块状，不是很美观，于是给现场考古队员喊话，让他们把隔梁铲掉后我再拍摄。

榆林地区的新石器时代遗址多数覆土较薄，耕土之下就是古代遗迹，隔梁很快就可以铲平。我站在路基上看见正要铲掉隔梁的时候一群人突然全都围了过去，意识到可能发现了什么，连忙从高处的路基上跑了下去。考古队员和民工正围着这个探方议论纷纷。原来是在厚度不足 20 厘米的耕土去掉之后，铁锨一铲下去，恰好碰到一个竖立的黑色片状器物，旁边似乎看起来还有好几排。隔梁的取土就立即停下来了。老乡说，“你们考古队在这挖了几个月，只挖了些瓦片，现在可算是挖到宝贝了”“我看他们这下高兴了，要不然，拉上一车破瓦片回西安，可丢人了”。当时已近中午，快到午饭时间，于是我们就向民工宣布今天早点下班，下午是否上班再等通知。紧接着我们开始对坑的范围进行了确认，随后进行了清理、照相绘图及资料记录。（见图 4-1）

图 4-1　考古工作者清理新华遗址玉器坑 K1（1999 年 7 月）

这座编号为 K1 的玉器坑，平面呈鞋底形，两短边弧凸，两长边略向内凹成近亚腰形。坑底中央有 1 个小坑，小坑靠近底部发现有少量鸟禽类骨骼。从平面形状来看，玉器坑形似一座小型墓葬，东西长约 140 厘米、南北宽约 50 厘米、深约 22 厘米。坑内填满了黄灰色土，质地较硬，夹杂少量砂石粒及碎陶片。（见图 4-2）K1 内共出土 36 件玉石器，分六排排列，玉器侧边竖直侧立插入土中，有刃器物，其刃部朝下埋入，无刃者体薄面朝下，出露部分基本平齐。每排插置器物数量不等，多者 10 件，少者 2 件，包括了钺、铲、刀、斧、环、璜、璋等器类（见图 4-3）。36 件玉器中有 3 件璧璜类残片还可以拼合起来（1、3、6 号为同一件玉钺的残片，11、16 号为同一件玉铲的残片，29、31 号为同一件玉璜的残片），经过拼对黏合后实际有玉器 32 件。

此外，新华遗址个别墓葬中发现了以石铲、玉柄形器随葬，一些灰坑中还出土了玉环、玉璜等残件，但数量极少。

新华玉器极具特色，以墨绿、青黑或乳白色为主，多有穿孔，器物改制现象明显。玉器检测表明，其主要成分是叶蛇纹石、阳起石、透闪石、绿泥石、大理石等。

图 4-2　神木新华遗址玉器坑 K1 全景

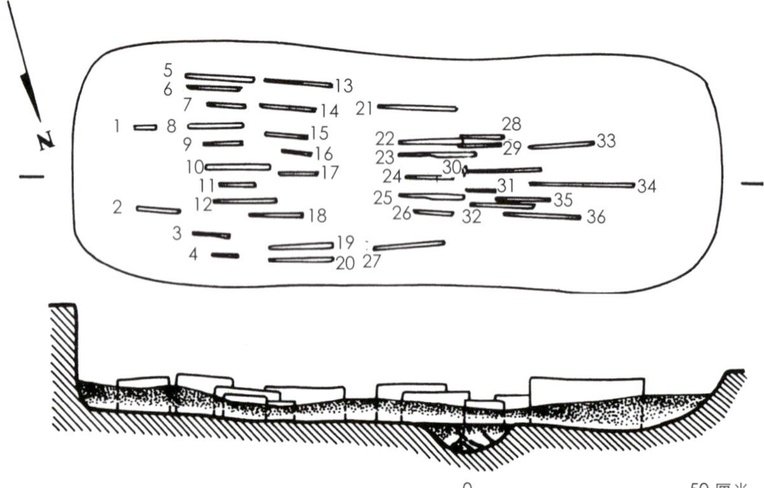

图 4-3　神木新华遗址玉器坑 K1 平剖面示意图

1、3、6. 玉钺　2. 残片　4. 玉环　5. 玉笄形器　7. 玉铲　8. 玉璋　9. 残片　10. 玉铲　11、16. 玉铲　12. 玉刀　13. 玉钺　14. 玉钺　15. 玉铲　17. 玉斧　18. 玉刀　19. 玉钺　20. 玉佩饰　21. 玉刀　22. 玉璋　23. 玉铲　24. 玉钺　25. 玉刀　26. 玉斧　27. 玉钺　28. 玉铲　29、31. 玉璜　30. 玉铲　32. 玉刀　33. 玉铲　34. 玉铲　35. 玉铲　36. 玉铲

图 4-4　神木新华遗址出土玉器之一

图 4-5　神木新华遗址出土玉器之二

（见图 4-4、图 4-5）有些虽然接近于石料，但古人视石之美者为玉，仍然被当作玉对待。这批玉器与收藏于陕西历史博物馆的 1976 年石峁遗址征集玉器的质地、器形特征非常相似，矿物种类也与石峁玉器相同[1]。

陈启贤观察了 26 件新华玉器切割痕迹后发现，只有片切割痕迹一种，且所有片切割痕迹都是石核片状工具“重复单方向切割”[2] 所遗留。但他同时指出仍然不排除有线切割工艺（线状工具带动蘸水解玉砂）的可能性。目前可以肯定的是，石峁文化圈的玉器中尚没有发现所谓砣具切割痕迹，均是以片状切割为主。常见由玉钺一剖为二，成为似刀非刀、似铲非铲状的平首璋类（相当数量并不开刃），还有将玉琮沿射口剖切为片状，将大刀从断裂处分割为小刀或者玉铲。器体厚薄差异较大，薄者仅有 2—3 毫米，透光，拿在手上感觉稍加晃动便可折断，展示了高超娴熟的玉器片切割技术。

新华玉器中钻孔现象较为普遍，钻孔方式包括了以“尖头石核”掏搅与管钻两种，穿孔口沿大都经过修整，以利于延长穿孔系绳的使用寿命。钻孔多见于刀、钺、铲、璋等器类之上，除部分可能为捆扎孔之外，大部分位置并不固定，有的仅为半孔，暗示着这类器物多为改制而来，已经脱离了器物原始的使用背景。

新华 K1 玉器坑发现以后引起了学者们的关注。夏商时期常有青铜器窖藏发现，但中国早期玉器的窖藏却很少。宝鸡周原遗址发现的西周青铜器窖藏数量多达 26 批次，历史学家和考古学家多倾向于这些重器为生活在周原的大贵族家庭，在西周末年犬戎入侵的压力下东迁洛邑的历史事件中匆忙埋下的。[3] 由于难以随身携带，便将它们埋藏于宅院附近，期待有一天能够再回来取出重新供奉在庙堂之上。[4]

在考古发现中，玉器常常集中发现于大型墓葬之内。两周之前，已知的玉器窖藏屈指可数。1986 年在江苏吴县通安乡严山发现一处春秋时期吴国玉器窖藏，因窖藏系当地采石矿工在采石作业中无意发现的，所出玉器被哄抢一空，后共征集包括玉器、彩石器和料器等 402 件。其中玉器 204 件，经初步鉴定均为软玉，包括了璧、环、瑗、璜、琮，形制多样的佩饰、镯等。[5] 严山玉器窖藏被认为系吴国灭亡之际仓皇中草率地埋藏的宫廷用玉。

史前时期，玉器窖藏极为少见。为什么在这个面积仅 3 万平方米的石峁文化小型聚落中，会集中在一个小型土坑之内埋藏这么多的玉器？其独特的放置方式，庞杂的玉料及反复改制的器形，尤令人疑惑。对此我曾撰文进行探讨，这种独特的处理新华先民“奢侈品”的方式，体现了河套地区龙山时代浓厚的崇玉传统，也表达了先民“以玉事神”“以玉事祖”的精神追求，或蕴含了祭祀氛围和社会文化理念。[6]

从新华遗址已揭露的遗迹（占遗址面积七分之一）的空间布局来看，在玉器坑旁边分布有很多墓葬，这些玉器集中埋藏于此，极可能和周边墓葬的祭祀行为有关。K1 坐落于生土之上，周边环围分布了 M6、M16、M5、M14、M12、M8 等 10 余座墓葬，这些墓葬要么破坏了居住遗迹，要么直接坐落于生土之上（龙山时期空白地带），没有与 K1 直接发生关系。但仔细观察不难发现，这 10 余座墓葬头向基本趋于一致，在整个发掘区内形成了一个相对独立的墓群单元，而 K1 就位于该墓群的中心位置，或许暗示着墓主人之间应该有着血缘和家族上的关联。其经过刻意规划的空间位置，避开了与周边同期灰坑、房址等生活遗迹的冲突。

1　与石峁遗址征集玉器以墨玉、碧玉、蛇纹石、透闪石、阳起石为主，少量为大理岩的情况高度一致。参见黄翠梅、叶贵玉：《自然环境与玉矿资源——以新石器时代晋陕地区的玉器发展为例》，载许倬云、张忠培主编《新世纪的考古学：文化、区位、生态的多元互动》，紫禁城出版社，2006，第 442—470 页。

2　陈启贤：《试论陕西神木新华遗址出土玉器工艺显微特征》，载《玉文化论丛（5）》，台湾众志美术出版社，2013。

3　陕西省博物馆、陕西省文物管理委员会编：《扶风齐家村青铜器群》，文物出版社，1963。

4　丁乙：《周原的建筑遗存和铜器窖藏》，《考古》1982 年第 4 期。朱凤瀚：《从周原出土青铜器看西周贵族家族》，《南开学报（哲学社会科学版）》1988 年第 4 期。曹玮：《周原遗址与西周铜器研究》，科学出版社，2004，第 39—49 页。张懋镕：《古文字与青铜器论集》，科学出版社，2002，第 112—137 页。杨宽：《西周史》，上海人民出版社，1999。

5　吴县文物管理委员会：《江苏吴县春秋吴国玉器窖藏》，《文物》1988 年第 11 期。

6　孙周勇：《神木新华遗址出土玉器的几个问题》，《中原文物》2002 年第 5 期。

据此推断，这座编号为K1的玉器祭祀坑很可能是新华遗址先民为祭祀埋葬于此的先祖或地神之类而遗留下来的遗迹。

K1内出土的玉器形制简单，85%以上是片状器，有的厚度仅有两三毫米，个别侧缘开刃（有些为剖切前原器物刃口），大部分没有使用痕迹，已经完全脱离了实用的功能，具有祭祀和礼仪功能当无大谬。坑内玉器插置是有意识的精心行为，摆放似呈现出一定的规律，插置时保持刃部朝下，每排数量不等。个别残为数块的玉器，往往就近插置。这处近似鞋底状玉器坑，玉器摆放呈人形，两端较少，中部放置玉器最多且基本对称插置，不得不让人将其与人体形状关联起来。此外，在坑底发现的一个小坑内还埋葬了鸟类动物，很像殷墟商墓中底部设置腰坑殉狗的现象，当具有思想理念和宗教方面的含义。

那么，K1是否代表了史前时期北方地区的一种墓祭行为呢？20世纪80年代初期，学界围绕先秦时期墓上建筑和墓祭的相关问题展开了热烈讨论。杨鸿勋认为，汉代人所说的“古不墓祭”是错误的，至迟到商代已经有墓祭。[1] 杨宽对此并不认同，他认为先秦时期墓上建筑不可能用于祭祀，而是陵寝的“寝”，是墓主灵魂的饮食起居之所。[2] 新华遗址所见的玉器坑K1不属于墓上建筑之类，因而不同于以上所谓“墓祭”范畴。考古发掘表明，商代已经大量出现了埋葬人牲遗骸的祭祀坑，其性质已被学界公认。由此看来，在拥有了高度发达的社会文明，以及出现了墓葬规模和等级差别社会现象的同时，处于龙山晚期的新华先民采用玉器而不用杀牲作为祭祀之用也未尝不可。

K1内埋葬的玉器中包含了相当一部分的残器、改制器和半成品。就玉器本身而言，珍贵稀有的玉器在先民的心目中占有无与伦比的地位，在长期使用过程中可能会出现反复利用、传承改制的现象，因此K1出现并不完整的器物也不难理解。虽然关于K1的解释还未有定论，但可以肯定的是，这些玉器明显已经脱离了生产工具的范畴，具有了一般器类难以替代的神秘功能和特殊含义。

新华遗址发掘时，石峁遗址尚未开展大规模工作，遗址的规模和性质尚不明晰。随着近年来工作逐渐展开，我们已清晰地认识到，新华遗址出土的典型陶器与石峁遗址同类器物表现出了高度的一致性，其整体文化面貌与中原地区龙山时代遗存迥异，是一支根植于北方地区发展起来的区域性考古学文化（现在我们区分出来这类遗存，并称之为“石峁文化”）。新华遗址属于石峁集团的小型聚落遗址。

二、追本溯源
——石峁玉器的流散、发现与认识

石峁遗址与新华遗址距离较近，直线距离不超过40千米，是河套区域已知规模最大、保存最好的都邑性遗址和区域政体中心。河套地区的地理范围北至大青山南麓，西至白于山以东，东至太行山以西，南至延安以北，区域面积约24万平方千米。

1976年，石峁遗址首次进入了国内学术界的视野，当时供职于陕西省文管会的戴应新先生曾到此调查，征集了127件玉器。这批玉器现在被陕西历史博物馆收藏，观众在第一展厅内就能看到。

戴先生曾和我聊起当年征集文物的经过。新中国成立之后，因农田水利建设和农业生产活动，很多文物被发现。听说神木高家堡镇出了很多文物，戴先生就在1975年隆冬时节去当地调查。他到了石峁遗址所在的高家堡镇，见到文化站工作人员段海田。据段海田讲述，在1966—1975年间有1500余件玉器被征集上来，经过文化站，上交给外贸部门，每件返还给老乡几角钱。戴先生告诉段海田，他是省文管会派来的，代表国家征集文物，有意出更高的价钱。这个消息传播出去后，四

1　杨鸿勋：《关于秦代以前墓上建筑的问题》，《考古》1982年第4期。杨鸿勋：《〈关于秦代以前墓上建筑的问题〉要点的重申——答杨宽先生》，《考古》1983年第8期。

2　杨宽：《先秦墓上建筑和陵寝制度》，《文物》1982年第1期。杨宽：《先秦墓上建筑问题的再探讨》，《考古》1983年第7期。

图 4-6　1976 年戴应新在石峁遗址征集的部分陶器

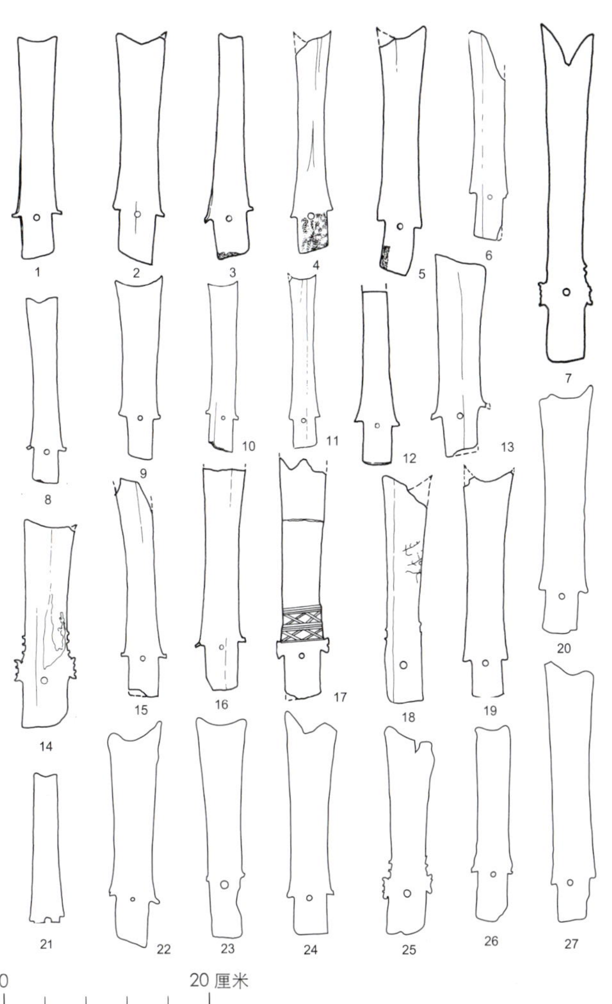

图 4-7　石峁遗址征集玉器之一

牙璋 1. SSY：3　2. SSY：12　3. SSY：14　4. SSY：21　5. SSY：20　6. SSY：25　7. SSY：17　8. SSY：4　9. SSY：7　10. SSY：6　11. SSY：5　12. SSY：27　13. SSY：13　14. SSY：15　15. SSY：23　16. SSY：24　17. SSY：16　18. SSY：22　19. SSY：8　20. SSY：9　21. SSY：26　22. SSY：2　23. SSY：11　24. SSY：1　25. SSY：18　26. SSY：10　27. SSY：19

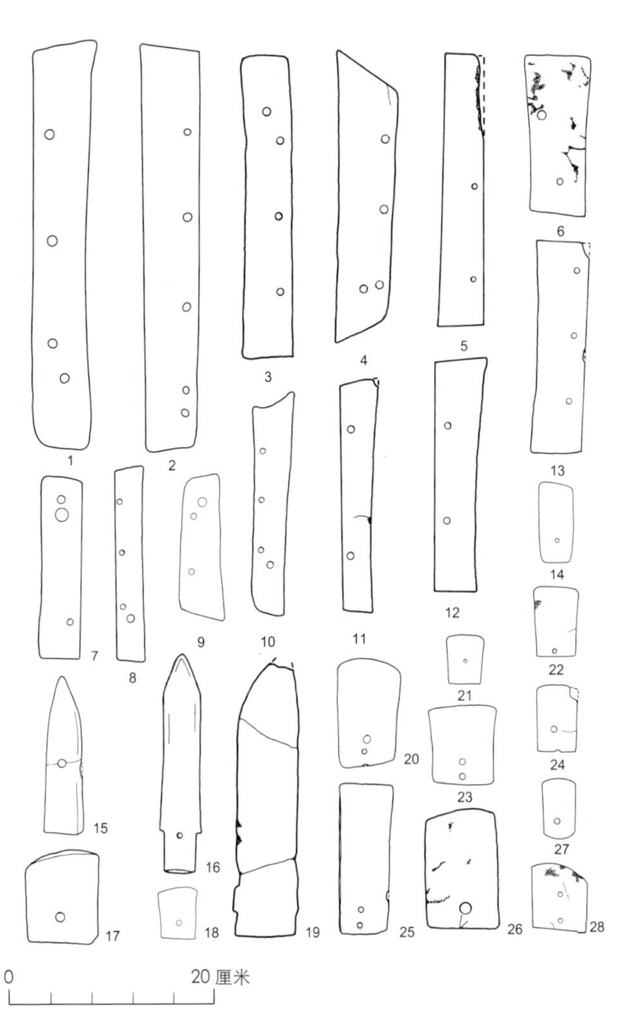

图 4-8　石峁遗址征集玉器之二

玉刀 1. SSY：83　2. SSY：82　3. SSY：84　4. SSY：86　5. SSY：92　6. SSY：97　7. SSY：91　8. SSY：87　9. SSY：89　10. SSY：85　11. SSY：95　12. SSY：93　13. SSY：90

玉斧 14. SSY：61　25. SSY：44

玉戈 15. SSY：120　16. SSY：121　19. SSY：118

玉钺 17. SSY：49　18. SSY：51　20. SSY：48　21. SSY：64　22. SSY：52　23. SSY：46　24. SSY：58　26. SSY：53　27. SSY：63　28. SSY：47

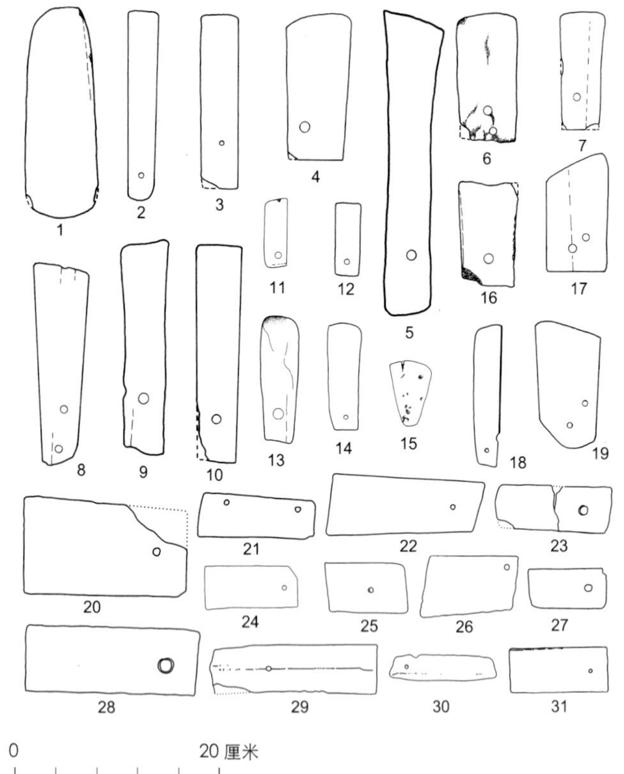

图 4-9　石峁遗址征集玉器之三

玉铲 1. SSY：79　4. SSY：59　5. SSY：29　6. SSY：68　7. SSY：104　9. SSY：30　14. SSY：71　15. SSY：76　16. SSY：67　17. SSY：70　19. SSY：50

玉圭 2. SSY：78　3. SSY：101　8. SSY：77　10. SSY：100　11. SSY：60　12. SSY：108　13. SSY：75　18. SSY：110

切刀（玉钺）20. SSY：102　26. SSY：117　28. SSY：103

镰刀 21. SSY：105　22. SSY：98　23. SSY：115　24. SSY：57　29. SSY：116

玉片 25. SSY：66　27. SSY：107　31. SSY：106

梭形器 30. SSY：99

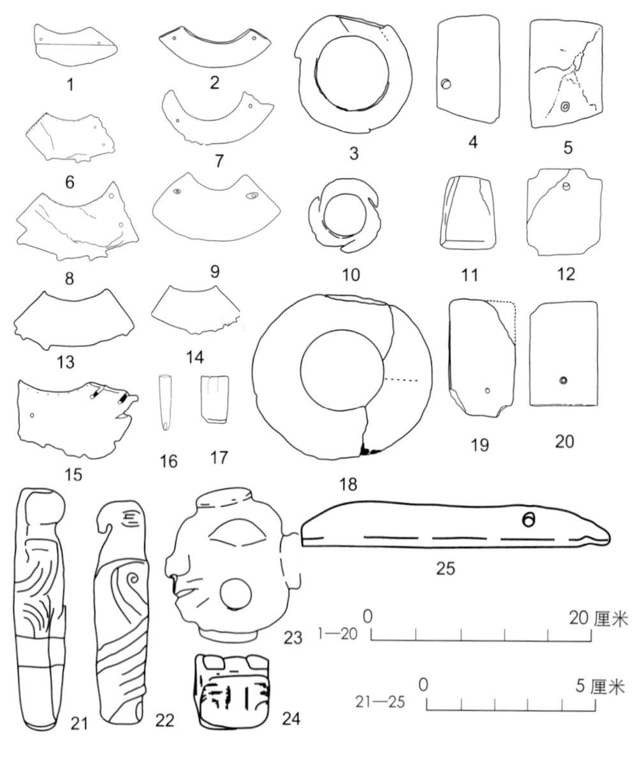

图 4-10　石峁遗址征集玉器之四

玉璜及璜形器 1. SSY：34　2. SSY：32　6. SSY：40　7. SSY：33　8. SSY：39　9. SSY：31　13. SSY：35　14. SSY：36　15. SSY：38

牙璧 3. SSY：43　10. SSY：42

锄形器 4. SSY：56　5. SSY：55　19. SSY：65

玉锛 11、17. 半坡博物馆 81 采：88、89

琮形片状铲（系玉琮改制而成，原称十字形器）12. SSY：54

玉棒 16. 半坡博物馆 81 采：91

玉璧 18.SSY：41　玉蝗 21.SSY：125　玉鹰 22. SSY：126

玉人头 23. SSY：122　玉虎头 24. SSY：124　玉蚕 25. SSY：123

图 4-7 至图 4-10 石峁玉器线图资料依据戴应新：《神木石峁龙山文化玉器探索（1—6）》，《故宫文物月刊》1993 年第 125—130 期及《陕西神木县石峁龙山文化遗址调查》，《考古》1977 年第 3 期；西安半坡博物馆：《陕西神木石峁遗址调查试掘简报》，《史前研究》1983 年第 2 期；等重新绘制。

邻八乡的老乡纷至沓来，把自己家里收藏的古物全部拿出来了。戴先生回忆说，第一次只收了几十件，返回时已是 1976 年的元月初，他绕道山西返回西安，沿途听到周总理去世的消息，内心十分悲恸。非常遗憾的是第一次征集的文物太少，一方面是因为工作经费有限，另外一个方面是因为没有交通工具，无法把大量的文物带走。不久后他又去石峁征集了一次文物，前后两次征集玉器 127 件，陶石器若干（见图 4-6、图 4-7、图 4-8、图 4-9、图 4-10）。

追溯发现过程是对历史的尊重。正是有这样一批先贤，栉风沐雨、风餐露宿，克服各种困难抵达，才使得像石峁这样一处僻远的遗址闯入了世人视野，石峁玉器的刊布引起了学术界的高度关注。学者们开始重新检视海外各学术机构和博物馆收藏的中国古玉，将许多风格独特的墨绿色牙璋类器物产地追溯到了石峁遗址。神木石峁成为世界范围内玉器藏家和研究者关注的焦点，它在中国古玉体系的重要地位也逐渐凸现出来。但可惜的是，由于当时石峁遗址未经过大规模考古发掘，其文化面貌及玉器与文化遗迹之间的关系并未得到令人信服的澄清，因而关于石峁玉器的埋藏性质、年代及文化背景等相关问题一直聚讼不休，存在较大争议。

近年来，在查阅资料和与学界同人交流过程中，石峁玉器早年的发现与流散情况逐渐变得清晰起来[1]。我们现在知道，早在1925年，法国汉学家伯希和在他出版的法文著作里就讲到过出自榆林府的玉器。他虽然没有具体提到石峁这样一个小村子的名字，但文中提及的榆林府的行政范围，恰包含石峁遗址所在之处。这批玉器的流散还涉及一个叫卢芹斋的大文物贩子——著名的昭陵六骏中的“飒露紫”“拳毛騧”，还有敦煌出土的一些经卷文书，都是经过此人之手被倒卖到欧美地区的。卢芹斋在其出版的《中国古代玉器》[2]一书序言中记录了他曾把吴大澂所藏牙璋售卖给了法国的吉斯拉和美国的皮尔斯白瑞，这二位藏家的中国古玉后来分别捐赠给巴黎的吉美博物馆和美国的明尼阿波利斯美术馆。邓淑苹曾经目验过这批玉器并做过系统考察研究，她推测这些历经多次转手的藏品中很可能有来自石峁的玉器。

石峁玉器已流散到了世界各地，英国大英博物馆、美国明尼阿波利斯博物馆、哈佛大学赛克勒博物馆、波士顿美术馆、芝加哥美术馆、日本白鹤美术馆、德国科隆东亚艺术博物馆等海外机构都有收藏，初步估计数量有数百件之多[3]。明尼阿波利斯博物馆就收藏了数量不少的石峁风格牙璋、玉刀等。在疫情之前我曾去过大英博物馆，当时博物馆刚刚对基本陈列进行了提升改造。改陈前英方负责中国区的策展人陈谊与我们取得了联系，在第33号展厅——中国展厅里专门给收藏的石峁文物设立了一个展柜，展柜里展出了3件墨玉质地的牙璋。这是大英博物馆里唯一一个根据中国考古新发现设立的展项。由此看来，石峁文化牙璋不但是海外流散牙璋的大宗，且早在1925年牙璋已进入国际古物市场。[4]

图4-11　阿尔弗雷德·萨尔蒙尼

对于石峁玉器最重要也是最为明确的一个早期记载者是阿尔弗雷德·萨尔蒙尼（见图4-11）。他是一位德裔美国人，二十世纪二三十年代在德国科隆东亚艺术博物馆工作，1929年曾来过中国，1934年又离开欧洲去了美国，之后任教于美国纽约大学，创立了纽约大学中国东亚艺术研究所。1963年，其著作《中国北魏以前的玉器》出版，书中记载了一件很有意思的事情。1929年冬，居住在北京的萨尔蒙尼听说郊区来了几位农民，在出售一批玉器。他当时很犹豫，因为南京国民政府已经意识到中国文物的重要性，并在沿路设岗暗查。到底应该不应该去见这些卖家？他最后还是下定决心在北京郊外会见了这四个农民，征集了36件黑色和6件绿色玉器（包括牙璋、玉刀、玉铲等）。据售卖农民讲，这些玉器来自陕西榆林府，我们推测应该就是出自石峁遗址。

除了几位海外汉学家，中国学者很早也接触过石峁的玉器。中国博物馆学创始人之一的韩寿萱早年曾在北京大学求学，他恰好就是石峁遗址旁边的高家堡镇人。1928年，《大公报》刊登过一则《陕北发现汉匈奴古物》

1　台北故宫博物院邓淑苹教授提供了海外石峁玉器资料。

2　Loo, C. T. "Chinese Archaic Jades, Catalogue of an exhibition arranged for Norton Gallery of Art", West Palm Beach, Florida, 1950。【法】罗拉著，卞婉钰译：《卢芹斋传》，中国文联出版公司，2015，第71页。

3　媒体曾报道过海外流散玉器达三四千件，数量不实，特此澄清。

4　邓淑苹：《牙璋探索——大汶口文化至二里头期》，《南方文物》2021年第1期。

的报道，称当地出土有玉片等物。[1]北大考古学会得此消息后，即安排他返乡调查，在周围发现了很多重要遗物。我们推测他可能也接触到了石峁的遗物，但是否发现这些或许属石峁文化的玉器或"玉片"就不得而知了。

20世纪90年代中期，张长寿曾就早年石峁玉器流散情形作了较完整的记述[2]。1925年伯希和[3]、1931年与1963年萨尔蒙尼[4]、1936年乐提[5]、1951年S. Jenyns[6]的著作中都以不同方式记录了有关陕北榆林府神木出土牙璋、长刀，流传贩卖至欧美一些博物馆的事实。

中华人民共和国成立后，石峁遗址也曾进行过一些零星的调查，但都没有发现玉器的记录。1958年陕西省第一次文物普查时有队员曾来到石峁遗址调查。据当年文物调查资料记载，当时全省仅有七位专业人员，这七人在省上接受培训后，到各地市再培训地方干部，然后由地方干部调查，最后再由省里的专业干部回头检查。[7]这次承担神木调查工作的黄发中等三位同志非常专业，其调查与记录方法和现在的考古调查一样，对遗址的地理位置、地层堆积、出土遗物、性质判断等都详细地作了描述，令人钦佩。在当时的情况下，他们已经非常清楚地认识到了石峁遗址由三套城构成，准确判断这个城址可能是新石器时代龙山文化的，并请求农业社向县文化主管部门报告。可惜的是，紧接着三年困难时期，石峁遗址的发现被搁置下来，后来省上在汇总材料的时候也没有提到这个遗址。

1963年西北大学、陕西省考古研究所又对这个地方进行了调查，再次登记了石峁遗址，这时候判定石峁遗址属于龙山文化，面积约10万平方米。之后，中国社会科学院考古研究所、北京大学、西安半坡博物馆、榆林市文管会、榆林文物考古研究所、榆林市考古勘探工作队、陕西省考古研究所等很多单位都先后对石峁进行过调查。由于当时生活条件艰苦、经费困难，大规模考古工作迟迟没有启动。

1981年，西安半坡博物馆巩启明和几位同志进行了小规模的发掘，这次发掘面积84平方米，发现了房子、石棺葬、瓮棺、灰坑等遗迹并出土了一些有确切文化层位关系的遗物。由于生活条件的限制，当时都在村里吃派饭，老乡们自己也生活困难，所以发掘工作就匆匆结束了。[8]石棺葬中虽然出土了少量绿松石等器物，却并未发现类似1976年征集的那类玉器，仅采集到了玉铲、玉锛等若干小型玉器。重要的是，发掘者辨识出了石峁遗址存在着两种不同时期的文化类型：遗址主体遗存年代当与陕西客省庄二期文化同时；石棺葬年代晚于石峁龙山文化，而与大口二期文化同时。据试掘提供的有限线索，虽然并不能确认石峁早年征集的玉器属于龙山时代或略晚，但这次规模不大的考古工作是从考古角度对石峁玉器年代的一次科学定位，至少说明了石峁早年征集的牙璋、玉钺、玉铲等属于石峁遗址的典型遗物，其年代当在龙山时期。

2012年，唐博豪对榆林地区文博机构及私人收藏的出土于石峁遗址的文物进行了调查统计，统计到2288件器物，其中玉器1098件，包括了璧环、牙璋、玉刀、玉铲、玉钺、玉戚、玉簪、玉琮、玉锛、柄形器、玉戈、玉璜、玉鸟、玉鱼、玉凿、锥形器、钻芯、玉料、

1 邵晶：《九十年前的一段石峁记忆》，《大众考古》2018年第6期。

2 张长寿：《论神木出土的刀形端刃器》，载香港中文大学中国考古艺术研究中心《南中国及邻近地区古文化研究——庆祝郑德坤教授从事学术活动六十周年论文集》，香港中文大学出版社，1994，第59—62页。

3 P. Pelliot, "Jades Archaiques dela Chine Appartenant à M.C.T.Loo", Paris: G. Van Oest, 1925.

4 Alfred Salmony, "Die Stellung des Jade in der Chinesischen Kunst", Chinesisch-Deutscher Almanach, China-Institut, Frankfort, 1931; Alfred Salmony, "Chinese Jade Through the Wei Dynasty", New York, Ronald Press, 1963.

5 Nott, S.C. "Chinese Jade Throughout the Age", London: Batsford, LTD., 1936.

6 Jenyns, R. Soame, "Chinese Archaic Jades in the British Museum", London, The Trustee of the British Museum, 1951.

7 阎磊、田醒农：《陕西省1958年的文物普查工作》，《文物》1959年第11期。

8 魏世刚：《陕西神木石峁遗址发掘二三事》，载西安半坡博物馆编《史前研究》，三秦出版社，2000，第483—488页。唐博豪、肖宇整理，巩启明口述：《石峁遗址考古调查往事——回忆我与石峁遗址的考古情缘》，《中国文物报》2014年11月14日，第3版。

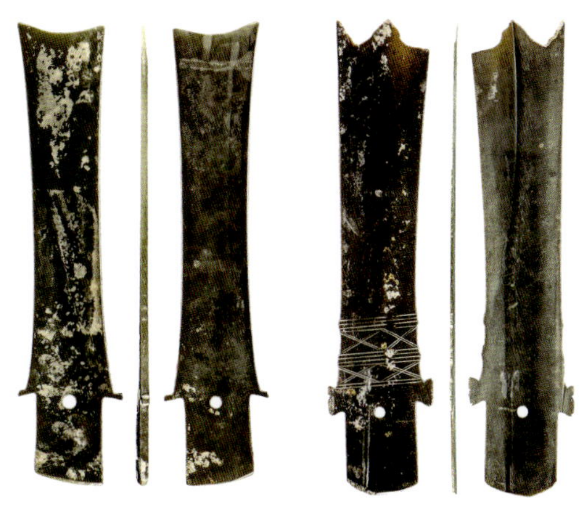

图 4-12　1976 年戴应新在石峁遗址征集的牙璋

玉饰、玉贝、玉戒指、绿松石等类。[1] 除神木县（今神木市）博物馆中小部分藏品来自神木文管会（神木县文体局前身）以外，其余全部为私人或私人博物馆收藏。

牙璋是石峁玉器中极具特色的一类，邓淑苹[2]、邓聪[3]、孙庆伟[4]、张长寿、王永波[5]等曾就牙璋作过深入探讨。关于这种特殊器物的功能有诸多认识，有学者认为可能象征了权力，是早期国家物化的象征；还有学者认为其是具有宗教意义的礼器或祭器（如"玄圭"说），或者是世俗权力和社会地位的象征。从三星堆 2 号坑出土玉器上的图像和执璋青铜跪姿人像来看，牙璋极为可能是古人祭祀天地和山川的礼仪重器。[6] 这一认识可能最为符合上古时期牙璋所承担的"社会角色"。（见图 4-12）

目前所知牙璋分布的最北界就是石峁，在三星堆、金沙遗址发现之前，石峁遗址发现的牙璋数量是在全国乃至亚洲地区发现最多的。后来在山东半岛龙山文化遗址和在河南二里头遗址有一些发现，随之长江以南的福建、香港、澳门，乃至越南北部地区也有发现，这些牙璋的年代多数晚于石峁牙璋，极少与石峁牙璋年代相当或略早，但均数量有限。关于牙璋起源有"南方起源说"、"陕北说"（石峁）、"山东说"、"中原起源说"（二里头）等四类观点，随着牙璋类资料的日益丰富和新的考古发掘成果，研究者也在不断修订自己的观点。总体来看，牙璋最早出现在龙山时代晚期是没有争议的。以石峁为代表的河套地区很可能是中国牙璋的起源地之一，也得到了越来越多的证据支撑。

在 2012 年石峁遗址大规模发掘之前，包括调查者、发掘者及其他研究人员在内，对于石峁玉器研究仍然存在着诸多疑问。1988 年，戴应新就石峁玉器以《神木石峁龙山文化玉器》再次作了详细公布，并将其年代重新修订，"石峁玉器多出于墓葬，也有在遗址内偶尔发现的，其时代应与遗址同时，即与陶器一样也是龙山文化的遗存。以前我们认为葬玉墓可能晚些，或许接近商代，但经多次调查和试掘，迄未发现晚于龙山时期的陶器，所以我们现在认为：石峁玉器和陶器都是龙山时期的，石峁遗址是一处规模宏大，遗存丰富的龙山文化遗址"。[7] 随后，他又在台北《故宫文物月刊》上发表了更为全面详细的报道，再次肯定了这批玉器属于龙山时代。[8]

石峁玉器龙山说的观点占据了学术主流。杨亚长亦认为石峁玉器属于龙山晚期范畴，并指出龙山文化晚期

1　唐博豪：《石峁遗址流散文物调查报告》，西北大学硕士学位论文，2012。

2　邓淑苹：《华西系统玉器观点形成与研究展望》，《故宫学术季刊》第 2 期，2007。邓淑苹：《牙璋探索——大汶口文化至二里头期》，《南方文物》2021 年第 1 期。

3　邓聪、王方：《二里头牙璋（VM3：4）在南中国的波及——中国早期国家政治制度起源和扩散》，《中国国家博物馆馆刊》2015 年第 5 期。邓聪：《牙璋在中国西北的扩散——甘肃牙璋》，《黄河·黄土·黄种人》2017 年第 24 期。

4　孙庆伟：《礼失求诸野——试论"牙璋"的源流与名称》，载陈光祖主编《金玉交辉——商周考古、艺术与文化论文集》，"中研院"历史语言研究所，2013。孙庆伟：《再论"牙璋"为夏代的"玄圭"》，载杨晶、蒋卫东执行主编《玉魂国魄：中国古代玉器与传统文化学术讨论会文集（六）》，浙江古籍出版社，2014，第 145—149 页。

5　王永波：《耜形端刃器的分类与分期》，《考古学报》1996 年第 1 期。

6　陈显丹：《"牙璋"初论》，《四川文物》1989 年第 1 期。

7　戴应新：《神木石峁龙山文化玉器》，《考古与文物》1988 年第 5、6 期。

8　戴应新：《神木石峁龙山文化玉器探索（1—6）》，《故宫文物月刊》1993 年第 125—130 期。

陕北地区玉器的制作和使用已经相当普遍。[1] 裴安平认为石峁玉器年代应与龙山晚期相当，或接近二里头早期。[2] 冈村秀典认为石峁遗址（包括玉器）的年代大致开始于客省庄二期文化，其下限已经进入二里头文化时期。[3] 他同时关注到石峁玉器反映出来的早期跨区域文化交流，从玉器分配流通角度指出了石峁玉鹰纹笄和玉虎头来自石家河文化，是被中原统治者以政治或礼仪的目的分配给陕北酋长们的身份或权力象征的东西。邓淑苹持大致相同的观点，两件鹰纹笄属于典型的石家河玉器，可能是被带到了陕北的战利品，而石峁玉人头像属于东夷系玉器，这一现象说明了在龙山晚期至夏代时，南北之间的交流频繁，而石峁出土的牙璋属于龙山文化至龙山文化晚期（前 2400—前 1900 年）。[4] 李学勤认为古特曼氏收藏的 6 件玉璋应出自神木一带，并将各地牙璋大略分为三个类型，第一类型即包括神木一带，断定年代在龙山晚期以至较后时期，并进一步指出陕北神木一带地区发现的这种玉器形态并不单纯，可能还有年代的区分，有待将来进一步探讨。[5]

除了龙山说之外，还有相当部分的学者持石峁玉器属于夏商时期的遗物的观点。陈志达认为，石峁玉器可能是夏时期居住在西北地区的某族所创作，或为夏代和夏代某方国的遗物。[6] 李伯谦曾认为石峁牙璋非科学发掘出土，有的形制又接近夏文化的二里头遗址出土的牙璋造型，因此是否早到龙山时代，在学术界尚无统一意见，不过从牙璋形制的逻辑与发展关系来看，晚于大范庄和海阳司马台的牙璋，大概是不会有什么问题的。[7] 叶茂林谈到齐家文化玉器时说，石峁玉器以璋为代表性器物，而齐家文化尤缺玉璋，据此我们怀疑石峁玉器的年代要明显晚于齐家文化，而不大可能是龙山时期，很有可能石峁玉器的年代要晚至商代。[8] 张长寿认为，“尽管戴应新和半坡博物馆对石棺葬的年代认识不一，但他们都认为石峁玉器出自石棺葬，然而，在他们调查和试掘的石棺葬中，除出土了一件绿松石外，没有发现其他的玉器，所以现在仍然不能确定石峁所出玉器的文化属性。……无论如何对于神木石峁玉器的出土情况需要做进一步的考察。神木出土的刀形端刃器和刀形器是这一地区相当于石棺葬文化的最有特色的典型器物。推测二里头文化的刀形端刃器直接来自神木的玉器传统”。[9]

对石峁玉器埋藏性质和年代表示质疑的还有王永波、王巍等。王永波通过对耜形端刃器的类型分析，认为石峁耜形端刃器包括多种类型，表明其年代跨度较长（龙山晚期至夏商）——他认为，这批玉器可能出自某种特殊性质的遗迹单位，其年代上限可能要早到龙山晚期和夏代前期，或者说石峁玉器中的某些标本还保持着龙山晚期玉器的造型风格，下限至少可以到商代早、中期。[10] 王巍认为由于石峁玉器缺乏年代明确的共存器物，具体年代难以判明，以石峁玉器为代表的文化遗存，极有可能也是商文化玉器的重要渊源之一。[11]

1 杨亚长：《陕西史前玉器的发现和初步研究》，载邓聪主编《东亚玉器 01》，香港中文大学中国考古艺术研究中心，1998，第 208—215 页。

2 裴安平：《中原商代牙璋南下沿海的路线和意义》，载香港中文大学中国考古艺术研究中心《南中国及邻近地区古文化研究——庆祝郑德坤教授从事学术活动六十周年论文集》，香港中文大学出版社，1994，第 69—78 页。

3 冈村秀典：《公元前两千年前后中国玉器之扩张》，载邓聪主编《东亚玉器 01》，香港中文大学中国考古艺术研究中心，1998，第 79—85 页。

4 邓淑苹：《牙璋研究》，载香港中文大学中国考古艺术研究中心《南中国及邻近地区古文化研究——庆祝郑德坤教授从事学术活动六十周年论文集》，香港中文大学出版社，1994，第 37—50 页。邓淑苹：《晋、陕出土东夷系玉器的启示》，《考古与文物》1999 年第 5 期。邓淑苹：《也谈华西系统的玉器（六）——饰有弦纹的玉器》，《故宫文物月刊》1994 年 1 月。

5 李学勤：《走出疑古时代》，辽宁大学出版社，1994，第 125—134 页。

6 陈志达：《夏商玉器综述》，载中国玉器全集编辑委员会编，陈志达、方国锦本卷主编《中国玉器全集 2　商·西周》，河北美术出版社，1993。

7 李伯谦：《香港南丫岛出土的牙璋的时代和意义》，载香港中文大学中国考古艺术研究中心《南中国及邻近地区古文化研究——庆祝郑德坤教授从事学术活动六十周年论文集》，香港中文大学出版社，1994，第 155—160 页。

8 叶茂林：《黄河上游新石器时代玉器初步研究》，载邓聪主编《东亚玉器 01》，香港中文大学中国考古艺术研究中心，1998，第 180—183 页。

9 张长寿：《论神木石峁出土的刀形端刃器》，载香港中文大学中国考古艺术研究中心《南中国及邻近地区古文化研究——庆祝郑德坤教授从事学术活动六十周年论文集》，香港中文大学出版社，1994，第 59—62 页。

10 王永波：《耜形端刃器的分类与分期》，《考古学报》1996 年第 1 期。

11 王巍：《商文化玉器渊源探索》，《考古》1989 年第 9 期。

图 4-13 陶寺与石峁遗址征集的铜玉臂钏
1、2. 石峁遗址出土 3. 陶寺遗址 M11 出土

另外，海外学者关于类石峁风格牙璋的年代亦是众说纷纭。例如，那志良认为是商代的，罗森认为是商代和西周的，Jenyns 和萨尔蒙尼认为是西周早期的，罗越认为是西周的，乐提把他收录的 2 件分别定为周代和汉代，等。[1] 毫无疑问，要解决石峁玉器的年代问题，只能通过科学发掘和研究来解决。2012 年以后，石峁遗址大规模的考古发掘为系统科学认识石峁文化玉器提供了重要证据。

三、石破天惊——“藏玉于墙”带来的困惑

石峁遗址大规模考古工作启动时已到了 21 世纪第一个十年了。2000 年前后，神木的煤炭经济爆发，一夜之间产生了很多富豪，其中很多人专门收集石峁出土的文物。2011 年 4 月，神木县（今神木市）文体局专文呈报陕西省文物局，请求对石峁遗址进行考古调查和发掘。陕西省考古研究院随即派人进行调查，了解到一批流失散落于神木及榆林当地私人藏家手中的重要文物，其中尤以玉器令人瞩目，数量庞大，器类以刀、铲、钺为主，与 1976 年征集的玉器极为类似。此外，还有金玉合璧的铜齿环类器物（见图 4-13 的 2）。

石峁的这件“金玉合璧”非常有特色，它并非考古发掘品，而是被盗墓者盗出来以后流失在私人藏家手中的。它由多齿铜环和三牙璧组成，和之前陶寺遗址 M11 中出土的同类器物（见图 4-13 的 3）风格极为近似。[2] 据传这件器物出土于石峁遗址墓葬之中，后经 BETA 实验室对铜玉臂钏的人骨（见图 4-13 的 1）测定，其年代为公元前 1915 年—前 1745 年，和陶寺文化晚期基本同时。

我们和斯坦福大学、北京科技大学合作，对征集和部分出土铜器进行了科学分析，确认其是中国早期原始铜，锡青铜和红铜的比例显著高于其他成分，红铜样品中多含有少量的合金元素，其中以砷最为常见。[3]

1 邓淑苹：《牙璋研究》，载香港中文大学中国考古艺术研究中心《南中国及邻近地区古文化研究——庆祝郑德坤教授从事学术活动六十周年论文集》，香港中文大学出版社，1994，第 37—50 页。张长寿：《论神木石峁出土的刀形端刃器》，载香港中文大学中国考古艺术研究中心《南中国及邻近地区古文化研究——庆祝郑德坤教授从事学术活动六十周年论文集》，香港中文大学出版社，1994，第 59—62 页。

2 梁星彭、严志斌：《山西襄汾陶寺文化城址》，载国家文物局主编《2001 年中国重要考古发现》，文物出版社，2002。何驽：《山西襄汾陶寺遗址铜器群及其相关问题初探》，《古代文明研究通讯》2011 年总第 51 期。

3 Sun Z., Shao J., Liu L., et al., "The First Neolithic Urban Center on China's North Loess Plateau: The Rise and Fall of Shimao", Archaeological Research in Asia, 2017, 14, pp.33-45。陈坤龙等：《陕西神木市石峁遗址出土铜器的科学分析及相关问题》，《考古》2022 年第 7 期。

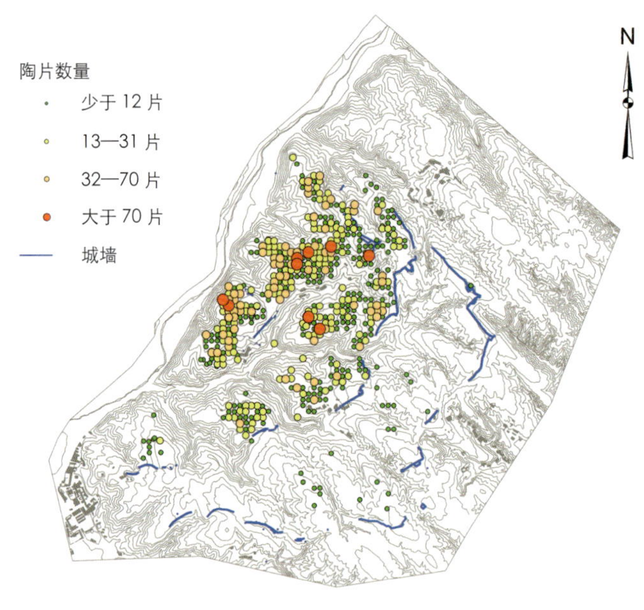

图 4-14　石峁遗址考古龙山遗存与石墙分布示意图

除此之外我们还见到大量的陶器，很多带有齐家文化的风格，部分器物表面还带有朱砂彩绘，这类陶器使人不由得联想到了陶寺大墓中的发现。由此，我们基本可以肯定，石峁遗址非同一般，背后有一个巨大的社会集团。考古工作的任务就是循着这条线索去了解遗址的规模、文化性质及背后的族群。2011 年春夏之交，经国家文物局批准，石峁的区域系统考古调查正式启动。

考古学调查方法很简单，就是通过踏查和对现代断面的观察，了解地表古代遗迹、遗物的分布情况。我们采用了系统抽样调查的方法来统计地表遗物的分布状况和密度，考古队员以 10 米为间距一字排开详细踏查了近 10 平方千米的范围，并且以 3 米为直径形成采集单位，把能够采集到的龙山时代遗物全部采集，然后制成了一张图。这张图上蓝色线段是现存石墙，不同大小的圆点代表了龙山时期陶片的分布密度。显然，石墙范围与陶片的分布区间高度吻合，极为可能暗示着这是一处龙山时期的石城址。（图 4-14）之前国家

图 4-15　石峁遗址皇城台远眺（2021 年）

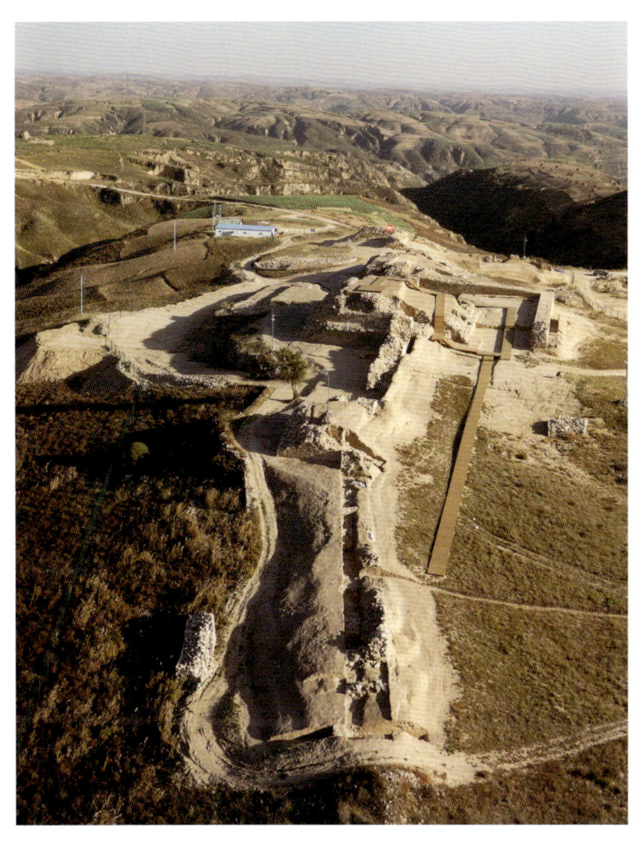

图 4-16　石峁遗址外城东门址（2012 年）

文物局启动了长城资源调查，有些研究长城的学者坚持认为，这些城墙是明代长城的附属设施，所以一开始我们对这个发现仍比较慎重。后来，参考了内蒙古中南部新石器时代晚期石城的发现，加上石峁所见龙山时期遗存与石墙之间高度的重合现象，我们相信这绝非偶然可以解释，一定有着某种关联。这个预判被随之而来的考古发掘工作证实了。[1]

考古工作表明，皇城台是遗址的核心，外有内城、外城两重城垣层层包裹。皇城台位于城址中部偏西，其北、西、南三面临沟，只有东侧一面可以通往内城，形成了天然的“一夫当关，万夫莫开”之势。皇城台顶部平整，面积约 8 万平方米，四周被修整后，人工砌筑了层层退台的阶梯状石墙，层层环裹台顶，形似一座不规则圆形金字塔。（见图 4-15）内城以一道闭合的城墙把皇城台包裹起来，城墙长度约 6 千米，墙体宽 2.5 米，保存最高处约 2 米，城内面积约 210 万平方米。外城由内城东南部延伸出一道城墙，城墙长度约 4 千米，城墙砌筑方法与内城相同，城内面积约 190 万平方米。内外两重城垣内面积加起来超过 400 万平方米。

最先开展考古发掘的是外城东门址。考古工作刚开始的时候，无人机的使用还没有普及，调查时视野范围之内是一堆杂乱堆砌的碎石，夹杂着低矮的沙蒿红柳。经过数月的发掘之后它才逐渐露出真容，原来这满目荒凉之下竟然是一座规模宏大、结构复杂的宏大门址。

石峁外城东门结构复杂，由城垣，内、外瓮城，南、北墩台及马面、角台等组成防御体系。（见图 4-16）墨尔本大学建筑系的国庆华研究了世界范围内距今 4000 年前后的著名城址（包括著名的印度河流域的哈拉帕城址、摩亨佐达罗城址，两河流域的乌尔城址）后指出，石峁遗址外城东门址是中国史前城建史上规划最为复杂、设施最为齐备的实例，为探讨早期建筑技术提供了全新的资料，对了解我国早期城建史具有重要意义。[2]

20 世纪 90 年代后半期，因为传说石峁的石头里藏有玉器，当地百姓纷纷以修建宅院围墙、猪圈等理由，私自掏挖石墙，石峁外城东门址大概在这一时期遭到了较为严重的毁坏。在发掘外城东门址外瓮城时，一位老乡甚至告诉我们：“你们考古队不要挖了，我已经挖过

图 4-17　石峁遗址外城东门址外瓮城墙基内玉铲出土情况

1　陕西省考古研究院、榆林市文物考古勘探工作队、神木县文体局：《陕西神木县石峁遗址》，《考古》2013 年第 7 期。

2　国庆华、孙周勇、邵晶：《石峁外城东门址和早期城建技术》，《考古与文物》2016 年第 4 期。

1

2

图 4-18 石峁遗址外城东门址石墙内玉钺出土情况及玉钺
1. 出土情况 2. 玉钺

了，墙里面的东西都拿走了。”原来，这里是他家耕地和坟茔，地面上高耸着凌乱的石堆。他当年从一段十来米长的石墙上发现了二十五六件玉器，每隔 1 米间距就有 1 件玉器。据这位老乡讲述，这道墙原高有 4—5 米，他在耕种的时候无意间发现石头里面有玉器，随后就开始掏挖。我们发掘时仅余四五十厘米的残墙基。事实上，开始我们根本不相信玉器会被埋藏在石墙墙体里面，后来在清理这段墙体时，的确如老乡所言，在残存的墙基拐角处的墙缝之间发现了 1 件几乎完整的玉铲，玉色淡绿，被草拌泥裹护着压置于石块之间（见图 4-17）。

2016 年一次偶然的机会让我们再次确认了“藏玉于墙”的现象。当时省上一位主管文物工作的领导来遗址检查工作，我们到现场接待讲解。那时，东门址的保护大棚尚未修建，遗址发掘结束后暴露户外有三四年，加之之前下了两三天雨，石块缝隙之间填塞的黏合土多已被冲刷殆尽。巡查东门址北墩台的时候，我们无意间注意到石墙外侧墙缝内有一个树叶或木片样的东西，稍加清理之后，发现是一件非常精美的玉钺（见图 4-18）。这件玉钺出土位置距离地表高度 1 米左右，它的发现让我们再次确认了石峁人在修建城墙的时候，会有意将玉器放置在一些关键城防设施墙体里。

据不完全统计，在外城东门城墙及附近倒塌堆积中，一共发现了 20 多件玉器，以片状器为主，包括玉铲、玉刀、玉钺、玉璜，还有被切下来的玉片，钻孔留下的圆形孔芯，等。尤为令人瞩目的是，一号马面和北墩台之间的早、晚两期地面中部垫土层中，出土了两件墨绿色带有扉牙的牙璋残件，这是首次从地层学上为牙璋年代提供了直接证据。

马面是外城东门发现的一类重要的防御设施。马面是城墙外凸出的巨型方台，像西安明代城墙上修建的马面一样，其修筑目的是拓展防御能力，一般等间距布置，形成火力网，将直线型城墙的一面防御变为三面对敌，防御效能随之扩展为三倍。马面附近地面上也发现了曾经被砌筑于墙体之内的玉刀类器物，出土时已经散落于马面石砌护墙根部。（见图 4-19）

图 4-19 石峁遗址外城东门址马面南侧玉铲出土情况

此外，还要特别说明的是，除了外城东门址之外，考古队在城外的一处圆形石构遗迹附近也发现了玉器。这处圆形石构遗迹现在可以确认为哨所类设施。哨所的发现亦属偶然，东门址发掘期间，因一些土地青苗赔偿、

图 4-20　石峁遗址城外樊庄子哨所及发现的玉铲

坟茔迁徙等问题与老乡没有协商好，考古工作受阻而短暂停工。停工期间考古队就在周围进行调查，在外城东南不足 1 千米处的一个小山包上发现了 1 件青绿色石峁玉（钺）铲残片，这引起了考古队的高度重视。从鸟瞰照片来看，这个小山包呈圆形，很像红山、良渚等遗址发现的天圆地方的祭坛。这是一处面积达 100 多平方米、以石墙为周界的方形空间，其外围有半月形的石围。（见图 4-20）根据石墙内侧保留的对称壁柱槽判断，其内部应该有以木架构建的可登高望远的棚架设施。据此判断，它其实并不是一个祭坛，当为一处观敌瞭望的哨所。类似这样的哨所类设施在石峁城址外城方围还有数处。虽然这处哨所仅见玉器 1 件，但丰富了石峁玉器使用场景，为了解石峁玉器的功能及出土背景提供了重要信息。

2016 年，考古队开始对核心区皇城台进行发掘，先后发掘了皇城台东护墙、门址[1]以及台顶大型高台宫

图 4-21　石峁遗址皇城台远景（2022 年 9 月）

1　陕西省考古研究院、榆林市文物考古勘探工作队、神木县石峁遗址管理处：《陕西神木县石峁城址皇城台地点》，《考古》2017 年第 7 期。

殿建筑[1]（见图 4-21）。我们曾非常疑惑，这么一个平庸无奇的山峁，为什么被称为“皇城台”或“黄城台”，老乡告诉我们祖上这么口口相传而来的。现在有学者将石峁城址与黄帝都邑关联了起来，这是一个饶有兴味的话题。[2]是不是和黄帝有关联，仍然无法确定，但或许这些传说的确有些史实的影子。

近皇城台门址主体结构包括了广场、门道、墩台、门塾等，与外城东门址结构相类。因此我们推测，石峁城址修建时显然是有一个规划师和设计师的，如果没有这样的人，就不可能有如此细致周全的形制规划，设计者满足门址基本通行功能的同时充分考虑了私密性。在皇城台门址外瓮城南墙墙根处，曾发现两件玉钺被有意埋藏在墙角，刃部向上，玉质细腻，器形精美，不排除是在处理外瓮城外侧地面时有意靠墙埋放的（见图 4-22）；在门塾外墙处发现玉钺 1 件，或原本嵌入墙体之内；大台基东护墙北段弃置堆积 1 件牙璋，体型较小，为他器改制而成，端部被切平。

图 4-22　皇城台门址外瓮城玉钺出土情况

皇城台周边被阶梯状石墙所包裹，石墙由山峁底部开始逐级向上退台修葺，一直通达台顶外侧边缘，从下到上共有数十阶，整体高度达七八十米。因考虑到保护压力比较大，我们仅对东北部护墙的上部进行了清理。发掘工作表明，石砌护墙的结构相当复杂，并非简单的层层退台而成，部分区域的加固石墙修建在了当时的生活垃圾（包含大量龙山时期遗物）之上，还有多次分段加固、建造圆弧形护墙的现象。这或许是因为在长达四五百年的使用时间内，石墙因长期遭受风吹雨淋而坍塌、局部损毁，不得已需要不定期的修葺维护。从当时的建筑技术来说，能够垒砌如此结构复杂、规模庞大的石墙，技术难度不言而喻。我们在石墙墙面发现一个比较特殊的现象：几乎每层墙体中每隔一段距离，就有一个圆形孔洞，里面塞着圆形木头。这些木头经鉴定，多为直径二三十厘米的柏树，树龄在百年左右。[3]柏树树干高大通直，耐水湿，耐腐朽——木石结合混砌的方法是中国建筑史上的一个创举，文献上称为“纴木”。这种纴木就是将树木砍下来，树尖朝向墙内，根部朝外，在砌墙时横向插入墙体，相当于现代水泥建筑中的钢筋，可以有效分散墙体的力量，提高石墙的坚固性和稳定性。

在清理东护墙“弃置堆积”时，出土了陶、骨、石、玉、铜等各类遗物 4 万余件，还发现有壁画残块、纺织品和漆皮残片等遗物。护墙附近生活废弃堆积，包括了玉器（以玉钺、玉铲残片为主，东护墙北段处的弃置堆积内发现牙璋 1 件）在内的遗物，大部分是皇城台在使用期间和维护期间产生的动物骨骼、陶器碎片等生活垃圾。从弃置堆积层位关系反映的形成过程来看，除了靠近层级状石墙的最下层堆积（第四、五层）可以确认为石峁集团末期（最晚期）遗物之外，其靠上部分的层状堆积，不排除是石峁人群离开之后占据皇城台的朱开沟文化（蛇纹鬲遗存）人群对台顶二次整修、维护形成的生活堆积。这一认识极为重要，对于通过弃置堆积内样品的测年来准确判断石峁城址的使用废弃年代具有重要意义。

1　陕西省考古研究院等、榆林市文物考古勘探工作队、神木市石峁遗址管理队：《陕西神木市石峁遗址皇城台大台基遗迹》，《考古》2020 年第 7 期。陕西省考古研究院、榆林市文物考古勘探工作队、神木市石峁遗址管理队：《石峁遗址皇城台地点 2016 ~ 2019 年度考古新发现》，《考古与文物》2020 年第 4 期。

2　沈长云：《石峁古城是黄帝部族居邑》，《光明日报》2013 年 3 月 25 日，第 15 版。沈长云：《再说黄帝与石峁古城——回应陈民镇先生》，《光明日报》2013 年 4 月 15 日，第 15 版。

3　王树芝：《木材考古学：理论、方法和实践》，科学出版社，2022，第 283—296 页。

皇城台东护墙北端墙成层分布的100余片卜骨和20余件口簧的出土，强烈暗示着其顶部曾居住着掌握占卜祭祀权力的巫觋阶层。数量庞大的骨针则表明了除高等级贵族外，那些掌握核心生产技术的手工业者也被安置在这一区域。生活废弃堆积内以玉器为代表的重要遗物，彰显了作为石峁集团政治宗教核心的皇城台之特殊地位。

图 4-23　皇城台台顶房址内发现的牙璋和玉环

据初步统计，皇城台发掘区域内共出土了10余件玉器，除了见于门址、护墙生活废弃堆积内的残玉块之外，台顶大型建筑基址的石砌墙体及地面上发现的玉器多数器形完整。有些玉器与塌毁的石块、石雕散落在一起，包括了牙璋、玉琮、玉钺、玉环等器类。（见图4-23）截至目前，皇城台顶共发现两件牙璋：一件（残为碎片）出土于大型宫殿建筑的南墙处，是在拆掉倾斜的墙体回砌时发现的；一件出土于大台基顶部房址的墙基处。皇城台发现的这些玉器，与卜骨一样，多数当为石峁上层使用的礼仪用器，象征了身份与等级。

令人疑惑的是，为什么石峁先民要在城墙里埋入玉器。这一在世界文化史上极为罕见的现象着实让人困惑。我们应该如何解释这种“藏玉于墙”的特殊文化现象？

《太平御览》引《竹书纪年》记载，“桀倾宫，饰瑶台，作琼室，立玉门”；《晏子春秋》记载，“及夏之衰也，其王桀背弃德行，为璇室、玉门”。文献中记录了夏代末期，夏桀暴政，修建琼楼玉宇；在中国神话传说中也有玉门瑶台、琼楼玉宇的说法。叶舒宪对此作了进一步申述：石峁人在石头建筑中穿插玉器，不是作为建材使用，而是为了满足辟邪驱鬼的神话功能，这种“建筑巫术”的根源在于以玉石为神圣物的信仰和观念；石峁古城玉器及大型建筑的组合方式，验证了文献中有关瑶台、璇室、玉门等记载的可信性，玉石承载神力、灵力的信仰崇拜和神话观念，以及其辟邪禳敌的宗教护卫功能，使得石峁古城不仅成为一座物质的建筑屏障，更是一座符合史前信仰的巨大精神屏障。[1]

那么是什么人要把玉器放在城墙里？

我们推测，在城址建造过程中在关键位置放置玉器的做法显然不具有实际功能，从某种程度上来说，这些玉器是被赋予了驱鬼避邪、趋利避害功能的精神武器，表达了在日趋紧张的社会态势下，石峁统治阶层期冀从精神层面上防御和化解现实中武力攻击的渴望，是古代理想社会“祀与戎”的完美结合。故此，石峁集团在修建城址过程中，在具有象征意义的城防设施等墙体中放置玉器的做法不具有实际功能，而是为追求神灵庇护而“以玉事神”，祈求风调雨顺，对神明恐惧、崇拜、敬仰的复杂感情的表现。亦如有学者认为的那样，石峁遗址在墙体等处插玉器的现象，表明玉器的主要功能已经转变为给祖先神灵的奉献物。[2]发现于石峁石砌建筑设施中的各类玉器，以玉钺、玉刀、玉铲为大宗，玉色五色斑斓，玉质繁杂多类，器形由钺（或刀）一剖为二或沿破裂孔口改制等现象常见，极可能暗示着这些被故意隐匿于墙体之内的片状玉器，来源于石峁集团周边的中小型聚落。

据统计，石峁文化势力范围达24余万平方千米，石峁遗址是河套区域内庞大社会金字塔的顶端，承担了

1　叶舒宪：《玉文化先统一中国说——石峁玉器新发现及其文明史意义》，载叶舒宪、古方主编《玉成中国：玉石之路与玉兵文化探源》，中华书局，2015。

2　何驽：《华西系玉器背景下的陶寺文化玉石礼器研究》，《南方文物》2018年第2期。

区域政体核心的角色，牢牢把控着与人神天地交通、维系区域政治秩序的宗教权、祭祀权，代表了顺从天意、恪谨天命的社会法则。这种存在于意识形态层面的向心力和凝聚力，赋予了石峁城址浓厚的“圣都”色彩。石峁集团统治者把玉器小心翼翼地埋在（或者允许其被放置于）城墙墙缝里，得以心安理得地享有四方来朝、八方来仪的“朝觐”礼遇，寄托了供奉者祈望风调雨顺的美好愿望，展示了尊拜和臣服的社会认同心理。这个也许和耶路撒冷的哭墙中发现的纸条相似，犹太人喜欢将自己的愿望写进纸条塞入哭墙上的缝隙里，希望写下的心愿能够成真，其实这也是在寻求心理上的寄托和安慰。

此外，在石峁城址内韩家圪旦地点发掘的大型墓葬中，也出土了少量的玉环、玉鸟、玉管等器物，可惜多数出自盗洞之内，属于“劫后”遗物。从墓葬规模判断，并结合当地私人藏家提供的线索，不排除这些大型墓葬曾经随葬了数量可观的精美玉器。

四、石峁不孤——石峁文化次级聚落中的玉器

石峁并不是一座孤立的城，在秃尾河流域至整个河套地区，有很多石峁文化的次级聚落，初步估计应该在百余处。从出土陶器、城址结构和“藏玉于墙”的特殊文化现象来看，均与石峁文化一致，展现了同根同源（石峁文化及其代表的社会集团）的独特文化基因。近几年，内蒙古清水河县后城咀遗址、山西兴县碧村遗址和陕西府谷寨山遗址等石峁文化次级聚落的考古发现，展示了公元前第三千纪后期北方地区的社会发展状况。下面我们进行简单介绍，并重点关注这些遗址玉器的出土（包括征集）情况。这几处遗址所见的玉器，与石峁玉器特征极为类似，其颜色以墨绿色、青绿色为主，还有黄色、白色，甚至黑色的，以片状刀、钺、铲类为大宗，规格形制多样，很多器形还被多次改制。文化面貌上的一致性和独特的用玉习俗，暗示着这些属于石峁文化的中小型聚落极可能就是石峁城址内数量庞大的玉器的来源地。

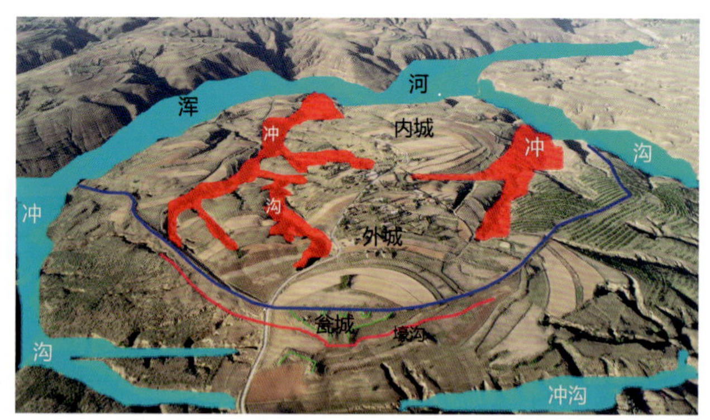

图 4-24　内蒙古后城咀遗址结构示意图

后城咀遗址位于黄河北侧内蒙古自治区清水河县，南北长约 1200 米、东西宽约 1150 米，面积约 138 万平方米，由环壕、瓮城、外城、内城构成（见图 4-24），是内蒙古中南部地区已知等级最高、规模最大的龙山石城址。[1]遗址所在区域地势高亢险要，四周被河流和冲沟包围，凭借这种天然屏障，与人工建筑共同构成防御系统，易守难攻，体现了先民对防御的强烈需求。

后城咀遗址外围筑有城墙，城门发现瓮城类的设施，外面还有一条沟，类似于护城河。后城咀遗址内发现了少量玉器，主要出自石砌墙体缝隙、倒塌堆积和壕沟底部，器形有刀、环等。（见图 4-25）从出土器物及石城结构等来看，后城咀石城虽发现玉器数量不多，但器型特征、出土背景等与石峁城址血脉相连，当属于石峁文化集团势力范围之内的一处中型城址。

碧村遗址与石峁遗址距离并不远，位于晋西北兴县黄河东岸，二者隔黄河相望，相距不过数十千米。遗址面积约 75 万平方米，是晋西北地区已知规模最大的龙

1　内蒙古文物考古研究院：《内蒙古清水河后城咀龙山时代石城瓮城发掘述要》，《考古与文物》2022 年第 2 期。后城咀遗址石城其他概括参见孙金松、党郁：《内蒙古中南部南流黄河两岸地区龙山时代石城研究》，《草原文物》2021 年第 1 期。魏峻：《内蒙古中南部史前石城的初步分析》，载北京大学中国考古学研究中心、北京大学震旦古代文明研究中心编《古代文明（第 2 卷）》，2003，第 65—83 页。魏坚、曹建恩：《内蒙古中南部新石器时代石城址初步研究》，《文物》1999 年第 2 期。

图 4-25 内蒙古清水河县后城咀遗址及玉器出土情况
1. 出土情况 2. 玉器

图 4-26 山西兴县碧村遗址征集玉器

图 4-27 山西兴县碧村遗址出土陶器及小玉梁地点出土玉器
1.H24 出土敛口陶斝、陶甗、陶豆 2. 玉器

山时代石城。[1] 碧村遗址早年曾出土了大量的玉器，包括了玉璧、多璜联璧、牙璧、玉刀、玉钺、玉琮等器物，很多现已流散于私人藏家。[2]（见图 4-26）

近几年，山西考古工作者经过数年考古发掘，在遗址四周发现了石砌城墙，核心区小玉梁地点（类似于石峁皇城台）周边有石围墙。小玉梁地点揭露了多处连间的石砌房址，在石围墙范围内发现了玉璧、玉钺等 3 件残玉器，显示出较高的社会等级。其中玉璧残片出土于灰坑，玉钺残片出土于南围墙附近，玉牌饰为墓葬随葬品。[3] 发掘者认为，小玉梁石砌排房的主人具有较高的社会地位，并控制着聚落内玉器这一稀缺资源。

碧村遗址出土陶器为典型石峁文化遗物，玉器与石峁文化玉器在器形、玉质玉色、加工技术等方面高度相类，应属石峁文化系统。（见图 4-27）从其地处黄河东岸来看，碧村遗址极可能是石峁集团南下（占据临汾盆地形成陶寺中晚期遗存）的桥头堡。

晋南地区的陶寺遗址与石峁遗址大体同时，被认为是唐尧时代遗留下来的考古学遗存，与石峁之间的关系非常密切。陶寺文化玉器中除了尚未发现牙璋和多孔刀之外，其余均为石峁文化常见器类。多数学者认识到陶寺玉器受到来自大汶口、薛家岗、红山、后石家河等文化因素的影响。在石峁文化玉器的时空特征越来越清晰的情况下，我们需要强调的是陶寺玉器更多地展现出了与石峁文化玉器（包括齐家文化玉器）之间相辅相依的密切关系。需要注意的是，石峁与陶寺在玉器的器用制度和使用方式上存在显著差异：石峁用玉偏重了玉器的“神性灵物”含义，是塑造石峁城址“圣都”的重要介质；而以丧葬用品功能为主的陶寺玉器则更多地利用了玉器

1 山西省考古研究所、山西大学历史文化学院考古系、兴县文物旅游局：《2016 年山西兴县碧村遗址发掘简报》，《中原文物》2017 年第 6 期。山西省考古研究院、山西大学考古学院、兴县文化和旅游局：《山西兴县碧村遗址小玉梁台地西北部发掘简报》，《考古与文物》2022 年第 2 期。除此之外，近期考古调查还在黄河东岸由北向南及至吕梁山中段，如偏关天峰坪、白崖沟和林遮峪等发现了石城，此外还有临县寨子上石城等。

2 马昇、张光辉：《碧村遗址玉器及相关问题分析》，载朱乃诚、王辉、马永福主编《2015 中国 · 广河齐家文化与华夏文明国际研讨会论文集》，文物出版社，2016，第 313—318 页。

3 王晓毅：《山西吕梁兴县碧村遗址出土玉器管窥》，《故宫博物院院刊》2018 年第 3 期。

的“世俗性”，是宣示墓主人身份地位的“威望用品”。有学者指出，在这一社会发展过程中，陶寺文化（指中晚期遗存）可能是石峁集团南下的结果[1]；陶寺中期只是其南面的支系，石峁古城才是其中心的都会[2]。如果这一认识不误，那么陶寺文化玉器与石峁玉器之间为何有如此密切的关系，自然会豁然开朗——二者具有文化传承关系。这一认识可以从二者出土玉器的诸多共性特征得到佐证，其最大共同点是，均以玉钺、玉铲、玉刀等薄片状玉器为代表，玉质、玉色及加工技艺相类。其中，两处遗址发现的金玉合璧的“齿轮形”器尤为令人讶异，这种相似性绝非偶然。

事实上，关于石峁玉器的来源还有不同认识。栾丰实认为，碧村、石峁、新华、芦山峁等遗址的陕北龙山期玉器，应直接来自以陶寺龙山城址为中心的晋南地区；石峁玉器是石峁人南下与陶寺发生冲突并取得胜利之后，捣毁城墙，烧毁建筑，俘虏人员，并把陶寺等中心聚落地上地下的贵重物品劫掠一空，作为征服敌对势力的战利品带回自己的根据地的，很大程度上具有象征意义。[3]而关于为什么会出现所谓随意弃置的现象，则被归结为石峁人并不明了或者也不想明了这些玉器的性质、功能和含义，似乎也没有或不想接受陶寺农耕社会和文化的礼制，于是就出现了将玉器随意弃置的现象，墙内、墙外、地面等多处可见。

我曾经形容陶寺文化（中晚期）与石峁文化二者是血浓于水、兄弟父子的关系，而陶寺文化在临汾盆地一支独大的局面极为可能是石峁人群南下迁徙之反映。如果这种推断成立，那么陶寺玉器与石峁玉器之间为何有如此密切之关系也就自然豁然开朗，其根源一定是二者背后的社会族群有深厚的承嬗离合、一脉相承的关系。

距离石峁遗址直线距离约 60 千米的府谷寨山遗址，是一处面积约 60 万平方米的中型石城。[4]寨山城墙以砂岩石块砌筑，依山就势，平面略呈南北向椭圆形，其中南部和东部墙体保存较好，残存高度 2—4 米、宽 1—2 米。城内北部庙墕地点发现的“高台基址”，似与石峁皇城台性质相类，可能为寨山石城的“核心区域”。城内发现了白灰面房址、袋状窖穴、墓葬等众多遗迹。2020 年，考古工作者发掘了多座龙山时代墓葬，其中两座较大墓葬中（2019M2、2020M4）均随葬了玉器。[5]2019M2 墓主居中，旁边有一个殉人，棺内共出土 5 件玉器，3 件位于墓主身上，2 件压于墓主左髋骨下，均为小件残玉或改制玉器。其中 1 件墓主人身上由玉琮剖切的片状器，尚可见琮节，被穿孔后作为胸前坠饰佩戴。2020M4 出土玛瑙环 1 件、玉镩 3 件、玉锥形器 1 件。此外，个别小型墓葬中还发现有玉管等随葬物。（见图 4-28）寨山大墓属于石峁文化典型墓葬，出土玉器展现出石峁文化玉器的典型风格，其器类虽多为劫后残余的残玉或改制后的小器类，但亦不乏玉琮、玉柄形器等脱离实用功能的特殊器类，彰显了墓主拥有“交通天地”祭祀权力的特殊社会身份。

如前所述，石峁玉器的出土背景，包括了石墙［建筑基址（房址）夯土墙基内］、地面放置、大型墓葬、祭坛等四类情况。除了作为大型墓葬随葬品之外，多数都和建筑遗迹有关，有的在城墙的石头缝里，有的在夯土里。而这一特殊的文化现象同样见于石峁集团的南邻延安芦山峁遗址。

芦山峁遗址是黄土高原连接渭河平原的过渡区域的一处重要遗址，文化面貌上既有关中地区龙山遗存的特征，又受到了北方地区特别是石峁集团的显著影响。芦山峁遗址大营盘梁地点是一处有 3 座规整院落的宫殿建筑基址群。[6]（见图 4-29）在大营盘梁大型房址、院墙、

1　邵晶：《石峁遗址与陶寺遗址的比较研究》，《考古》2020 年第 5 期。韩建业：《老虎山文化的扩张与对外影响》，《中原文物》2007 年第 1 期。

2　卜工：《读石峁古城　看文明亮点》，《光明日报》2015 年 12 月 2 日，第 10 版。

3　栾丰实：《试论陕北和晋南的龙山时代玉器——以石峁、碧村和陶寺为例》，《中原文物》2021 年第 4 期。

4　邵晶等：《石峁文化次级聚落：陕西府谷寨山石城考古新发现——首次全面揭露的石峁文化大型墓地》，《中国文物报》2020 年 10 月 16 日，第 8 版。

5　陕西省考古研究院、榆林市文物保护研究所、府谷县文管办：《陕西府谷寨山遗址庙墕地点墓地发掘简报》，《考古与文物》2022 年第 2 期。

6　陕西省考古研究院、西北大学文化遗产学院、延安市文物研究所：《陕西延安市芦山峁新石器时代遗址》，《考古》2019 年第 7 期。

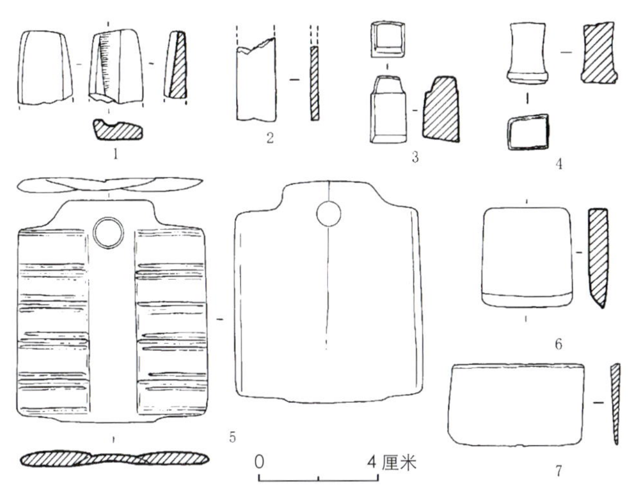

图 4-28 府谷寨山遗址墓葬出土玉器

1、2、3、4. 残玉石（2019M2：2、2019M2：5、2019M2：3、2019M2：4） 5. 玉坠饰（2019M2：1） 6. 玉锛（2019M5：1） 7. 玉刀（2019M4：1）

图 4-29 芦山峁遗址大营盘梁地点大型宫殿建筑基址

图 4-30 芦山峁大营盘梁地点建筑基址玉器出土情况

1. 大营盘梁祭祀坑中玉刀出土情况（东北→西南）
2. 大营盘梁 F2 奠基坑的玉牙璧出土情况（南→北）
3. 大营盘梁 F5 玉钺出土情况（东北→西南）

广场的夯土中，以及在台基北侧门址外的祭祀坑中，均发现了玉器，或与奠基行为有关。一座被认为是祭祀坑的遗迹中放置了 1 件玉刀，刃部向上，背部朝下；房址夯土墙体和奠基坑多见玉牙璧、玉钺等。（见图 4-30）这类玉钺、玉铲、牙璧及绿松石，其形制、玉质、玉色等特征和石峁玉器颇为相似，但整个陶器遗存所展现的考古学文化面貌和石峁文化却有很大区别。芦山峁遗址所见的这种“藏玉于墙”现象，是否和石峁文化之间有着一定的渊源，现在作出判断还为时过早。

距今 5000 年前后，晋陕高原北端的河套区域在经历了短暂的繁荣兴盛之后，或许是受到瘟疫类因素的影响，在仰韶晚期以后的近 500 年内区域人口规模日益减小，遗址数量及规模急遽衰退。[1] 直至公元前第三千纪后半段（龙山时代），才又出现了遗址数量剧增、人口膨胀的显著态势。与此同时，聚落规模差异加剧，社会结构日趋复杂。在经历了财富集中，高等级聚落、大型宫室、祭坛及公共设施涌现的过程之后，聚落间防御需求日趋强烈，环壕、城垣等防御设施成为中大型聚落的重要组成部分。日益常态化的祭祀、占卜等宗教仪式活动成为凝聚聚落人群、政治集中化和社会阶序化的核心手段。玉器作为珍贵稀缺资源，其随葬于大型墓葬之内，表明拥有者身份的特殊性与更多掌握公共社会权力的可能；埋藏于公共关键建筑设施内则被赋予禳鬼辟邪的美好愿望，展示了其尊拜、臣服的社会认同。被赋予“灵性”的玉器成为石峁集团上层获取公共权力、建构社会秩序、强化社会分层的方式的重要载体。

石峁文化玉器这种稀有物资的“聚拢效应”和大量卜骨、陶鹰、口簧展示的浓厚的“宗教氛围”，反映了石峁王国“巫君合一”的社会治理体系。以血缘宗族为纽带的氏族体制和理性化了的巫史传统是中国文明的两大征候，而远古时期的上层人物恰恰就是集政治统治权（王权）与精神统治权（神权）于一身的大巫 。作为距今 4000 年前后中国北方地区的政治中心，居住于石峁城址皇城台之上的首领（王），其身份可能就是集政

1 孙周勇：《公元前第三千纪北方地区社会复杂化过程考察——以榆林地区考古资料为中心》，《考古与文物》2016 年第 4 期。

治统治权与精神统治权于一身的大巫。"藏玉于墙"这一特殊的文化现象，与石峁集团政治领袖在祖先祭祀、占卜活动中求雨、消灾、祈福、战争等当中的巫术礼仪结合在一起，在与上层政治活动产生千丝万缕的密切关联的同时，也成为维系其生存发展的，反映石峁王国普通人群期望降福部族、巩固群体、维系生存的需求的表现形式。

距今4300年前后，晋陕高原北端以石峁城址为代表的"大一统"文化面貌形成，面积超过400万平方米的石峁城址当仁不让地成为晋陕高原北端的地缘政治中心。大致与此同时或略早，与之比邻的面积超过200万平方米的芦山峁遗址（以大营盘梁为中心的大型夯土建筑宫室、玉器、陶瓦等高等级奢侈品及建筑材料为代表），宣告了晋陕高原南端区域政体中心的形成。就其玉器的文化面貌而言，展现出浓郁的混合文化因素（包含石峁文化、齐家文化及地域特色），或可代表活跃在黄土高原腹地的另外一支曾经与石峁集团势均力敌的族群。以黄土与石料为原材料构筑大型公共设施及宫室建筑成为晋陕高原南、北两端（芦山峁及石峁两个区域政体中心）的建筑传统，而这种传统深刻影响了周边次级聚落的选址及形态。

公元前2000年前后，活跃在晋陕高原的主要社会集团最少包括了以石峁为核心的北方集团、以芦山峁为核心的中部集团，及与石峁关系密切（南下）的陶寺集团，它们在一定时期内与夏集团鼎足而立，保持着独立的文化传统与发展轨迹，构建了"万邦林立"的社会图景。

五、黄土玉辉——石峁文化玉器解读

以黄河两岸的陕西北部、晋西北地区，黄河北岸内蒙古中南部为中心的河套地区，南接关中盆地与华北平原，西临陇东高原，北望河套平原，东以吕梁山为界，是文化交流的重要通道。距今4000年前后，这一区域为石峁文化集团的人群占据，除普遍以石头砌筑聚落围墙、盛行占卜祭祀活动之外，玉器在中大型遗址的广泛使用也成为其一个突出特色。

事实上，石峁文化小型石城多数不见或仅见零星玉器，如内蒙古下塔[1]、榆林寨峁梁[2]、佳县石摞摞山[3]；反而是一些没有城墙的小型遗址（尚不排除有环壕），出土了数量不少的玉器，如新华遗址。与新华遗址不足3千米的另外一处同期环壕聚落——木柱柱梁遗址，仅见玉环残片1件。[4]此外，横山陈塔、响水沐浴沟、韩岔梨树焉、高镇油坊头[5]、定边康岔[6]、吴堡慕家塬遗址[7]也出土了石峁风格的玉刀、玉铲、玉斧（钺）、玉环等。由此可见石峁集团全域根深蒂固的对玉器普世性的珍视——即使遗址规模不大，似乎也有获得玉器这类稀缺资源的机会。

崇玉用玉是石峁文化圈最突出的特征之一，代表了世俗权力和宗教权力的整合，君巫合一统治方式的确立。石峁文化玉器的玉料主要以蛇纹石、透闪石及阳起石为主。其中蛇纹石玉器多呈墨绿色和灰绿色，尤其以茶褐色带黑点为典型特征，在阳光的照射下，透光部分显出浓烟色，厚处则呈黑色。透闪石、阳起石质地玉器多呈黄绿色，里面泛着像山水画一样的黄斑。

石峁玉器出土背景主要有三类情况：第一类，出自中大型城址内的建筑遗迹中；第二类，出自大型墓葬中，遗憾的是，经过发掘的大型墓葬由于前期盗扰，出土的

1 内蒙古自治区文物考古研究所：《清水河县下塔石城内城墙发掘简报》，《草原文物》2018年第1期。

2 陕西省考古研究院、榆林市文物考古勘探工作队、榆阳区文管办：《陕西榆林寨峁梁遗址2014年度发掘简报》，《考古与文物》2018年第1期。

3 陕西省考古研究院：《陕西佳县石摞摞山遗址龙山遗存发掘简报》，《考古与文物》2016年第4期。

4 陕西省考古研究院：《陕西神木县木柱柱梁遗址发掘简报》，《考古与文物》2015年第5期。

5 韩建武、赵峰、朱天舒：《陕西历史博物馆新征集文物精粹》，载陕西省历史博物馆馆刊编辑部编《陕西历史博物馆馆刊（第1辑）》，三秦出版社，1994，第153—158页。

6 康岔遗址为最新调查资料所列。

7 慕生树、宋铺生、慕明媛：《吴堡文物珍藏》，陕西人民出版社，2022。

玉器数量并不多；第三类，从祭祀坑出土。实际上，现在为止还不能排除祭坛等重要设施出土玉器的可能性。

关于石峁玉器的年代，除了根据器物本身形态进行断代之外，更多依靠考古发掘中的地层关系与大量的测年数据，它们共同构成了较为翔实可靠的分期标准。石峁玉器的年代可分为早晚两期：早期属于龙山时代晚期；晚期或可下延至公元前 1800 年或略晚，进入了夏代纪年的范畴。

石峁文化玉器主要有牙璋、斧、钺、铲、多孔刀、璧环、牙璧、璜，人头像及玉蚕、玉鹰、虎头等动物造型，其中以大型片状玉器为主，牙璋、牙璧、多孔刀极具特色，还有少量被改制的玉琮，以及玉虎头、玉鹰等，显出与良渚文化、齐家文化、海岱龙山文化、肖家屋脊文化等具有千丝万缕的关系。石峁牙璋以其数量庞大、玉质迥异引起了学术界高度关注。牙璋在山东龙山文化和中原腹地二里头文化都能见到，时代上略有早晚。石峁考古发掘出土牙璋的地层关系显示，它处于龙山时代晚期和二里头文化早期之间，早晚两期玉器的器形和工艺略有差别，晚期牙璋钼牙多有细密小齿，与二里头牙璋之间存在着渊源关系。我们甚至可以推测，牙璋的起源与广泛传播与石峁集团有非常深厚的渊源关系，这一点当是毋庸置疑的。此外，新华遗址还发现了 1 件柄形器，这是目前中国发现时代最早的柄形器。柄形器经历夏、商、西周一直得以传承延续，可以说，以石峁为代表的北方用玉传统对三代时期用玉制度产生了深刻的影响。

石峁的鹰形玉笄、玉虎头和肖家屋脊文化同类玉器非常相似，有些玉琮、玉锥形器带有典型良渚文化的风格，但玉质却与之截然不同，或属于仿制品。特别不能忽视的是，石峁玉器与东方地区龙山文化之间的密切关系。就其制作工艺和玉器器形而言，石峁牙璧、方形璧、有领璧、多孔玉刀和玉圭，以及镶嵌绿松石的工艺等，应该是来自东方地区以大汶口—龙山文化玉器为代表的海岱系玉器文化。[1] 韩建业甚至指出，石峁文化玉器的源头在东方，石峁遗址在墙体等处插玉器的现象，表明玉器的主要功能已经转变为给祖先神灵的奉献物，这种情况并不见于陶寺文化、大汶口文化和良渚文化，表明用玉观念已发生很大变化，但由此并不能否定石峁玉器从文化上源自中原和东方的事实。[2]

无论如何，石峁文化背后的族群，是一个距今 4000 年前后蹲踞在北方区域尚玉崇玉的庞大社会集团。石峁文化是继红山文化和良渚文化作为用玉中心衰落之后，与齐家文化、后石家河文化（肖家屋脊文化）鼎足而立的一处重要的史前用玉中心。其因器类独特和玉质迥然成为世界范围内玉器研究者关注的焦点，它在中国古玉体系中的重要地位已逐渐凸显。

石峁文化的分布区域以陕西北部、山西中北部、内蒙古中南部为核心。这一区域地处黄土高原北部，濒临东南季风区，属于气候敏感地带，历史上长期是农牧交错地带。处于公元前 2300 —前 1800 年之间的石峁文化，与中原地区的河南龙山文化晚期、新砦期相当。作为一支分布于中国北方长城沿线，与中原地区文化面貌迥然有别的龙山时代晚期考古学文化，与其他地区一起，从涓涓细流到江河湖海，共同推进着中国早期国家起源和发展进程。从文化渊源来说，以石峁遗址为代表的河套地区龙山晚期文化遗存有着深厚的区域文化渊源和传统，是河套地区仰韶晚期以来久居于此的土著居民（以阿善文化、海生不浪文化为代表）创造的，并在发展演化的过程中不断吸收同期相邻区域其他族群的文化因素。这一结论得到了对石峁遗址等晋陕高原史前居民骨骼进行古 DNA 全基因组测序、比对与分析结果的有力支持。[3]

石峁文化的去向目前尚不清楚。关于古代文明突然消亡的问题是在世界早期文明研究中普遍存在且难以回答的问题。一个辉煌的文明突然消失，人去了哪里？和后面的文明有什么渊源？是气候原因还是战争原因？目前还有很多解决不了的问题。

1　栾丰实：《试论陕北和晋南的龙山时代玉器——以石峁、碧村和陶寺为例》，《中原文物》2021 年第 4 期。

2　韩建业：《石峁：文化坐标与文明维度》，《中华文化论坛》2019 年第 6 期。

3　Jiayang Xue, Wenjun Wang, Qiaomei Fu: "Ancient Mitogenomes Reveal the Origins and Genetic Structure of the Neolithic Shimao Population in Northern China", *Frontiers in Genetics*, 2022, 5.

我们现在能确认的是，石峁集团的人群离开以后，这处遗址被另一群来自更北方的人群所占据——从陶器反映的文化面貌来说，是一群仍然沿袭使用了双鋬鬲、三足瓮、盆形甗等石峁文化典型生活器类的人群。但这群后来者使用的陶器的特征出现了显著变化，如陶鬲多见附加蛇形堆纹，罐类常见花边口沿，陶器胎体变轻薄，硬度显著提高，细绳纹流行等。从聚落规模和结构来说，这群人即使占据石峁文化人群的故地，人口规模较前期也已经显著减小，也不见修筑石城现象（多数情况下是对石峁文化城墙等设施的二次利用），生业形态更多呈现出了一种半农半牧且以游牧为主的方式。我们同意学界大部分学者意见，称之为“朱开沟文化”[1]，年代大约在夏代晚期至商代早期（前1700—前1600年）。

不容忽视的是，石峁文化与朱开沟文化在日用生活器皿种类、居住形态等方面的确存在着较为明显的承袭关系。只不过朱开沟文化代表的社会集团，已远不如石峁文化集团强势，也没有形成区域政治中心，似乎呈现出一种“散兵游勇”的状态，其社会发展程度要远远落后于石峁集团。

距今5000—4000年之间，我国不同区域史前文化有着很多重要的考古发现，如东北地区的红山文化、长江下游的良渚文化、长江中游的石家河文化、长城地带的石峁文化等。被称为“中华文明摇篮”的中原腹地至今仍没有发现规模如此之大的中心聚落和用玉中心，似乎显示中原地区在这一时期为一片“文明”洼地。事实上，这一认识并不客观。周边区域的大型都邑性遗址的考古发现并不一定代表了中原中心论的弱化。中原腹地是历史时期人类繁衍生息的主根脉，由于历史时期层叠生息和反复破坏等原因，大型遗址或并未保存下来，抑或还暂未发现。这样的都邑性遗址的存在一定是无法排除的。

石峁遗址的发现刷新了我们对于中国早期文明形成的多元性和发展过程的认识，还不断挑战现有的认知，改变了我们关于早期中国北方地区文明化程度的认识。石峁文化的确立，丰富了中国北方地区新石器时代的时空版图，苏秉琦先生区系类型框架下六大文化区之“以长城地带为重心的北方地区”[2]，在距今4000年前后最少可以再独立出一个“以内蒙古中南部、晋西北、陕北为中心的河套文化区”，中国史前文化的统一性和多样性再添一环[3]。从这个意义上来说，石峁文化是中华民族多元一体格局形成过程中重要的一重花瓣，是中华文明主根脉的重要组成部分，展现了中华文明“多元一体、兼容并蓄”的本质特征。

1 崔璿：《朱开沟遗址陶器试析》，《考古》1991年第4期。吕智荣：《朱开沟文化相关问题研究》，《华夏考古》2002年第1期。

2 苏秉琦、殷玮璋：《关于考古学文化的区系类型问题》，《文物》1981年第5期。

3 严文明：《中国史前文化的统一性与多样性》，《文物》1987年第3期。

Use-wear on Lushanmao Cong and its significances

by Deng Cong　Liu Jialin

试析芦山峁玉琮

邓　聪　刘佳林　山东大学文化遗产研究院

一、发现经过

1981年，延安市群众艺术馆姬乃军等从芦山峁村征集到28件玉器（调查得知这些玉器是当地村民在1966年前后于山巅的几个地点耕作时发现的），并调查采集了一些陶片，又发现了龙山文化晚期的居住面、灰坑、石刀和石斧等器物。这次征集玉器中有两件玉琮，一件（见图5-1）"翡翠色，间有墨绿纹斑"，"四角琢成高3.1厘米的三角状，中间有直线刻划纹，上下分饰饕餮纹"。另一件琮（见图5-2）具有良渚文化风格，"乳白色，间有茶褐色纹斑，高4.4、外径7、厚0.3厘米"，"表面刻划凸出的直条纹，上层三道，下层两道。角部上下均饰象征兽面的圆形纹"，"垴畔山出土"，"此琮已裂成大致相等的四块，每处裂缝左右各钻两个小圆孔，可以结扎"。[1]

在对上述玉琮研究的初期，一些专家认为"这批玉器是西周的遗物，但不一定是同时制作的"[2]。之后，当地文物部门多次实地调查和走访之后证实，芦山峁当系一处大型的龙山文化晚期遗址。1992年，芦山峁被陕西省人民政府列为省级文物保护单位。同年出版的《中国玉器全集1　原始社会》中发表了芦山峁玉琮的彩色照片，带有良渚文化风格的兽面纹若隐若现。玉器

图5-1 芦山峁采集玉琮A

1　姬乃军：《延安市发现的古代玉器》，《文物》1984年第2期，第84页。

2　姬乃军：《延安市发现的古代玉器》，《文物》1984年第2期，第87页。

图 5-2 芦山峁采集玉琮 B

征集者在撰写此件玉器的说明文字时引用了其 1984 年论文中的描述内容，但是在玉器的年代上将其列为龙山时代。[1]1995 年，姬乃军《延安市芦山峁出土玉器有关问题探讨》一文发表，将芦山峁玉器的年代修正为龙山时代，并把芦山峁两件玉琮与江苏武进寺墩遗址出土的良渚文化玉琮作比较，认为从兽面纹看，芦山峁这两件玉琮“当为龙山文化时期遗物”[2]。

2014 年，陕西省考古研究院等单位开展了对芦山峁遗址的考古发掘工作，马明志担任领队。调查勘探成果表明：芦山峁遗址面积超过 200 万平方米，以南北向的分水岭大山梁为核心，在大山梁顶部至少有 4 座大型夯土台基，每座台基上都坐落着规划有序的围墙院落建筑群，且在核心区外有大量普通居住地点聚落拱卫着建筑群，明确了芦山峁遗址作为区域核心聚落的重要地位。这些建筑遗迹的年代在距今 4300—4200 年。在 2016—2018 年的发掘中还出土了牙璧、玉钺、玉环等玉器，房址中以玉器奠基的现象十分普遍，早年在芦山峁地点征集到的玉器极有可能属于这一时期。[3]

二、相关讨论

芦山峁玉器公布后，很快就引起学者的注意，焦点较集中在玉琮 B 上。1996 年，杨建芳在文章中指出，“延安芦山峁发现的二件所谓的短玉琮，其实应是玉方镯”，“其中一件上下端的射非常明显，四端方角各有二层兽面，另一件已裂成相等的四块，四端委角分别刻二层人面（眼为圆圈，被误为兽面）。多年前，承常州博物馆馆长陈晶女士见告，她曾目验这两件玉器，认为其形制和纹饰都与良渚的颇为相似，但玉材似不同。由此可知，它们应是在西北地区仿制的”。[4]1999 年，黄翠梅在文章中提到：“经比较良渚文化与上述各遗址出土之各式玉、石琮或琮形器之形制与装饰，似可将新石器时代晚期之玉琮依发展先后，粗分为原始型、成熟型

1 载中国玉器全集编辑委员会编，牟永抗、云希正本卷主编：《中国玉器全集 1 原始社会》，河北美术出版社，1992，前言第 29 页。

2 姬乃军：《延安市芦山峁出土玉器有关问题探讨》，《考古与文物》1995 年第 1 期。

3 陕西省考古研究院、西北大学文化遗产学院、延安市文物研究所：《陕西延安市芦山峁新石器时代遗址》，《考古》2019 年第 7 期，第 29—45 页。

4 杨建芳：《良渚文化玉雕研究的几个问题》，载徐湖平主编《东方文明之光：良渚文化发现 60 周年纪念文集（1936 ~ 1996）》，海南国际新闻出版中心，1996，第 331—337 页。

与退化型玉琮三组”，“晋、陕、甘、宁、蜀等地所见玉琮之形制与装饰风格者则融入另外一番的‘域外’品味。例如：陕西延安芦山峁征集的2件玉琮，一件具明显射部，另一件则不具射部，其四角纹饰虽略具良渚双层简化面纹之余韵，然整体结构松散，面纹之间未以二道平行凸起的横档相隔，四面亦无竖槽隔开四方角柱，与良渚面纹差异颇大”。[1]若干年后，其又在另一篇文章中修正了观点：“芦山峁1号双层兽面纹玉琮四角上的兽面呈两两一对上下交替反置排列的形状，兽的眼睑和口鼻处以浮雕细阳纹表现，眼珠为管钻小圆圈纹，上下眼睑也互不相接，全器应是对良渚双层兽面纹玉琮的仿制。至于芦山峁2号玉琮虽断为四截，器面装饰亦已磨耗不清，然良渚风格大小眼面纹的影子仍然隐约可辨，推测是以流传自良渚文化的遗物裁截改制而成。”[2]日本学者冈村秀典也对这两件玉琮进行过讨论：“玉琮A……相对于外径，内径大，所以器壁薄是其特征。方角处有上下两段兽面纹，凸出的线状浮雕所表现的‘臣’字眼中有圆形眼球”，但是，左右相邻的兽面纹是上下颠倒的，这一点很特别，“（玉琮B）特征与良渚文化的玉琮一致。另外，琮没有下射，兽面纹的下面就是底面，可能是由长琮在这里分割而成”，“纵向分成了四块，在裂口处开了两对修补孔”，“（玉琮B）纹饰结构和眼纹旋转施纹的技术特征与良渚文化的玉琮相同，因此极有可能是在长江下游良渚地区制作，并被带到一千公里外的陕北”。[3]

2000年前后，朱乃诚发表对芦山峁玉器的看法：“芦山峁遗址上采集的遗物，内涵较为复杂。属良渚文化的遗存，主要有玉琮和‘V’字形石刀。其中玉琮上饰有‘兽面纹’，可知其年代要早于陶寺墓地M3168墓中的玉（滑石）琮。‘V’字形石刀……其年代可能晚于陶寺M3015大墓中出土的‘V’字形石刀。据此分析，芦山峁遗址上采集的良渚文化遗存，其相对年代约当陶寺墓地中M3015至M3168之间，没有超越陶寺遗址中良渚文化遗存的年代范围。”[4]后又在另一篇文章中补充道：“如果我们将河南渑池不召寨、山西襄汾陶寺、陕西延安芦山峁三处遗址联系起来，可以看出良渚文化因素在中原地区的分布，在地理区域上有一个不小的范围。……玉琮具有‘礼器’性质，又属精神文化生活的重要物质遗存，是良渚文化中不能轻易改变的一种具有部族特征的文化传统。……在距今4000年前中原地区使用玉琮的部族应是良渚人的后裔或是与良渚人的后裔有关。”[5]

邓淑苹曾多次论及这两件玉琮，早年认为玉琮A外形看来“应是龙山时期甘陕一带的玉琮”，“最值得重视的是，每个窄框带上，用细细的凸弦纹琢出特殊的大眼面纹”，“雕有大眼面纹的玉琮，本是良渚文化的特产……玉琮（玉琮A）上的面纹，用凸弦纹勾勒的手法，似桃形眼又略带变化的风格，都相似于山东龙山文化的作品。所以也归之为东夷系玉器”，玉琮B“由它的玉质、器形与花纹特征观察，应属良渚文化晚期江苏地区的玉琮。但断裂后在两侧钻小孔供绑缚固定的现象，较流行于黄河中下游”。[6]后又补充认为玉琮A是“良渚移民的后代在生活上已融入当地，但还传承着先祖的信仰，崇奉自己的神祖，因此在黄河中游流行的光素玉琮上，凭着记忆雕琢良渚式的神祖面纹”，并进一步对玉琮B上的种种现象加以解释，“笔者观察实物后认为：

1 黄翠梅：《传承与变异——论新石器时代晚期玉琮形制与角色之发展》，载浙江省文物考古研究所编《良渚文化研究——纪念良渚文化发现六十周年国际学术讨论会文集》，科学出版社，1999，第217、220页。

2 黄翠梅：《遗古·仿古·变古：商代晚期至西周初期玉琮的文化传记学研究》，载成都金沙博物馆、成都文物考古研究院、中国社会科学院考古研究所编《夏商时期玉文化国际学术研讨会论文集》，科学出版社，2018，第151页。

3 冈村秀典：《龙山文化后期玉器的扩张》，《史林》82卷2号，第103—129页。

4 朱乃诚：《良渚的蛇纹陶片和陶寺的彩绘龙盘——兼论良渚文化北上中原的性质》，《东南文化》1998年第2期。

5 朱乃诚：《金沙良渚玉琮的年代和来源》，《中华文化论坛》2005年第4期。

6 邓淑苹：《晋、陕出土东夷系玉器的启示》，《考古与文物》1999年第5期。

已断为四块那件是一件典型的良渚文化玉琮，但器表的纹饰已磨蚀不清，显然曾经长时间地佩戴把玩”。[1]“良渚玉镯（笔者按：玉琮 B）可能因长期佩戴把玩而外壁纹饰模糊，已断为四块，再于破边钻孔供穿绳绑合。这种久戴造成纹饰模糊的现象，还见于广东海丰县三舵村贝丘遗址中出土的二件良渚方镯(报告中称之为‘琮’)。笔者请教赵晔研究员，报告在良渚文化核心地区的太湖流域考古出土的玉器上，未见这种久戴至纹饰模糊的现象。故推测公元前第三千纪中叶，少数太湖地区先民即开始展开离乡跋涉地远行，他们珍惜从家乡带出的玉镯，代代相传佩戴把玩，才会出现严重磨蚀现象。”[2]

在《中国出土玉器全集 · 14 · 陕西》中，刘云辉详细地描述了玉琮 A 的细节特征，如“四角雕出两层兽面纹，兽面眼睛为阴线圆圈，但无眼眶”，“应属良渚文化风格玉琮”。[3]2013 年，苏芳淑在文章中称玉琮 A 是“当地制作、仿良渚形的玉琮。因对典型的良渚人兽纹理解有误，两节都琢成兽纹，并将其倒置，两者在良渚玉琮纹饰上都不曾见过”，又称玉琮 B 是芦山峁人保存的前代古玉，“芦山峁齐家文化遗址采集的一件人兽纹‘琮’形镯……但因日久抚摸而令其纹饰模糊不清。加上其经裂开成四段后而钻孔复合的状况，清楚表明其在芦山峁齐家文化环境下入土时已是‘古董’”。[4]杨伯达也在近年研究中写道：“（玉琮 A）近似良渚玉琮，疑似非本地所制”，“（玉琮 B）已裂为四块，每块边缘各钻两个小孔，以便结扎。此琮亦是良渚文化产物，来至此地，受到珍爱，虽碎为四块，仍不舍丢弃”。[5]

最后是处良渚文化核心地区的浙江学者对芦山峁玉琮的分析，如刘斌指出：“这些玉器一般出土于山巅附近，与良渚玉器的埋藏情况十分相似，琮的形制也与良渚玉琮无二”[6]。方向明认为芦山峁玉琮的风格“彻底歪曲了琮的基本特质”，玉琮 A“图像的眼睛不仅雕琢如尖喙，且隔角倒置，琮节分解也仅是简单的一次性片锯切割而已，最为重要的是图像雕琢手法是石家河文化至夏商时期典型的‘减地阳线’，已将良渚文化玉琮彻底歪曲；另一件琮断裂缀补，两节一组的节面图案为‘神人 + 兽面纹’，弦纹之间依稀可辨原先曾填刻地纹，但没有下射口，兽面纹的突出鼻端也不完整，该琮应为良渚文化原物，但已修改得面目全非了”。[7]2019 年举办的“良渚与古代中国”展览图录中，描述了更多现象：“（玉琮 B）分为两节，上为神人，下为兽面，形制与良渚文化玉琮基本一致，两组弦纹平行线已不可见，中间填刻线束。神人和兽面眼睛均为管钻，兽面眼梁和鼻部刻画细致。从纹饰保存情况看，该琮可能在使用一段时间后碎成 4 块，又经全面的打磨。不见下射口，留有线切割痕迹。”[8]

冈村秀典曾总结，新石器时代地域间的玉器交流有三种背景，“（1）玉器本身的移动；（2）玉器制作工人的移动；（3）玉器制作技术的传播和对玉器形态的模仿等”，并指出芦山峁玉琮 B 属于第一种——玉器本身的移动。[9]上述学者在这一点的认识上几乎一致，除了早年杨伯达、黄翠梅二人，都认为这件玉琮非本地制作，是良渚产物无疑。在近 20 年的讨论中，我们看到了对于玉琮 B 认识不断深入的过程：从最初对于文化归属的讨论，到对玉琮刻纹磨蚀、下射消失、断裂后钻孔

1 邓淑苹：《杨家埠、晋侯墓、芦山峁出土四件玉琮的再思》，载山东博物馆、良渚博物院编《玉润东方：大汶口—龙山 · 良渚玉器文化展》，文物出版社，2014，第 15 页。

2 邓淑苹：《史前至夏时期“华西系玉器”研究（下）》，《中原文物》2022 年第 2 期。

3 古方主编，刘云辉本册主编：《中国出土玉器全集 · 14 · 陕西》，科学出版社，2005，第 22 页。

4 苏芳淑：《古人存古——玉琮在古代墓葬中的诸意义》，载巫鸿、朱青生、郑岩主编《古代墓葬美术研究（第二辑）》，湖南美术出版社，2013，第 4—5 页。

5 杨伯达：《中国史前玉巫教探秘》，故宫出版社，2020，第 452—453 页。

6 刘斌：《法器与王权：良渚文化玉器》，浙江大学出版社，2019，第 179 页。

7 方向明：《中国玉器通史 · 新石器时代南方卷》，海天出版社，2014，第 198 页。

8 浙江省人民政府、故宫博物院编：《良渚与古代中国：玉器显示的五千年文明》，故宫出版社，2019。

9 冈村秀典：《陕晋地区龙山文化的玉器》，《故宫学术季刊》第 2 期，2001，第 105—114 页。

绑缚等现象的关注，并尝试对良渚玉琮出现在陕北给出合理情境下的解释。

三、玉琮的时代、技术及使用痕分析

从1981年发现芦山峁两件良渚风格玉琮迄今半个多世纪，中外对这两件玉琮讨论的一些主要观点，在上述回顾中作了初步的罗列，包括玉琮的制作及埋藏年代、风格及特征、使用痕分析、来源探索等几方面的研究。以下我们就此四方面略作讨论。另外，对上述有关玉琮技术方面，也略加分析。

第一，制作及埋藏年代。芦山峁两件玉琮中，调查者指出玉琮B“垴畔山出土”，而玉琮A未知出处。因此，两件玉琮相互关系不明。从发现开始，对玉琮年代的估计，就有偏晚的倾向。首先，此发现者对此玉琮年代据“专家们倾向”，认为是西周的遗物。20世纪90年代初，在对比全国玉琮后，虽然认为这两件玉琮具有良渚兽面纹风格，但仍一致认为其是龙山时代的东西。其实他们并没有解释，所判定的“时代”究竟是制作时代还是埋藏时代。然按文章表达，可理解为制作时代。

90年代中期以后，江苏学者如陈晶开始注意到芦山峁玉琮的发现，观察玉琮B实物后，认为与良渚核心区同类玉器“颇为相似”，但又据肉眼判断玉质“似不相同”，推测此玉琮在西北制作。如果这样，则似乎暗示有良渚传承的玉工移动，并在芦山峁当地继续发展良渚玉文化的倾向。很明显，这仅为个人推测而非事实。如此，该玉琮制作时代，可能与良渚文化时代连接。此后，芦山峁玉琮B的制作时代，属于良渚文化的观点，在2000年后得到普遍的认可与接受。

2000年后，学界对芦山峁上述玉琮年代观点另有发展，如朱乃诚指出既具良渚文化风格，但使用者是陶寺遗址时代的人们，那可能为良渚的后裔，即该玉琮埋藏时代是龙山文化阶段，至于制作年代是否为良渚文化阶段，表达上并不明确。另一观点以邓淑苹作代表，对同一玉琮的年代，发表过先后变化的看法。然而最近（2022年）她认为：玉琮A是良渚后人在陕北的移民追忆创作，而玉琮B是典型良渚玉琮。这指出玉琮B制作时代为良渚无疑，也暗示玉琮A、B可能存在制作时代上的差异。这一观点与良渚核心区研究者如方向明的观点比较相合。方向明认为玉琮B是良渚文化原物，当然制作时代是良渚文化阶段，但他认为玉琮A彻底偏离良渚琮基本特质，雕工与龙山文化阶段相近。

综合而言，从风格上探讨，玉琮B制作时代公认为良渚文化阶段，而其埋藏时代则被认为可能是龙山文化阶段。制作时代方面从所谓风格上分析，该观点应补充细致图像学结构深入探索及工艺技术论证的支持。而玉琮B埋藏时代是龙山文化阶段，也只是推测观点，并没有科学的证据。至于近来普遍把玉琮A看作“偏离良渚文化传统”的观点，由于良渚文化核心区特别是苏沪地区考古工作进展程度的差异，很难笃定地认为我们现在已完全把握良渚玉工传统。初步推测，这方面尚有不少未知因素。其中一个例子是，在良渚核心区发现的玉琮，如杨家埠采集的玉琮在制作兽眼减地技术方面，就与玉琮A的兽眼有着同样的减地隆线特色，陕北与太湖地区玉琮在技术上展示出惊人的一致性。迄今，我们尚未真正见到龙山文化阶段制作的近似良渚文化风格的玉琮。换言之，龙山文化阶段，良渚文化玉琮的主要传统技术，相信已随良渚文化消失而失传。而龙山文化玉琮，从技术及风格上都是另一系列的玉琮。在这一问题的推测上，我们认为在认识到玉琮A、B制作时代差异的同时，也不应排除1981年芦山峁所采集的这两件玉琮均是良渚文化时代制作的玉琮的可能性，其埋藏时代不明。2014年之后的几次发掘出土的芦山峁玉琮，据笔者目睹，均为龙山文化系玉琮，并没有良渚文化玉器。

第二，风格及特征。对上述芦山峁采集玉琮风格的讨论，在90年代后逐渐成为热点。对此，学者多从纹饰及形制方面着眼。如黄翠梅的以相关芦山峁玉琮射的或存或缺，具简化面纹余韵，结构松散，缺乏刻划横棱及四方角柱等，判定玉琮A为仿制良渚而玉琮B代表良渚玉琮，同时指出这两件玉琮技术特点如“浮雕细阳纹”，是良渚玉琮截改而成。这方面，在浙江出土的一些良渚玉琮为从高琮中切割出玉琮且不含下射，也是公认的事实，并非玉琮B所仅有，应是良渚文化内传统。

此外，冈村秀典对玉琮A兽眼面的论述，如浅浮雕线状构造的兽面上下颠倒，“臣”字眼与圆眼球配合都是特色。冈村秀典认为玉琮B是在陕北被分割也是很重要的一种观点。2000年后以方向明的观点最具代表性，其认为玉琮A“琮节分解仅采用一次性片锯切割”，还指出玉琮B缺下射口、兽鼻端不完整的特征，是“已修改得面目全非”，此点也应重视。

综言之，上述各家对芦山峁玉琮A、B的风格及特征，已经作出初步的分析。从风格上看，玉琮A在形制上，具备典型良渚玉琮中孔、射部射面射口及射角构造。此琮壁面亦分为四面，每面由上下节面及中间直槽构成。良渚玉琮最重要的特征，其都具备。其中，上下分节的方式，学者所指出的玉琮A“节分解仅采用简单的一次性片锯切割”，对“一次性”的具体意义没有作出进一步解释。按笔者对玉琮的细致观察，节分剖技术由二次锯片切割所构成。第一步，上下节面用薄锯片在分节位置，定位切割出细长横向半分上下节面的分割沟槽，特色之一是分割沟槽近竖槽边逐渐收窄浅出。而第二步则是以薄锯片再次扩宽沟槽，以两侧节面接位棱角处最深最宽，向竖槽方向推进至节面幅度一半左右。这种分节间隔两侧节交接棱部分，作为分割最深切割，横向竖槽逐渐由深而浅变化的特征，是良渚玉琮极为突出的风格。玉琮A的节间分隔，正是以同样手法加工而成，以第二步棱为中心线横向锯深扩宽工艺，亦可说明此玉琮具有良渚文化玉琮的重要因素。至于上下节面加工手法及兽面差异，并不足以作为否定此玉琮归属良渚玉琮系列的设计。否则，如反山、瑶山众多两节玉琮兽面内涵变化及技术差异丰富，界定是否属于良渚玉琮的标准并不具有唯一性。

另外，有关玉琮B下射缺失、鼻端不完整，是否能作为“被修”（一种故意修理行为）的证明，有可商榷之处。在高清图片中相关玉器兽面鼻部刻纹仍然清晰可辨，其轮廓部分模糊渐变，但也不存在修理的痕迹。所谓“面目全非”，并非制作工艺技术问题，而是使用方式造成的。对风格及特征的分析，本文仍然支持芦山峁这两件玉琮与良渚文化玉琮关系密切的观点。此外，正如过去学者指出的，玉琮A转角处的图像雕刻手法，为后石家河文化中常见的减地工艺，而这种工艺源于红山文化玉器或更早。典型良渚文化的一些玉琮神人首及兽面，也是用减地推磨出平台，减地技术在良渚玉器中并不罕见。

然而，玉琮A上还有其他几处特征，也显示出良渚文化属性之外的蛛丝马迹。玉琮A的相邻神面左右倒转，这点在不少被认为属于龙山—石家河文化的采集和流散玉器中能看到较为相似的倾向，如玉圭等有刃玉器上的浅浮雕图像往往正反倒转。玉琮A的神面并非典型的良渚风格，西安尤家庄新莽时期墓葬出土过1件玉柄形器，不少学者都指出其应是二里头时期的遗玉。虽然并非玉琮，却在柄中间位置有一组减地神面图像，这种表达与良渚文化中常见的玉锥形器相近。然而，该组神面的整体结构与玉琮A类同，眼睛呈近“臣”字，两边内收呈勾尖形，两眼之间还有一处具有良渚风格的浅浮雕，可以说与杨家埠2号琮一脉相承。此外，二里头夏都遗址博物馆展示的1件二里头遗址出土的玉柄形器，相同部位虽没有完整神面，仅雕刻一对眼睛图像，但眼睛形状与前述几例相同，为两边勾尖，同样以减地技术制作。学界普遍认为，二里头文化玉器的减地技术及相关玉器，极大程度上受到了后石家河文化的影响。杨家埠玉琮到玉琮A的图像结构一脉相承，又与二里头文化柄形器所见如此接近，可见良渚文化余韵深远。

对玉琮A最后的归属文化考量，因出土资料匮乏，目前未能作出最后的决定，但笔者相信，玉琮A素材成形技术分析，将会具有决定性意义。因为，迄今笔者所见良渚玉琮，均以砂绳切割成形。而龙山后商代玉，无一不是用锯片切割成形的。对玉琮A工艺技术的深入讨论将会是另一篇文章的内容。不过，玉琮A上射口有颇大起伏的凹位这一特征，已是很值得注意的问题。

第三，使用痕分析。芦山峁上述玉琮发现者在最初的报告中，已指出玉琮B裂成四块以及左右钻孔又再接上结扎。姬乃军已注意到玉琮破裂的四块“大致相等”的特征。此玉琮破裂，当然是制作后出现的现象，也是使用过程中才形成的。至于为何破裂，是意外破损还是人为有意分割？如何断裂及断裂后的情况是其中的关键。但过去学者对此问题的分析，一般只说及玉琮B碎

图 5-3 玉琮 B 两侧断裂

图 5-4 玉琮 B 纵向破损后研磨痕迹

裂为四块，未有进一步讨论。如方向明提出玉琮B在“使用一段时间后碎成4块，又经全面的打磨”[1]。这观点涉及玉琮碎裂及表面重新打磨两方面问题。首先，关于玉琮B如何断裂。断裂按其形成机制差异，可以分为意外破损和人为的有目的性分割两种。据笔者对实物的观察，玉琮B是通过两次破裂而分割成四块，每块均占有玉琮四角节面的完整一角。换言之，破裂基本上是在节面间竖槽接近中间位置纵向发生的。图5-3玉琮B照片所示，右侧裂缝基本可无缝拼合，但下部拼合明显有空隙。纵向破裂基本是近直线方向伸延的，左侧纵向裂缝，上下端较平直伸延，开口范围内，可见拼合的窄缝，而延伸至中部则明显有呈斜向不规则的倾向，拼合紧密而不见明显切割沟槽痕迹。以上观察尤以左侧的纵向裂缝否定了以砂绳或锯片切割的可能。图5-4所示玉琮B

1 浙江省人民政府、故宫博物院编：《良渚与中国古代：玉器显示的五千年文明》，故宫出版社，2019。

图 5-5 玉琮 B 表面消磨

的纵向破损可见，切断面经细致初步的磨平，上下两端有平坦面，而中部表面起伏较大。从以上痕迹推测，分割玉琮的技术可能是在上下端施沟引导破裂方向，因为没发现玉琮上有打击点，可能使用了间接打击法，基本准确地纵向平分玉琮为四个等份。这种计划性的分割当然不可能是偶然相继的意外破损。而玉琮在被有计划的分割后，又再以四对上下相应的较大的侧孔复原拼合，侧孔对接边有凹槽设计，是以便牢固破裂琮体的构造。至于分割玉琮又“破镜重圆”的历史内涵，则由观者自由想象，笔者不打算推测。

其次，关于玉琮 B 的使用痕。神人兽面纹是否被人故意“表面重新打磨”，学界尚有不同意见。如以邓淑

苹为代表的一方，认为玉琮 B 是“长期佩戴把玩”[1]，而造成纹饰模糊，并举广东海丰三舵村出土的具有同样使用痕的玉琮为佐证。然而，近年对良渚文化玉琮的进一步研究发现，有更多距良渚远距离的地区如金沙，甚至良渚核心周边地区出土的玉琮（如杨家埠采集高琮、蒋庄玉琮等），也有芦山峁玉琮 B 这般因使用而致纹饰模糊的现象。[2] 目前学术界对玉琮使用痕的观察、使用痕分类及形成分析等问题，基本上是完全空白的。玉

1　邓淑苹：《史前至夏时期“华西系玉器”研究（下）》，《中原文物》2022 年第 2 期。

2　邓聪、朱章义主编：《金沙玉工Ⅱ玉琮工艺》，四川人民出版社，待出版。

琮近距及显微的微痕分析，亟待开展。图 5-5 是玉琮 B 表面神人兽面部分，其中兽面眼睛内外及鼻梁上大部分的刻划纹，已全面较均匀地消磨退却，只剩下不多的兽眼间鼻梁部分刻划较深的纹饰。整体看来，并没有发现故意“重新打磨”的任何加工的痕迹。从图 5-5 玉琮 B 近距微痕现状，可知此玉琮表面原有刻划纹的消磨，最有可能的原因，是与人体长期密切接触后形成的。然而，由人体接触而使玉琮上刻划纹大规模消磨的现象，也令人感到十分震惊。因为，软玉是十分强韧的材料，不会轻易被磨损。这一方面反映此等玉琮曾在当时的社会上充当重要角色；另一方面，我们也观察到良渚玉琮中如反山出土的众多玉琮，基本上没有上述明显由人体接触而出现纹饰消磨的现象。这可能反映出不同良渚文化社会人群，在玉琮使用方式上有着很大差别。

第四，来源探索。冈村秀典提出新石器时代玉器交流的三种背景：“（1）玉器本身的移动；（2）玉器制作工人的移动；（3）玉器制作技术的传播和对玉器形态的模仿等”。在具体情况中，可能并不能按上述三者进行简单机械区分。中国东南地区良渚文化制作的玉琮，在西北地区陕北高原的存在，就必然是一种复杂社会文化与人事交流背景的反映。否则，在陕北出现的良渚玉琮，几乎不可能在另一社会产生任何的影响。芦山峁玉琮 B 在当地被计划性分割解体，又由分解再复合，且长期与人体密切接触，使原在良渚文化区域内制作的神人兽面纹饰，因人为触碰使用而出现纹饰消磨的现象，说明此玉琮在当地，受到很特殊的处理及重视。芦山峁的玉琮 B 在当时的社会意义，不可能没有受到原来良渚文化相关人群直接或间接的影响。因此，新石器时代晚期阶段，在“玉器本身的移动”假设存在的背后，很大可能与文化及技术传播相关。就算不是玉工本身移动，即使并非玉器技术的直接输送，也与玉文化概念及玉器实物所涵盖的技术概念上的传播相关。玉琮制作技术本身可能是一种极高度机密的社会上层的技术。这方面今后我们需要从考古学上在各地玉琮作坊发现后，再进行深入的讨论。因此，冈村秀典三种玉文化交流的假设，必定需要从考古学实际的发现与研究方面去审察。当然，冈村秀典的假说不失为一值得讨论的命题，只是并非考古的事实。最后，有关芦山峁这两件玉琮的渊源，目前可供直接探索的证据不多。笔者需指出：这两件玉琮时代也可能存在早晚差别，玉琮 B 可能比玉琮 A 早；而玉琮 A 纹饰形制，更可能是处于从良渚向龙山文化过渡的角色，这有待日后新资料出现，再作深入的分析。[1]

1　本文的写作得到了陕西省考古研究院孙周勇院长、马明志研究员以及陕西历史博物馆、延安市文物研究院的专家学者大力支持，一并申谢。

A Study on the Origin of the Chinese Jade Ritual System in the Prehistoric Time — an Interaction between the Heaven and Man

by Teng Shu-p'ing

曙光中的天人对话——中国玉礼制的史前探源

邓淑苹　台北故宫博物院

一、解题

本文的主标题是："曙光中的天人对话"。

首先要说明：在文明曙光时期的史前，谁能与老天爷对话？正确答案见《国语·楚语》。

该书中记录春秋晚期楚昭王（前523—前489年）与楚国的大巫师观射父的对话。大意如下：

楚昭王问道：《周书》中记载有重、黎两个人，使天地不能沟通，这是什么意思？难道说，没有重、黎二个人的话，人民就可以登上天吗？

观射父回答：不是这意思啊！要知道古时候神和人是不能相会的。只有具特殊智能的人，"明神"才会降临在他身上。这种人男的称为"觋"，女的称为"巫"。当古代只有巫觋才能祭祀神祇祖先时，人间井然有序，农作物收成好，没有灾祸。但是到少昊氏衰败后，有九黎族来捣乱，此后生民和神祇的秩序就乱了，家家都有"巫史"通神，民神平等相处，神轻率无尊严，于是灾祸来了，收成也不好了。帝颛顼看到这情况，就命令名叫"重"的南正官，主管天上属于神祇的事，命令名叫"黎"的火正官，主管地下属于生民的事。因此又恢复旧有的常态，神和民不再相互侵渎，这就是所谓的"绝地天通"[1]，意指断绝地民与天神的直接相通之道。

从《国语·楚语》这段记载可知，远古时期宗教人物，也就是巫觋，垄断与天对话的祭祀大权。这就是所谓"绝地天通"的典故。

本文的副标题是："中国玉礼制的史前探源"。

考古资料证明，华夏大地先民在距今9000年时开始制作玉器，最初只是制作工具和单纯的装饰品。到了距今6000年，玉器成为象征身份的"瑞器"。再过了500年，到距今5500年时，玉器又发展出祭祀功能，成为巫觋沟通神祇、祖先时的"祭器"，到此时玉礼制就已发展完整。中国文化有极强的延续性，玉礼制从距今约6000年（约前4000年）萌芽，发展到百年前清朝灭亡（1911年），延续约6000年。

很多人一提到玉礼制，就联想到《周礼》所写的"六器""六瑞"，事实上，《周礼》写成于战国时期（约前475—前221年），距离玉礼制萌芽已经3000多年，已历经了新石器时代，夏、商、西周三代及春秋。

《周礼》原名《周官》，作者可能是战国时期的饱学之士，他熟知周文化圈，也熟知楚文化圈，综合整理各方资料后撰述出理想中的典章制度。书中以"六器""六瑞"为核心的玉礼制，确实在他之前曾分项目、分阶段地在不同地区发生过，但《周礼》作者将之整合化。《周官》一书在西汉时由河间献王呈贡给汉武帝，新莽时（9—24年）改名为《周礼》并设为学官，成为以后历代遵行的"礼制典范"。

《周礼》有关"六器""六瑞"的原文为："以玉作六器，以礼天地四方。以苍璧礼天，以黄琮礼地，以青圭礼东方，以赤璋礼南方，以白琥礼西方，以玄璜礼北方。""以玉作六瑞，以等邦国。王执镇圭，公执桓圭，侯执信圭，伯执躬圭，子执谷璧，男执蒲璧。"

综合可知：璧、琮、圭、璋、琥、璜六种玉器是祭祀天地四方的"祭玉"，其中璧、圭二种又是象征拥有者身份的"瑞玉"。

1　有的文献记载"绝天地通"。

表 6-1　六种玉礼器的渊源与形制[1]

玉礼器的渊源	玉礼器的形制	
“天体崇拜”的璧与琮	璧是带中孔的圆片	琮是带中孔的方筒
“物精崇拜”的璜与琥	璜是弧形片状器	琥是兽类造型玉器
政权表征的圭与璋	圭是端刃器	璋是位阶较低的端刃器

事实上，六种器类可分为三种渊源：第一，“天体崇拜”的璧与琮；第二，“物精崇拜”的璜与琥；第三，政权表征的圭与璋。梳理考古资料与传世文献，这六种玉器的形制大约如表 6-1 所示。

六种玉器中，璧、琮、圭、璜的器形大家较有共识，璋、琥的器形较需解释，后文都会说明。夏鼐在其 1983 年的两篇论文中指称璜、琥只是装饰品，不是礼器。这是因为夏鼐受制于他所处的时代，没能真正洞悉玉礼制的内涵，但其谬误说法却根深蒂固地误导考古学界近 40 年，以为人体饰物无礼制功能。[2]

“天体崇拜信仰”的内涵，除了“天圆地方”的宇宙观，还有“同类感通”的哲理，具体的行为是制作成组带有中孔的圆璧、方琮——先民相信玉器形制能产生感通天地的法力，组配祭祀后直接掩埋于坑。“天体崇拜”是中国历史上强势文化基因，迄今国际上多认为圆璧是中国文化的象征。2008 年北京主办奥运时的奖牌，就是以圆璧为设计理念。

“物精崇拜”是“动物精灵崇拜”的省称。史前先民将各种神灵动物的纹样雕琢在各式玉质装饰品上，希冀能结合玉的精气与动物的法力，庇佑生民。“物精崇

1　表 6-1 中的图片：璧为陕西高陵杨官寨庙底沟文化遗址出土。矮琮为甘肃天水师赵村齐家文化遗址出土，高琮为首都博物馆馆藏。璜为安徽凌家滩遗址出土。左边的琥出土自内蒙古那日斯台红山文化遗址，右边的琥出土自河北中山王墓。平首圭出自山东安丘龙山文化遗址，尖首圭出自陕西西安联志村西汉祭祀坑。平首璋出自春秋早期芮国 502 号墓，斜首璋出自陕西西安联志村西汉祭祀坑。因后文还会讨论这些玉器，有关图片资料来源后文附详注。

2　夏鼐：《商代玉器的分类、定名和用途》，《考古》1983 年第 5 期。夏鼐：《汉代的玉器——汉代玉器中传统的延续和变化》，《考古学报》1983 年第 2 期。

拜”也是中国历史上强势的文化基因，相信纹饰能产生法力。历史上曾盛行龙虎组配、龙凤组配，四灵信仰，且一直盛行“天生龙种”“龙的传人”观念。

本文聚焦在文明曙光阶段的新石器时代，拟从考古资料探讨，当时各地区的宗教人物（巫觋）是用什么样的玉礼器祭祀神祇祖先。再进一步透析：从史前各地区已发展出不同内涵的玉文化，是如何传承至战国，形成《周礼》的“六器”，且在西汉时被官方实际施行的。简言之，本文是以“早期中国”为时间维度，探索中国玉礼制的内涵。

二、生态与矿源，导致信仰有别的原生性玉文化

东亚大地以“大兴安岭—太行山—巫山—雪峰山”一线分为低平湿润的华东地区与高峻干燥的华西地区，这也是地理学上所称的“第三阶梯”与“第二阶梯”。（见图6-1）

表6-2是公元前7000年—前1500年（距今9000—3500年）华夏大地上分布的考古学文化，以蓝色、红色两条虚线表示公元前4000年、公元前3500年。这两个年代分别是“象征身份的瑞器”与“沟通神祖的祭器”出现的时间点。[1]

表6-3是根据考古资料，将各类玉器出现的时间、空间登记而成的。现在分别以红色、蓝色、绿色的长方形线框以及①②③，指出三个年代较早，出土以真玉中的闪玉（nephrite）[2]制作玉器的地区。

年代最早的是黑龙江支流乌苏里江流域的小南山文化，在公元前7000—前6000年前后，也就是表6-3红色的①所指出的位置。[3]该处在20世纪就已出土不少玉器，晚近李有骞负责的发掘，又出土玉器74件，其中有39件是闪玉。[4]年代排第二早的是黄河上中游的仰韶文化时期，约公元前5000—前3800年，甘肃大地湾第二期、陕西龙岗寺出土的锛、凿、坠，经鉴定都有闪玉。[5]年代排第三的是长江下游，约公元前4300—前4000年的马家浜文化晚期，东山村遗址出土的组玉璜，

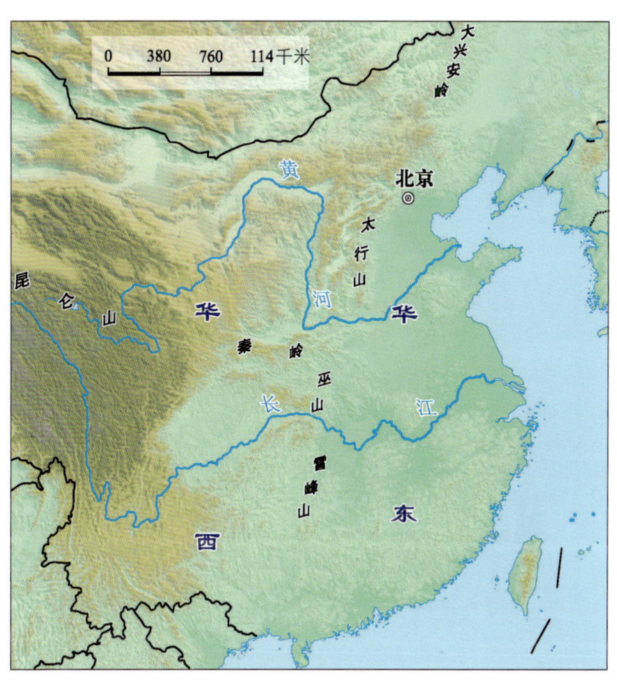

图6-1 华夏大地以山脉链区隔华东、华西

1 常怀颖：《早期中国视野中的夏王朝》，《三联生活周刊》2018年第23期，文中有“文明探源工程”结项时公布的年表。赵宾福：《东北新石器文化的时空框架及文化系统》，载中国考古学会、沈阳市文物考古研究所编《庆祝宿白先生九十华诞文集》，科学出版社，2012。赵宾福：《东北考古学研究》，科学出版社，2014。

2 依据地质学界、人类学界数据，自然界两种矿物被定义为真玉，其矿物学名为nephrite和jadeite。早年日本学者将之分别称作：软玉、硬玉。但二者硬度差距不大，被称作软玉的矿物莫氏硬度也在6左右。中国历史上的主要玉料多为nephrite，中文译名有闪玉、闪石玉、和田玉。至于jadeite，属辉石类，中文译名有辉玉、辉石玉。翡翠即属辉玉类。

3 黑龙江文物考古研究所、饶河县文物管理所：《黑龙江饶河县小南山遗址2015年Ⅲ区发掘简报》，《考古》2019年第8期。

4 小南山遗址发掘主持人李有骞研究员于2021年6月11日在故宫博物院以“中华玉文化的摇篮——饶河小南山玉器的发现和认识”为题做的专题讲座。

5 甘肃省文物考古研究所：《秦安大地湾：新石器时代遗址发掘报告》，文物出版社，2006。陕西省考古研究所：《龙岗寺——新石器时代遗址发掘报告》，文物出版社，1990。杨亚长：《陕西史前玉器的发现与初步研究》，载邓聪主编《东亚玉器01》，香港中文大学中国考古艺术研究中心，1998，第208—215页。龙岗寺发掘主持人魏京武也撰文讨论这批数据，将26件中的4件请西安地质学院专家做了显微镜观察鉴定，推测玉料来源可能是四川汶川。见魏京武：《龙岗寺遗址出土的仰韶文化玉质生产工具》，载钱宪和主编《海峡两岸古玉学会议论文专辑》，台湾大学地质科学系，2001，第129—135页。

表 6-2 公元前 7000—前 1500 年各考古学文化分布年表

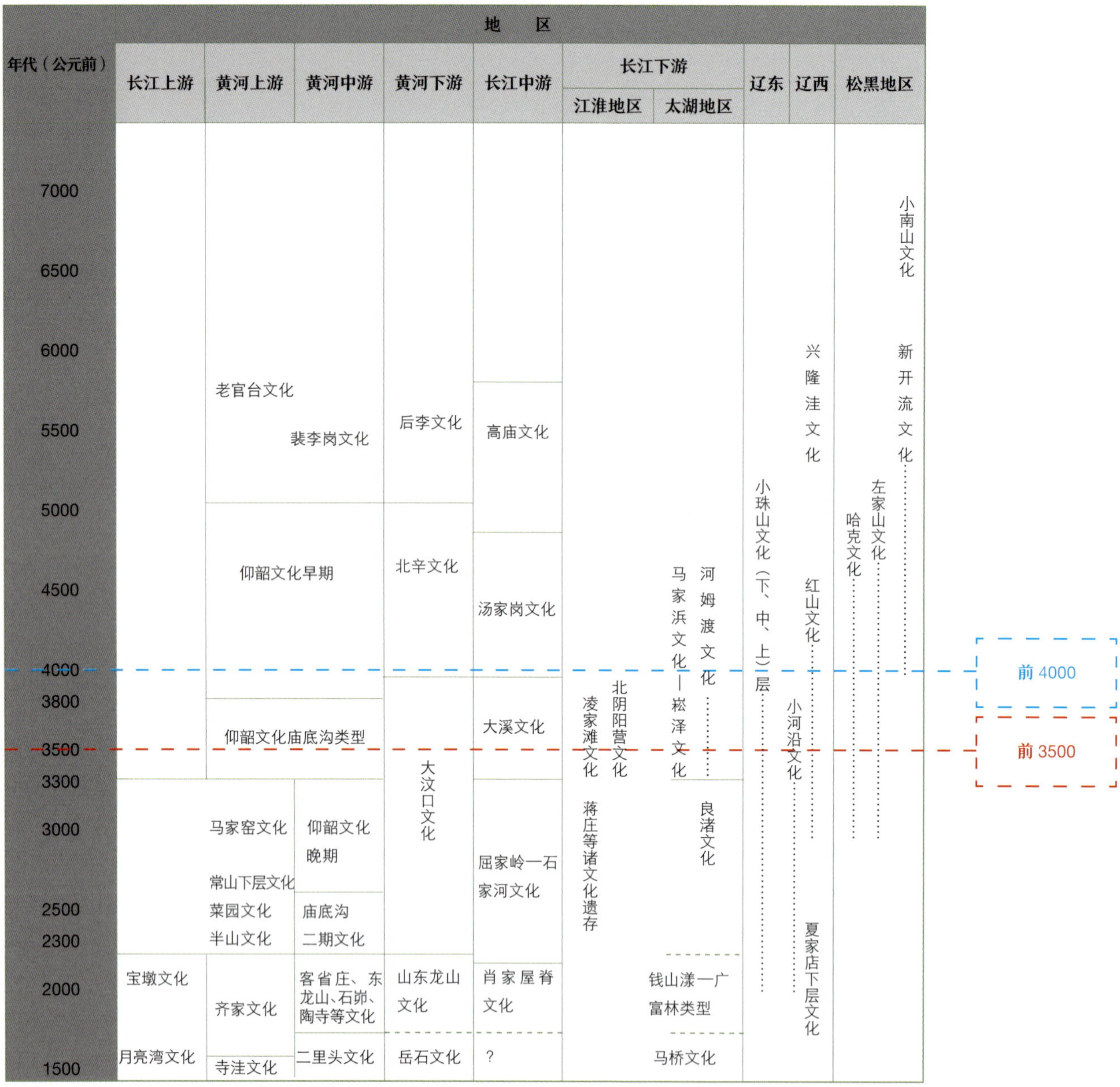

年代（公元前）	地区									
	长江上游	黄河上游	黄河中游	黄河下游	长江中游	长江下游		辽东	辽西	松黑地区
						江淮地区	太湖地区			
7000										小南山文化
6500										
6000		老官台文化							兴隆洼文化	新开流文化
5500			裴李岗文化	后李文化	高庙文化					
5000								小珠山文化（下、中、上）层		左家山文化；哈克文化
4500		仰韶文化早期		北辛文化	汤家岗文化		马家浜文化—崧泽文化；河姆渡文化		红山文化	
4000（前 4000）										
3800		仰韶文化庙底沟类型			大溪文化	凌家滩文化；北阴阳营文化			小河沿文化	
3500（前 3500）										
3300				大汶口文化						
3000		马家窑文化	仰韶文化晚期		屈家岭—石家河文化	蒋庄等诸文化遗存	良渚文化			
2500		常山下层文化；菜园文化	庙底沟二期文化							
2300		半山文化							夏家店下层文化	
2000	宝墩文化	齐家文化	客省庄、东龙山、石峁、陶寺等文化	山东龙山文化	肖家屋脊文化		钱山漾—广富林类型			
1500	月亮湾文化	寺洼文化	二里头文化	岳石文化	？		马桥文化			

注：主要依据各考古学文化是否出土玉器为列表原则，但未列入岭南地区石峡文化。二里头文化位于华东地区贴近山脉链东侧，在此表中不易安排适当格位，暂时放在此处。

其质地有闪玉，也有玉髓。[1]

图 6-2 是陕西龙岗寺第 345 号墓平面图，墓主为 30—35 岁男性，高达 180 厘米，报告中特别强调此墓的墓圹是该墓群单人墓中最大、最深、最规整的一座，随葬品多达 35 件，左手部位有 1 件玉斧，右腿上放置 2 件超大型、精致打磨的石斧钺，分别长 46.8 厘米、48 厘米。报告中强调：2 件大型石斧（报告中称为“石铲”）不见于其他墓中，墓主左手上 1 件磨制精细

1 南京博物院、张家港博物院：《江苏张家港东山村遗址 M101 发掘报告》，《东南文化》2013 年第 3 期。玉髓（chalcedony）属于石英家族的隐晶质类，中文常翻译为玛瑙，其实准确的说法是：玉髓中带有条斑的才是玛瑙。

表 6-3 公元前 7000—前 1500 年各地区制作玉器类别

公元前	分期	地区分割								
		蜀	青、宁、甘、陕	晋、豫西	豫中、豫东	鄂、湘	海岱	江淮、太湖、岭南	辽西、松黑	辽东
7000										
6500									环、小璧、管、坠、珠、锛、凿、斧、耳饰玦、匕形饰 ①	
6000										
5500	新石器时代									
5000										
4500			小佩、锛、凿、斧、钺、铲 ②							
4000								耳饰玦、管、璜、环镯、小璧、龟壳、人、鸟、玉板 ③		
3500			璧、原始琮、斧、钺、铲							
3300										
3000								龙首饰、龙首环、小璧、冠状器、璜、三叉形器、锥形器、管、镯、方镯、大璧、高琮	环、斜口筒形器、鸟、龙、方圆形璧、猪龙、勾云形器、龙纹璜	环、连璧、锛、凿、锥形器
2500										
2300			璧、矮琮、斧、钺、铲、大璧、高琮、联璧、喇叭管、刀、牙璋、有领璧	璧、琮、钺、铲、刀、镯、联璧、牙璧		鸟纹笄、虎、蝉、鸟神祖纹玉器	环、镯、璧、连璧、锥形器、琮、斧、铲、钺、戚、刀、神祖纹圭			
2070	夏									
1800					牙璋、长刀、钺、戚、戈、柄形器					
1600		牙璋、有领璧、璧、琮								
1500										

的玉斧（报告中称为“玉铲”），也少见于其他墓葬。[1]由此可知，可能在公元前4200—前3800年，仰韶早期中晚段[2]，玉石斧钺的尺寸、质地，及磨制精细度，已开始成为领导者的身份标志。

图6-3是江苏张家港东山村第101号墓出土组玉璜及想象复原图。学者研究确知马家浜文化晚期，玉器已有了昭示墓主身份地位的功能。[3]

从图6-2、图6-3可知，约公元前4000年，即表6-2中蓝色虚线所指之时，华西、华东都出现用闪玉制作的玉器，作为身份的象征，也就是玉礼制里的“瑞器”。

综合考察表6-3所列史前各地区出现各类玉器的早晚，以及可能曾为古代先民开采过的闪玉玉矿资料，即可得知：闪玉玉矿的有无决定该区是否有原生性玉文化。

黑龙江铁力桃山地区[4]，吉林磐石市石嘴镇扇车山[5]，都已找到玉矿床并经科学分析。是否即是小南山文化、新开流文化、左家山文化先民们所采用的闪玉料，有待进一步确认。辽宁鞍山岫岩蕴藏浅黄绿色闪玉，也蕴藏外观颇相似、透明度稍大的蛇纹石。前者甚受地质学者关注，认为辽西的兴隆洼文化、红山文化，辽东的小珠山文化，山东的大汶口—龙山文化等先民们所用闪玉料多来自岫岩。[6]

长江下游马家浜文化晚期、崧泽文化、凌家滩文化、良渚文化都出土有闪玉制作的玉器。迄今已在安徽肥东、江苏溧阳小梅岭找到可能是古代先民的开采使用过的玉矿。[7]近年在甘肃找到数个玉矿，其中敦煌旱峡一地，被认为可能在齐家文化时期已经开采。[8]事实上，从考

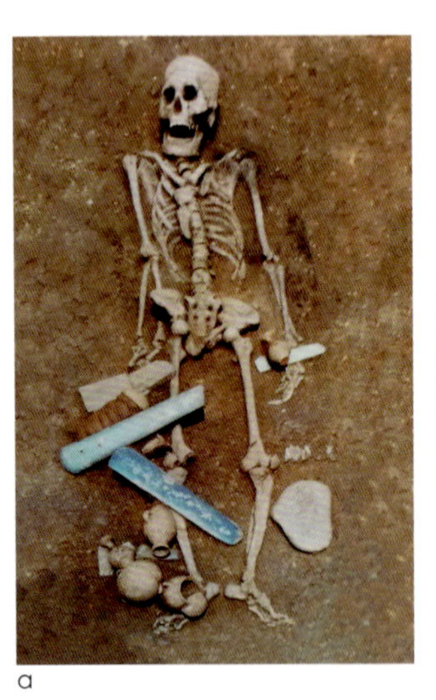
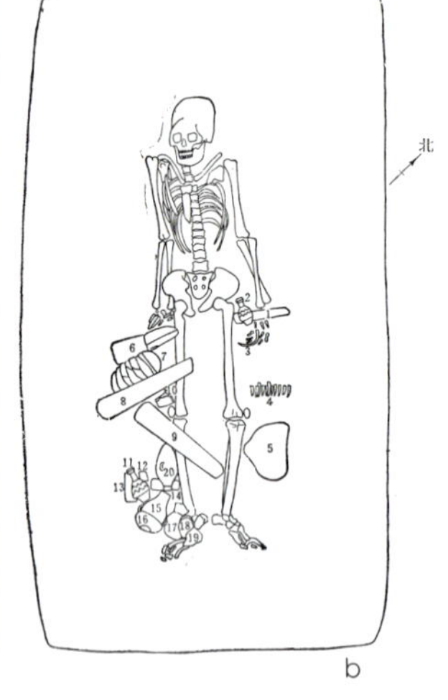

图6-2　龙岗寺M345平面图

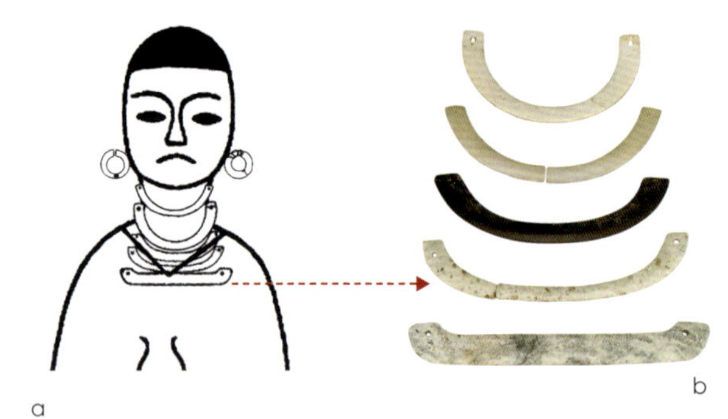

图6-3　东山村M101出土组玉璜及想象复原图

1　陕西省考古研究所：《龙岗寺——新石器时代遗址发掘报告》，文物出版社，1990，第71—74页。图6-2a由陕西省文物局原局长刘云辉提供，特此申谢。

2　韩建业：《中国西北地区先秦时期的自然环境与文化发展》，文物出版社，2008，第52—55页。绝对年代下限参考“文明探源工程”最新公布数据，下修约200年。

3　杨晶：《东山村遗址出土玉器形态研究》，载南京博物院、张家港市文管办、张家港博物馆编著《东山村：新石器时代遗址发掘报告》，文物出版社，2016。

4　高诗佳：《黑龙江铁力软玉宝石矿物学特征及成因研究》，中国地质大学（北京）硕士学位论文，2014。江堤：《黑龙江铁力“桃山玉”的宝石矿物学特征及成因研究》，中国地质大学（北京）硕士学位论文，2014。

5　刘瑞等：《吉林软玉宝石学性质与特征研究》，《岩石矿物学杂志》2011年8月第30卷增刊。

6　王时麒等：《中国岫岩玉》，科学出版社，2007。

7　安徽省文物考古研究所：《凌家滩——田野考古发掘报告之一》，文物出版社，2006。有关溧阳小梅岭玉矿报道较多。钟华邦：《梅岭玉地质特征及成因探讨》，《宝石和宝石学杂志》2000年第1期。周述蓉：《科技考古：以中国东部史前遗址为例》，台湾大学地质研究所博士学位论文，2008。周文中用氩氩测年法及电子微探仪(EMPA)分析等，推论梅岭玉可能是供应凌家滩文化与丁沙地、烟墩等良渚文化先民的玉料。

8　甘肃省文物考古研究所：《敦煌旱峡玉矿遗址发掘简报》，《敦煌研究》2021年第5期。陈国科、杨谊时：《河西走廊地区早期透闪石玉开采年代的考古学观察》，《敦煌研究》2021年第5期。

底径 2.9 厘米，小南山出土

图 6-4　第一种华东闪玉　小南山文化玉珠

黑龙江省博物馆编：《黑龙江省博物馆馆藏精粹》，文物出版社，2012。

径 6.05 厘米，兴隆洼出土

图 6-5　第二种华东闪玉　兴隆洼文化玉耳饰玦

中国社会科学院等：《玉器起源探索：兴隆洼文化玉器研究及图录》，香港中文大学，2007。

高 15 厘米，西朱封出土

图 6-6　第三种华东闪玉　山东龙山文化玉钺

山东博物馆、良渚博物馆编：《玉润东方：大汶口—龙山·良渚玉器文化展》，文物出版社，2014。

长 16.5 厘米，丹土出土

图 6-7　第四种华东闪玉　山东龙山文化玉戚

山东博物馆、良渚博物馆编：《玉润东方：大汶口—龙山·良渚玉器文化展》，文物出版社，2014。

长 19.7 厘米，袁家出土

图 6-8　第五种华东闪玉　山东龙山文化玉圭

中华玉文化中心、中华玉文化工作委员会编：《玉魂国魄：玉器·玉文化·夏代中国文明展》，浙江古籍出版社，2013。

古出土玉器可知，黄河上中游应该还有多个玉矿有待探勘确认。譬如 20 世纪末，闻广曾至甘肃临洮一带做过初步调查采集[1]；笔者也从旅行查访数据推测陕甘宁交界的六盘山区，以及陕北神木一带，可能分别蕴藏下文所称的第三种和第五种华西闪玉。此方面有待地质学家努力探勘[2]。

以上资料可说明为何表 6-3 上标示①②③的地区，甚早即发展了原生性玉文化，而表 6-3 的中央部分标示山西、河南、湖北、湖南等地区，很晚才出现用闪玉制作的玉器。山西境内无闪玉矿，但因文化交流，在公元前 2300 年以后的陶寺遗址、公元前 2050 年以后的清凉寺第三期墓地出现不少玉器。它们多属外来成品，或改制使用，或直接佩戴。[3]

湖北、湖南境内公元前 2200 年以后的肖家屋脊文化[4]遗址，出土颇多用一种浅黄白至浅黄绿的闪玉制作的“神祖灵纹玉器”等，近年考古发掘已证明那些玉器应是在江汉平原至澧阳平原一带制作的。[5]吴小红曾做出土玉器玉料科学检测，初步排除该处所用的浅黄白至浅黄绿闪玉来自辽宁岫岩。[6]

在文明曙光阶段的新石器时代，新疆昆仑山北麓的和田玉可能还没被引入东亚，当时华夏大地上的先民多在自身聚落附近采集玉料，包括河中籽料或冲刷在山坡的所谓“山流水”[7]。尚无证据证明当时已开采山脉中的原生矿。虽然迄今能确认的可能供史前先民开采的闪玉矿不多，但从大量出土玉器的外观，可大致归纳出五种典型华东玉料（见图 6-4、图 6-5、图 6-6、图 6-7、图 6-8）、五种典型华西玉料（见图 6-9、图 6-10、图 6-11、图 6-12、图 6-13、图 6-14）。

第一、二、五种华东玉料都偏白色，但图 6-4 的是带有半透明感的莹润的白玉；图 6-5 的即是微泛浅黄或浅黄绿的莹润闪玉，

1　邓淑苹：《史前至夏时期“华西系玉器”研究（上）》，《中原文物》2021 年第 6 期。

2　甘肃会宁牛门洞、陕西陇县王马嘴出土的长达 50—70 厘米的带刃器，是用第三种华西闪玉制作的；陕北神木石峁文化的典型玉器即是用第五种华西闪玉制作的牙璋、长刀。

3　邓淑苹：《史前至夏时期“华西系玉器”研究（下）》，《中原文物》2022 年第 2 期。

4　肖家屋脊文化也可称为“后石家河文化”。

5　邓淑苹：《肖家屋脊文化“神祖灵纹玉器”初探》，载湖南省博物院《中国玉学玉文化学术研讨会论文集》，湖南人民出版社，2023。

6　吴小红等：《肖家屋脊遗址石家河文化晚期玉器玉料产地初步分析》，载钱宪和主编《海峡两岸古玉学会议论文专辑》，台湾大学地质科学系，2001。

7　所谓“山流水”即是从原生矿外围已松动滚落的，在山流冲刷时，滚落在半山腰被卡住的玉料。

后者主要出于岫岩；图 6-8 的是带瓷光的奶白、牙白、牙黄色，细腻无透明感的闪玉，目前在史前遗址里出土不多，但在商晚期，这种闪玉多用以制作与仪式有关的玉器，如戈、有领璧等。

华东史前遗址出土的绿色闪玉为数不少，可能有不同的产状，图 6-6 经检测确知为闪玉，但不详其产状。[1] 图 6-7 被列为第四种华东玉料，其特征是斑杂结构明显，黄褐色无透明感，常见于良渚文化晚期及山东的大汶口—龙山文化中。

图 6-9 至图 6-14 共五种华西玉料，外观也各有特色，第一种也是带有半透明感的莹润的白玉，但是常见如图 6-10 般散布似藻丝般的深褐色包裹物。笔者服务的台北故宫博物院亦有类似的玉料，经科学检测这种藻丝般的包裹物是水钠锰矿（birnessite）。[2] 第二种华西玉料的特征是具灰白色的宽带，包围大片细腻无透明感的草绿、蓝绿色。[3]

第三种华西玉料最值得关注。从浅的牙白、牙黄到灰褐、灰蓝色，细腻无透明感，有明显的不规则团块，或平行带状波浪条斑，这是保留了变质前的沉积岩纹理。据闻广研究，这种闪玉外观色泽不均匀，显微镜下观察得知，是由很小的雏晶紧密堆积而成，所以可剖成很薄的大片而不会崩碎[4]，华西先民多用之制作长形带刃器。

第四种是无透明感的浅棕黄色、灰白色玉。图 6-13 为宁夏隆德县沙塘镇页河子出土玉璧[5]，色泽及歪扭不平的现象非常相似于台北故宫博物院藏品，后者经拉曼光谱检测为闪玉[6]。

第五种华西玉料可能是陕北石峁文化先民所垄断的，铁、锰与镍的含量偏高的墨玉。陈东和曾以巴黎吉美博物馆藏品做了科学检测。[7]

喇家出土

图 6-9　第一种华西闪玉　齐家文化玉条形器

北京艺术博物馆等：《玉泽陇西——齐家文化玉器》，北京出版集团公司、北京美术摄影出版社，2015。

长 9.9 厘米，新华出土

图 6-10　第一种华西闪玉　石峁文化玉带刃器

陕西省考古研究所、榆林市文物保护研究所编著：《神木新华》，科学出版社，2005。

长 25 厘米，沙塘出土

图 6-11　第二种华西闪玉　齐家文化玉围圈散片

宁夏固原博物馆编著：《固原历史文物》，科学出版社，2004。

局部，长 54.5 厘米，芦山峁出土

图 6-12　第三种华西闪玉　陕西龙山文化大玉刀

古方主编，刘云辉本册主编：《中国出土玉器全集·14·陕西》，科学出版社，2005。

径 17.4 厘米，页河子出土

图 6-13　第四种华西闪玉　齐家文化玉璧

摄于北京艺术博物馆“玉泽陇西——齐家文化玉器展”。

长 30 厘米，石峁出土

图 6-14　第五种华西闪玉　石峁文化牙璋

中华玉文化中心、中华玉文化工作委员会编：《玉魂国魄：玉器·玉文化·夏代中国文明展》，浙江古籍出版社，2013。

1　绿色闪玉可能是蛇纹石化超基性岩中变质，也可能是镁质大理岩接触变质而成。需要更多的数据（如含铁的比例以及存在的包裹物）才能分辨。承蒙山东大学王强教授告知，图 6-6 经检测为闪玉。

2　陈东和：《华西地区玉器文化的玉质分析》，载邓淑苹主编《故宫藏玉精选全集·第二卷》，待出版。

3　台北故宫博物院藏这类玉料经拉曼光谱鉴定，确知为闪玉。资料同上注。

4　这类玉料具有极特殊的外观，易于辨识。闻广将弗利尔美术馆这类藏品做切片分析及扫描电镜显微结构研究，正式报告尚待出版，主要结论见闻广：《中国大陆史前古玉若干特征》，载邓聪主编《东亚玉器 02》，香港中文大学中国考古艺术研究中心，1998，第 217—221 页。

5　北京艺术博物馆等：《玉泽陇西——齐家文化玉器》，北京出版集团公司、北京美术摄影出版社，2015，第 45 页。

6　陈东和：《华西地区玉器文化的玉质分析》，载邓淑苹主编《故宫藏玉精选全集·第二卷》，待出版。

7　陈东和副研究员利用拉曼光谱及加速器 PIXE（粒子 X 射线荧光分析）分析检测 20 世纪初流散至巴黎的石峁玉器，确知深色牙璋铁含量高达 5wt%—12wt%，锰与镍的含量也比较高。主要结论见其凡尔赛大学博士学位论文。

当时，玉料显然是统治阶层垄断的稀有物质，原则上应该见不到用典型华西玉料制作典型华东造型纹饰的玉器，反之亦然；即或同在华西地区，第五种玉料几乎是被石峁文化统治者垄断的，连齐家文化先民都无法取得。

但是在公元前 2100 —前 1700 年，可能有黄河下游东夷族系穿过太行山迁徙到陕北芦山峁一带，用典型的第三种华西玉料制作有刃器，上面却雕琢华东式神祖灵纹。此点在本文第四节再举例说明。

三、三次隔空交流与三度改朝换代，融成汉代与汉族

远古质朴的生活十分艰辛，人们既仰赖大自然的给予，又恐惧大自然的威力，自然发展出祭祀神明、祈求庇佑的宗教。

公元前 3500 年开始，许多地区都出现既非实用，亦非单纯装饰性的玉器，且逐渐成批、大量制作。此时新出现的品类，可能是先民用以祭祀神祇祖先的“玉祭器”。此时不但“玉祭器”普及，且明显地呈现华东、华西的区域差异。通过它们的形制、纹饰，以及埋藏时的群聚现象，可了解这些玉器承载先民什么样的信念，表达先民什么样的思维。

图 6-15 是公元前 3500—前 2300 年中国境内出土较多玉器的考古学文化分布图，若将考古出土玉器的简图放置其上，就可看出华东玉器多为动物母题，华西玉器多为光素的圆方造型。

这就很直观地显示：华东先民信奉“动物精灵崇拜”，可简称为“物精崇拜”；华西先民信奉“天体崇拜”。华东、华西先民都相信“同类感通”的哲理，华东先民相信玉器的“纹饰”可以产生法力，华西先民相信玉器的“形制”可以产生法力。

而且在公元前 3500 年—前 1700 年间，可能在华夏大地上，发生了三次有关祭祀用玉礼器的不接壤“上层交流网”的运作。第一次是公元前 3500 年—前

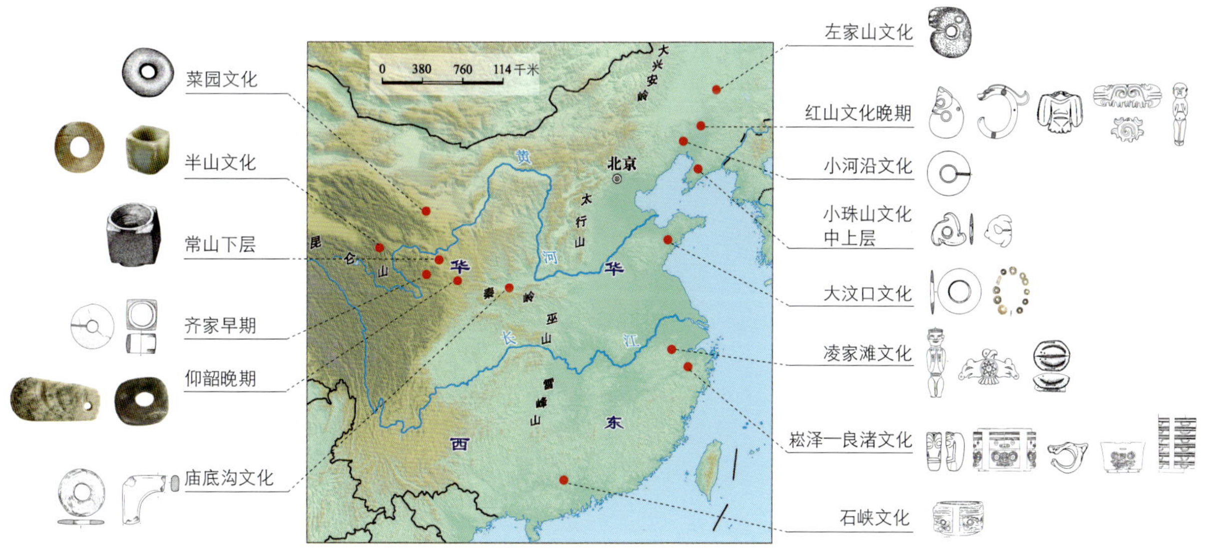

图 6-15 公元前 3500—前 2300 年出土玉器的分布图

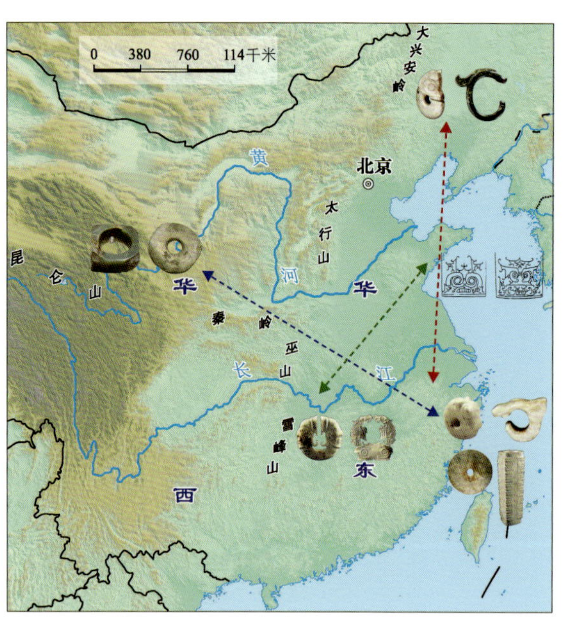

图 6-16 史前三阶段“上层交流网”运作图

红线：公元前 3500—前 3000 年华东北、南“物精崇拜”的交流

蓝线：公元前 2700—前 2300 年华西、华东间“天体崇拜”的交流

绿线：公元前 2200—前 1700 年江汉、海岱“神祖灵信仰”的交流

3000 年间，北方辽西地区与南方巢湖—太湖地区之间发生“物精崇拜”的交流。此一现象是李新伟在 2004 年提出的。[1] 第二次是公元前 2700—前 2300 年间，黄河上中游与长江下游间，可能发生“天体崇拜”的交流。第三次是公元前 2200—前 1700 年间，江汉地区与海岱地区之间发生“神祖灵信仰”的交流。（见图 6-16）

华夏大地原本分散着各种大大小小的政治实体，在公元前 2000 年前后，黄河中游的“中原”逐渐成为四方竞逐的核心地区。分布于河南洛阳盆地的二里头文化，可能是历史记载的夏王朝晚期的核心。

夏、商、周，史称“三代”，是先后称霸于中原的三个政治实体，也是《史记》所记载中国最早的、先后继承的三个朝代。

《史记·六国年表》记录夏、商、周三朝王室族属的地缘：“禹兴于西羌，汤起于亳，周之王也以丰镐伐殷。”虽然“西羌”一词在历史上的意义多次改变，学界目前的共识认为，夏族的发迹之地可能在今日陕西、山西一带，夏族应属华西氏族。

考古学资料证明，豫北、冀南一带的下七垣文化是先商文化。文献记载的商族早期都城“亳”可能是今日河南东部的商丘市。总之，这些都在太行山以东的华东范围内。

周族早期发展于晋陕高原，后来在渭水流域定居茁壮，是典型的华西氏族。在周公二次东征，于山东半岛分封鲁国、齐国后，周王朝主要控制了黄河流域，但始终征服不了长江流域，所以两周时期明显地有着“周文化圈”“楚文化圈”的文化对峙，其实就是史前华西、华东文化差异的继续发展。

西周时，南方的楚国尚不强大，王室东迁进入东周后，天子权势日益衰微，长江中游的楚人迅速发展，日后灭秦建立汉帝国的汉高祖刘邦也是华东的楚人。

总之，公元前 2000 年之后，黄河中游发展成权力的核心，二里头文化可能是夏王朝晚期的遗存。约公元前 1600 年，华东的商族西向灭夏建立商王朝；约公元前 1046 年，华西的周族东征灭商建立周王朝；公元前 206 年，华东楚人刘邦建立汉帝国，延续至公元 220 年结束。

玉礼制从公元前 4000 年萌芽，经过三次不接壤的

1 李新伟：《中国史前玉器反映的宇宙观——兼论中国东部史前复杂社会的上层交流网》，《东南文化》2004 年第 3 期。

上层交流，再经过三次改朝换代，原本因生态不同而信仰有别的华西、华东文化，终于融合为中国历史上的主体民族与文化，也就是“汉族的汉文化”。

近年学界称史前至汉代为“早期中国”，从玉器史分析，“早期中国”也是玉礼制的精华时期。

四、华东“物精崇拜”因子的流变

华东地区自远古时期就流行“动物精灵崇拜”的信仰以及“宝玉衣礼制”。

“宝玉衣”是指巫师作法时所穿，其上缝缀各式玉器的法衣。所缝缀的玉器常雕琢动物纹，目的是要集合美玉的精气和动物的通灵法力，协助巫师与天对话。在古文献中“宝玉衣”一词见于《史记·殷本纪》：“甲子日，纣兵败。纣走入，登鹿台，衣其宝玉衣，赴火而死。”即是记载身为大巫的商纣王自杀前穿上“宝玉衣”，希望自己能在玉雕动物的助力下升天。

牟永抗观察到良渚文化早中期墓葬中，常在人的腿部出现一些有缝缀孔的玉雕动物，如鸟、鱼、龟、蝉等，推测是缝缀在巫觋所穿宝玉衣上的玉器。[1] 巫觋的身份越高，身上穿戴的雕琢动物纹的玉器越多。

在此笔者拟三小节，解析史前华东玉器所反映先民“物精崇拜”的内涵：第一，以人、鸟为主要内涵的“神祖灵纹玉器”；第二，以虎、龙为主要内涵的“琥”与“璜”；第三，璜所呈现的“物精崇拜”。

（一）以人、鸟为主要内涵的“神祖灵纹玉器”

所谓“神祖灵”，是指神祇、祖先、神灵动物。在古人的思维中，三者可相互转型，可称为中国远古宗教的“三位一体”观。虽然这样的观念起源久远，但存世的文献主要见于周、汉，如《诗经·商颂》：“天命玄鸟，降而生商。”相似的内容也见诸《史记·殷本纪》《史记·秦本纪》。从这类文献可知，先民相信神祇将神秘的生命力交由神灵动物带到世间，降生了氏族的“祖先”，而神灵动物如飞鸟等，常扮演当初引渡神秘生命力的“灵媒”。《左传》《墨子》等先秦文献中，也可见远古时期以鸟为官名、神祇人面鸟身的记载。[2]

从考古资料归纳，“神祖灵”信仰及其图像形成于华东地区，目前所见最早资料在公元前5800—前4500年前的陶器上；到距今3500年以后，主要以玉器为载体，明确地出现“人脸”的主视觉图像。

图6-17、图6-18分别是湖南高庙文化（前5800—前4800年）陶罐、浙江河姆渡文化（前5000—前4500年）陶盆上的刻纹。前者咧嘴獠牙，左右各有向外伸出的鸟翼；后者一双圆眼，头戴“介”字形冠[3]，左右各有一只鸟。

进入新石器时代晚期后[4]，这类图像常以玉器为载体，其特征多是描述正面的“人脸”，再增加具特殊意涵的附件，如冠帽、耳环、鸟翼等。

凌家滩遗址出土6件立雕“玉人”[5]，应是将“神祖”的概念与现世“人”的造型相结合的表现：有了具体的脸庞轮廓与五官，除了承袭“介”字形冠外，耳垂都有孔，应表示戴着可简称为“珥”的圆耳环。（见图6-19）出土玉人的墓葬87M1、98M29都属于凌家滩文化的第二期，约公元前3500—前3400年。[6]

良渚文化早期的张陵山遗址，已出现在玉镯的外壁浮雕四块刻有大眼与咧嘴獠牙的面纹。（见图6-20）

1　牟永抗：《“断发文身”小议》，载牟永抗《牟永抗考古学文集》，科学出版社，2009。

2　见《左传·昭公十七年》《左传·昭公二十九年》《吕氏春秋·孟春纪》《墨子·明鬼下》等。

3　“‘介’字形冠”一词，是笔者在1986年的论文《古代玉器上奇异纹饰的研究》（《故宫学术季刊》第4卷第1期，1986）中首度提出的。

4　本文对新石器时代分期是根据中国社会科学院考古研究所2010年出版的《中国考古学·新石器时代卷》所定，公元前7500—前5000年为新石器时代中期，公元前5000—前3000年为新石器时代晚期，公元前3000—前2000年为新石器时代末期。但从近年考古发掘可知，有些考古学文化始于新石器时代末期，延续至中原已进入夏王朝纪年。

5　安徽省文物考古研究所编：《凌家滩玉器》，文物出版社，2000，图44—图50，第49—53页。

6　安徽省文物考古研究所:《凌家滩——田野考古发掘报告之一》，文物出版社，2006，第278页。杨晶:《关于凌家滩墓地的分期与年代问题》，载安徽省文物考古研究所编《文物研究》第15辑，黄山书社，2007，第101—108页。后文对前书中部分资料有所修正。

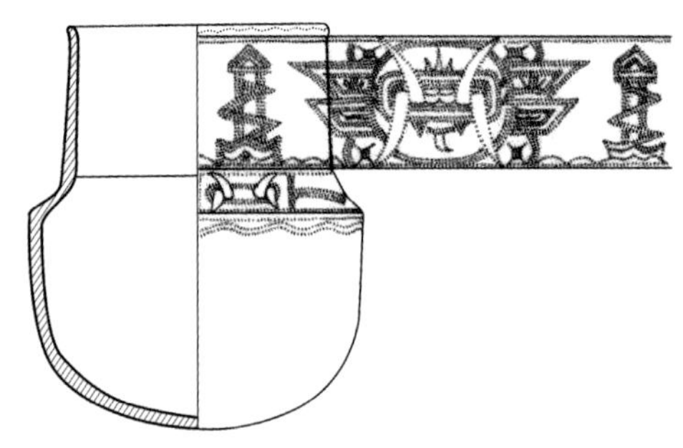

图 6-17　高庙文化双羽翅獠牙兽面纹高领罐线图

贺刚：《湖南高庙遗址出土新石器时代白陶》，载厦门大学人文学院历史系考古教研室、香港中文大学中国考古艺术研究中心编，邓聪、吴春明主编《东南考古研究》第四辑，厦门大学出版社，2010。

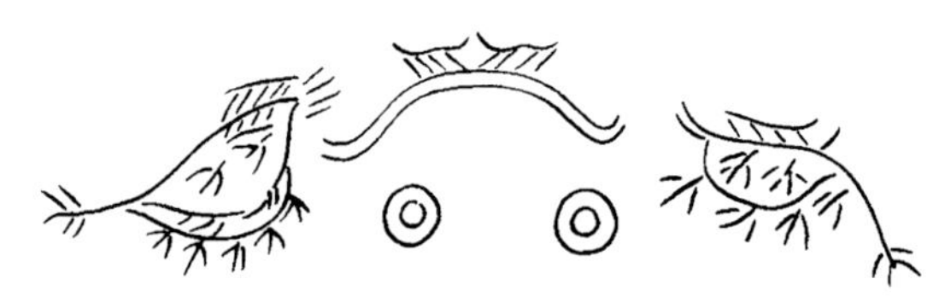

图 6-18　河姆渡文化陶盆上的双鸟神祖面纹线图

浙江省文物考古研究所：《河姆渡——新石器时代遗址考古发掘报告》，文物出版社，2003，图二九一1。

它的双圈圆眼很像图 6-18 河姆渡文化神祖，咧嘴獠牙又像图 6-17 高庙文化陶罐上的纹饰。[1] 可知良渚文化神祖面的确与高庙、河姆渡两个文化都有渊源关系。

到了良渚文化中期晚段[2]，完整而成熟的“神祖灵纹”终于形成，图 6-21 是被称为“良渚神徽”的纹饰，由上半截的“神祖”与下半截的“神灵动物”合成。它的倒梯形脸庞相似于图 6-19 的凌家滩神祖，眼睛承袭自河姆渡文化的双圈造型，但左右多了刻划的眼角，“介”字形冠变大且插饰整圈鸟羽，双臂平抬再内折的神祖，骑在大眼圆睁、咧嘴獠牙的神灵动物上，后者一双带有鸟爪的前肢对折于咧口的下方。[3] 与此神徽有关的纹饰，常清楚地分为上下两截雕琢在琮式玉镯的器表，有的还在神祖、神灵动物纹的两侧各雕一只半抽象的飞鸟。（见图 6-22）[4]

良渚文化大约结束于公元前 2300 年，余绪或延至公元前 2100 年。[5] 大约公元前 2200 年以后，长江中游的肖家屋脊文化、黄河下游的山东龙山文化，都出现在玉器上雕琢具有“介”字形冠、圆耳环、鸟翼的“人脸”纹饰的风尚。（见图 6-23、图 6-24）

整合近年考古出土器、20 世纪初流散欧美的，以及典藏在重要收藏点如故宫博物院等地的玉器作综合研究可知：在公元前 2200 年以后，华东的神祖灵纹玉器分为二类器形，长江中游肖家屋脊文化先民多制作成嵌饰器或佩饰器，黄河下游山东龙山文化先民则制作成有刃器。在此再分为长江流域的甲区，黄河流域的乙、丙二区简述于下：

1. 神祖灵纹在甲区的史前发展及商周时的续变

由于出土于山东日照两城镇的玉圭（图 6-24）较早被确认其时代性与地域性，所以 20 世纪最后 20 多年，学者们曾将雕琢相似花纹的玉嵌饰器与佩饰器一并视为山东龙山文化遗物；约 1987—1988 年，湖北肖家屋脊文化遗址出土一批包括本文图 6-23 的嵌饰器、佩饰器等，杨建芳于 1992 年撰文推测是一支东夷族移民把这

1　张陵山琮式玉镯发掘报告见南京博物院：《江苏吴县张陵山遗址发掘简报》，载文物编辑委员会编《文物资料丛刊（6）》，文物出版社，第 25—36 页。

2　良渚文化分期及年代数据一直未有定论，过去曾分为早、中、晚三期。2019 年在良渚文化申遗期间，浙江考古学界主张只分早、晚二期，每期再分早晚二段。见浙江省文物考古研究所编著：《良渚古城综合研究报告》，文物出版社，2019。2021 年良渚博物院举办“良渚早期——良渚遗址考古特展”，再度将良渚文化（前 3300—前 2300 年）以公元前 3000 年、公元前 2600 年两个定点，分为早、中、晚三期。在此分期下，反山遗址属中期。但也有学者主张依陶器器足变化，定公元前 2500 年为良渚晚期的开始。

3　图 6-21 第一次公布于浙江省文物考古研究所反山考古队：《浙江余杭反山良渚墓地发掘简报》，《文物》1988 年第 1 期，当时称作“神徽”。该报告中将整个纹饰称作“神人兽面复合像”，将应该识读为“神灵动物的前肢”误判为“神人的下肢”。笔者依据许多良渚玉器上可以单独出现没有“神人面”只有“带前肢的神灵动物”的现象，对这个“神徽”的结构提出正确解释，见拙作《考古出土新石器时代玉石琮研究》，《故宫学术季刊》第 6 卷第 1 期，1988；拙作《由“绝地天通”到“沟通天地”》，《故宫文物月刊》总号 67，1988 年 10 月。

4　上海市文物管理委员会：《福泉山——新石器时代遗址发掘报告》，文物出版社，2000。

5　有学者将公元前 2300—前 2100 年称为“良渚文化晚期后段”，见陈明辉、刘斌：《关于“良渚文化晚期后段”的考古学思考》，载中国社会科学院古代文明研究中心、安徽省文化厅、蚌埠市人民政府编著《禹会村遗址研究：禹会村遗址与淮河流域文明研讨会论文集》，科学出版社，2014，第 161—175 页。但也有学者认为那 200 年属钱山漾—广富林文化。

图 6-19 凌家滩文化玉神祖像（头部）

图 6-20 良渚文化早期琮式玉镯

图 6-21 良渚文化中期晚段玉琮上雕琢的神祖灵纹（反山 M12：98）

图 6-22 良渚文化晚期琮式玉镯上的神祖灵纹（福泉山 M9：21）

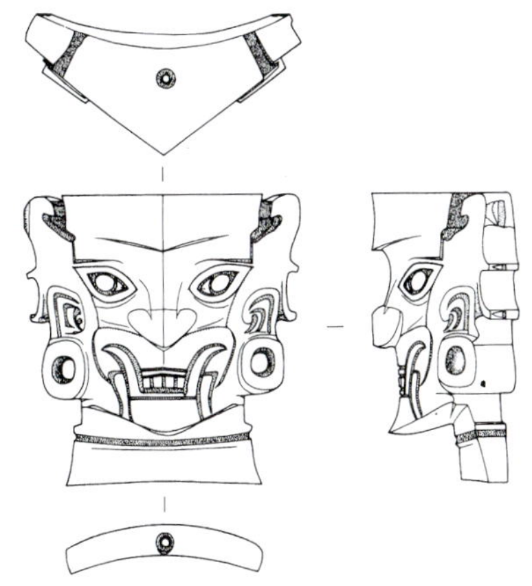

高 3.7 厘米，肖家屋脊出土

图 6-23 肖家屋脊文化神祖灵纹玉器

湖北省荆州博物馆等编著：《肖家屋脊：天门石家河考古发掘报告之一》，文物出版社，1999。

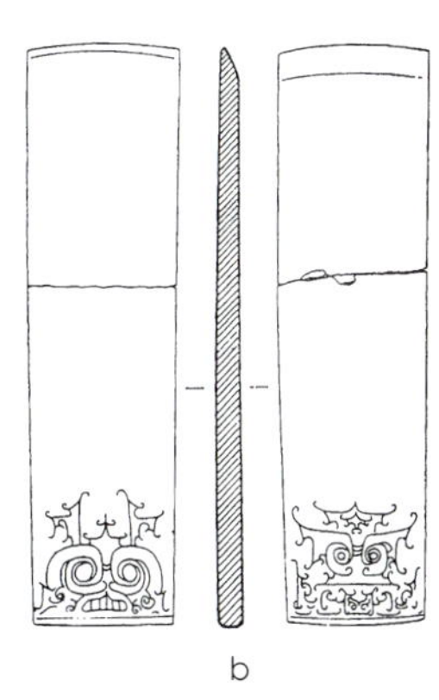

长 18 厘米，宽 4.5—4.9 厘米，厚 0.6—0.85 厘米，两城镇出土

图 6-24 山东龙山文化玉圭 a. 全器；b. 两面线图

a 引自山东博物馆、良渚博物院编：《玉润东方：大汶口—龙山 · 良渚玉器文化展》，文物出版社，2014；b 引自刘敦愿：《记两城镇遗址发现的两件石器》，《考古》1972 年第 4 期。

种神祖灵纹从山东带到了江汉地区[1]。此一说法盛行了约 20 年。但是，一方面始终发掘不到可以证明这类纹饰从海岱地区传播至江汉地区的中间物证，另一方面碳-14 测年资料显示：两地出土玉器的遗存的年代上限也都在公元前 2100 年前后。所以笔者怀疑当初未必是从一地传播至另一地，可能两地先民在相似的文化背景下，统治阶层间或有些讯息的交流，但各自独立发展出相似却不完全一样的神祖灵纹。这个观点首度发表为《新石器时代神祖面纹研究》一文。[2]2017 年，笔者又撰文分析史前的宗教信仰曾发生三阶段的“上层交流网”的传播[3]，内容大致如前文图 6-16 所示。近年由于湖北谭家岭、湖南孙家岗都发掘出土甚多这类玉器，2023 年笔者发表《肖家屋脊文化“神祖灵纹玉器”初探》一文[4]，更进一步作了较深入的剖析，基本上，发展到龙山—二里头时期[5]，以人脸为主视觉的神祖灵纹已明显分为男性、女性，笔者称之为 A 式、B 式。（见图 6-25、图 6-26、图 6-30）

1 杨建芳：《石家河文化玉器及其相关问题》，载台北故宫博物院编《中国艺术文物讨论会论文集 · 器物》，台北故宫博物院，1992。后收入杨建芳：《中国古玉研究论文集》，众志美术出版社，2001。

2 该文出版于杨晶、蒋卫东执行主编：《玉魂国魄：中国古代玉器与传统文化学术讨论会文集（五）》中华玉文化特刊，浙江古籍出版社，2012。

3 邓淑苹：《玉礼器与玉礼制初探》，《南方文物》2017 年第 1 期。

4 该文发表于湖南省博物院：《中国玉学玉文化学术研讨会论文集》，湖南人民出版社，2023。文中对长达近一个世纪（从 20 世纪 30 年代到晚近）中西学术界有关肖家屋脊文化玉器漫长曲折的认识过程，作了较详细的整理。

5 “龙山时期”一词意指新石器时代最末阶段，约半个世纪前，该词泛指公元前 3000—前 2000 年，后来按较新数据修改为公元前 2600—前 2000 年。近年已再下修为公元前 2300—前 1800 年。由于中原地区在公元前 1850 年进入可能为夏王朝晚期的新砦—二里头文化，而外围的肖家屋脊文化、齐家文化等还继续发展，所以学界又以“龙山—二里头”一词泛指公元前 2300—前 1520 年。

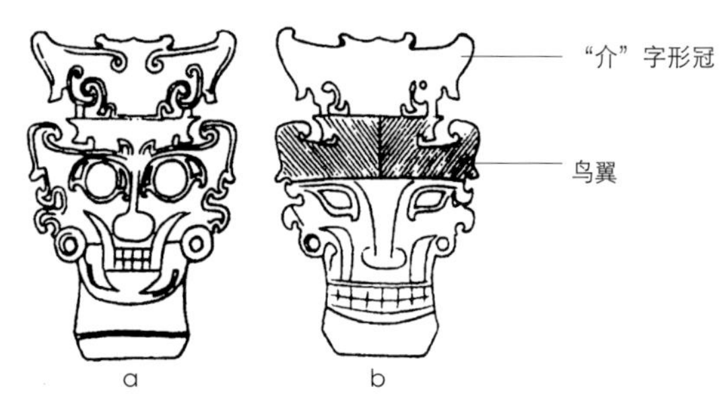

高 6.7 厘米，宽 4.4 厘米，厚 0.65 厘米，山西羊舌西周墓出土

图 6-25 肖家屋脊文化 A 式神祖灵纹玉嵌饰器两面线图

a 引自山西省考古研究所、曲沃县文物局：《山西曲沃羊舌晋侯墓地发掘简报》，《文物》2009 年第 1 期；b 引自王仁湘：《中国史前的纵梁冠——由凌家滩遗址出土玉人说起》，《中原文物》2007 年第 3 期。

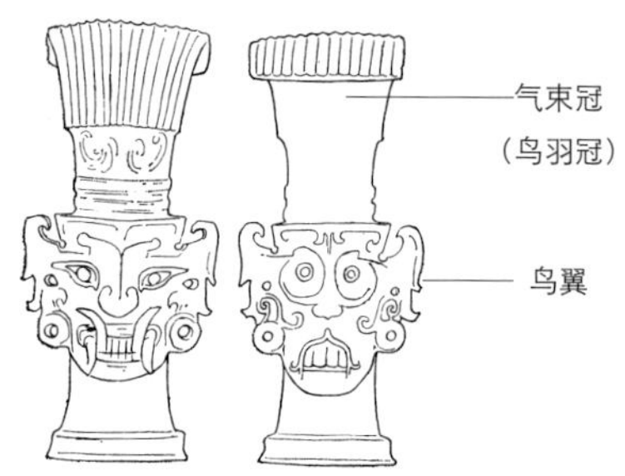

高 7.7 厘米

图 6-26 肖家屋脊文化 A 式神祖灵纹玉嵌饰器两面线图

史密森美国艺术博物馆借哈佛大学赛克勒博物馆长期展。张长寿：《记沣西新发现的兽面的兽面玉饰》，《考古》1987 年第 5 期。

A 式的必要元素有：高冠、鸟翼、耳环（珥），常有獠牙。在肖家屋脊文化里，高冠主要有两种形式：“介”字形冠与气束冠；前文图 6-18 河姆渡文化陶盆上的花纹中就有“介”字形冠，中央向上的三角尖应是象征“通天法力”。气束冠似乎是向上冲高的“气”，是否具“鸟羽”的内涵？值得研究。

B 式的必要元素有：帽、耳环（珥），常有长发。

图 6-23、图 6-29 两件 A 式，看似都没有高冠，但是上下窄缘都钻有圆凹，上端的圆凹应该是让如图 6-27、图 6-28 这样的高冠形玉器，可以插嵌在其上。

图 6-25 下端有圆凹、图 6-26 全器内部有直穿，可知这些都可以套插在长竿上端。[1] 笔者参考许多人类学资料，认为这些套插在长竿上方，雕琢“人面”的玉器，很可能是在祭典中招降并依附神祖之灵的“玉梢”。[2]

肖家屋脊文化先民将传承自高庙文化、河姆渡文化神祖灵纹的信仰高度发展，将该文化雕有神祖灵纹的玉嵌饰器发展成古礼的“瓒”，即今日考古报告中所称的“柄形器”。古人举行“祼礼”时，将“瓒”插放在容器中，再用香酒（鬯）灌祭。换言之，从肖家屋脊文化的神祖灵纹玉器到夏商周的柄形器，其本质就是“玉雕祖先”。[3]

或用作上端“介”字形冠？宽 6.4 厘米，陶寺出土

图 6-27 肖家屋脊文化 A 式神祖面玉嵌饰器

朱乃诚：《论肖家屋脊玉盘龙的年代及有关问题》，《文物》2008 年第 7 期。

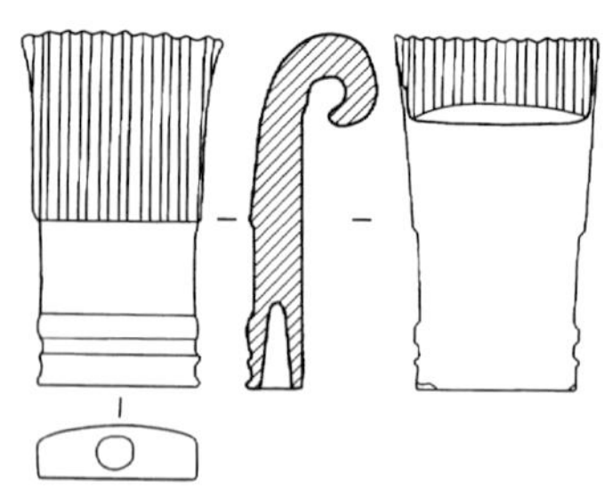

下部宽 2 厘米，孙家岗出土

图 6-28 肖家屋脊文化气束冠

湖南省文物考古研究所、澧县博物馆：《湖南澧县孙家岗遗址墓地 2016—2018 年发掘简报》，《考古》2020 年第 6 期。

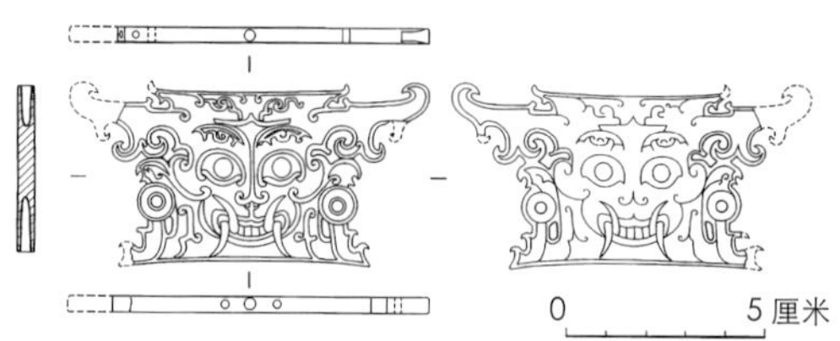

残宽 7.9 厘米，孙家岗出土

图 6-29 肖家屋脊文化 A 式神祖面玉嵌饰器两面线图

湖南省文物考古研究所、澧县博物馆：《湖南澧县孙家岗遗址墓地 2016—2018 年发掘简报》，《考古》2020 年第 6 期。

1 羊舌遗址发掘者吉琨璋告知笔者，图 6-25 玉嵌饰器下端窄缘上有圆凹。图 6-26 内有上下通心穿的记录。见江伊莉、古方：《玉器时代：美国博物馆藏中国早期玉器》，科学出版社，2009。

2 《汉书·礼乐志》：“饰玉梢以舞歌，体招摇若永望。”颜师古注：“梢，竿也，舞者所持。玉梢，以玉饰之也。”《宋史·志第八十七·乐九》：“玉梢饰歌，佾缀维旅。”

3 邓淑苹：《柄形器：一个跨三代的神秘玉类》，载中国社会科学院考古研究所编《夏商玉器及玉文化学术研讨会论文集》，岭南美术出版社，2018。

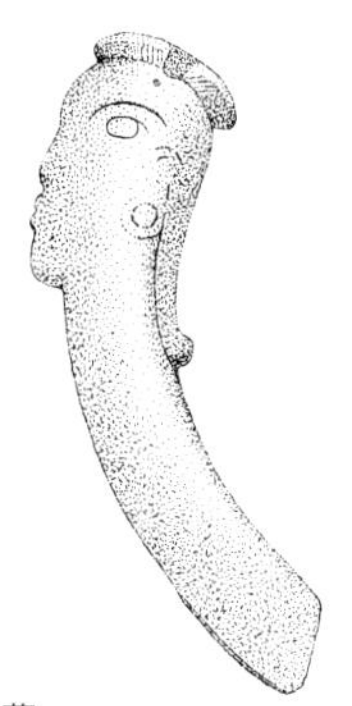

高 7.3 厘米，何东收藏

图 6-30 肖家屋脊文化 B 式神祖面玉嵌饰器

根据 Jessica Rawson, *Chinese Jade from the Neolithic to the Qing*, British Museum 一书中的彩图绘制。

高 8.73 厘米，芝加哥艺术研究院藏

图 6-31 肖家屋脊文化晚期玉神祖面嵌饰器

Alfred Salmony, *Archaic Chinese Jades from the Callection of Edward and Louise B. Sonnenschein*, The Art Institute of Chicago, 1952.

长 16.2 厘米，二里头二期遗存出土（1981YLVM4：12）

图 6-32 二里头文化柄形器

郝炎峰：《二里头文化玉器的考古学研究》，载中国社会科学院考古研究所编《中国早期青铜文化——二里头文化专题研究》，科学出版社，2008。

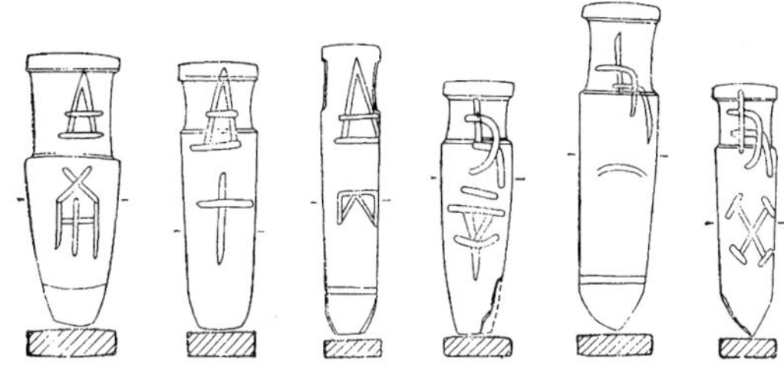

6 件，高 6.6—8.4 厘米，安阳后冈 M3 出土

图 6-33 商晚期器表朱书祖先名号的玉柄形器

刘钊：《安阳后岗殷墓所出"柄形饰"用途考》，《考古》1995 年第 7 期。

林巳奈夫首先提出此一观点[1]，他发现肖家屋脊文化晚期，神祖面嵌饰器会朝向窄长发展，头戴气束冠的神祖（见图 6-26），经由图 6-31 的阶段，发展出如图 6-32 那样，每件上端都有一节带束腰形的"气束节"的柄形器。

安阳后冈商晚期遗址出土 6 件器表朱书祖先名号"祖庚""祖甲""祖丙""父口""父辛""父癸"的柄形器[2]，刘钊考证认为："柄形饰"可以用作"石主"（见图 6-33）。[3] 因此，柄形器是"玉雕祖先"的观点，已被多数学者接受。

有学者认为三代的柄形器源自良渚文化的锥形器[4]，但该说无法解释三代柄形器上端有一节带束腰形的"气束节"。故笔者认为良渚文化锥形器不会是三代柄形器的直接源头。[5]

图 6-34 出土自二里头二期三区 1 号墓，目前整个墓圹展出于二里头夏都博物馆。2019 年该馆开幕时，我曾前往参观并出席学术会议。从现场拍摄偏色的图 6-34a、图 6-34b 可知，这件柄形器还保留着肖家屋脊文化高高的气束冠与较写实的神祖面像，但没有雕琢眼睛。此一实例令我们怀疑图 6-36 虽是一件残器，但雕纹很可能是两节高度抽象化的神祖面，相似的纹饰也见于图 6-35 上。

若图 6-36 的纹饰确属此"高度抽象化的神祖面"，或解开了一个谜底：何以商晚期至西周早期，很多柄形器都如图 6-37 般，只垂直雕琢多节所谓"花瓣纹"。其实过去大家所称"花瓣纹"极可能就是"高度抽象化神祖面"，这样也较合乎柄形器的真正意涵。[6]

图 6-34 至图 6-36 出土于二里头遗址第二、三期遗

1 林巳奈夫：《圭について（上）》，载《泉屋博古馆纪要》第十二卷，1996。

2 中国社会科学院考古研究所安阳队：《1991 年安阳后冈殷墓的发掘》，《考古》1993 年第 10 期。

3 刘钊：《安阳后岗殷墓所出"柄形饰"用途考》，《考古》1995 年第 7 期。

4 严志斌：《漆觚、圆陶片与柄形器》，《中国国家博物馆馆刊》2020 年第 1 期。

5 邓淑苹：《肖家屋脊文化"神祖灵纹玉器"初探》，载湖南省博物院《中国玉学玉文化学术研讨会论文集》，湖南人民出版社，2023。

6 2019 年，我与江美英教授一同出席二里头文化会议并参观二里头夏都博物馆，有关文中所述观点，是江教授与我讨论的共同心得。获得二里头考古队的许宏、赵海涛二位队长的同意后，江教授发表图片于她的论文《从肖家屋脊文化到二里头遗址神祖面纹柄形器演变探索》中，见北京大学考古文博学院、北京大学中国考古学研究中心编《考古学研究（十五）：庆祝严文明先生九十寿辰论文集》，文物出版社，2022。本文图 6-34 引自江美英教授论文。

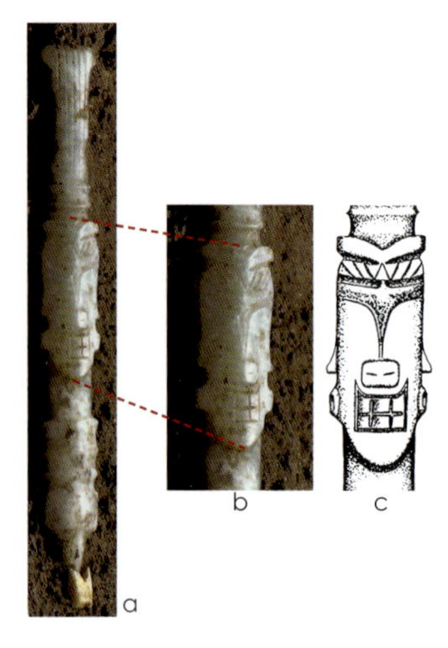

尺寸不详，二里头遗址二期出土
图 6-34　肖家屋脊文化晚期玉神祖面嵌饰器

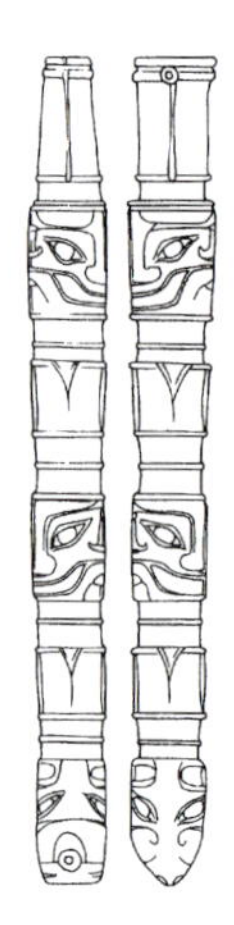

高 17.1 厘米
图 6-35　二里头文化三期柄形器
中国社会科学院考古研究所编著：《偃师二里头：1959 年～ 1978 年考古发掘报告》，中国大百科全书出版社，1999。

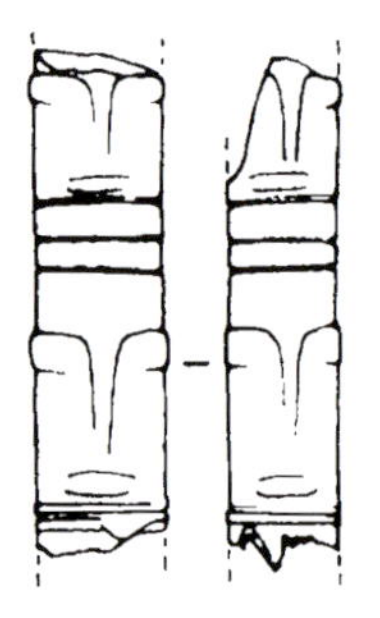

残高 4.5 厘米
图 6-36　二里头文化三期柄形器
中国社会科学院考古研究所编著：《偃师二里头：1959 年～ 1978 年考古发掘报告》，中国大百科全书出版社，1999。

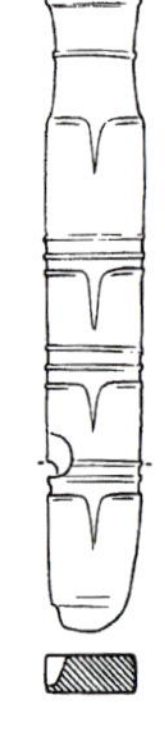

高 11.9 厘米，长子口 M1 出土
图 6-37　西周早期柄形器
河南省文物考古研究所、周口市文化局编：《鹿邑太清宫长子口墓》，中州古籍出版社，2000。

存，约公元前 1680—前 1560 年。[1] 图 6-36 未公布彩图，不详其玉质。图 6-34 是极莹润的白色闪玉，推估图 6-34、图 6-35 都是肖家屋脊文化晚末期的作品，被带至中原。因此肖家屋脊文化年代下限或可晚到公元前 16 世纪。[2]

约当公元前 1600 年中原地区进入商王朝后，商人在汉水与长江交流地区建立盘龙城作为王朝的南方据点，长江上游分布了三星堆文化、下游分布了吴城文化。此时长江中游的肖家屋脊文化或已没落，但该文化的神祖灵的信仰可能留存于遗民心目，通过文化交流显现在商代中、晚期玉器中。

图 6-38 神祖灵玉器的质地是较为轻软的磷铝石，出土于江西新干大洋洲吴城文化遗址；图 6-39 则是以温润的浅黄绿闪玉制作，出土于河南安阳小屯第 331 号墓，属商中期晚段遗存。[3] 二者眼睛都雕作典型"臣"字眼，器表看似雕琢了凸弦纹，但仔细观察可知，已逐渐朝向所谓"假阳纹"发展。"假阳纹"就是以平行的两条阴刻线烘托出中间"看似凸起"的弦纹，但事实上"弦纹"的高度与阴刻线之外的器表等高。图 6-39 头顶高冠周围更围以颇生硬的"商式"扉棱。图 6-40 是出土自安阳妇好墓的正反两面具体裸身人像，琢有不甚明显的性征，或是代表氏族的男女两性始祖；图 6-41 是出土于西周中期墓葬的鸟灵玉梢，器表又雕琢具象的神祖灵纹：体躯交缠的人与龙上方站立了一只凤鸟。

总之，图 6-38 至图 6-41 的制作年代约在公元前 1300—前 878 年，也就是商中期晚段至西周中期；以人、鸟为主内涵的神祖灵纹玉器依旧延续，而如图 6-32、图 6-33、图 6-37，看似光素或仅琢简单"花瓣纹"，实则"隐含人与鸟神秘内涵"的柄形器继续流行。

西周中期开始，出现如图 6-41 这样以鸟纹为主视觉的雕纹玉片，其过去也被通称为"柄形器"。但近日笔者深入研究，认为其上端无"气束节"，在墓葬中亦无当时柄形器下方常出现所谓"嵌片组"，应该是祭典中招降神祖之灵的"玉梢"。[4]

1　根据仇士华《^{14}C 测年与中国考古年代学研究》（中国社会科学出版社，2015）一书，二里头二期是公元前 1680—前 1610 年，二里头三期是公元前 1610—前 1560 年。

2　目前考古学界公布肖家屋脊文化年代为公元前 2200—前 1800 年。

3　"商中期"的确认是唐际根教授的研究。见唐际根：《中商文化研究》，《考古学报》1999 年第 4 期。20 世纪 30 年代发掘的小屯 M333、M232、M388、M331 四座小墓属商中期，被归入商中期晚段。这四座墓葬出土文物都藏于台北的历史语言研究所，笔者 1970—1974 年任职于该所，担任李济先生助理，经常目验实物。

4　邓淑苹：《"柄形器"考证——兼论西周中期鸟纹玉片的内涵》，载《玉魂国魄：中国古代玉器与传统文化学术讨论会文集（九）》中华玉文化特刊，待出版。

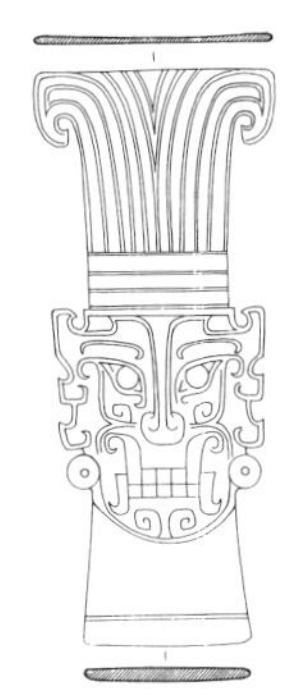

高 16.2 厘米，新干出土

图 6-38　吴城文化 A 式神祖灵玉器

中国国家博物馆、江西省文化厅编：《商代江南——江西新干大洋洲出土文物辑粹》，中国社会科学出版社，2006。

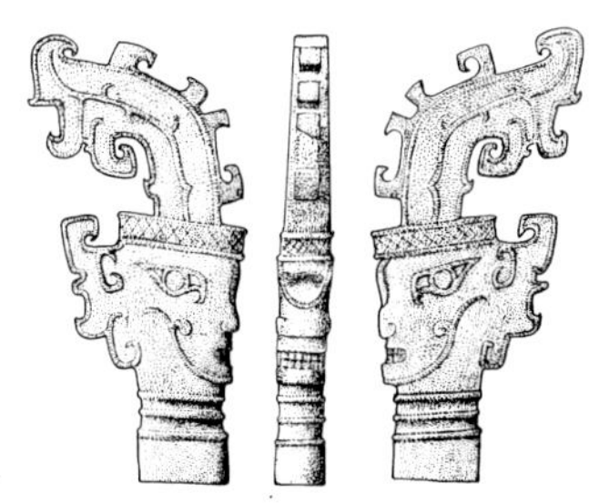

高 8.5 厘米，小屯 M331 出土

图 6-39　商中期晚段 A 式神祖灵玉器

石璋如：《小屯第一本·遗址的发现与发掘：丙编·殷墟墓葬之五·丙区墓葬（上、下）》，历史语言研究所，1980。

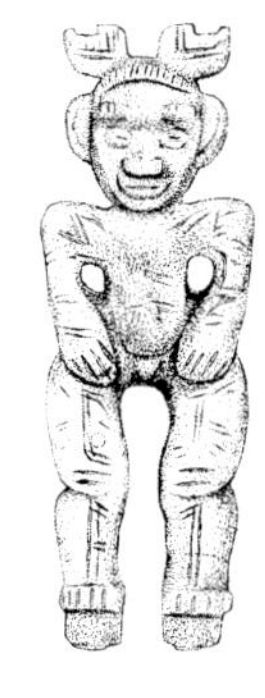

高 12.5 厘米，安阳妇好墓出土

图 6-40　商晚期阴阳神祖立像

两面线图由笔者助理根据妇好墓报告中的图片绘制。

高 9.9 厘米，张家坡出土

图 6-41　西周中期鸟灵玉梢

中国社会科学院考古研究所编著：《张家坡西周墓地》，中国大百科全书出版社，1999。

2. 神祖灵纹在乙区、丙区的发展

乙区是指山东半岛，属华东地区，曾为东夷族群聚居之地。丙区主要指晋陕高原，属华西地区。二区以太行山分隔。

前文曾说明 1972 年学者公布山东日照两城镇出土的玉圭（见图 6-24），它曾是巫鸿、林巳奈夫及笔者早年撰文讨论此一课题的标杆。据此，可找到多达 9 件出土或传世、雕有相似纹饰玉圭，笔者另有专文论述[1]，此处仅举图 6-42、图 6-43 两件说明，在每一件的两面器表，都分别雕琢较抽象的神祖面与较写实的鹰鸟纹。

值得注意的是，在考古出土器与传世器中，有多件用典型第三种华西玉料（见图 6-12）制作的有刃器，却雕琢典型华东的神祖灵纹。限于篇幅，本文仅举五例说明。其中 2 件出土自晋陕高原，也就是本节所称的丙区；另 3 件为 19—20 世纪流散品。这 5 件的质地都是前文所论及的：保留了变质前的沉积岩纹理，满布深浅交杂团块纹理或平行带状波浪条斑的第三种华西玉料。

图 6-44 是出土自山西黎城的玉戚。当刃线向上时，以左右侧边的边线为中轴，向两面器表各浅浮雕一个侧面神祖像，结合两个侧面似可（在意念上）构成一个完整的神祖。仔细观察可知：二者分别是较为抽象的 A 式（男性）神祖与较为写实的 B 式（女性）神祖，其冠帽头发的外围，都围绕一周式样化的鸟翼纹。

图 6-45 大玉刀出土自陕北延安芦山峁[2]，长 54.6 厘米，宽 10 厘米，厚 0.4 厘米，前文图 6-12 即是此器的局部。当刀刃向上时，窄端雕琢成一戴帽的 B 式神祖的侧面剪影式轮廓，鼻、唇线条柔和具女性美（见图 6-45b1，图 6-45b2）。宽端则为抽象的 A 式神祖的侧面剪影。[3]

图 6-46 至图 6-48 共 3 件，均为 20 世纪的流散品，图 6-48 曾为清末大收藏家端方（1861—1911）所有，器表全染褐色。[4] 图 6-47、图 6-46 最早出版年分别为 1975 年、1993 年。每件都由笔者检视实

1　邓淑苹：《龙山时期"神祖灵纹玉器"研究》，载北京大学考古文博学院、北京大学中国考古学研究中心编《考古学研究（十五）：庆祝严文明先生九十寿辰论文集》，文物出版社，2022。

2　姬乃军：《延安市芦山峁出土玉器有关问题探讨》，《考古与文物》1995 年第 1 期。

3　玉刀两端分别雕琢 A、B 两式神祖面纹，是这类玉器纹饰的惯例。

4　明晚期至清代，古董界流行将所谓"古玉"浸染褐色染剂，以强调该件曾埋于古墓，好提高售价。图 6-48 玉刀今藏于美国华盛顿弗利尔美术馆。笔者于 1980 年在该馆库房检视实物，确知两面同纹，绘下草图，再结合林巳奈夫发表局部线图，按笔者记录复原全器线图。

高 30.5 厘米，台北故宫博物院藏

图 6-42　山东龙山文化鹰纹圭

两面线图由笔者助理绘制

高 17 厘米，上海博物馆藏

图 6-43　山东龙山文化鹰纹圭

孙机：《龙山玉鸷》，载陕西省考古研究所编《远望集——陕西省考古研究所华诞四十周年纪念文集》，陕西人民美术出版社，1998。

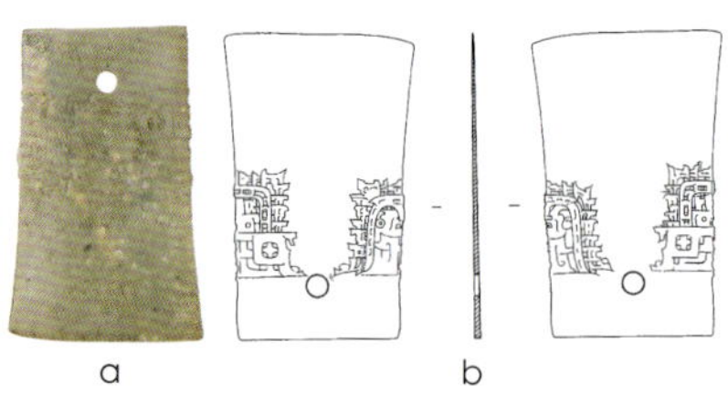

高 20.6 厘米

图 6-44　黎城出土龙山文化神祖面纹玉戚

a. 彩图；b. 两面线图

刘永生、李勇：《山西黎城神面纹玉戚》，《故宫文物月刊》总号 204，2000 年 4 月。

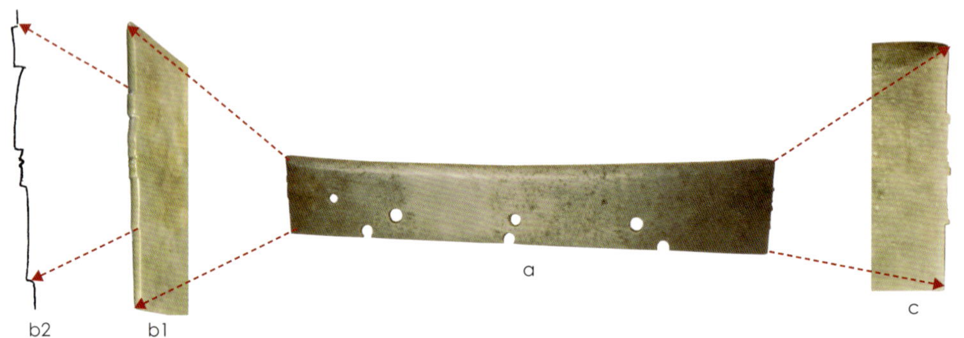

图 6-45　芦山峁出土玉刀　a. 全器；b1、b2.B 式（女性）神祖侧面剪影；C.A 式（男性）神祖侧面剪影

a 引自李炳武主编：《中华国宝：陕西珍贵文物集成·玉器卷》，陕西人民教育出版社，1998；b1 由黄翠梅在 2013 年摄于良渚博物馆特展；b2 由笔者在 1998 年绘于陕西历史博物馆库房；c 引自清华大学艺术博物馆、陕西历史博物馆编：《与天久长：周秦汉唐文化与艺术》，上海书画出版社，2019。

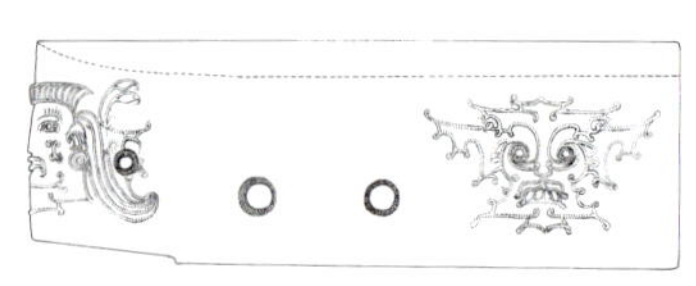

约长 23 厘米

图 6-46　上海博物馆藏玉刀（推测未切割前的线图）

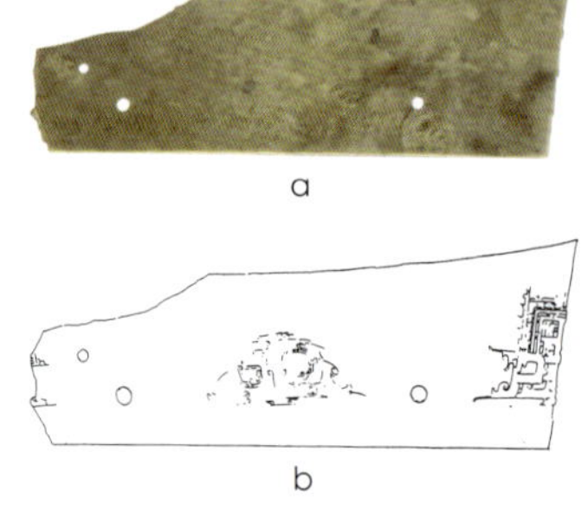

长 47.8 厘米

图 6-47　赛克勒美术馆藏玉刀

a. 彩图；b. 线图

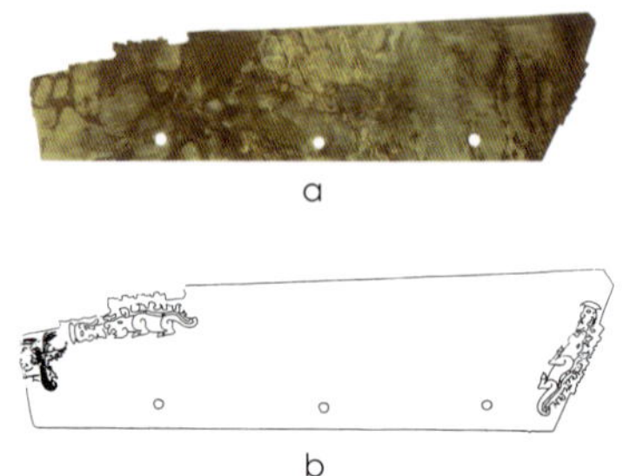

长 71.8 厘米

图 6-48　弗利尔美术馆藏玉刀

a. 彩图；b. 线图

物数次，并复原或绘制全器线图。[1]

图6-46、图6-48的窄端（左端）均以边线为中轴，向两面器表各浅浮雕一个侧面B式神祖像，结合两个侧面似可（在意念上）构成一个完整的神祖。图6-47窄端残破，仅器表残留雕纹。图6-47宽端雕琢较抽象的A式神祖面纹，与图6-44上的A式神祖灵纹颇相似。图6-46、图6-47器表中段分别雕琢正面A式神祖灵纹，前者较具象，后者较抽象，由此推测图6-46玉刀原本应更长，正面A式神祖面纹应在全器的中央，目前图的右端应曾被切短。图6-48器表每一面都刻两组“虎（？）哈气于B式神祖头”。

以上5件都是用典型第三种华西玉料制作的带刃器，但在制作之初已规划将两侧边缘设计为神祖的五官，可知器形与纹饰一次完成。但是为什么出现多件用典型第三种华西玉料制作的雕有如此精美华东神祖灵纹的带刃器呢？1999年笔者曾撰文引古文献中有关秦族西迁的记载解释之。[2]

近日有考古学者从考古聚落群的统计资料出发，直言在龙山时期至二里头时期，先有长江中下游的衰落，接续有山东及黄淮地区的持续衰落。[3]更有学者进一步推论，公元前1900年左右黄河下游地区出现灾难，人口锐减，或是因黄河改道所致？只有甘青宁高原以及以石峁城址为中心的黄土高原周边不受水患之苦，所以齐家文化、石峁文化相对发达。[4]这或说明有部分东夷族系向西迁徙的因素。

笔者更撰文论证，公元前第三千纪后半，陕北延安芦山峁可能成为东方移民聚居中心，也是这类混合华东、华西两系风格玉器的制作中心。这也影响陕北神木石峁的统治者，在大型石雕上雕琢华东风格的神祖灵纹。[5]

总之，自公元前四五千年前陶器上的高冠、圆眼、獠牙、飞鸟（或鸟翼），到公元前770年西周末年的柄形器，以“人、鸟”为内涵，以“人面”为主视觉的神祖灵纹，发展长达5000年，在两周之交退出历史的舞台。

（二）以虎、龙为主要内涵的“琥”与“璜”

前文图6-16已说明，约于公元前3500—前3000年间，华东地区曾发生北、南之间，以“物精崇拜”为内涵的不接壤上层交流。其中以“胚胎形玉器”最令人瞩目。

所谓“胚胎形玉器”就是像图6-49至图6-52般，弯弯的光素体躯有如哺乳动物胚胎初期模样，只有头部雕琢出五官；无论南、北，都出现两种造型：头顶有一对短立耳，鼻吻短，多皱褶，可能是“虎胚胎形玉器”，如图6-49、图6-51；但如果头部有拉长翘鼻头，脑后披长发鬣，就可能是“龙胚胎形玉器”[6]，如图6-50、图6-52。目前考古报告中有些约定俗成的称法，如图6-49者常被称为“猪龙”；但也有学者主张是“虎”[7]。太湖地区的这类玉器过去多被统称为“龙首饰”或“小

1 图6-47玉刀现藏于美国华盛顿赛克勒美术馆，见Dohrenwend, Doris J., "Jade Demonic Images from Early China", *Ars Orientalis*, 1975, 10。笔者1980年在纽约大都会博物馆赛克勒收藏寄存办公室检视实物，确知两面同纹并绘制简图，再结合林巳奈夫发表侧边线图及笔者绘制中央线图复原全器线图。图6-46第一次发表于1993年中日新闻社出版的《上海博物馆展》。据该馆的张尉研究员告知，此玉刀是“法院移交的涉案文物”。2006年笔者在上海博物馆库房仔细检视实物，确知它两面同纹，但不知何故三个边线均被裁切过，目前本文图6-46是笔者做的想象复原图，由笔者助理绘制。有关裁切情况请参考拙作《远古的通神秘码——“介”字形冠》，《故宫文物月刊》总号286，2007年1月。

2 邓淑苹：《晋、陕出土东夷系玉器的启示》，《考古与文物》1999年第5期。邓淑苹：《论雕有东夷系纹饰的有刃玉器（上、下）》，《故宫学术季刊》第16卷第3、4期，1999。

3 张弛：《龙山—二里头——中国史前文化格局的改变与青铜时代全球化的形成》，《文物》2017年第6期。

4 张莉：《文献之外的夏代历史——考古学的视角》，《中国文化研究》2018年第3期。

5 邓淑苹：《史前至夏时期“华西系玉器”研究（下）》，《中原文物》2022年第2期。邓淑苹：《龙山时期“神祖灵纹玉器”研究》，载北京大学考古文博学院、北京大学中国考古学研究中心编《考古学研究（十五）：庆祝严文明先生九十寿辰论文集》，文物出版社，2022。

6 邓淑苹：《“红山系玉器”研究的再思》，载辽宁省文物考古研究所编《红山文化学术研讨会论文集》，2013。邓淑苹：《探索崧泽—良渚系“龙首饰”》，载浙江省文物考古研究所编《崧泽文化学术研讨会论文集（2014）》，文物出版社，2016。

7 李恭笃、高美璇：《红山文化玉雕艺术初析》，《史前研究》1987年第3期。

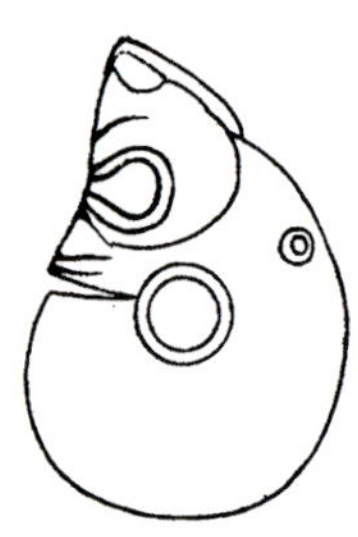

那日斯台出土

图 6-49　红山文化虎胚胎形玉器

于建设主编：《红山玉器》，远方出版社，2004。

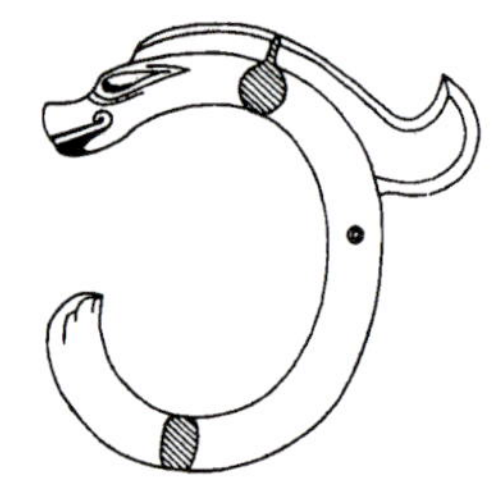

赛沁塔拉征集

图 6-50　红山文化龙胚胎形玉器

翁牛特旗文化馆：《内蒙古翁牛特旗三星他拉村发现玉龙》，《文物》1984 年第 6 期。

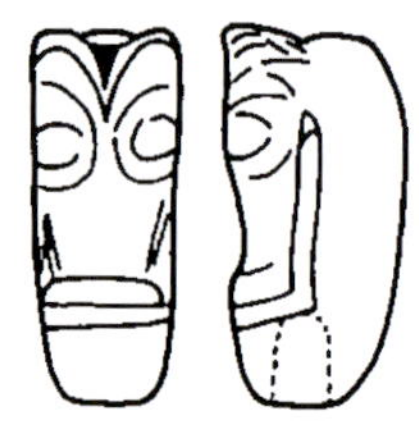

普安桥出土

图 6-51　崧泽—良渚文化虎胚胎形玉器

浙江省文物考古研究所、良渚博物馆编：《崧泽之美：浙江崧泽文化考古特展》，浙江摄影出版社，2014。

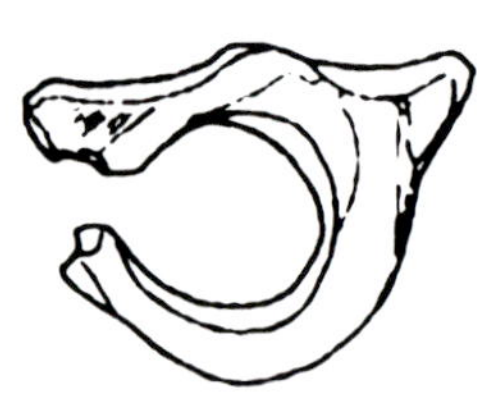

赵陵山出土

图 6-52　良渚文化早期龙胚胎形玉器

南京博物院编著：《赵陵山——1990～1995 年度发掘报告》，文物出版社，2012。

径 4.5 厘米，妇好墓出土

图 6-53　商晚期虎胚胎形玉器

载中国玉器全集编辑委员会编，陈志达、方国锦本卷主编：《中国玉器全集 2　商·西周》，河北美术出版社，1993。

径 5.3 厘米，妇好墓出土

图 6-54　商晚期龙胚胎形玉器

中国社会科学院考古研究所、深圳博物馆编：《玉石之魂：中国社会科学院考古研究所发掘出土商周玉器精品》，文物出版社，2013。

玉龙”。[1] 学者多认为崧泽文化晚期突然出现这类“龙首饰”，是辽西地区红山文化远距离传播所致。[2]

在良渚早、中期墓葬里，还见到雕琢这类动物纹的玉璜、镯、管、小圆牌。大约在良渚中期晚段，也就是公元前 2700—前 2600 年，像图 6-51、图 6-52 这样的“胚胎形玉器”，以及饰有这类纹饰的璜、镯等都消失了。其实，这个时间点也是良渚文化发生变化的节点。图 6-16 上用蓝线显示，可能自此时开始，华西、华东之间展开“天体崇拜”的上层交流。

值得注意的是千余年后，华东商族建立的商王朝发展到晚期时（约前 1250—前 1046 年），远古的“物精崇拜”信仰再度茁壮，动物主题玉雕非常流行，其中也有“虎胚胎形玉器”“龙胚胎形玉器”的制作。《殷墟妇好墓》一书将这些统称为“玉玦”，分之为 I 式、II 式。（见图 6-53、图 6-54）

商晚期出现大量虎、龙胚胎造型玉雕，明显与红山文化、崧泽—良渚文化中的胚胎造型玉雕有关，卷曲的身躯上还雕刻了许多回绕细密纹饰，应是良渚文化装饰风格的复兴。这些虎、龙主题的玉雕多用以缝缀在巫师作法时所穿的“宝玉衣”上。妇好墓出土很多这类玉器，主要因为妇好掌有祭祀大权，所以穿着缀满玉雕动物的“宝玉衣”入葬。

商王朝晚期出现虎、龙胚胎形玉雕，显然是远古“物精崇拜”文化基因“潜沉”千余年后，在华东商族势力壮大后，因“追忆”而“复苏”；这些动物主题玉雕都是协助巫师沟通人神的礼器，但是妇好墓报告中都将其归类为“装饰品”。前文已说明，这是 20 世纪 80 年代，以夏鼐为标杆人物，当时考古学界的一个普遍误解，但谬误却一直沿袭至今日考古学界，很多人还是因循着夏鼐的错误思维。

1　浙江地区出土如图 6-51 这类玉饰较多。

2　刘斌：《良渚文化的龙首纹玉器》，载王明达、中村慎一编《日中文化研究第 11 号·良渚文化——中国文明的曙光》，勉诚社，1996。刘斌：《良渚文化的龙首纹玉器》，载杨伯达主编《出土玉器鉴定与研究》，紫禁城出版社，2001，后也收入刘斌：《神巫的世界——良渚文化综论》，浙江摄影出版社，2007。

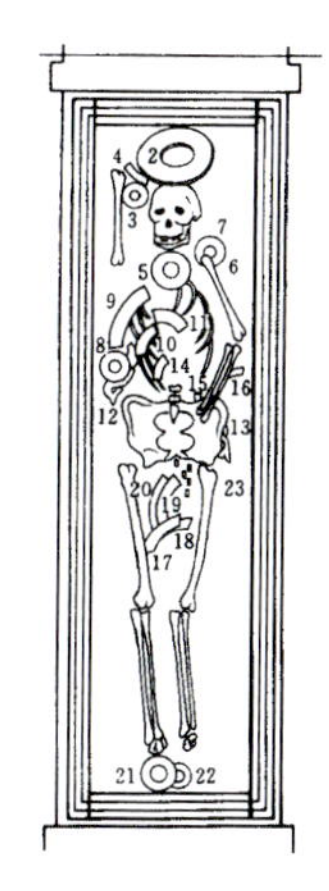

图 6-55　战国中期望山 M2 内棺平面图
湖北省文物考古研究所：《江陵望山沙冢楚墓》，文物出版社，1996。

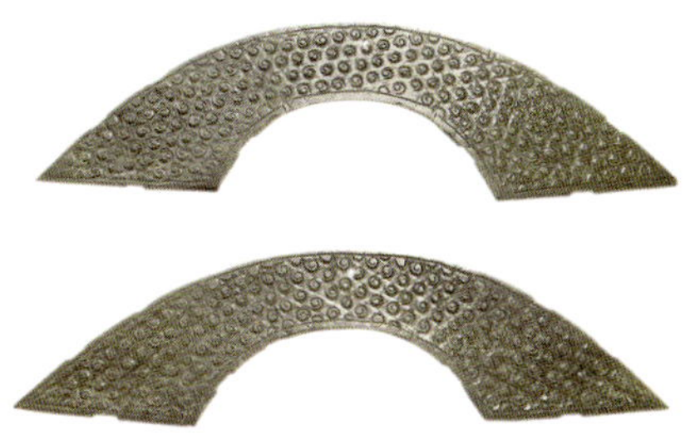

长 27 厘米，望山 M2 出土
图 6-56　战国中期玉璜（一对）
古方主编：《中国出土玉器全集 · 10 · 湖北 · 湖南》，科学出版社，2005。

长 18 厘米，望山 M2 出土
图 6-57　战国中期玉琥（一对）
古方主编：《中国出土玉器全集 · 10 · 湖北 · 湖南》，科学出版社，2005。

如前文所述，陕西渭水流域的周族，约于公元前 1046 年向东克服商人，建立周王朝。周公二次东征后，将原本属华东范围的黄河下游，分封给姬姓的鲁国、姜姓的齐国，至此，华西的周王朝控制黄河流域主要部分，并陆续在汉水以北的随枣走廊、南阳盆地一带，分封许多小国以抵制南方的所谓“蛮夷之国”。

公元前 771 年犬戎入侵，周王室自镐京（在今之西安）东迁洛阳后，势力逐渐衰弱；分布在长江流域原本属华东范围的族群，逐渐发展成为长江中游的楚国，下游的吴国、越国。

值得注意的是，大约在公元前 5 世纪，也就是春秋、战国之交，可能在长江中游某处发现了一个以前不知道的绿色闪玉矿，其外观颇相似于从蛇纹石化超基性岩变质的碧玉，但经过科学检测确知是从镁质大理岩变质而成。[1] 笔者称之为“楚式绿玉”。这种特殊的绿色闪玉主要用来制作“祭玉”和“葬玉”。[2] 考古资料所见，从湖北荆州地区的熊家冢、望山，到湖南北部的澧县新洲（今为津市新洲）、长沙八一路等遗址，颇密集地出土。[3] 但是在河南南阳盆地的楚墓里，却不见用这种特殊色泽楚式绿玉制作葬玉的迹象。[4]

望山第 2 号墓（见图 6-55）中共出 8 件璧、12 件璜、5 件琥。如图 6-56、图 6-57 这样成对的玉璜、玉琥，多出自墓主腿部，或放在身上，或压在身下，所以发掘人认为它们“在入葬时应是穿系于死者衣着上的组玉”[5]。这是承袭华东地区自良渚文化、商文化里，把动物主题玉器直接缝缀在“宝玉衣”上的传统，而不是用丝绳成串穿系悬挂的所谓“组玉佩”。[6]

望山第 2 号墓最值得注意的是墓中遣册性质的竹简上书写“一双璜一双虎”的字样。报告者认为“虎”就是“琥”，这正印证墓中出土如图 6-56、图 6-57 这样成对葬玉，在当时的器名应分别是“璜”与“琥”。[7]

楚文化圈用楚式绿玉制作葬玉的习俗，随着楚国被秦军逼迫向东北方向迁都，传播至山东的齐、鲁。河北中山王墓出土多件墨书“它玉虎”（见图 6-58）、“琥”（见图 6-59）等，是否为墓主藏品，值得研究。[8]

近 10 多年来出土大量楚简，学者研究可知：楚人

1　谷娴子等：《徐州狮子山楚王陵出土金缕玉衣和镶玉漆棺的玉料组分特征及产地来源研究》，《文物保护与考古科学》2010 年第 22 卷第 4 期。

2　“祭玉”是生民用玉器祭祀神祇祖先后直接埋于祭祀坑的玉器，“葬玉”是指专为亡者制作下葬时所穿戴的、有特殊功能（如助亡者升天等）的玉器。

3　邓淑苹：《楚式礼玉——远古“物精崇拜”与“天体崇拜”的融合创新》，《湖南省博物馆馆刊》，2018 年辑刊。

4　南阳地区也是楚墓集中地区，但该处出土玉器的玉料与黄河流域所谓“周文化圈”所用玉料相似，主要是浅青白色系的闪玉，外观相似于所谓“和田玉”。

5　湖北省文物考古研究所：《江陵望山沙冢楚墓》，文物出版社，1996，第 122 页。

6　有的楚墓发掘者误报道这些葬玉为成组串连的“组玉佩”。

7　湖北省文物考古研究所：《江陵望山沙冢楚墓》，文物出版社，1996，第 163 页。有关竹简中“璜”“虎”“琥”资料解读，见该书附录二朱德熙、裘锡圭、李家浩：《望山一、二号墓竹简释文与考释》，第 278 页、第 300 页。

8　河北省文物考古研究所：《𰯼墓——战国中山国国王之墓（上、下）》，文物出版社，1996。

中山王墓葬群出土
图 6-58　战国中期玉琥
张守中:《中山王𰯌器文字编》,中华书局,1981。

中山王墓葬群出土
图 6-59　战国中期玉琥
张守中:《中山王𰯌器文字编》,中华书局,1981。

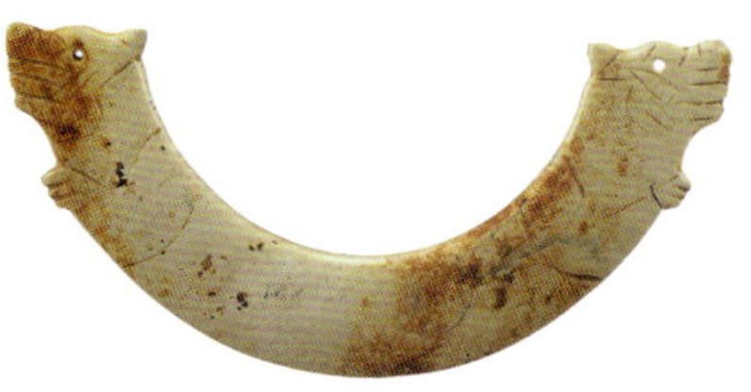

宽 11.9 厘米,凌家滩出土
图 6-60　凌家滩文化双虎首璜
安徽省文物考古研究所编:《凌家滩玉器》,文物出版社,2000。

宽 4.1 厘米,东山嘴出土
图 6-61　红山文化晚期双龙首璜
古方主编:《中国出土玉器全集·2·内蒙古·辽宁·吉林·黑龙江》,科学出版社,2005。

宽 4.4 厘米,宝鸡益门村出土
图 6-62　春秋晚期双龙首璜
刘云辉:《陕西出土东周玉器》,文物出版社、众志美术出版社,2006。

宽 11 厘米,西安芦家口出土
图 6-63　西汉双龙首璜
刘云辉:《陕西出土汉代玉器》,文物出版社,众志美术出版社,2009。

用璧、环、璜、琥献祭天神、地祇、人鬼。较确切的资料除了上述望山第 2 号墓遣册竹简外,还有包山 212 简:“璧、琥,择良月良日归之。”[1]

楚墓、楚简可证明,成书于战国的《周礼》,将璜、琥二器纳入“六器”是有根据的。

(三)璜所呈现的“物精崇拜”

根据汉代《说文》,“璜”就是“半璧”。但从考古出土资料可知,“璜”是多种接近“半璧”形的圆弧形玉器。史前华东新石器时代的凌家滩文化(前 3600—前 3200 年)、红山文化晚期晚段(前 3300—前 3000 年),就流行在玉璜的两端,雕琢虎头或龙头。(见图 6-60、图 6-61)

商代至西周比较少见这种双龙首璜,但是甲骨文“虹”字的字形写作“拱桥形身躯,两端龙头”的样子,可能与此华东“物精崇拜”有关。

上节叙述自史前红山文化、良渚文化开始到商晚期,玉雕的虎与龙多成组地作为先民通神的媒介;公元前 1046 年起华西兴起的周族雄踞中原数百年;公元前 771 年周王室被迫东迁,日渐衰弱后,曾被打压的古老的华东文化,在楚、吴、越各地再度抬头。春秋晚期以后,双龙首璜造型再度流行(见图 6-62),直到战国都是双龙首玉璜的流行期。

值得注意的是,楚墓里对称铺排在墓主左右腿部的,却是一双璜、一双琥。笔者窃疑是否战国楚地承袭远古的文化因子,将“璜”视为“龙”的表象?所以,当《周礼·六器》的观念被西汉天子采信而施行时,未央宫内祭天的成组礼器中的玉璜,两端也琢作龙首。[2](见图 6-63)

本文第一节的表 6-1,将《周礼》中祭祀用的“六器”分为三种渊源,其中“‘物精崇拜’的璜与琥”正是源自古老的华东文化。

五、华西“天体崇拜”因子的流变

(一)文字史料中的“璧”与“琮”

前文已说明:“天体崇拜信仰”是中国历史上的强势文化基因,该信仰与“天圆地方的宇宙观”都是先民

1　晏昌贵:《巫鬼与淫祀——楚地所见方术宗教考》,武汉大学出版社,2010。孙庆伟:《从葛陵楚简看楚地的祭祷用玉》,载成都金沙博物馆、成都文物考古研究院、中国社会科学院考古研究所编《夏商时期玉文化国际学术研讨会文集》,科学出版社,2018。

2　西安联志村、芦家口两批祭祀用玉器曾被定为战国至秦代。梁云的考证认为二处都是西汉的遗址,见梁云:《对鸾亭山祭祀遗址的初步认识》,《中国历史文物》2005 年第 5 期。

根深蒂固的思想，后者主要记录于西汉时的文献《淮南子·天文训》与《大戴礼记·曾子天圆》，原文都是“天道曰圆，地道曰方”。历代注疏多样，笔者认为“道”意指“路”，也就是“轨迹”，或可理解为：宇宙中阳气遵循圆形轨迹运转，阴气遵循方形轨迹运转。

治古史者皆知，战国、两汉文献所记录的某些思想、哲理，很可能形成于远古时期。我们可先检视先秦至汉代文字史料，再进一步详查考古发掘、征集所得各种实物，再参酌可靠的传世器，作通盘研究。

以玉器呈现天圆地方思维的文献，最具体的记载在成书于战国的《周礼》。[1]书中《春官·大宗伯》记载：“以苍璧礼天，以黄琮礼地。”在东汉的《说文》中：“璧，瑞玉圜也，从玉辟声。”“琮，瑞玉，大八寸，似车钉，从玉宗声。”

20世纪末，古文字学界多认为甲骨文、金文中有“璧”字，无“琮”字。[2]“璧”字资料多无疑义；近年陈剑参考一些玉琮的上端俯视形状，认为要“从四方的对角线观察”，就可推衍出本文图6-64中二字即为甲骨文、金文里的“琮”字。[3]此说在文字学界尚无人提出疑义，但是陈剑对自己所制作示意图的关键部分也直言：“没有字形上的证据，还有待进一步证实。”[4]

换言之，虽然陈剑设法从已知的甲骨文、金文中辨识“琮”字，但是从商、周甲骨文、金文中，无法归纳“琮”在商周礼制中有何功能。在甲骨文里，该字主要作地名、人名和国族名，与“崇侯”有关。在西周早期的亢鼎的铭文里，记录可用五十朋买一件大琮。[5]显然在当时，琮是可购买的商品。

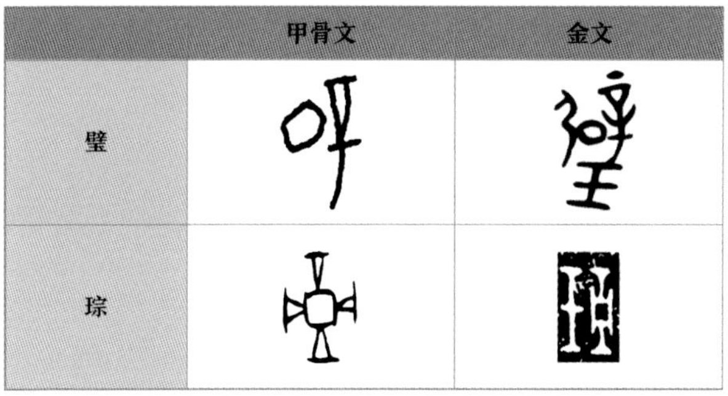

	甲骨文	金文
璧		
琮		

图6-64 甲骨文、金文中的“璧”“琮”

笔者在1999年的论文中已明言：在《尚书》《诗经》《左传》等较多传递周代生活信息的文献中，极少有关玉琮的资料。[6]2008年孙庆伟的专书中也清楚说明这类文献及两周金文中“圭璋璧屡见而琮则不见一例”。[7]

由于考古发掘与征集资料的累积，目前学界大致认同新石器时代是玉璧、玉琮制作的高峰。也逐渐有较多学者了解华西地区从庙底沟文化至齐家文化，璧琮文化有其本土萌芽发展的过程；而非如20多年前，一些学者误以为是良渚文化向西北传播，经简化才出现齐家文化玉琮。（详后）

对于商、周遗址出土玉琮，究竟是商王朝、周王朝统治阶层新制作的礼器，还是史前玉琮的遗留与改制，也是近30余年来，陆续有学者撰文讨论的课题。[8]但逐

1 该书原名《周官》，新莽时改名《周礼》。

2 王宇信：《卜辞所见殷人宝玉、用玉及几点启示》，载邓聪主编《东亚玉器01》，香港中文大学中国考古艺术研究中心，1998，第18—25页。张永山：《金文中的玉礼》，载邓聪主编《东亚玉器01》，香港中文大学中国考古艺术研究中心，1998，第26—33页。

3 陈剑：《释“琮”及相关诸字》，载陈剑《甲骨文金文考释论集》，线装书局，2007，第273—316页。作者从战国金文入手，考证一个曾被唐兰等人释为“宁”的字——该字形状为“中央方圆形，上下左右对称伸出三角形”，认为字形相似于从上端俯视玉琮的形状。对此，陈剑认为应读同“宠”“从”“宗”和“崇”，在商周甲骨文、金文中，常为地名。这个声符再加“玉”为意符，当释为“琮”之古字。

4 陈剑认为：“在玉琮上，要看到一组完整的兽面纹，需要从四方的对角线来观察。由此可以设想，造字时人在表现玉琮射孔之外的部分时，注意到了从四方的对角线观察的习惯，是从方形的对角线出发来勾勒的”。但他对所作的示意图的关键部分，也认为“没有字形上的证据，还有待进一步证实”。事实上，真正的“璧琮礼制”源起于华西地区，该处先民制作光素圆璧方琮，并没有兽面纹。

5 陈剑：《释“琮”及相关诸字》，载陈剑《甲骨文金文考释论集》，线装书局，2007，第273—316页。杨州：《甲骨金文中所见“玉”资料的初步研究》，首都师范大学博士学位论文，2007。

6 邓淑苹：《试论新石器时代至汉代古玉的发展与演变》，载邓淑苹《群玉别藏续集》，台北故宫博物院，1999，第32页。

7 孙庆伟：《周代用玉制度研究》，上海古籍出版社，2008，第193页。

8 依出版先后有：林巳奈夫：《中国古代的玉器、琮について》，《东方学报》60册，京都大学人文科学研究所，1988。后收入林巳奈夫：《中国古玉の研究》，吉川弘文馆，1991。刘云辉：《西周玉琮形制纹饰功能考察——从周原发现的玉琮说起》，载刘云辉《周原玉器》，中华文物学会，1996年。朱乃诚：《殷墟妇好墓出土玉琮研究》，《文物》2017年第9期。汤超：《西周至汉代出土玉琮功能初探》，《南方文物》2017年第3期。黄翠梅：《遗古·仿古·变古：商代晚期至西周初期玉琮的文化传记学研究》，载成都金沙博物馆、成都文物考古研究院、中国社会科学院考古研究所编《夏商时期玉文化国际学术研讨会论文集》，科学出版社，2018。黄翠梅：《从聚汇整合到流通四方——西周初期至战国早期玉琮的发展》，载杨晶、周黎明执行主编《玉魂国魄：中国古代玉器与传统文化学术讨论会文集（八）》，浙江古籍出版社，2020。

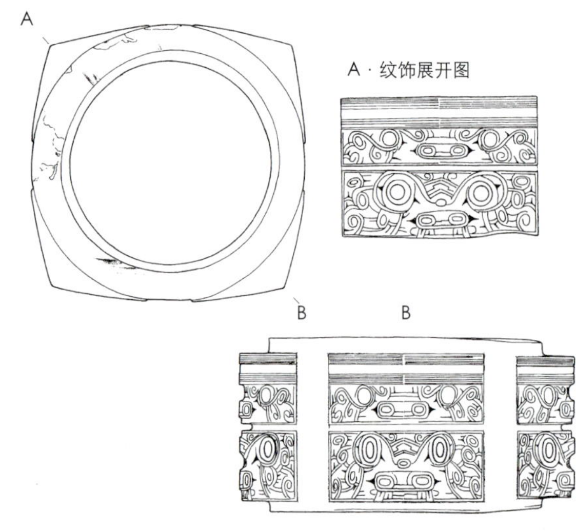

外径 8.2 厘米，孔径 6.4 厘米，瑶山 M10 出土

图 6–65　良渚文化早期玉方镯

浙江省文物考古研究所：《瑶山》，文物出版社，2003。

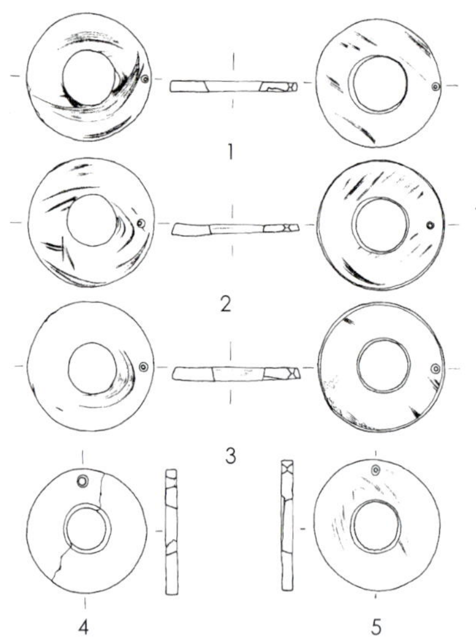

径约 4.4 厘米，瑶山 M11 出土

图 6–66　良渚文化早期玉圆牌串饰

浙江省文物考古研究所：《瑶山》，文物出版社，2003。

a

b

c

高 6.7 厘米，宽 8 厘米，孔径 6.1—6.3 厘米，新地里 M137 出土

图 6–67　良渚文化中期玉方镯　a. 出土时套于人手腕；b. 彩图；c. 线图

浙江省文物考古研究所、桐乡市文物管理委员会编著：《新地里》，文物出版社，2006。

a

b

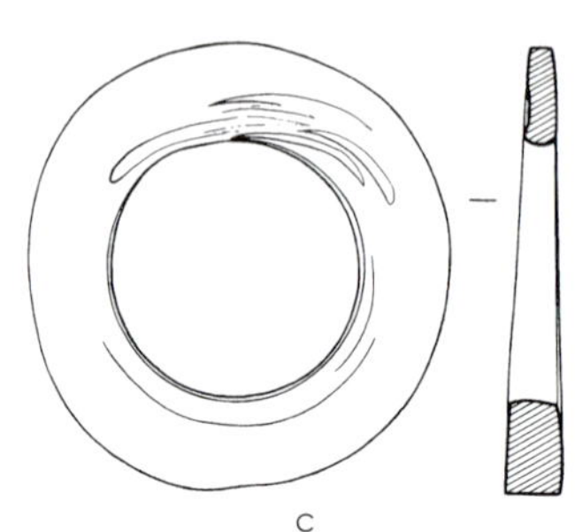
c

外径 9.2 厘米，孔径 5.3 厘米，新地里 M105 出土

图 6–68　良渚文化中期大孔璧　a. 出土时套于人左手腕；b. 彩图；c. 线图

浙江省文物考古研究所、桐乡市文物管理委员会编著：《新地里》，文物出版社，2006。

渐形成的共识是：在战国以前的商、周墓葬出土玉琮，多为墓主收藏的史前至夏时期制作的古物。[1]但是约公元前5世纪的春秋战国之交，黄河上中游，尤其是三晋地区周文化的贵族墓葬中[2]，常在棺内或棺椁间分散出现新制作的小琮[3]。这一古制复兴与战国时《周礼》“六器”之说的形成有关，笔者也曾撰文分析。[4]

自20世纪末至21世纪初，学界在研究远古“天体崇拜”信仰及相关的“璧琮组配”仪轨上，发生观念混淆的情况。这导因于百余年来华东沿海经济繁荣，可获得更多经济上、人才上的资源，较早累积丰硕的考古资料，大家先入为主以为良渚文化是玉琮的发明者。

事实上良渚文化是高度发展“物精崇拜”的社会，在还不清楚动因何在的情况下，在该文化中晚期之交发展了“次生性天体崇拜”。而真正的“原生性天体崇拜”“璧琮礼制”萌芽于黄河上中游，却因学界长期对广袤的华西大地史前考古投入太少，累积的资料有限，考古学界又近乎完全漠视大量传世器，当然更无视文献对古代文化所传递的讯息，因而曲解先祖们的重要文化创建。下文即简释之。

（二）良渚文化从“物精崇拜”到“天体崇拜”

如前文所述，“天体崇拜信仰”肯定与“天圆地方思维”“璧琮组配礼制”在文化内涵上相连通。但是良渚文化早期，只有方镯被考古学家“误称”为“琮”，而考古资料中看不出这些镯子的制作，是为了制作“方”器去感应宇宙中的“地祇”，它们只是神祖灵纹的载体。

此外，在良渚早期遗址中所看到的圆形带中孔的玉器，或是可串系的小圆牌，或是中孔超过5厘米（才可穿套在成人手腕），“肉”不宽且常琢成孔边厚、器缘薄的“大孔璧”；基本都用作人体装饰品，而非为感应“天神”而专门制作的“圆”器。

张陵山、赵陵山、瑶山都是良渚文化早期遗存，新地里主要是良渚中期遗存，在这四个遗址中都没有出现非人体装饰、具祭祀礼器意义的璧与琮。

前文图6-20即出自张陵山被盗扰的第4号墓，报道中称之为“琮”，不详原始位置；该遗址的第5号墓出土大孔璧，报告中称作“瑗”，直接戴于墓主腕部。[5]

赵陵山报告中只有第77号墓墓主右手上端放1件光素矮方筒，无射口，亦未套戴于手腕上，报告中也称之为“琮”。此报告称套于手腕的多件大孔璧为“镯环”，定名合宜。[6]

瑶山出土戴在手腕被命名为“琮”的“圆镯”“方镯”很多，外轮廓常作不同程度的圆方形，外壁都浅浮雕四片雕有神祖灵纹的长方片（见图6-65）；该墓群未出土真正玉璧，却出土颇多图像似璧的“小圆牌”，大约径长4.4厘米，成串挂于胸前，与玉璜串成组玉佩（见图6-66）。

新地里是良渚中期遗址，第137号、第105号两座墓分别出土玉方镯、大孔璧，分别套戴在尚未完全腐朽的墓主手腕上。（见图6-67、图6-68）

图6-69是良渚博物院的展示板，是根据出土物位置所复原的良渚文化中期晚段反山第12号墓的场景。从这样的布局，笔者认为最高等级的礼器应是墓主胸前象征军权的玉钺，以及（可能象征宗教权的）象牙权杖。至于手腕套戴的圆镯、方镯，与胸前成串玉管，头上玉锥形器、冠状器等，虽然形状不一，但器表都雕琢相同母题的神祖灵纹，它们都是巫觋所穿戴的“宝玉衣”行头。但是如图6-69b所示，玉方镯都被考古报告及良

1　“史前”一词应指还没有使用文字的早期阶段，商代（前1600—前1047年）使用甲骨文，约公元前2070—前1600年可能是历史上的夏代，目前除了中原地区二里头文化可能是夏王朝的遗址，周围还并存很多考古学文化。黄河上中游制作玉琮很盛的齐家文化（约前2300—前1600年）曾与夏王朝并存。

2　三晋指韩、赵、魏三国，所占地盘约今日山西、河南，括及陕西、内蒙古、河北。

3　先后被林巳奈夫（1988）、汤超（2017）、黄翠梅（2019）等学者的论文指出的遗址有：山西的太原金胜村、长治分水岭、潞城潞河，河南的辉县琉璃阁、固围村和汲县（今属卫辉）山彪镇等。

4　邓淑苹：《“六器”探索与“琮”的思辨》，《中原文物》2019年第2期。邓淑苹：《考古所见〈周礼·六器〉的形成》，载徐州博物馆编《汉代玉文化国际学术研讨会论文集（2018中国·徐州）》，科学出版社，2019。

5　南京博物院：《江苏吴县张陵山遗址发掘简报》，载文物编辑委员会编《文物资料丛刊（6）》，文物出版社，1982。

6　南京博物院编著：《赵陵山——1990～1995年度发掘报告》，文物出版社，2012，第136页。

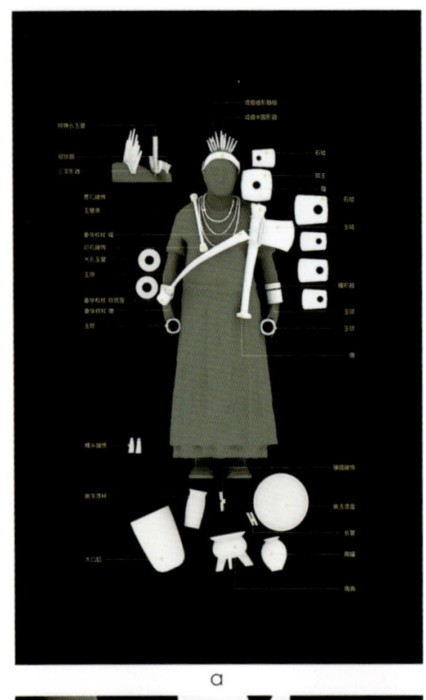

a

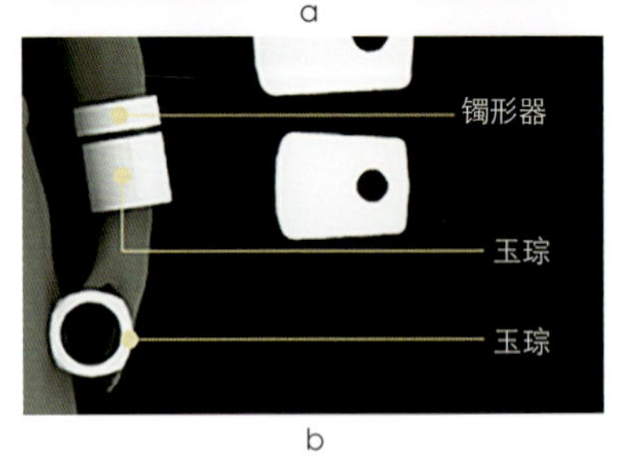

b

a

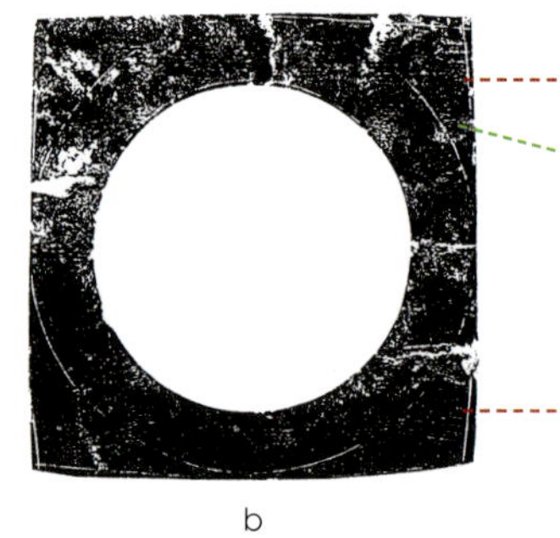

阴线刻画圆弧形钉线

阴线刻画圆圈形射口钉线

阴线刻画圆弧形钉线

b

高 7 厘米，宽 8.5 厘米，吴家埠出土

图 6-70　良渚文化未完工“玉方镯”

a. 彩图；b. 一端的拓片

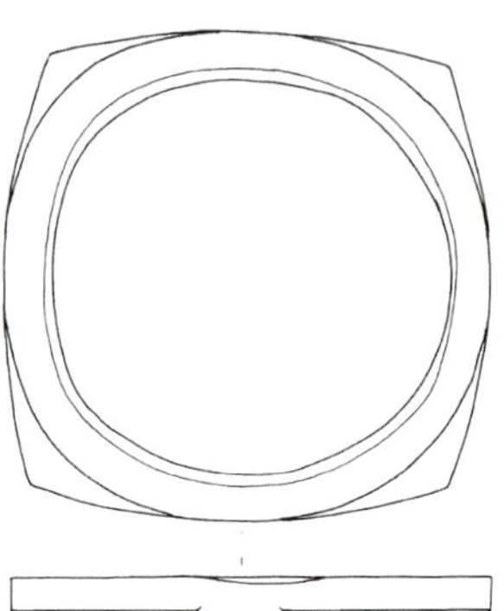

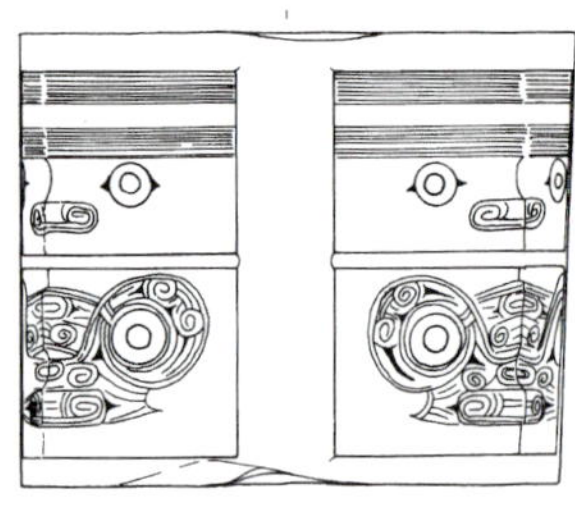

高 5.8 厘米，瑶山 M12 出土

图 6-71　良渚文化早期玉方镯

良渚博物院陈列室展示板

图 6-69　良渚文化中期反山 M12 平面示意图（人体为想象复原）a. 全墓；b. 左手局部

渚博物院定名为“琮”。

所以，笔者认为，如果不是清末金石学家吴大澂、端方的误导，30 多年前考古学家发掘瑶山、反山时，应该按照田野里观察这类筒形玉器可能是套在腕部的镯子，而命名为玉镯或筒形器。它们只是神祖灵纹的载体，是巫觋“宝玉衣”行头的一部分。

方向明详尽统计了这类玉器在墓葬中的摆放，认为它们还可能用作额饰、头饰，但基本都是人体装饰；由于良渚墓葬中随葬玉器数量大，有时看来似乎与旁边所放置的他类器物有某种关系（如作为豪华权杖器座），[1] 但都不如手镯（或称为臂穿）的功能来得确凿。

吴家埠出土 1 件未完工的玉方镯，上下两端都有钉线刻画痕迹，显示应再加工将已切磨的平直方壁磨成弧形。[2]（见图 6-70）图 6-71 是瑶山出土这类玉方镯的线图。

从吴家埠资料可知，良渚早中期先民制作玉方镯，并非要制作“方形器”来感应有“方”的属性的自然神祇。只是因为在手镯外壁雕琢了四组神祖灵纹的长方形饰片，每个神祖脸中央鼻子部分高起，全器轮廓才趋方形。上下的“射口”只是雕纹时的“留边”，基本没有形而上的意义。如果图 6-70 这件当初完工，或许就相似于图 6-71 那样，上下各有一道留边的方镯。

但是，“物精崇拜信仰”高度发达的良渚文化发展到中期晚段，在公元前 2700 年左右，遗址中出现一些变化，除了如前述图 6-51、图 6-52 那般胚胎形玉器消失外，反山遗址的第 14 号、20 号、23 号三座墓中，分别堆放 26、43、54 件不能作人体饰品的中大型玉璧。[3] 这些玉璧的孔径常在 4 厘米上下，显然无法套戴在人的手腕；它们的外径约 13—20.6 厘米，而“肉”部从孔边到器缘多是等厚。（见图 6-72）说明此时华东地区

1　方向明：《反山大玉琮及良渚琮的相关问题》，《东方博物》2019 年第 4 期。

2　王明达：《介绍一件良渚文化玉琮半成品——兼谈琮的制作工艺》，载钱宪和、方建能编著《史前琢玉工艺技术》，台湾博物馆，2003。

3　浙江省文物考古研究所编著：《反山》，文物出版社，2005。

外径约 13—20.6 厘米

图 6-72 反山 M23 墓主腿部堆叠的 54 件中大型玉璧

浙江省文物考古研究所编著：《反山》，文物出版社，2005。

反山出土

图 6-73 良渚文化早期晚段玉琮王

a、b、c 引自古方主编：《中国出土玉器全集 · 8 · 浙江》，科学出版社，2005；d 引自浙江省文物考古研究所编著：《反山》，文物出版社，2005。

除了原有以“个人佩戴物”为主的“宝玉衣礼制”，也开始出现“身外标志物”的礼仪制度。[1]

虽然反山墓群中已有三座墓出土非人体装饰的玉璧，但在墓葬摆放位置上还是看不出它们与手腕套戴的、被良渚考古学家称为“琮”的方镯有组配关系，所以反山考古报告明言：“璧和琮等如果引用《周礼》所言，是配套的玉礼器，考古发掘说明璧和琮等根本不能配伍。”[2]

但是，反山第 12 号墓，在人头旁出土 1 件被称为“玉琮王”的奇器（编号 M12：98），高 8.9 厘米，射径最宽 17.6 厘米，孔径 3.8—5 厘米。从这样的尺寸可知它绝非手镯。有学者认为应用作墓主的枕头。[3] 它的基本造型很像是上下二个圆璧，中间夹着一个四个边壁略带弧形的方柱体。值得注意的是，在它四边中央垂直槽上，各雕琢二个如图 6-21 的神祖灵纹。（见图 6-73）

笔者认为，虽然这件奇器看似与图 6-71 那般的良渚早期玉方镯相关，但事实上它的出现，也和前述反山有三座墓出现堆叠大批无法当作腕饰的中大型璧（见图 6-72）一样，意味着良渚文化面临突变，从单纯“物精崇拜信仰”下的“宝玉衣礼制”，变出“天体崇拜信仰”下的“璧琮礼制”。

在“玉琮王”被良渚先民创造出来之前，如前文所讨论的图 6-65、图 6-67、图 6-71 都只是承载神祖灵纹的载体，也就是结构单纯的手镯（或臂穿），因为器表四个长方片上所雕神祖灵纹鼻部的高起，导致器身轮廓趋方。但是图 6-73 玉琮王，很可能是有目的的设计，正如方向明所言，它的“复杂几何形式的立体是当时天地宇宙观的象征”。[4] 而这样的圆璧方琮叠压设计，是否是通过不接壤的“上层交流网”，接受来自黄河中上游“庙底沟—齐家系”“璧琮礼制”的影响？也是值得思考的。

良渚文化晚期（前 2600—前 2300 年）至末期（前 2300—前 2100 年），太湖以南的，以瑶山、反山为代表的所谓“良渚遗址群”[5] 已比较衰微，但是太湖以北的寺墩遗址群则十分繁荣，图 6-74 是寺墩第 3 号墓平面线图，共出土 25 件玉璧、33 件玉琮。[6]

1 赵晔认为良渚文化以玉器为载体的礼仪制度存在两种模式：“个人佩戴物”与“身外标志物”，但并未解释此一变化的原因。见赵晔：《璜与圆牌：特定历史条件下的玉器组佩》，载杨晶、陶豫执行主编《玉魂国魄：中国古代玉器与传统文化学术讨论会文集（七）》，浙江古籍出版社，2016，第 320—334 页。

2 浙江省文物考古研究所编著：《反山》，文物出版社，2005，第 367 页。

3 方向明：《反山大玉琮及良渚琮的相关问题》，《东方博物》2019 年第 4 期。

4 方向明：《玉见良渚，超时空的精神与艺术》，《杭州（周刊）》2019 年第 26 期。方向明：《成组玉礼器与良渚文明模式》，《博物院》2019 年第 2 期。

5 由于良渚文化得名，导因于 20 世纪初施昕更对该文化的发掘与出版，决定以浙江杭县（今余杭区）良渚镇命名。后来考古学界称太湖以南这区块为“良渚遗址群”。但是一般读者常感困惑，会误以为该名称应包括整个良渚文化分布范围。

6 南京博物院：《1982 年江苏常州武进寺墩遗址的发掘》，《考古》1984 年第 2 期。

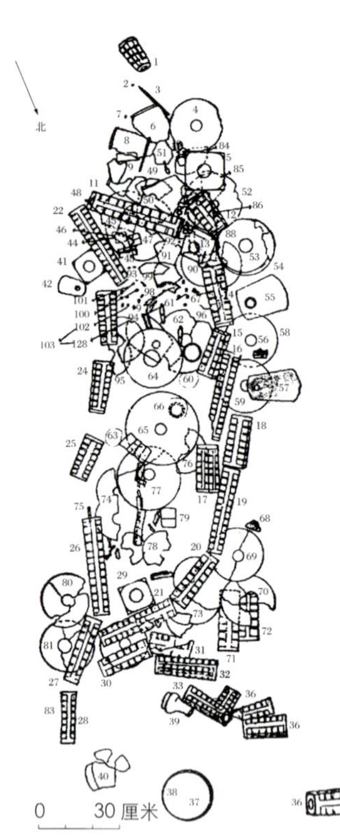

图 6-74 良渚文化晚期寺墩 M3 平面线图

南京博物院：《1982 年江苏常州武进寺墩遗址的发掘》，《考古》1984 年第 2 期。

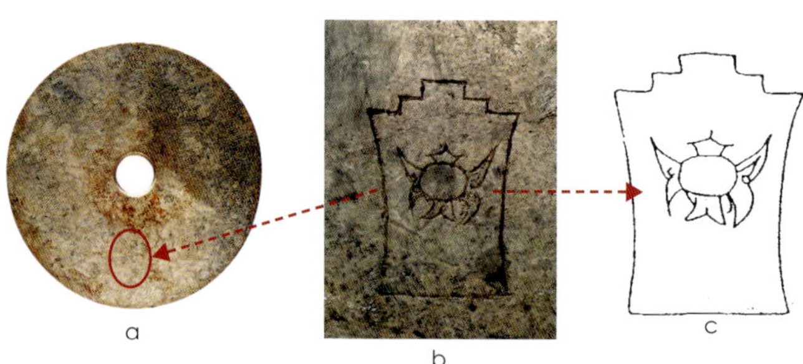

径 26.2 厘米，高 2.4 厘米，余杭百亩山出土

图 6-75 良渚文化晚期刻符号玉璧

a. 彩图；b. 符号之一的彩图；c. 符号线图

中国国家博物馆、浙江省文物局：《文明的曙光——良渚文化文物精品集》，中国社会科学出版社，2005。

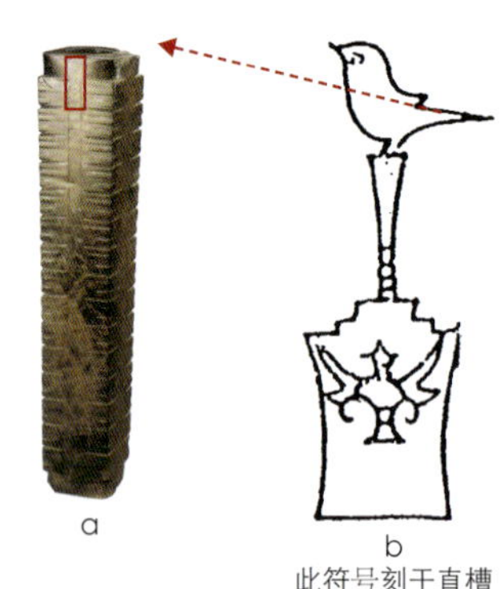

高 38.2 厘米，直槽上刻鸟立祭坛符号，首都博物馆藏

图 6-76 良渚文化晚期玉琮

北京市文物事业管理局：《北京博物馆精华》，北京燕山出版社，1999。

良渚晚期流行的所谓“复式节高琮”[1]，基本特征是全器呈略上大下小的、有中央直孔的方柱体，上下两端射口之间都雕琢成一节一节代表“神祖”的“小眼面纹”，目前存世的有多达 19 节、高 49.7 厘米的实物[2]。

多年前，笔者曾收集研究早年流散欧美，刻有符号的良渚文化玉器资料，发现这些刻画极轻浅，但是布局严谨、构图神秘而优美的符号，都刻在良渚文化晚期的大璧、高琮上，推测这些神秘符号可能是人神交流时的密码。[3]（图 6-75、图 6-76）所以，我曾笃信在良渚文化里，璧与琮是可组配的礼器；但是良渚考古的前辈学者牟永抗先生仍常告诫我：“良渚文化遗址埋藏中，看不出二者有组配关系。”直到 1995—1996 年，牟先生赴美考察时看了刻符号的玉璧后才认为：“良渚文化中，璧与琮是既有分别，又有内在联系的两种玉器。”[4]

近年累积了一些出自考古遗址的刻有符号的良渚玉璧，有的出自墓葬（福泉山 M40、玉架山 M16、蒋庄 M36），有的出于灰坑（少卿山），有的是采集所得，有的有地名而不详出土情况（草鞋山、百亩山、朱皇庙）。[5]但从墓葬中刻符玉璧的摆放情况，仍不足以确认当时璧与琮有组配关系。[6]

值得注意的是，根据方向明的观察，简报中发表的寺墩第 3 号墓的彩图可能拍照前经过局部挪动，但大

1 “复式节高琮”一词引自方向明：《中国玉器通史·新石器时代南方卷》，海天出版社，2014。

2 现藏于中国国家博物，正确高度公布于其官网 https://www.chnmuseum.cn/zp/zpml/csp/202010/t20201029_247958.shtml。

3 邓淑苹：《中国新石器时代玉器上的神秘符号》，《故宫学术季刊》第 10 卷第 3 期，1993 。邓淑苹：《刻有天象符号的良渚玉器研究》，载宋文薰等主编《石璋如院士百岁祝寿论文集：考古·历史·文化》，南天书局，2002。

4 牟永抗：《关于璧琮功能的考古学观察》，载浙江省博物馆《东方博物（第四辑）》，浙江大学出版社，1999。

5 张炳火主编、良渚博物院编著：《良渚文化刻画符号》，上海人民出版社，2015。夏勇：《简析良渚文化刻符玉璧》，《杭州文博》，良渚古城遗址申遗特辑，2018 年第 21 辑第 2 期。

6 黄宣佩主编、上海市文物管理委员会编著：《福泉山——新石器时代遗址发掘报告》，文物出版社，2000。浙江省文物考古研究所：《浙江余杭玉架山发现良渚文化环壕聚落遗址》，中国考古网，2009-11-16。浙江省文物考古研究所、南京博物院、上海博物馆编著：《良渚考古八十年》，文物出版社，2016。南京博物院：《江苏兴化、东台市蒋庄遗址良渚文化遗存》，《考古》2016 年第 7 期。

致而言，琮都压在璧的上面[1]，而且寺墩、邱承墩、草鞋山等遗址中，这类“复式节高琮”可能都是竖直下葬的[2]。这是极为重要的观察。笔者好奇当初是否一琮与一璧上下叠压，象征“贯通”的中孔相互对准？若然，就能证明良渚文化晚末期也有了“璧琮组配”的祭仪。[3]

总之，虽然良渚文化的考古已经累积丰硕的成果，也获得“世界文化遗产”的殊荣，但事实上还有颇多遮在迷雾中的真相有待发掘。

众所周知，良渚文化确实曾在中晚期之交发生明显的改变，反映在陶器、玉器、遗址等各方面；但有关突变的原因，学界似乎少有探讨。前文已说明太湖以南的“良渚遗址群”曾是良渚早中期时的文化核心，当时太湖正北方的“寺墩遗址群”、太湖东北方的“福泉山遗址群”、太湖东南的“嘉兴遗址群”也都已存在。

良渚晚期时，寺墩遗址群显然十分强势，才可能制作大量如图 6-74、图 6-75[4]、图 6-76 这般的大璧、高琮，从纹饰变化可知，良渚晚期的先民应不完全停留在华东本土的“物精崇拜信仰”中，所以原本精致的神祖灵纹只保留简单的、代表“神祖”的“小眼面纹”，而舍弃代表“神灵动物”的“大眼面纹”。

相应此一变化，良渚晚期“璧琮礼制”可能已成形，但是此一巨变，较可能是导因于外来因素启发而产生的“次生性天体崇拜信仰”。

（三）庙底沟文化至齐家文化的原生性“天体崇拜”

笔者于 1993 年首度撰文正式提出以“华东”“华西”的概念探索史前玉文化[5]；事实上这是个人从 1970 年被李济先生指定以中国玉器为研究方向，1974 年入职台北故宫博物院，1979—1980 年走访欧美 20 多间博物馆，在长达 23 年对古玉知识的锤炼后，才对史前玉器区域特征提出的观察表述。

前文已说明史前时期华东、华西各有五种外观具明显特征的闪玉（图 6-4 至图 6-14），且某些闪玉常受限于较固定的考古学文化，甚至较固定的器类。譬如图 6-14 那种墨玉（第五种华西玉料）主要被石峁文化先民垄断，且专门制作为牙璋、多孔长刀。[6]图 6-12 那种灰调带不规则团块或波浪条斑的闪玉（第三种华西玉料），则流行于齐家文化或石峁文化，主要制作薄片型的带刃器（刀、牙璋、铲、钺、圭等）。[7]由于第五、第三种华西闪玉单晶细小，所以质感致密，可以片切割剖成很薄的大片，器表常留下笔直的切痕。

图 6-9、图 6-10 那种半透明感的闪玉（第一种华西闪玉）较常制作仰韶文化阶段的斧锛凿，先齐家阶段至齐家文化的端刃器（斧锛凿），以及圆璧与方琮。由于华西的闪玉常单晶小，堆积致密，致使玉质坚韧，所以史前华西的玉璧不会太厚[8]，外轮廓常以“截方取圆”[9]的方式慢慢成形，仔细观察会在外轮廓上看到一小段、一小段比较平直的轮廓线；华西玉璧中孔多单面钻凿，即或不薄的大璧或斧铲类的柄孔，也多单面钻凿；由于竹木等钻具易磨损变薄，所以孔壁多倾斜，孔径渐变小，钻透前多以振截方式敲断钻芯，所以会在孔径小的孔周留下一圈剥离的断口。

从仰韶阶段（约前 5000—前 2700 年）到齐家阶段（约前 2300—前 1600 年），数千年的发展，琢玉的技术由“相当古拙”发展到“较为进步”。这包括切割、钻孔时不同质地（竹、木、石、蚌、麻、铜等）工具的磨耗度，工具操作时的稳定度，钻孔转速快慢，解玉砂粒子粗细等因素，其都会影响成品外观的规整精致度。所以研究者必当仔细辨认各种闪玉特征，检视成品器表所留下各种制作痕外，还需观察刃部的使用痕，及因长期绑绳在孔缘形成的磨凹等现象。

1 方向明：《中国玉器通史·新石器时代南方卷》，海天出版社，2014，第 207 页。

2 方向明：《反山大玉琮及良渚琮的相关问题》，《东方博物》2019 年第 4 期。

3 不排除当初祭祀时有两种叠压方式：可以璧上琮下，也可以琮上璧下，但都可能二者圆孔相叠以象征贯通。希望以后能发掘保持原状的遗址。

4 图 6-75 刻有符号的玉璧虽出自余杭地区，但却是被盗掘的元墓的收缴品。

5 邓淑苹：《也谈华西系统的玉器（一）—（六）》，《故宫文物月刊》总号 125—130，1993 年 8 月—1994 年 1 月。在此文发表前的一些论文中已叙述过华东、华西玉器的差异。

6 四川境内的月亮湾文化牙璋一直没有经过科学检测，笔者目验怀疑与石峁墨玉有关。

7 少量这类闪玉带刃器出土自三星堆文化，甚至三星堆出土 1 件用第三种华西闪玉制作的玉璧。

8 良渚文化晚期大璧，如本文图 6-72、图 6-75 等的闪玉结晶粒子大，排列粗松，所以必须制作得较厚，以免崩裂。

9 所谓“截方取圆”，就是先切出方形，再多次依序切掉直边与直边间的交角，慢慢从方形制作出圆形的方法。

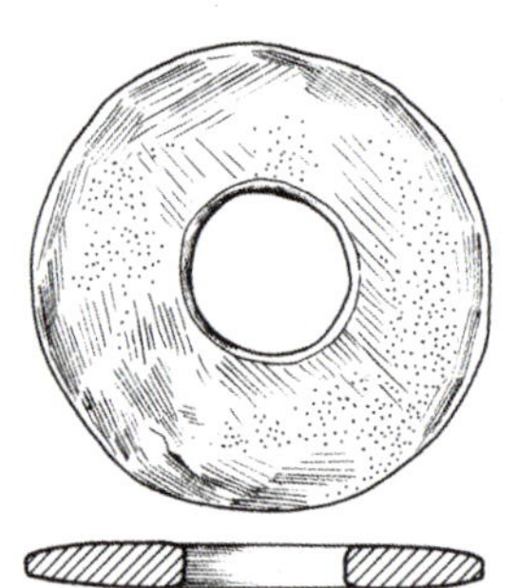

外径 17 厘米，孔径 5.5—5.9 厘米，中心厚 1.3 厘米，边厚 0.6 厘米，杨官寨出土

图 6–77　庙底沟文化石璧

彩图引自王炜林主编：《彩陶 · 中华：中国五千年前的融合与统一》，陕西师范大学出版总社有限公司，2020；线图引自王炜林：《庙底沟文化与璧的起源》，《考古与文物》2015 年第 6 期。

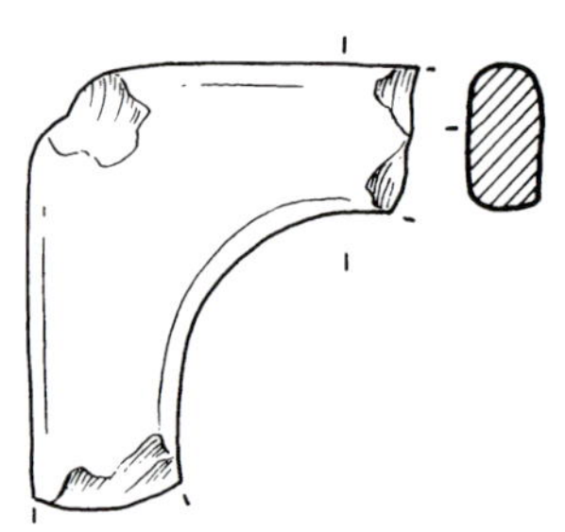

边残长 4.9—5.3 厘米，厚 1 厘米，杨官寨出土

图 6–78　庙底沟文化残石琮

王炜林：《庙底沟文化与璧的起源》，《考古与文物》2015 年第 6 期。

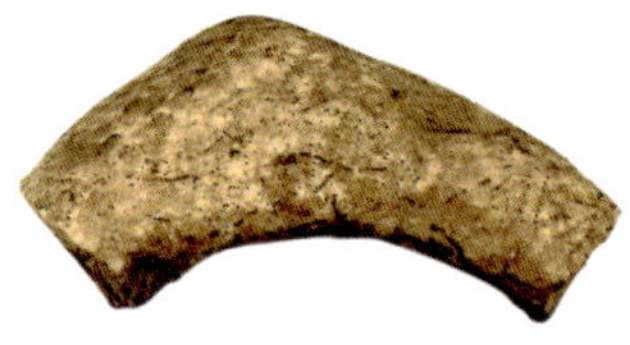

高 5.2 厘米，厚 2.4 厘米，宽 6.5 厘米，杨官寨出土

图 6–79　庙底沟文化残石琮

彩图引自王炜林主编：《彩陶 · 中华：中国五千年前的融合与统一》，陕西师范大学出版总社有限公司，2020。

因为华西史前玉器在玉料及制作工艺上均特征明确，所以可从重要的传世器收藏，如两岸的故宫博物院等，以及可靠的流散品收藏，如 20 世纪前半被欧美藏家购买，后捐入各博物馆的藏品中辨识出来。

事实上，由于华西史前玉器多厚实且光素，历史流传中常被当作玉料切割改制，但即或历代被大量改制他物，迄今世界上各重要的公私收藏中，中国史前华西玉器总数还是超过中国史前华东古玉。[1] 而在这些丰富的传世器、流散品中，圆璧、方琮的占比很大，且从器形、尺寸、制作痕等，可归纳出它们应有本土萌芽、茁壮到高度发展的历程。

但是从已知的考古资料发现，玉石璧常出土自墓葬，可从伴出的陶器或人骨检测出年代，而玉石琮则情况不同，出自墓葬的玉石琮资料很少。从目前资料推测，史前华西先民较常将璧与琮等数量地成组掩埋在无人骨也无陶器的坑中，推测很可能是用璧、琮祭祀后就原地掩埋了。

换言之，华西玉石琮制作之初，就是希望通过近似巫术“同类感通”[2] 的法力，用方形器去感应“具有方形特质”的神明——地祇，中央圆孔应是被认为具有“贯通”的法力。

先民也同样依照“制器尚象”[3] 原理，制作有中孔的圆片，也就是玉石璧，用以感应“具有圆形特质”的神明——天神。

从目前发掘出土及考古征集的有限资料，辅以传世器，可大致勾勒出黄河上中游璧琮文化可能的发展历程，主要分三个阶段：第一，庙底沟文化；第二，先齐家系诸文化；第三，齐家文化。简述如下：

1. 庙底沟文化

陕西西安高陵杨官寨遗址，测年为公元前 3637—

1　笔者叙述大博物馆收藏史前华西玉器（仰韶到齐家）多于史前华东玉器（红山、良渚、肖家屋脊等），是一个已获得同行们认同的共识，但还没有人去做精确的数据统计。

2　中国文化里有很强的“感通”的思想。语本《周易 · 系辞上》：“《易》无思也，无为也，寂然不动，感而遂通天下之故。”意即一方的行为感动对方，从而导致相应的反应。

3　“制器尚象”语出《周易 · 系辞上》爻辞：“《易》有圣人之道四焉：以言者尚其辞，以动者尚其变，以制器者尚其象，以卜筮者尚其占。”

前2920年。[1]遗址中发现1件石璧、2件石琮的残块，这3件分三个独立坑埋藏[2]。（见图6-77、图6-78、图6-79）

图6-77石璧外径达17厘米，在该年代算是相当大。有学者认为该石璧"周缘打薄，是红山文化式璧环类的工艺特征"。这是不正确的描述。红山文化玉璧尺寸多在10厘米内，牛河梁第二地点21号墓出土最大一件径达14.7厘米已属少见；重点是这些东北地区玉璧"肉"的剖面多作柳叶形，即除了外缘较薄，孔缘也薄。[3]图6-77石璧的孔缘并未磨薄。整体观之，此璧外轮廓明显用"截方取圆"的古法完成，中孔明显不是管钻，可能用"凿磨法"，即先凿出圆孔，再用磨棒磨顺的方法完成。[4]从工艺现象观察，此璧相当古拙。

杨官寨的资料十分重要，确实证明在庙底沟文化阶段，黄土高原上的先民用古拙技术，制作既非人体饰物也非生活用品的圆璧、方琮，且分坑单独埋藏。出土的两件石琮虽都是约四分之一的局部块体，但二者并非来自同一件，古人在祭祀上以一器之局部代替全器的做法也是可以理解的。

发掘人王炜林认为："过去的研究显示，（在良渚文化里）呈内圆外方体的真正意义上玉琮的出现可能已经到了良渚文化的晚期，玉璧琮一起使用也可能在良渚晚期才开始。"[5]原文中王炜林所引的附注即是他与良渚考古学者刘斌联名的论文[6]，充分表达良渚文化的实情。前文笔者也对良渚文化早期至中期早段并无璧琮文化做了分析。

王炜林更直言："杨官寨石璧琮的确认，打破了学界以前有关中原地区璧琮可能来自良渚的结论，最起码，璧琮这种传统应该在庙底沟文化时期已经存在。"[7]

迄今，杨官寨的璧与琮是幸运被考古发掘到的资料，这已足够证明前文表6-2上用红色虚线表示，大约发展到公元前3500年，各地区都出现既非实用，亦非单纯装饰性的玉器，且逐渐成批、大量制作。此时新出现的品类，可能是先民用以祭祀神祇祖先的"玉祭器"。

2. 先齐家系诸文化

所谓"先齐家系诸文化"是指以六盘山（陇山）为中心，周围分布的常山下层文化及菜园文化[8]（前2900—前2200年）、半山文化[9]（前2650—前2450年）、客省庄文化[10]（前2600—前2000年）等，它们彼此也有叠压、并存、相互消长的关系，但都与下一个阶段齐家文化的形成有关。

前文已提及，由于地区经济发展因素，20世纪以来，主要的经费与较多的人力集中于中原地区及华东地区，黄河上中游史前文化的发掘与研究相对薄弱。更因为在广袤的黄河上中游，史前先民制作圆璧、方琮是出自先民纯朴的"制器尚象""同类感通"的思维，所以这些用以感应天神地祇，而非当作人体装饰品的玉石器多光素无纹，但圆形、方形是必须清楚呈现的特征，绝不会像良渚早期先民将切好的方筒再加工将边壁磨成弧形（见图6-70）。

因为这些圆方之器，在祭祀后常直接坑埋于黄土中，

1 王炜林：《庙底沟文化与璧的起源》，《考古与文物》2015年第6期。杨利平：《试论杨官寨遗址墓地的年代》，《考古与文物》2018年第4期。

2 杨官寨现任发掘主持人杨利平副研究员告知这3件是分开埋葬的，特此申谢。

3 笔者2006年论文《试论红山系玉器》中有表列当时已公布红山文化玉器线图资料，收录当时可查得19件璧的线图。见许倬云、张忠培主编：《新世纪的考古学：文化、区位、生态的多元互动》，紫禁城出版社，2006，第353—418页。

4 笔者尚未目验实物，关于"凿磨法"等叙述，见邓淑苹、沈建东：《中国史前玉雕工艺解析》，载杨伯达主编《中国玉文化玉学论丛四编》，紫禁城出版社，2006。

5 王炜林：《庙底沟文化与璧的起源》，《考古与文物》2015年第6期。

6 刘斌、王炜林：《从玉器的角度观察文化与历史的嬗变》，载浙江省文物考古研究所编《浙江省文物考古研究所学刊（第六辑）》，杭州出版社，2004。此文中即或未十分清楚写明，也应是联名作者间已有的共识。

7 王炜林：《庙底沟文化与璧的起源》，《考古与文物》2015年第6期。

8 被认为最可能是齐家文化前身的常山下层文化，年代上限约公元前2930±180年。菜园文化年代为公元前2500—前2200年。见王辉：《甘青地区新石器——青铜时代考古学文化的谱系与格局》，载北京大学考古文博学院、北京大学中国考古学研究中心编《考古学研究（九）——庆祝严文明先生八十寿辰论文集》，文物出版社，2012。水涛：《甘青地区青铜时代的文化结构和经济形态研究》，载水涛《中国西北地区青铜时代考古论集》，科学出版社，2001，第193—327页。

9 半山文化最初被称为"庙底沟文化半山类型"，年代数据引自《马家窑文化早期半山类型》，中国考古网，2008-10-21，引自新华网 http://kaogu.cssn.cn/zwb/kgyd/kgbk/200810/t20081021_3913688.shtml。也有些资料认为半山文化年代约公元前2500—前2300年。

10 《中国大百科全书》"客省庄文化"条 https://www.zgbk.com/ecph/words?SiteID=1&ID=32558&SubID=179067。

约公元前 3300—前 2800 年，目测外径 6—7 厘米
图 6–80　马家窑—菜园文化石璧
笔者 2009 年摄于宁夏博物馆。

约公元前 3300—前 2800 年，目测外径 6—7 厘米
图 6–81　马家窑—菜园文化石璧
笔者 2009 年摄于宁夏博物馆。

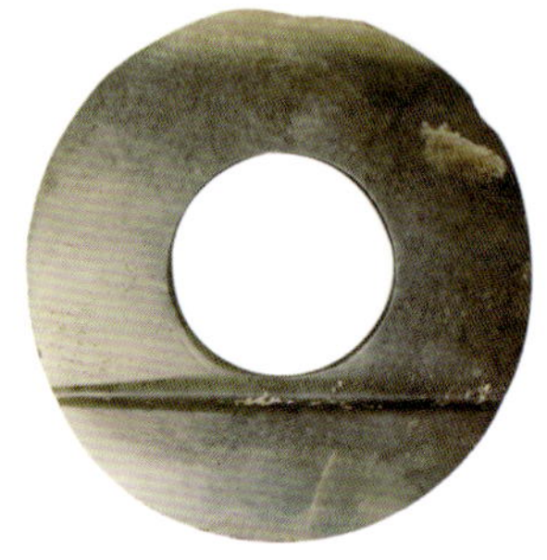
外径 14.9 厘米
图 6–82　半山文化玉璧
J.G.Andersson, "Research into the Prehistory of the Chinese," *Bulletin of Museum of Far Eastern Antiquities*, No.15, Stockholm, 1943.

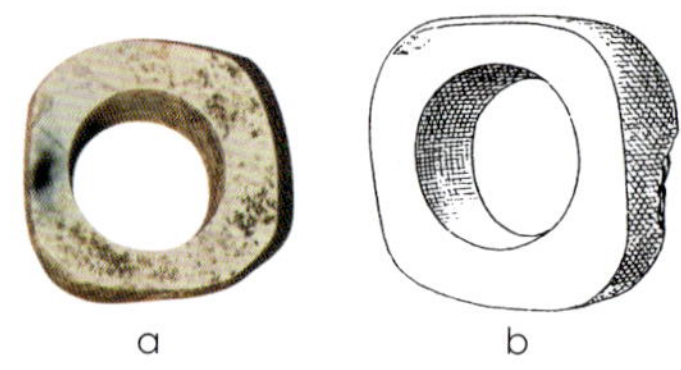

宽约 7 厘米
图 6–83　半山文化玉琮
a 引自袁德星编著：《中华历史文物》，河洛图书出版社，1977；b 引自 J.G.Andersson, "Research into the Prehistory of the Chinese," *Bulletin of Museum of Far Eastern Antiquities* No.15, Stockholm, 1943.

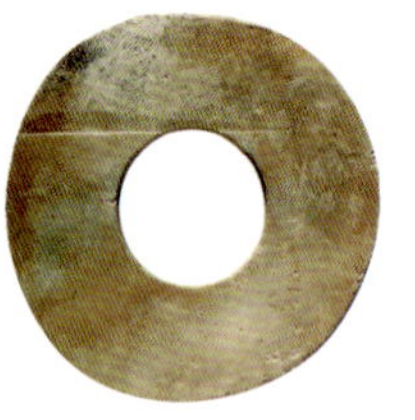
外径 9.1 厘米，齐家坪出土
图 6–84　半山文化玉璧
俄军主编、甘肃省博物馆编：《甘肃省博物馆文物精品图集》，三秦出版社，2006。

外径 3.7 厘米，齐家坪出土
图 6–85　半山文化玉琮
古方主编《中国出土玉器全集·15·甘肃·青海·宁夏·新疆》，科学出版社，2005。

无伴随出土可资断代的器物或人骨，推测先民为了坚持正确的“圆”“方”造型，且不加纹饰，基本上这类质地坚实，既光素又简工的玉石器，在数百年内未必有太多的改变，所以在断代上需观察制作痕及造型上的些微变化。

笔者曾撰文较详细地以甘肃天水师赵村第七期第 8 号墓出土璧与琮为定点标杆，将数量庞大的征集品与传世器，依据切割痕和射口特征，分出可能早于齐家文化的“先齐家系璧与琮”。[1] 它们的特征为：

①琮体方，可能无射口，可能有极浅的圈形射口。

②成组同埋的璧与琮常为同一块材料制作。或为闪玉，或为美石。

③璧的中孔或可套于琮射口之外，成组埋藏时可能上下垂直叠压。

虽然在六盘山以东的渭水中游，早在庙底沟文化时已见到萌芽期的璧琮文化（见图 6–77、图 6–78、图 6–79），但从有出土记录的征集品可知：六盘山以西，包括甘肃东部的半山文化，宁夏南部的常山下层文化、菜园文化[2]，也颇早发展用玉石制作光素璧、琮礼拜神祇的祭仪。

图 6–80、图 6–81 两件石璧征集自宁夏海原，宁夏博物馆定为菜园文化。它们尺寸小、厚薄不匀，轮廓上各留有长短数截直条边，应是用“截方取圆”的技术制作，图 6–80 石璧的圆周与孔缘均磨薄，故“肉”的剖面呈柳叶形，这是公元前第四千纪常见的工艺[3]，由此分析，它们可能还早于前文图 6–77 杨官寨出土石璧。宁夏海原是菜园文化分布的核心地区，该文化由马家窑文化发展而成。

图 6–82、图 6–83 两件是 20 世纪初，瑞典学者安特生在该区瓦罐嘴征集[4]；图 6–84 玉璧、图 6–85 玉琮

1　邓淑苹：《史前至夏时期“华西系玉器”研究（上、中、下）》，《中原文物》2021 年第 6 期、2022 年第 1 期、2022 年第 2 期。

2　也有学者认为菜园文化就是常山下层文化。水涛：《甘青地区青铜时代的文化结构和经济形态研究》，载水涛《中国西北地区青铜时代考古论集》，科学出版社，2001，第 193—327 页。

3　公元前第四千纪即是公元前 3999—前 3000 年。新开流文化、哈克文化、小珠山中层文化、凌家滩文化中，都见这类剖面呈柳叶形玉璧。但进入公元前第三千纪时，只在辽东小珠山上层文化中，继续制作剖面作柳叶形的小玉璧、牙璧，这可能是艺术风格的刻意传承。

4　20 世纪早期，广河县旧名为宁定县。1923—1924 年，安特生在该地做调查发掘。安特生后就任为瑞典的远东博物馆馆长。

a

b

图 6-86　常山下层文化或菜园文化石琮

笔者 2009 年摄于固原博物馆。

a

b

图 6-87　常山下层文化玉琮

江美英 2015 年摄于北京艺术博物馆“玉泽陇西——齐家文化玉器展”。

陵厚村出土

图 6-88　客省庄文化玉璧

彩图由宝鸡青铜器博物馆提供。

陵厚村出土

图 6-89　客省庄文化玉琮

彩图由宝鸡青铜器博物馆提供。

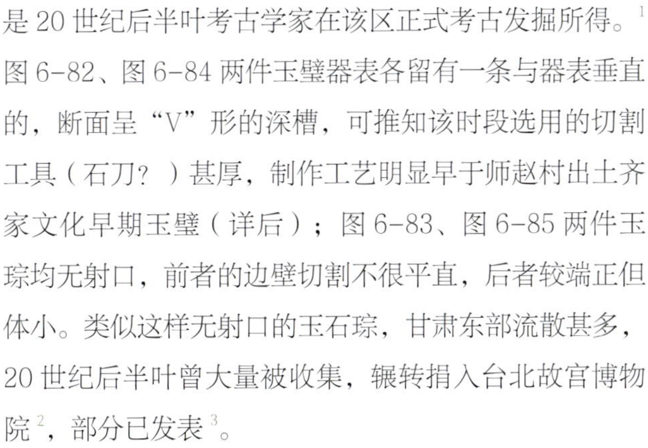

是 20 世纪后半叶考古学家在该区正式考古发掘所得。[1] 图 6-82、图 6-84 两件玉璧器表各留有一条与器表垂直的，断面呈“V”形的深槽，可推知该时段选用的切割工具（石刀？）甚厚，制作工艺明显早于师赵村出土齐家文化早期玉璧（详后）；图 6-83、图 6-85 两件玉琮均无射口，前者的边壁切割不很平直，后者较端正但体小。类似这样无射口的玉石琮，甘肃东部流散甚多，20 世纪后半叶曾大量被收集，辗转捐入台北故宫博物院[2]，部分已发表[3]。

由此可知，虽然广河地区也分布颇多齐家文化遗址[4]，但安特生、谢端琚等前辈学者分析该地区在较早阶段曾分布半山文化[5]，应是正确的判断。不过由于玉料的珍贵性，半山文化的玉器也可能会流传到齐家文化或更晚的遗存中。

图 6-86、图 6-87 分别出自宁夏固原隆德沙塘镇页河子、甘肃天水甘谷渭水峪。前者高 3.8 厘米，宽 4.5 厘米，展于固原博物馆，灰青色石料，器内壁甚不平整，且留有旋截痕[6]；后者高 2.1 厘米，边长 5.8 厘米，孔径 3.5 厘米，展于甘肃省博物馆，目验即知质地为闪玉。甘肃东部、宁夏南部都是常山下层文化、菜园文化的分布地区。

客省庄文化主要分布于六盘山以东的陕西境内，有学者认为客省庄文化是齐家文化的源头之一。[7] 齐家文化核心区主要在六盘山以西的甘肃东部，晚期也向东分布于关中平原的东半，学者称之为“齐家文化川口河类型”。[8]

陕西境内出土华西风格成组玉璧、琮数量颇丰，常是乡民劳动时意外发现而上缴。笔者将这些征集品与后

1　考古报告尚未出版。

2　该批收藏主要集成于甘肃东部，甚早即分散抵台，21 世纪初藏家蔡希圣先生病危时才愿意捐赠，台北故宫博物院为慎重起见，敦请罗丰、叶茂林两位专家亲自逐一审查。

3　邓淑苹：《圆与方——古人思维中的天地与阴阳》，《故宫文物月刊》总号 386，2015 年 5 月。后收入邓淑苹：《古玉新释——历代玉器小品文集》，台北故宫博物院，2016。

4　叶茂林：《从青岗岔遗址看出土齐家文化玉器被误判的现象》，载杨晶、蒋卫东执行主编《玉魂国魄：中国古代玉器与传统文化学术讨论会文集（五）》，浙江古籍出版社，2012，第 340—344 页。

5　安特生报告见图 6-82、图 6-83 出处。谢端琚：《黄河上游史前文化玉器研究》，《故宫学术季刊》第 19 卷第 2 期，2001。

6　该馆品名卡注记：“1986 年隆德县沙塘乡页河子出土，约 5000 年前”。

7　梁星彭：《黄河中上游史前、商周考古论文集》，社会科学文献出版社，2015，第 84 页。韩建业：《齐家文化的发展演变：文化互动与欧亚背景》，《文物》2019 年第 7 期。

8　陕西省考古研究院商周考古研究部：《陕西夏商周考古发现与研究》，《考古与文物》2008 年第 6 期。

胡家底出土

图 6-90　客省庄文化玉璧

刘云辉、刘思哲：《陕西关中地区出土的齐家文化玉器》，载陈星灿、唐士乾主编，中国社会科学院考古研究所等编《2016 中国·广河齐家文化与华夏文明国际论坛论文集》，甘肃文化出版社，2017。

胡家底出土

图 6-91　客省庄文化玉琮

刘云辉、刘思哲：《陕西关中地区出土的齐家文化玉器》，载陈星灿、唐士乾主编，中国社会科学院考古研究所等编《2016 中国·广河齐家文化与华夏文明国际论坛论文集》，甘肃文化出版社，2017。

最宽 5.5 厘米，台北故宫博物院藏

图 6-92　先齐家系玉琮

邓淑苹：《故宫博物院所藏新石器时代玉器研究之二——琮与琮类玉器》，《故宫学术季刊》第 6 卷第 2 期，1988。

最宽 5.9 厘米，台北故宫博物院藏

图 6-93　先齐家系玉琮

邓淑苹：《故宫博物院所藏新石器时代玉器研究之二——琮与琮类玉器》，《故宫学术季刊》第 6 卷第 2 期，1988。

双庵出土

图 6-94　客省庄文化石璧（残半）、石琮

秦岭：《龙山文化玉器和龙山时代》，载北京大学考古文博学院、北京大学中国考古学研究中心编《考古学研究（十五）：庆祝严文明先生九十寿辰论文集》，文物出版社，2022。

文要叙述的，齐家文化早期的师赵村出土玉璧、琮相比，将射口较师赵村玉琮短绌者，暂定为客省庄文化。

图 6-88、图 6-89 一组玉璧、琮，出土自陕西宝鸡陈仓贾村镇陵厚村东北二里的土梁上。出土记录清楚：成组出土且无其他文物，玉琮高 7.1 厘米、射口外径约 6.4 厘米、射口高 0.46 厘米，玉璧外径 21.6 厘米、孔径 10.7 厘米、厚 0.7 厘米[1]。从尺寸可知，璧的中孔可以套在琮的射口外。从彩图即可确知此组璧、琮应是用同一块青黄泛绿的闪玉料制作。

20 世纪 70 年代，陕西杨凌李台乡胡家底村的劳动群众，先后上缴了工作中所发现的 3 件玉璧、3 件玉琮。[2] 笔者详审，认为图 6-90、图 6-91 两件极有可能属一组。二者不但玉料相似（琮高 2.7 厘米、孔径 3.8 厘米、外径 4.8 厘米，璧直径 12.4 厘米、孔径 5.8 厘米、厚 0.2—0.4 厘米），且璧的孔径也足以套于琮的射口外。

这类具有极浅圈形射口的古拙型玉琮，传世器中甚多，图 6-92、图 6-93 两件都是清宫旧藏，乾隆皇帝常将这类小琮配置木座及铜质内胆等，用作水盛或花器。

从本文图 6-78、图 6-79、图 6-83、图 6-85 此类无射口玉石琮，发展到图 6-86、图 6-87、图 6-89、图 6-91 这些带极浅圈形射口，推测已经历数百甚至近千年的发展。这种先民制作以感应“具方形属性的地祇”的玉石器，为什么要费工费时地制作射口呢？此一问题或因双庵遗址的发掘找到了答案。

陕西宝鸡双庵遗址的发掘，在一个散布细碎陶片的灰坑中，出现一个具极浅圈形射口的白石琮，压放于近半个质地非常相似的白石璧上。这组相同质地的璧与琮显然是作为废品被弃置的，从其极浅的射口观察，制作年代应与前文图 6-86、图 6-87 的常山下层文化玉石琮相当；初估约公元前 2900—前 2500 年间被先民成

1　此组璧与琮第一次由王桂枝撰文《宝鸡西墓出土的几件玉器》发表于《文博》1987 年第 6 期。1995 年再由高次若撰文《宝鸡市博物馆藏玉器选介》发表于《考古与文物》1995 年第 1 期。清楚说明此组璧与琮单独出于宝鸡贾村镇陵厚村东北土梁上。

2　刘云辉、刘思哲：《陕西关中地区出土的齐家文化玉器》，载陈星灿、唐士乾主编，中国社会科学院考古研究所等编《2016 中国·广河齐家文化与华夏文明国际论坛论文集》，甘肃文化出版社，2017，第 239—254 页。

组用作祭器后埋于双庵，日后又被客省庄文化晚期的居民从土中翻出了它们，而被当废品处理。[1]

由于玉璧残存小于一半，难以确认璧的中孔是否可套于琮的射口外，但坑中除细碎陶片外无其他物品，仅二者上下叠压的现象是确定的。所以，图 6-94 的出土现象提示我们合理推测，图 6-88、图 6-89，与图 6-90、图 6-91 这二组，它们当初也可能是先民在制作前已设计好的“成组礼器”。制作射口的目的，应是为了稳固在祭祀时上下垂直叠压的璧与琮，好让二者不会滑脱分开。

3. 齐家文化

齐家文化是从甘肃东部和宁夏南部黄土高原上逐渐发展而成。[2] 有学者认为，齐家文化的年代跨度为公元前 2615—前 1529 年，集中于公元前 2300—前 1900 年，经历由东向西、从早到晚的发展过程。[3] 在甘肃东部，也就是齐家文化的核心区，一直延续发展至公元前 1600 年。近年发掘的甘肃临潭磨沟遗址曾被归为齐家文化，但叶茂林分析其中属齐家文化的成分有限，主成分属寺洼文化。[4]

齐家文化晚期向东发展势头很强，在陕西境内渭水流域西半部形成齐家文化川口河类型。向东北扩张至陕北和内蒙古中南部，与石峁文化“形成犬牙交错的分布态势”。[5] 向南经白龙江、岷江到四川盆地大渡河流域。[6]

齐家文化玉器的资料颇丰富，笔者曾撰文从墓葬、房址、祭祀坑、其他共四个面向讨论。[7] 篇幅所限，本文仅择与天体崇拜有关的璧琮礼器讨论。

齐家文化墓葬中经常出土玉石璧，有磨制精致的玉璧，放在墓主胸前、面颊上（喇家第 12 号、第 17 号墓）[8]，也有大量制作粗放的石璧堆放在墓主身上（皇娘娘台第 48 号墓）[9]。但是玉琮则多出于祭祀坑，且常与璧同数量地成组掩埋。

甘肃天水师赵村第七期第 8 号墓出土一璧、一琮。[10] 这是目前资料中唯一出于墓葬的成组玉璧、琮，墓中还有二次葬的人骨。[11] 笔者多次观察实物，确知这组玉器是用前文所称的第二种华西玉料制作的，即大片细腻无透明感的草绿或蓝绿色闪玉，围以灰白色宽带，不过这 2 件从蓝绿色部分过渡到灰白色部分没有明显分界线。（见图 6-95、图 6-96）

璧的直径 18.4—18.6 厘米，孔径 4.8—5.1 厘米，厚 0.4—0.5 厘米；琮的边长 5.2—5.5 厘米，高 3.4—3.9 厘米，孔内径 4.2—4.5 厘米，射口高 0.4—0.8 厘米；从报告上的尺寸与图片观察，玉璧的中孔或可套于琮的

1 双庵遗址填土中兽牙的测年数据为校正后公元前 2200 — 前 2000 年（68.3%）。测年数据出处见图 6-94 图注。

2 叶茂林：《史前玉器与原始信仰——齐家文化玉器一些现象的初步观察与探讨》，《南艺学报》2010 年第 1 期（创刊号），第 77—88 页。事实上连接于甘肃的青海东北部也在齐家文化早期发展范围内，喇家遗址即属之。

3 主张齐家文化年代上限可早到公元前 2615 年的学者有王辉、李水城二位。王辉：《甘青地区新石器——青铜时代考古学文化的谱系与格局》，载北京大学考古文博学院、北京大学中国考古学研究中心编《考古学研究（九）——庆祝严文明先生八十寿辰论文集》，文物出版社，2012。李水城：《西北地区新石器时代考古研究》，载严文明主编《中国考古学研究的世纪回顾・新石器时代考古卷》，科学出版社，2008，第 347—363 页。笔者 2014 年请教李水城教授，据告所根据资料主要为广河齐家坪，谨致谢忱。

4 2008 年甘肃临潭磨沟发掘并公布。见谢焱等：《甘肃临潭陈旗磨沟齐家、寺洼文化墓葬发掘》，载国家文物局主编《2008 中国重要考古发现》，文物出版社，2009，第 42—45 页。甘肃省文物考古研究所、西北大学文化遗产与考古学研究中心：《甘肃临潭县磨沟齐家文化墓地》，《考古》2009 年第 7 期。但叶茂林认为该遗址齐家文化成分有限，主成分属寺洼文化，见其《甘肃临潭磨沟墓地不是齐家文化的遗存》（《中国文物报》2010 年 10 月 15 日第 7 版），以及《盲人摸象的快意——答〈甘肃临潭磨沟墓地文化性质再议〉与磨沟考古诸君》（中国考古网，2012-08-12）。据文明探源工程内部人员告知，该工程最后年表敲定时，选择叶茂林的意见，将齐家文化年代下限定在公元前 1600 年。

5 马明志：《河套地区齐家文化遗存的界定及其意义——兼论西部文化东进与北方边地文化的聚合历程》，《文博》2009 年第 5 期。马明志：《石峁遗址文化环境初步分析——河套地区龙山时代至青铜时代的文化格局》，《中华文化论坛》2019 年第 6 期。

6 王辉：《甘青地区新石器——青铜时代考古学文化的谱系与格局》，载北京大学考古文博学院、北京大学中国考古学研究中心编《考古学研究（九）——庆祝严文明先生八十寿辰论文集》，文物出版社，2012。

7 邓淑苹：《论黄河上中游史前玉器文化》，辽宁省文物考古研究所编《庆祝郭大顺先生八秩华诞论文集（上）》，文物出版社，2018，第 80—107 页。邓淑苹：《史前至夏时期“华西系玉器”研究（中）》，《中原文物》2022 年第 1 期。

8 叶茂林：《齐家文化玉器研究——以喇家遗址为例》，载张忠培、徐光冀主编《玉魂国魄（三）》，北京燕山出版社，2008，第 141—148 页。中国社会科学院考古研究所甘青工作队、青海省文物考古研究所：《青海民和喇家遗址发现齐家文化祭坛和干栏式建筑》，《考古》2004 年第 6 期。

9 甘肃省博物馆：《武威皇娘娘台遗址第四次发掘》，《考古学报》1978 年第 4 期。

10 中国社会科学院考古研究所编著：《师赵村与西山坪》，中国大百科全书出版社，1999。

11 曾有人怀疑第 8 号墓是祭祀坑，笔者曾请教发掘者叶茂林研究员，据告确实是一座墓葬。事实上据笔者统计：目前所知华西地区其他出土成组玉璧、琮的祭祀坑中都无人骨与其他文物。

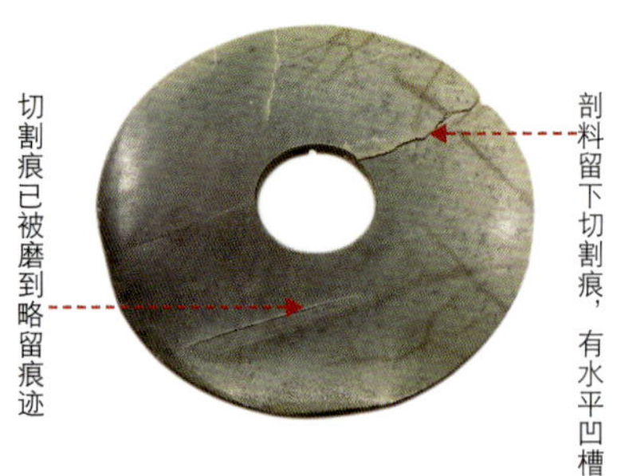
切割痕已被磨到略留痕迹
剖料留下切割痕，有水平凹槽

师赵村出土
图 6-95　齐家文化早期玉璧
江美英 2015 年摄于北京艺术博物馆“玉泽陇西——齐家文化玉器展”。

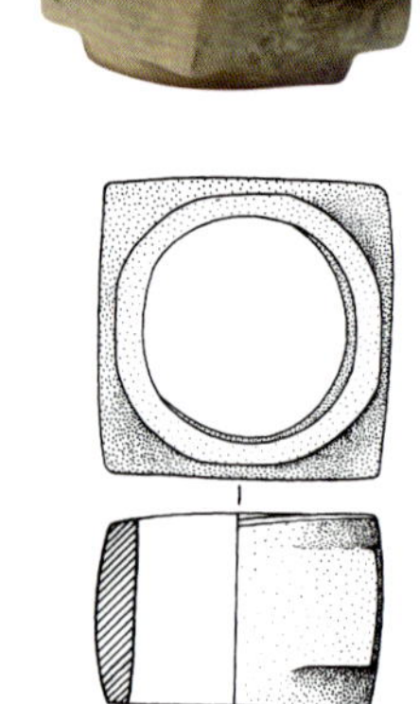

师赵村出土
图 6-96　齐家文化早期琮
彩图由江美英 2015 年摄于北京艺术博物馆“玉泽陇西——齐家文化玉器展”；线图引自中国社会科学院考古研究所编著：《师赵村与西山坪》，中国大百科全书出版社，1999。

a

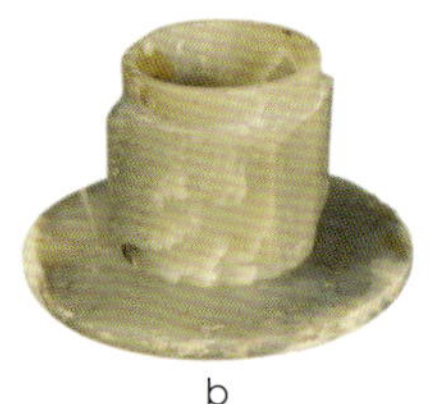
b

案板坪村出土
图 6-97　齐家文化玉璧、琮
a. 璧上琮下放置；b. 琮上璧下放置
a 引自周原博物馆：《周原玉器萃编》，世界图书出版公司，2008；b 引自刘云辉：《周原玉器》，中华文物学会，1996。

射口外。[1]

师赵村第七期遗存的碳-14 测年为公元前 2335—前 2042 年。[2] 图 6-95 玉璧的外缘仍有截方取圆的制作痕，但整体尚称端正；器表留有两道彼此平行的切割痕，其一已磨到略留痕迹，另一切割痕显示剖料时用的片状切具甚薄；玉琮射口磨制已有相当高度，可作为齐家文化早期玉琮的一个标杆。

确认了齐家文化早期玉璧、琮在造型与工艺的特点后，就可从形制特征将下列五组同坑出土的玉璧、玉琮归为齐家文化。

图 6-97 是陕西宝鸡扶风城关镇案板坪村出土的玉质相同的一组璧、琮，璧外径 12.3 厘米、孔径 6.1 厘米，琮高 6.7 厘米、孔径 5.3 厘米，璧之中孔可套在琮的射口之外。

图 6-98、图 6-99 出土于陕西杨凌李台乡胡家底村。璧的直径 25.4 厘米、孔径 7.9 厘米、厚 0.2—0.8 厘米，琮高 11.2 厘米、宽 7.3 厘米、口径 6.1 厘米。[3] 从尺寸与彩图可知，璧之中孔可套于琮之射口，二者很可能以同样玉料制作。

图 6-100 出土于陕西西安长安区上泉村，高 20.7 厘米、宽 9.7 厘米、射口高约 3.35 厘米。据查是 1965 年乡民取土时所得共出的一对璧与琮，1977 年大如草帽的玉璧已被买走，乡民将该玉琮用作枕头多年，于 1981 年由戴应新征集入陕西历史博物馆。[4]

1986 年宁夏固原隆德沙塘乡和平村征集到共出的 1 件大璧、1 件高琮。罗丰于 2001 年发表资料及线

1　此组璧与琮目前已固定在中国历史学院中国考古博物馆展柜墙面，暂时无法实际试套。

2　师赵村第七期齐家文化标本检测数据见中国社会科学院考古研究所《中国考古学中碳十四年代数据集（1965—1991）》（文物出版社，1992，第 282—283 页），T307（4）的校正年代数据为公元前 2317—前 2042，T406（3）H1 的校正年代数据为公元前 2335—前 2044。叶茂林曾核查资料，发现根据《中国考古学中碳十四年代数据集（1965—1991）》公布的记录，表明发掘者在采集碳-14 标本时，记录认定为第七期文化（齐家文化）。但是后来编写师赵村报告，或因主持人对此测年资料存疑，可能当时的理解不太认为齐家文化会有这么早，而在统稿时改定为归属第六期文化。

3　刘云辉、刘思哲：《陕西关中地区出土的齐家文化玉器》，载陈星灿、唐士乾主编，中国社会科学院考古研究所等编《2016 中国·广河齐家文化与华夏文明国际论坛论文集》，甘肃文化出版社，2017。

4　戴应新：《神木石峁龙山文化玉器探索（一）》，《故宫文物月刊》总号 125，1993 年 8 月。

胡家底出土

图 6-98　齐家文化玉璧

胡家底出土

图 6-99　齐家文化玉琮

上泉村出土

图 6-100　齐家文化玉琮

刘云辉、刘思哲：《陕西关中地区出土的齐家文化玉器》，载陈星灿、唐士乾主编，中国社会科学院考古研究所等编《2016 中国·广河齐家文化与华夏文明国际论坛论文集》，甘肃文化出版社，2017。

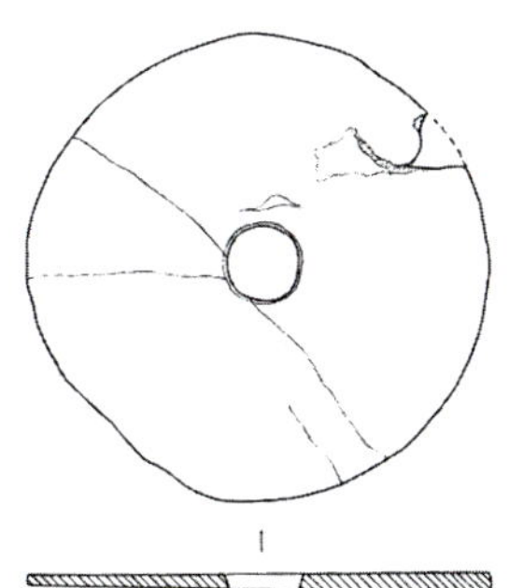

图 6-101　齐家文化玉璧

宁夏固原博物馆编：《固原文物精品图集（上册）》，宁夏人民出版社，2011。

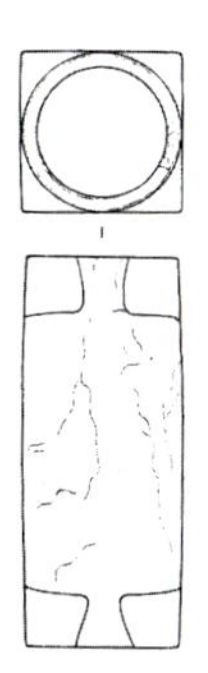

图 6-102　齐家文化玉琮

笔者摄于隆德文管所。

图。[1]2009 年笔者分别在固原博物馆、隆德文管所检视实物（见图 6-101、图 6-102）[2]，2 件体大厚重，很可能是用同一大块、具明显团块纹理的浅灰色闪玉制作。玉璧外径 36 厘米、孔径 5.56 厘米、厚 1.5 厘米，玉琮高 19.7 厘米、宽 8.1 厘米、射口高 3.2 厘米、孔径 6.4 厘米。据报道，大玉璧出土时破碎成多块，虽经拼合，仍有二小块残缺。如此厚重的大璧居然破成数块，大琮一侧边也有整块的伤缺，推测当初掩埋时，可能特意用重器击破，应是“毁器”的行为。

甘肃静宁县后柳河村乡民早年曾意外发现一个上面压着石板的大坑，坑内有四璧、四琮，被民众取回。后公安人员向民众追讨时，有 1 件玉璧因破损而未上缴。所以在 1997 年首次公布时，只报道有三璧、四琮，而称之为“静宁七宝”。[3]2009 年笔者造访静宁博物馆时，该馆职员善意告知还有 1 件破璧未缴出的真相，笔者于 2010 年的论文中首次披露此一事实。[4]图 6-103 至图 6-109 是 7 件的彩图。由于 3 件完整的玉璧直径为 27.3—32.1 厘米，可推测破损的玉璧尺寸应大致相似，推测当初也是人为的“毁器”所致。这种行为应是表达祭祀者诚心地奉献璧、琮予天神地祇，绝不取回再用。

静宁出土此组资料，单件尺寸大，玉琮作高长型，呈现齐家文化晚期的特征；且其中两件玉琮器表琢有平行线纹或瓦沟纹，应是吸收华东移民带至陕北高原的一些装饰风格。

从前述考古发掘与征集的资料可知，用石料制作圆璧、方琮，祭祀“圆天”与“方地”后掩埋的习俗，可能始于庙底沟文化阶段，也就是公元前 3500 —前 2900 年。

1　罗丰：《黄河中游新石器时代的玉器——以馆藏宁夏地区玉器为中心》，《故宫学术季刊》第 19 卷第 2 期，2001。本文图 6-101、图 6-102 两件分别为罗丰所长论文中的标本 36、标本 48。在正文中说明出土时间地点均一致，也说明玉琮与玉璧一起出土，但是在该文标本 48 的图说中，误记为“固原县河川乡店河村”。

2　承蒙宁夏考古所罗丰所长与固原博物馆韩彬馆长的协助及准予发表，特此申谢。承蒙刘世友所长协助及准予发表，特此申谢。

3　杨伯达：《甘肃齐家玉文化初探——记鉴定全国一级文物所见甘肃古玉》，《陇右文博》1997 年第 1 期。

4　邓淑苹：《史前至夏时期璧、琮时空分布的检视与再思》，载杨晶、蒋卫东执行主编《玉魂国魄：中国古代玉器与传统文化学术讨论会文集（四）》，浙江古籍出版社，2010。

外径 32.1 厘米，后柳河村出土
图 6-103　齐家文化玉璧

外径 32.1 厘米，后柳河村出土
图 6-104　齐家文化玉璧

外径 27.3 厘米，后柳河村出土
图 6-105　齐家文化玉璧

高 12.8 厘米，后柳河村出土
图 6-106　齐家文化玉琮

高 14.7 厘米，后柳河村出土
图 6-107　齐家文化玉琮

高 16.2 厘米，后柳河村出土
图 6-108　齐家文化玉琮

高 16.7 厘米，后柳河村出土
图 6-109　齐家文化玉琮

图 6-104、图 6-106 出自古方主编：《中国出土玉器全集 · 15 · 甘肃 · 青海 · 宁夏 · 新疆》，科学出版社，2005。

图 6-103、图 6-105、图 6-107、图 6-108、图 6-109 出自甘肃省文物局编：《甘肃文物菁华》，文物出版社，2006。

到了公元前 2900—前 2300 年的“先齐家系诸文化时期”，可能发展出用同一块玉料或石料制作成组璧、琮，共同祭祀后掩埋，更逐渐发展出将圆璧、方琮上下叠压着举行祭祀。笔者推测祭祀时应是如本文图 6-97a 那般璧上琮下放置；或为求稳固，玉琮的上下孔缘，逐渐磨出一圈浅射口，以备将玉璧中孔直接套接在玉琮射口外。但祭祀完掩埋时，为求安稳放置，也可改为像图 6-97b 那般琮上璧下放置。

或许在“先齐家系诸文化时期”，这种用带中孔的圆形、方形玉器，叠压后祭祀“圆天”“方地”的宗教，通过不接壤的“上层交流网”传播至太湖流域，以至良渚文化中期晚段会“史无前例”地出现二圆璧夹方柱体造型的“玉琮王”（见图 6-73），良渚文化开始从单纯“物精崇拜信仰”的社会蜕变出“次生性天体崇拜信仰”。

总之，约公元前 2600 —前 2300 年间，从青海东北角衔接甘肃东部、宁夏南部的所谓“陇西地区”[1]，原本分布的常山下层文化、菜园文化、半山文化逐渐交流融合成齐家文化，渭水上游即在陇西，渭水中下游流经陕西境内的关中平原，此处先后分布了庙底沟文化、客省庄文化、齐家文化等。图 6-110 地图上红色数字 1—9 标示者，即本节所论及与华西璧琮文化有关的地点。

即或不算酝酿阶段的齐家文化（前 2600 —前 2300 年）[2]，自公元前 2300 至前 1600 年共 700 年，齐家文化曾是黄河上中游的强势文化，笔者暂定公元前 2100 年、前 1850 年为两个时间定点，分之为早、中、晚期[3]。结合各种资料与实物所呈现的制作工艺可知，齐家文化玉器（璧、琮、多璜联璧、带刃器等）的发展轨迹，大致是从小体积朝大体积的方向发展，制作也逐渐工整精致，这应与玉料的开采与切割钻孔技术逐渐进步有关。

玉琮的造型有比较清晰的演变脉络，在甘肃、宁夏境内，以齐家早期遗址师赵村出土矮型玉琮（见图 6-96）为标杆，逐渐朝向高长型（见图 6-102）发展，后者的上、下端射口也变高大；伴随出土的玉璧虽逐渐增大，但比例上中孔不会随之加大。因此，齐家文化晚期先民用成组璧、琮祭祀天地时，若还是将圆璧平放于玉琮上方，则可能要在二者的中孔穿插直杆以固定之。是否如

1　“陇山”是“六盘山”的古名。“陇西”即指“陇山以西”。

2　王辉、李水城二位学者认为齐家文化开始于约公元前 2600 年，兴盛于公元前 2300 年。

3　邓淑苹：《史前至夏时期“华西系玉器”研究（中）（下）》，《中原文物》2022 年第 1 期、第 2 期。

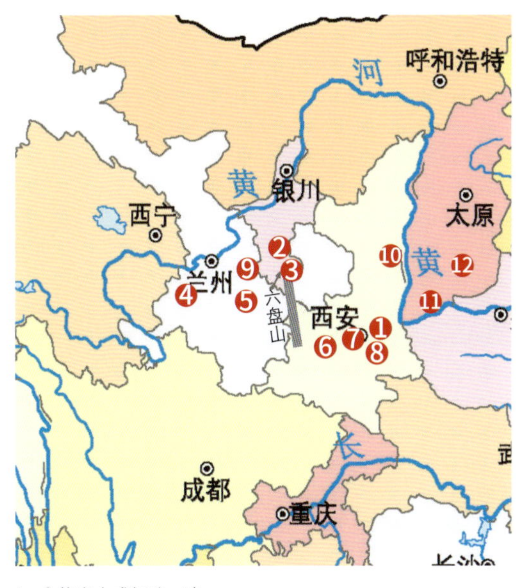

图例

1. 陕西高陵杨官寨
2. 宁夏海原
3. 宁夏固原（页河子、和平村）
4. 甘肃广河（瓦罐嘴、齐家坪）
5. 甘肃天水（渭水峪、师赵村）
6. 陕西宝鸡(陵厚村、双庵、案板坪村)
7. 陕西咸阳（胡家底村）
8. 陕西长安上泉村
9. 甘肃静宁后柳河村
10. 陕西延安（芦山峁、安塞）
11. 山西运城清凉寺
12. 山西襄汾陶寺

1—9 均出土成组璧、琮

图 6-110　华西重要考古遗址分布图

安塞征集

图 6-111　晋陕龙山系玉琮

段双印、张华:《延安出土史前玉器综合考察与研究》，载杨晶、蒋卫东执行主编《玉魂国魄——中国古代玉器与传统文化学术讨论会文集（六）》，浙江古籍出版社，2014。

芦山峁出土

图 6-112　晋陕龙山系玉琮　a. 彩图；b. 线图

a 引自邓聪主编：《东亚玉器 03》，香港中文大学中国考古艺术中心，1998；b 引自 Okamura Hidenori（冈村秀典）, " The Diffusion of Ritual Jades during the Late Longshan Period, " Editor and Principal Author: Xiaoneng Yang （杨晓能）, *New Perspectives on China's Past, Chinese Archaeology in the Twentieth Century*, New Haven, Yale University Press, 2004.

此，还有待日后发掘求证。

但是前文已说明齐家文化晚期，既顺着渭水向东发展，所以在宝鸡、咸阳、长安征集到如图 6-97、图 6-99、图 6-100 射口明显、体量渐大的玉琮；也向东北推进，直达陕北和内蒙古中南部，与石峁文化“形成犬牙交错的分布态势”。前文也说明，因为黄河下游的灾变，有华东族群的移民向西，很可能聚居在陕北延安一带，用典型华西玉料制作雕有华东神祖灵纹的带刃器。（见图 6-44、图 6-46—图 6-48）

图 6-111 是延安安塞征集的玉琮，在四个边壁各刻两条垂直阴线以形成四个直槽[1]；图 6-112 是延安芦山峁出土的玉琮，高 4.1 厘米、外径 7.1 厘米、内径 6.4 厘米，器表除直槽外，还浅浮雕仿良渚文化的大眼面纹。这些都是在齐家文化玉琮上，增加了华东玉器的装饰纹样。可以说是齐家文化东传后，在陕北高原上发展的一种地方风格，笔者暂称之为“晋陕龙山系”。[2]

山西最南端运城盆地有解池出产池盐。约于公元前 2400—前 1700 年在该地聚居一些经营盐业的人群，约公元前 2050 年以后，进入清凉寺第三期[3]，墓葬里出土甚多来自外地的玉器，尤以齐家文化玉器为大宗。由于当时齐家文化分布于渭水流域和陕北高原，这些富有的“盐商”可能通过购买或交换等手段，取得不少齐家文

1　段双印、张华：《延安出土史前玉器综合考察与研究——以芦山出土玉器为中心》，载杨晶、蒋卫东执行主编《玉魂国魄：中国古代玉器与传统文化学术讨论会文集（六）》，浙江古籍出版社，2014。文中未提供该件尺寸。

2　邓淑苹：《史前至夏时期“华西系玉器”研究（下）》，《中原文物》2022 年第 2 期。

3　山西省考古研究所、山西运城文物局、芮城县文物旅游局：《山西芮城清凉寺史前墓地》，《考古学报》2011 年第 4 期。据发掘者薛新明研究员告知笔者，此期简报中写明公元前 2050 年为清凉寺墓地第三期的上限，是经过北京大学负责测年团队的审核的。

清凉寺三期 M52 出土

图 6-113　晋陕龙山系玉琮

薛新明主编，山西省考古研究所、运城市文物工作站、芮城县旅游文物局编著：《清凉寺史前墓地》，文物出版社，2016。

陶寺 M3168 出土

图 6-114　陶寺文化晚期石琮

陶寺 M1267 出土

图 6-115　陶寺文化晚期玉镯

邓聪主编：《东亚玉器 01》彩版图片，香港中文大学中国考古艺术研究中心，1998。

化玉器，图 6-113 这件，边长 7.3—7.5 厘米，孔径 6.2 厘米，射高 1 厘米，从青白带青灰块斑的闪玉料及方正厚实的切割技术，四个边壁各刻二条直线可知，其显然就是齐家文化在陕北的地方类型。[1]

图 6-114、图 6-115 两件分别宽 7.1 厘米、7.5 厘米，在 20 世纪晚期发掘自山西襄汾陶寺遗址，由于陶寺文化早期属庙底沟二期文化，当时曾将整个陶寺文化年代推断较早，所以图 6-114、图 6-115 这两件曾被一些学者指称是良渚文化向西北传播，变出光素齐家玉琮之前的中间产物。但随着陶寺考古报告正式问世，这两件玉器所属的墓葬都是陶寺文化晚期，约公元前 1900—前 1800 年，甚至更晚至公元前 1700 年[2]，在年代上比图 6-96 师赵村玉琮晚许多，事实上，观察实物也可确认师赵村玉琮较为古拙。[3]

黄河上中游从庙底沟文化到齐家文化长达 1900 年左右（约前 3500—前 1600 年），确实发展了本土性、原生性的“天体崇拜信仰”与“同类感通思维”。这些带中孔的圆片、方筒，毫无生活功能，先民纯为感应天地神祇而大量制作它们，可知华西的璧与琮是有其创形理念的“祭祀用礼器”。

由于先齐家系诸文化至齐家文化的玉器，质地好，又厚实，历史流传中，常被当玉料改制，但迄今传世与流散的先齐家系诸文化至齐家文化的玉璧、琮，数量还是很大。可知“天圆地方”与“璧琮礼制”曾经是广袤华西地区根深蒂固的文化。

除了圆璧、方琮外，考古还发掘一些多璜联璧，以及将大石块整修后，在其两面分别凿出圆形的“日”与弯弯的“月”的天象符号[4]；台北故宫博物院的征集品中，还见齐家文化玉璧上用绿色矿物嵌贴圆形、弯月形的日与月[5]。为节省篇幅，就从略了。

（四）春战之交玉琮祭仪复兴与西汉实施六器祭仪

齐家文化的主要年代约公元前 2300—前 1600 年，同时段的黄河中游大致经历了龙山文化至二里头文化，其中约公元前 2070—前 1600 年可能是正史里的夏王朝。

目前的资料显示，或由于渭水流域是“庙底沟—齐家文化”分布区，也是周族的萌芽茁壮之地；周克商后持续 270 多年的西周王朝（约前 1046—前 771 年），渭水流域中下游的关中平原，更是周天子直接掌控的

1　薛新明主编，山西省考古研究所、运城市文物工作站、芮城县旅游文物局编著：《清凉寺史前墓地》，文物出版社，2016。

2　中国社会科学院考古研究所、山西省临汾市文物局编著：《襄汾陶寺：1978 ~ 1985 年考古发掘报告》，文物出版社，2015。邵晶根据报告，归纳陶寺文化晚期为公元前 1900—前 1700 年，见邵晶：《石峁遗址与陶寺遗址的比较研究》，《考古》2020 年第 5 期。也有学者主张陶寺文化晚期年代下限约公元前 1800 年。

3　图 6-114 石琮是滑石质，高 3.2 厘米、宽 7.1 厘米、孔径 6.3 厘米，较大而工整，平放于墓主手部；图 6-115 闪玉质，外径 7.2—7.5 厘米，高 2.5 厘米，套于墓主手腕。笔者曾仔细观察其各细部，推测是用类似本文图 6-111、图 6-113 这类四边有直条刻线的玉琮改制的。

4　师赵村、喇家遗址都出土多璜联璧；喇家遗址宗教祭祀区出土数十件刻符石器，见李慕晓《喇家遗址刻符石器的整理与研究》（陈星灿、唐士乾主编《2016 中国·广河齐家文化与华夏文明国际论坛论文集》，甘肃文化出版社，2017）。此批资料由叶茂林研究员发掘研究，在他指导下李慕晓完成该论文。可参考邓淑苹：《史前至夏时期“华西系玉器”研究（中）》，《中原文物》2022 年第 1 期。

5　邓淑苹：《观天思地、崇日拜月——齐家文化玉石器的神秘性》，《故宫文物月刊》总号 409，2017 年 4 月。

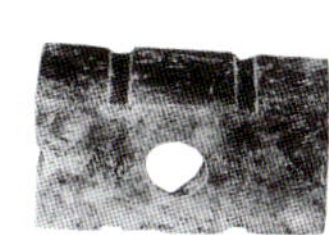

赵卿墓出土

图 6-116　春秋晚期小玉琮（4 件）

山西省考古研究所等：《太原晋国赵卿墓》，文物出版社，1996。

分水岭 M126 出土

图 6-117　战国小玉琮

左骏摄于“玉礼中国”展场。

范围，所以历代陕甘地区出土光素的璧与琮，多被当作周代文物。晚清光绪年间曾担任陕甘学政的吴大澂，是位收藏家与古器物学家，光绪十五年（1889 年）他出版的《古玉图考》[1]中，许多光素圆璧、方琮被定为“周”，更助长此一观念的深植人心。1925 年起清室善后委员会点收清宫文物时，多半依照清宫陈设档或当时文人观点，将清宫藏大批先齐家系至齐家文化的璧与琮定为“周代”。

虽然正宗治上古史的学者们多知道《周礼》一书是战国晚年儒者收集各方史料，对理想社会政治制度与百官职守的总构思，但是点击率极高的搜索引擎“百度百科”居然还定义《周礼》为：“周公著礼制书籍”，反映学术界早已定论的正确认知并未普及到全社会。

本文前节已说明，在战国以前的商、周墓葬出土玉琮，多为墓主收藏的古物，尤以齐家文化玉琮为多，不少还被改制或雕纹，但是约公元前 5 世纪的春秋战国之交以后，黄河上中游，尤其是三晋地区周文化的贵族墓葬中，常在棺内或棺椁间分散出现新制作的小琮。

山西太原春秋晚期晋国赵卿墓出土制作相当简率的小玉琮 10 件，尺寸最长 5.3 厘米、最厚 2.2 厘米，分散出于墓主腿部、内外棺之间、陪葬人棺附近，图 6-116 为其中 4 件。[2] 山西长治分水岭出土战国早期韩国墓葬，第 126 号墓棺椁之间出土 9 件小玉琮，尺寸最长 4.2 厘米、最高 1.42 厘米。[3] 其中 2 件展出于 2018 年河南省博物院的“玉礼中国”展场。（见图 6-117）此外，山西潞城潞河，河南辉县琉璃阁、固围村，河南汲县山彪镇等地战国墓葬都出土类似的小玉琮。[4]

2018 年，陕西宝鸡吴城发现“吴阳下畤”遗址，共出土六组玉礼器，每组 3 件：玉人俑 2 件（一男一女）及 1 件方琮。其中第 3 号祭祀坑出土的一组，年代可能较早，随葬的人形片和玉琮也比较厚实；男像高 13.28 厘米，女像高 10.38 厘米，琮最宽 7.15 厘米、最高 2.89 厘米，考古报告记录琮的两面的四个角都“磨出三角形装饰”，实际是要做出“射口”的样子。（见图 6-118）其余五组比较一致，以图 6-119 为例：玉琮雕作中央有圆孔的四方形薄片，边长 6.99—7.07 厘米；男女人像也是薄片，分别高 12.09 厘米，11.71 厘米。[5]

根据报告中的碳-14 数据，参考同期另一篇关于此遗址殉牲的研究论文[6]，笔者将图 6-118 的一组暂定为“战国至西汉”，图 6-119 一组定为“西汉”。

公元前 1600 年齐家文化结束，是发展了千余年的“璧琮礼制”的第一阶段谢幕。经过约千年的沉寂，从公元前 5 世纪开始，在黄河上中游，也就是玉琮的萌芽的母乡“璧琮礼制”再度复苏。这应是远古“璧琮礼制”

1　该书由上海同文书局印制。

2　山西省考古研究所等：《太原晋国赵卿墓》，文物出版社，1996，第 145 页。

3　山西省考古研究所、山西博物院、长治市博物馆：《长治分水岭东周墓地》，文物出版社，2010。

4　汤超：《西周至汉代出土玉琮功能初探》，《南方文物》2017 年第 3 期。黄翠梅：《从聚汇整合到流通四方——西周初期至战国早期玉琮的发展》，载杨晶、周黎明执行主编《玉魂国魄：中国古代玉器与传统文化学术讨论会文集（八）》，浙江古籍出版社，2020。

5　中国国家博物馆等：《陕西省宝鸡市陈仓区吴山祭祀遗址 2016—2018 年考古调查与发掘简报》，《中国国家博物馆馆刊》2022 年第 7 期。

6　杨苗苗等：《吴山祭祀遗址祭祀坑殉牲的初步研究》，《中国国家博物馆馆刊》2022 年第 7 期。

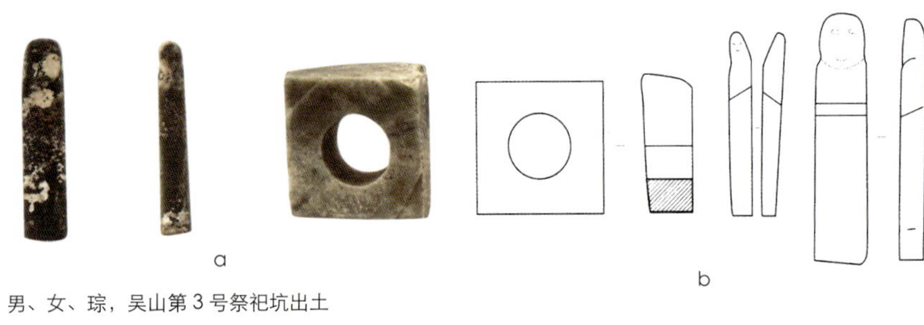

男、女、琮，吴山第 3 号祭祀坑出土

图 6-118　战国至西汉成组祭玉　a. 彩图；b. 线图

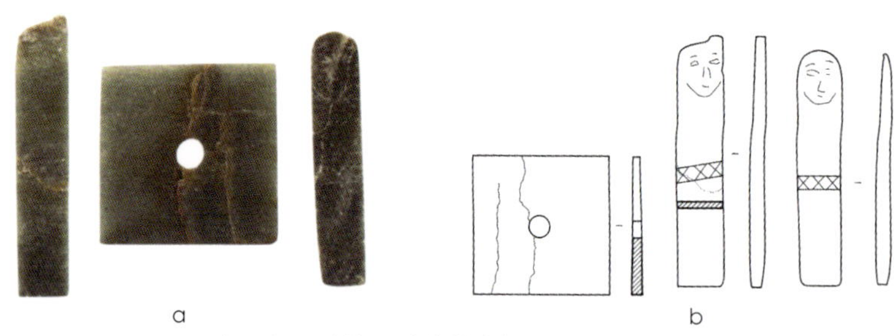

男、女、琮，吴山第 6 号祭祀坑出土

图 6-119　西汉成组祭玉　a. 彩图；b. 线图

联志村出土

图 6-120　西汉祭祀坑中的“六器”　a. 璧；b. 琮；c. 圭；d. 璋；e. 琥；f. 璜

刘云辉编著：《陕西出土汉代玉器》，文物出版社、众志美术出版社，2009。

的记忆在沉潜千年后的复兴，也因此战国晚年成书的《周礼》“璧琮礼制”被纳入“六器”之首位。

如前文所述，《周礼》是西汉时河间献王刘德（前155—前 130 在位）从民间重金购得献给朝廷的。从河间献王在位时间推算，该书很可能是汉武帝时被送进宫廷。[1]1971 年、1980 年分别在西安北郊的联志村、芦家口村出土 85 件、100 多件玉器。经多次报道与研究，最后推定为西汉时祭祀坑。[2]图 6-120 即是联志村出土玉器中的璧、琮、圭、璋、琥、璜，显然是“六器”具备的样子。此时的璧与琮都是带中孔的小型圆片与方片，说明在新石器时代黄河上中游先民质朴的思维中，祭天礼地所用的玉礼器最重要的就是明确的“圆形”和“方形”，中孔象征“贯通”“沟通”。

六、政权表征制度的建立

（一）周族的“璧圭礼制”与“圭璋礼制”

前一节讨论中国玉礼制的核心成分：以圆璧、方琮礼拜圆天、方地，确认了这是黄河上中游本土原创的宗教礼仪，萌芽自庙底沟文化（仰韶文化庙底沟类型），经过先齐家阶段到齐家文化，发展达于高峰。齐家文化约在公元前 1600 年趋于结束，但是在晚于齐家文化的

1　汉武帝在位为公元前 141—前 87 年。

2　梁云：《对鸾亭山祭祀遗址的初步认识》，《中国历史文物》2005 年第 5 期。

图 6-121　山西曲沃晋国墓地 M93 出土成组圭璧

山西省博物馆：《河山之精英：晋陕豫古代玉器精华展》，1997。

高 21 厘米

图 6-122　西周玉璋

陕西省考古研究院、渭南市文物保护考古研究所、韩城市景区管理委员会编著：《梁带村芮国墓地——二〇〇七年度发掘报告》，文物出版社，2010。

高 38 厘米

图 6-123　石峁文化牙璋

Max Loehr, *Ancient Chinese Jades from the Grenville L.Winthrop collection in the Fogg Art Museum*, Cambridge, Mass, Fogg Art Museum, Harvard University, 1975.

寺洼文化遗址中，几乎不见“璧琮组配”的踪影。

值得注意的是以渭水中游为龙兴之地的周族，在东征克商之前的先周阶段，应该已发展了“璧圭礼制”，因为《尚书·金縢》记录周公为病重的武王祈祷时，在祭坛上竖植依附祖灵的玉璧，双手秉拿象征主祭者身份的玉圭，向三代祖灵祈求让自己代替武王生病，“植璧秉圭”一词生动描绘祈祷的场景。[1] 由此可知，约在公元前 1046 年之前，周族已经发展了“璧圭礼制”；只是目前考古资料还认不清先周阶段的玉器面貌。[2]

先秦文献里，圭与璧可连文指称祭祀的成组礼器。除了前文引用的“植璧秉圭”外，还见《诗经·大雅·云汉》：描述旱灾严重时人们频繁地用成组“圭璧”祭祀各种神明，“圭璧”都快用完了，老天爷还是不降雨，生民痛苦地感叹：“靡神不举，靡爱斯牲，圭璧既卒，宁莫我听。”此外，“圭”与“璧”并称时，可用以赞美君子的美德。《诗经·卫风·淇奥》：“有匪君子，如金如锡，如圭如璧。”

西周晚期至春秋早期，姬姓诸侯国的高级贵族墓葬中常放置象征身份的成组“圭璧”。玉圭多放置墓主胸前，尖端指向墓主下巴，与之相组配的玉璧，或如天马曲沃第 93 号墓般直接叠压在玉圭之下（见图 6-121）[3]，或多件玉璧分散置于玉圭附近；且墓葬的级别越高，所埋的“圭璧”越可能是古物。[4] 由于周王朝长达 800 年，“璧圭礼制”得以生根茁壮，延续直到清代。

铜器铭文及先秦文献均记载西周施行“命圭制度”，天子委派大臣重要任务时赐予“命圭”。《诗经·大雅·崧高》记载周宣王派王舅申伯去保卫南方疆土时对申伯说：“锡尔介圭，以作尔宝，往近王舅，南土是保。”诸侯回朝时需捧着命圭朝见天子，《诗经·大雅·韩奕》：“韩侯入觐，以其介圭，入觐于王。”“介圭”就是大圭，具有“信物”的功能；《礼记·郊特牲》：“大夫执圭而使，所以申信也。”

“璋”字最早见于西周史料。《诗经·大雅·卷阿》用高贵的玉礼器“圭”“璋”歌颂君子品德纯洁，名声威望传四方：“颙颙卬卬，如圭如璋，令闻令望，岂弟君子，四方为纲。”在此，“璋”排在“圭”的后面。

逑盘、逑鼎与颂壶、颂鼎都是周宣王时的铜器，所铸铭文记载西周晚期册命礼的仪轨。作器者“逑”和“颂”

1　《尚书·金縢》：“公乃自以为功，为三坛同墠，为坛于南方。北面，周公立焉，植璧秉圭，乃告太王、王季、文王。史乃册祝曰：‘……尔之许我，我其以璧与圭，归俟尔命；尔不许我，我乃屏璧与圭。’”

2　按夏商周断代工程推算，武王克商约在公元前 1046 年。克商后 3 年，武王即病逝。考古学界多认为郑家坡文化较可能是先周阶段的周文化遗存，但目前未在该文化遗存中找到玉器。

3　根据李伯谦推论，M93 墓主为晋文侯（前 805—前 746 年）。见李伯谦：《从晋侯墓地看西周公墓墓地制度的几个问题》，《考古》1997 年第 11 期。

4　孙庆伟：《俘玉与分器——周代墓葬中前代玉器的来源与流传》，《故宫文物月刊》总号 354，2012 年 9 月。

接受了天子的册命与赏赐出门，然后对有司行纳覲之礼时，逨盘铭文所记为“返入覲圭”，颂壶铭文所记却为“返入覲璋”，或显示“逨”与“颂”在当时的身份位阶有高低差别。

东周文献也显示“璋”是与“圭”有关，但位阶较低的玉礼器。“圭”与“璋”分别是诸侯“朝见”天子，以及诸侯之间“聘问”时，执拿以象征身份的玉礼器。《左传·昭公五年》：“朝聘有圭，享眺有璋。”《礼记·聘义》：“以圭璋聘，重礼也；已聘而还圭璋，此轻财而重礼之义也。”

先秦文献及青铜铭文证实，周代（约前 1046—前 221 年）礼制中确实有一种名为“璋”的玉器。有学者考证西周时“璋”可能是扁平长条形的玉版。[1] 芮国墓地的报告中，将图 6-122 定名为“璋”。[2] 此说笔者颇同意。换言之，当从玉戈发展的“尖首圭”大行其道时，早一个阶段的“平首圭”就成了礼制地位较低的“璋”了；只是到了战国晚期，又发展出斜刃的所谓“半圭为璋”，后文还会讨论。

总之，文字史料证明，发迹自黄土高原的周族以“璧圭制度”礼敬神祖，以“圭璋制度”维系君臣。

在此，笔者要特别强调，周代文献与青铜铭文中的“璋”，绝非今日考古学界通称的“牙璋”。后者是龙山时期至二里头文化期，在黄河流域流行的一种从石制农具发展成的玉质兵器，其最大特征就是“刃端作分叉状”，笔者已发表专文考证。[3] 图 6-123 是一件在 20 世纪流散到美国的墨玉牙璋。[4]

该类玉兵器被称为“牙璋”，可能是 1889 年清末金石学家吴大澂在其《古玉图考》中的误判误指，但是积重难返，目前已成了约定俗成的“习称”，但是这样的玉兵器，并未出现在两周时期黄河流域的“周文化圈”与长江中下游的“楚文化圈”。商晚期至春秋早期（约前 1200—前 700 年），分布于四川盆地的三星堆文化及接续的十二桥文化金沙遗址，确实流行牙璋，但此区属独立的区域性文化。可确知前述两周文献与两周铭文中的“璋”，与今日大家习称的“牙璋”完全不是一回事。

值得警惕的是：有些学者居然不明就里地把大家习称为“牙璋”的玉器，在重要考古报告里直接称作“璋”。[5] 这种轻忽与错误，会增添学术界更多的混乱与困扰。

（二）“平首圭”与“尖首圭”

总结前节资料可知，“圭”是西周以降经常出现在文字史料（铜器铭文、传世文献）中的玉礼器，作为封建社会里个人身份的“权力标志”，意义明确。

但是，“圭”是个什么样的玉器？从许多周代墓葬出土玉器，以及前文已引述的联志村出土西汉成组玉礼器可知，周汉时代统治者认知的玉圭是像图 6-120c 那般，长方片状，一端有三角形尖角。

图 6-124 是甘肃礼县西北鸾亭山顶，西汉帝王祭神的西畤遗址出土的成组玉圭、玉璧。[6] 图 6-125 是唐代惠昭太子陵出土两件玉石圭之一。[7] 图 6-126 为唐大明宫出土数件石质“圭璧”之一。[8] 图 6-127 则是北宋初年，聂崇义编撰《新定三礼图》中的“圭璧”。由此可知，至晚在唐代已出现用一块玉石料雕琢“圭”“璧”合体的“圭璧”了。[9]

1 孙庆伟：《周代用玉制度研究》，上海古籍出版社，2008，第 216 页。

2 陕西省考古研究院、渭南市文物保护考古研究所、韩城市景区管理委员会：《梁带村芮国墓地——二〇〇七年度发掘报告》，文物出版社，2010。

3 邓淑苹：《牙璋探索——大汶口文化至二里头期》，《南方文物》2021 年第 1 期。

4 1985 年哈佛大学赛克勒博物馆落成后，福格博物馆所藏亚洲文物拨交给赛克勒博物馆典藏。

5 四川省文物考古研究所编：《三星堆祭祀坑》，文物出版社，1999。

6 早期秦文化联合考古队：《2004 年甘肃礼县鸾亭山遗址发掘主要收获》，《中国历史文物》2005 年第 5 期。

7 陕西省考古研究所、临潼县文物林园局编：《唐惠昭太子陵发掘报告》，三秦出版社，1992。

8 刘庆柱：《唐代玉器的考古发现与研究》，载邓聪主编《东亚玉器 02》，香港中文大学中国考古艺术研究中心，1998，第 165—179 页。文中列表注记出土数件“圭璧”。

9 林巳奈夫在其《中国古代的祭玉、瑞玉》（《中国古玉の研究》，1991）一文中的插图，将《新定三礼图》页首的器名、描述颜色的文字放在线图旁发表。

鸾亭山出土
图 6-124　西汉成组圭、璧
早期秦文化联合考古队：《2004年甘肃礼县鸾亭山遗址发掘主要收获》，《中国历史文物》2005年第5期。

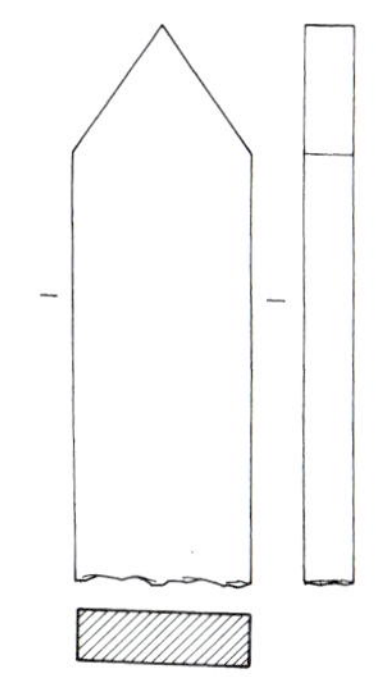
唐惠昭太子陵出土
图 6-125　唐石圭线图
陕西省考古研究所、临潼县文物林园局编：《唐惠昭太子陵发掘报告》，三秦出版社，1992。

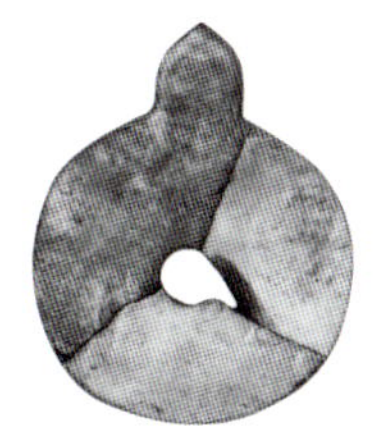
唐大明宫遗址出土
图 6-126　唐石圭璧
刘庆柱：《唐代玉器的考古发现与研究》，载邓聪主编《东亚玉器02》，香港中文大学中国考古艺术研究中心，1998。

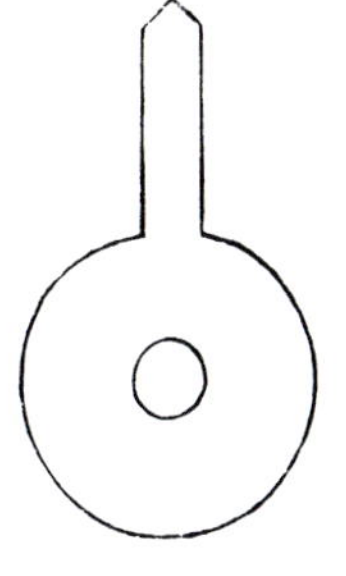
图 6-127　《新定三礼图》中的"圭璧"
林巳奈夫：《中国古代的祭玉、瑞玉》，载林巳奈夫《中国古玉の研究》，吉川弘文馆，1991。

换言之，从东周到清末，长达2000多年内，中国玉礼制中的"圭"，主要是如图6-125这般长方形片状，一端带有三角尖的样子。笔者称之为"尖首圭"。

18世纪的乾隆皇帝心目中的"圭"就是这样，他还命玉工制作多件此一造型的"玉圭"，撰有《圭瑁说》《搢圭说》二文考证之。[1]20世纪的考古学家夏鼐心目中的"圭"也是这个样子，所以他认为凡是没有"圭角"的带刃器，都不应该名为"圭"。[2]

但是19世纪末的金石学家吴大澂，反而在"玉圭"的研究上发挥重要功能。他的考证及20世纪累积的田野考古资料，促使笔者在1977年发表《圭璧考》一文，认为在尖首圭之前，还有相当长久的"平首圭"的阶段。[3]

光绪十五年吴大澂出版《古玉图考》，在第4页写道："今人不知古圭有与方椎相似者，辄以药铲目之。"书中被定名为"圭"的共13件，只有1件上端有所谓"圭角"，其余刃端或平直，或圆弧，也有作内凹弧的，大致多为玉质斧钺铲类。

吴大澂的考证不甚清晰，笔者在《圭璧考》一文中，又详查文献做了梳理。基本上，有关玉圭形制的描述有二条：

第一条，《周礼·冬官·考工记》："天子圭中必。"吴大澂认为："必"就是"柲"字，或释为"穿"，或释为"柄"，意指可以装木柄的中孔。

第二条，《周礼·冬官·考工记》："大圭长三尺，抒上终葵首。"吴大澂认为："抒上"是形容"圭的上方薄而长"；"终葵"，"椎也"，形容其"广而方也"。

所以，如本文图6-128、图6-129这样的，以斧、钺、铲为基本造型与功能的端刃玉器，都被吴大澂识别为古代玉礼制中的"圭"。图6-130、图6-131即是考古出土类似玉器。由于这类玉圭的刃部有的平直，也有一部分如图6-130作圆弧状，所以有学者主张称为"圆首圭"。[4]

平首圭礼制的形成，与史前社会的复杂化有关。前文表6-2中，以蓝色虚线表示：公元前4000年是"象征身份的瑞器"出现的时间点。在华西主要以精致的玉石质工具作为身份象征（见图6-2），在华东主要以人体装饰作为身份象征（见图6-3）。

史前先民在打磨石料制作工具、武器的经验中，体认闪玉的坚韧特质与莹润色泽，随着社会逐渐复杂化，美观又坚韧不朽的玉质斧、钺，自然被氏族领导者垄断作身份的表征。但是大部分的墓葬中，多见玉质斧、钺绑在木柄上随葬，木柄腐朽后，玉斧、钺多"横置"于墓主胸腹部的一侧。郭大顺指出，约在庙底沟文化（或称为"仰韶文化庙底沟期"）晚期，墓葬中出现将斧、

1　邓淑苹：《乾隆皇帝的智与昧：御制诗中的帝王古玉观》，台北故宫博物院，2019。
2　夏鼐：《商代玉器的分类、定名和用途》，《考古》1983年第5期。
3　邓淑苹：《圭璧考》，《故宫季刊》第11卷第3期，1977。
4　孙庆伟：《西周玉圭及相关问题的初步研究》，《文物世界》2000年第2期。

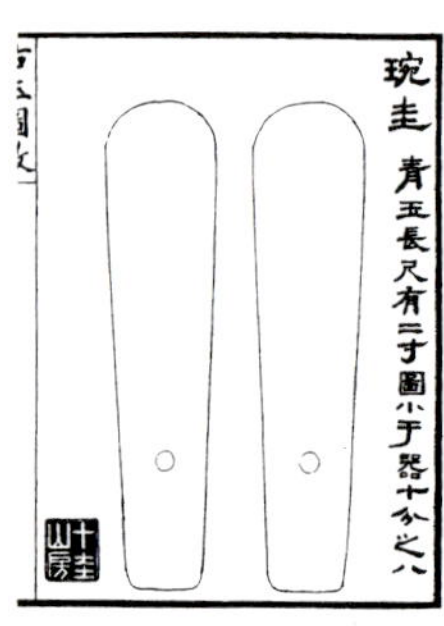

图 6-128 《古玉图考》中的琬圭

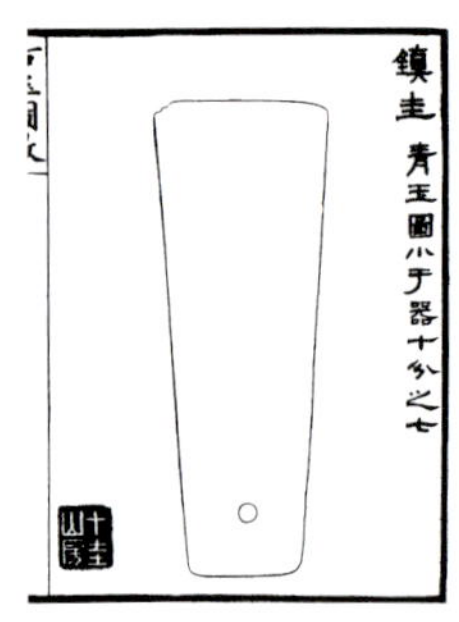

图 6-129 《古玉图考》中的镇圭

长 22.9 厘米，西坡 M8 出土

图 6-130 庙底沟文化晚期玉圭

中国社会科学院考古研究所、河南省文物考古所编著：《灵宝西坡墓地》，文物出版社，2010。

长 16 厘米，喇家出土

图 6-131 齐家文化玉圭

北京艺术博物馆等：《玉泽陇西——齐家文化玉器》，北京出版集团公司、北京美术摄影出版社，2015。

钺不装木柄，直接“竖置”于墓中的情况，也就是与墓主身体平行放置，刃端与墓主头端一致。[1]前者见于约公元前 3300 年的陕西华县泉护村第 701 号墓（见图 6-132）[2]；后者见于约公元前 3000 年的河南灵宝西坡遗址（见图 6-133）[3]。

据郭大顺的统计：“在西坡墓地随葬的共 16 件玉斧中，除个别放置在脚坑以外，有明确出土状态的 9 座墓 12 件都不是通常所见作为斧钺正常放置状态的横置，而为竖置，对此发掘报告解释为不带柄随葬。”[4]西坡出土的玉石钺刃部均无使用痕，其中 9 件经过硬度检测，再由地质专家肉眼观察鉴定，公布其中 1 件为白色大理石，8 件为绿色蛇纹石。[5]笔者于 2018 年申请检视这批资料，认为鉴定得非常正确。[6]蛇纹石虽非闪玉，但也是色泽美、硬度高的矿物，所以笔者称之为“玉石”。

目前的资料显示，庙底沟文化晚期（前 3300—前 3000 年）是玉石质斧钺礼制化，发展出“平首圭”的时间点。郭大顺对史前斧钺类研究深入，他认为：“平首圭来自玉斧，竖置的玉斧就是向玉圭演化的前奏。而圭既是玉礼器中的重器，又是传承力最强的玉礼器；所以圭的出现是玉器发展史上具标志性的事件；中原地区可能是圭起源最早的地区。”[7]

约于公元前 2300 年以后，山东龙山文化不但盛行平首圭的礼制，还流行在柄端两面雕琢神祖灵纹。图 6-134 是征集自山东日照两城镇的 1 件玉圭，彩图见前文图 6-24a，它经检测，质地是既硬又韧的闪玉。[8]但该件刃部有使用崩伤痕，可知还是可以用以砍伐，而从器身雕琢神祖灵纹的方向可推知，祭祀时应是不装木柄，用手捧执，纹饰才是正面向着执拿者。传世器及考古征

1 郭大顺：《大甸子墓地玉器再分析》，载杨晶、蒋卫东执行主编《玉魂国魄：中国古代玉器与传统文化学术讨论会文集（六）》，浙江古籍出版社，2014。

2 北京大学考古系著，中国社会科学院考古研究所编：《华县泉护村》，科学出版社，2003，第 74 页。

3 中国社会科学院考古研究所、河南省文物考古研究所编著：《灵宝西坡墓地》，文物出版社，2010。

4 郭大顺：《仰韶文化与红山文化关系再观察》，《郑州大学学报（哲学社会科学版）》2017 年第 4 期。

5 马萧林、李新伟、杨海青：《灵宝西坡仰韶文化墓地出土玉器初步研究》，《中原文物》2006 年第 2 期。前文已说明鉴定经过。

6 承蒙马萧林院长同意，特此申谢。

7 郭大顺：《从史前考古研究成果看古史传说的五帝时代》，《中原文化研究》2020 年第 6 期。

8 承蒙山东大学王强教授告知，特此申谢。

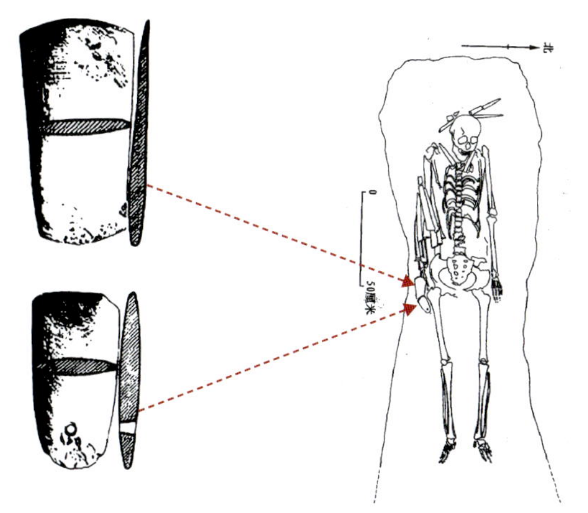

长 13—14.6 厘米

图 6-132　庙底沟文化晚期泉护村 M701 出土 2 件不装木柄的石斧钺

北京大学考古系著，中国社会科学院考古研究所编：《华县泉护村》，科学出版社，2003。

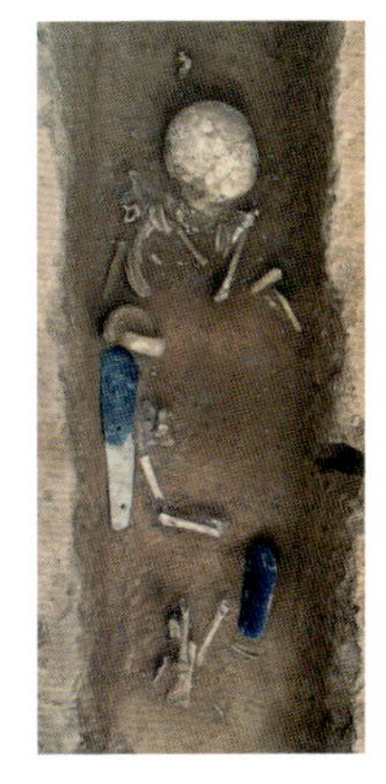

长 16.2—17.2 厘米

图 6-133　庙底沟文化晚期西坡 M11 出土 3 件不装木柄的玉石钺

中国社会科学院考古研究所、河南省文物考古研究所编著：《灵宝西坡墓地》，文物出版社，2010。

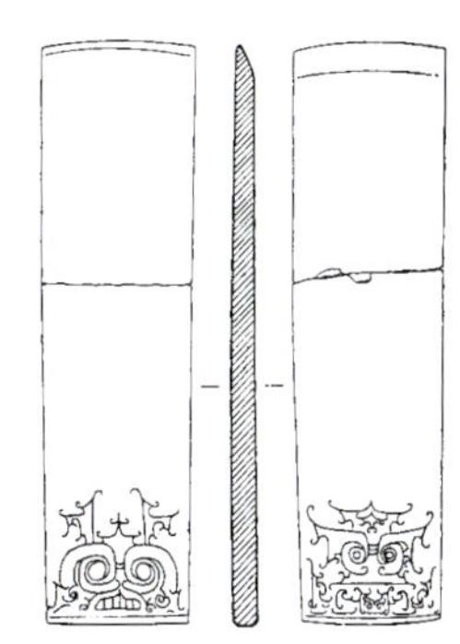

高 17.8 厘米

图 6-134　山东龙山文化玉圭

刘敦愿：《记两城镇遗址发现的两件石器》，《考古》1972 年第 4 期。

集品中还有 9 件类似的神祖灵纹玉圭，笔者已综合论述之，前文图 6-42、图 6-43 为其中两件。[1] 与其他类似雕纹玉圭相较可知，图 6-134 这件，可能曾被切去纹饰下方的一截，致使它缺少带圆孔的柄端。[2]

了解了“平首圭”的发展过程，还需探索“尖首圭”的发展过程，以及二者大致过渡的时间点。

笔者 1977 年发表的《圭璧考》一文从当时能搜集的田野考古资料，推论“尖首圭”由玉戈演变而成。从商晚期至东周，“戈”因材质差异而有了不同的发展。铜戈是实用的兵器，所以发展出“阑”和“胡”以增加绑缚在长杆上的稳定度。玉戈用作身份象征，不讲求杀伐力，所以中脊与刃线，以及戈身与戈柄的分野都逐渐消失，发展成上端带三角尖的长方版，也就是礼制上的“玉圭”了。（见图 6-135）所以在周代礼制上，玉戈就是玉圭，如前文放在晋文侯胸前的玉圭（见图 6-121），就是一件尚未制式化的玉戈。

笔者 1977 年提出“玉戈演变成尖首圭”的观点，目前已被学术界认可。但是玉戈的起源，却一直是考古学上尚未真正解决的问题。

郭大顺认为，陕西汉中南郑区龙岗寺遗址属仰韶文化早期（前 5000—前 3800 年），出土 2 件报告中称为“刀”的玉器，有中脊与边刃，柄端有可安装木柄的穿孔（见图 6-136），“已具备了戈的雏形”。[3] 不过龙岗寺的年代甚早，与下文要讨论的，石峁征集与二里头出土的玉戈，年代差距达 2000 多年，尚待日后能发现更多资料以为辅证。

陕北神木石峁曾征集两件玉戈[4]，分别长 21 厘米、29.3 厘米。（见图 6-137、图 6-138）笔者目验应为闪

1　邓淑苹：《龙山时期“神祖灵纹玉器”研究》，载北京大学考古文博学院、北京大学考古学研究中心编《考古学研究（十五）：庆祝严文明先生九十寿辰论文集》，文物出版社，2022。

2　朱乃诚最先在其论文中提出此一观察。见朱乃诚：《关于夏时期玉圭的若干问题》，载杨晶、蒋卫东执行主编《玉魂国魄：中国古代玉器与传统文化学术讨论文集（六）》，浙江古籍出版社，2014。

3　郭大顺：《渤海湾北岸出土的铜柄戈——远河文明巡礼之五》，《故宫文物月刊》总号 218，2001 年 5 月。郭大顺：《仰韶文化与红山文化关系再观察》，《郑州大学学报（哲学社会科学版）》2017 年第 4 期。

4　1976 年戴应新赴神木石峁征集到 128 件玉器，全入藏于陕西历史博物馆。1993—1994 年首次分六篇连载完整发表为《神木石峁龙山文化玉器探索》，《故宫文物月刊》总号 125—130，1993 年 8 月至 1994 年 1 月。

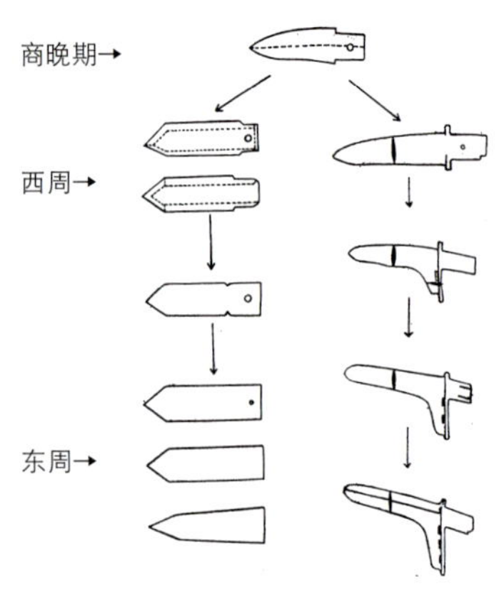

图 6-135　商晚期至东周玉戈→圭（左）与铜戈（右）形制演变图
邓淑苹：《圭璧考》，《故宫季刊》第 11 卷第 3 期，1977。

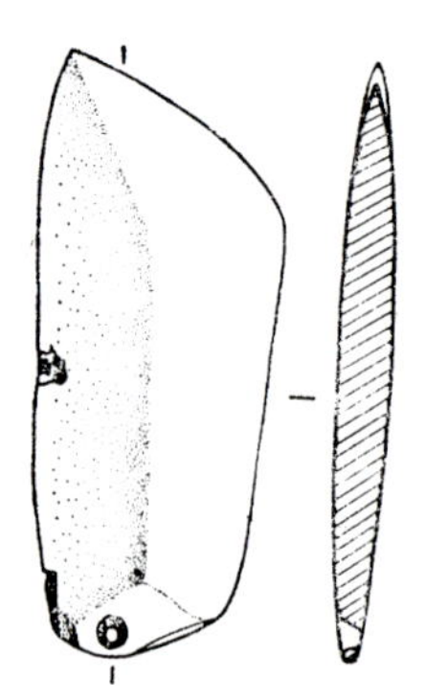

图 6-136　仰韶文化早期玉戈（？）
陕西省考古研究所：《龙岗寺——新石器时代遗址发掘报告》，文物出版社，1990。

石峁征集
图 6-137　石峁文化（？）玉戈
中华玉文化中心、中华玉文化工作委员会编：《玉魂国魄：玉器·玉文化·夏代中国文明展》，浙江古籍出版社，2013。

石峁征集
图 6-138　石峁文化（？）玉戈
中华玉文化中心、中华玉文化工作委员会编：《玉魂国魄：玉器·玉文化·夏代中国文明展》，浙江古籍出版社，2013。

玉[1]，前者较古朴，但仍磨出锋利的尖刃，后者已有戈身和柄部的区分，无中脊[2]。石峁文化年代约公元前 2300—前 1800 年，但正式考古发掘尚未出土玉戈。[3]

常见某些出版品把陶寺出土编号为 M1700：3 与 M3032：2 的两件定名为“玉圭”[4]，其实这两件考古报告上的定名并不正确[5]。前者是一件无中脊、边刃的厚实版状物，不详其功能；后者应该原是一件端刃器，只是刃端残损，并无真正的圭角。

河南洛阳偃师二里头可能是夏王朝晚期的都邑遗址，已出土 3 件玉戈，是目前正式考古出土年代最早的玉戈，其中两件玉戈都有改制的痕迹[6]，只有一件看似用玉料制作的新器，出于二里头三期（前 1610—前 1560 年）遗存[7]，全长 21.9 厘米，接近戈尖的器表有一段中脊。（见图 6-139）

换言之，至少从公元前 1610—前 1560 年的二里头三期，已有发展颇成熟的玉戈，但当时还是平首圭的流行阶段。笔者曾初步统计商晚期至西周早期未经盗扰的较高级墓葬中，这类玉器的出现情况，发现：直到殷墟三期（前 1200—前 1090 年），平首圭与尖首圭（玉戈），在墓中数量似乎平分秋色，摆放位置也相似；但从殷末西周初（约前 1046 年），尖首圭（玉戈）才取得数量上的优势。[8]

笔者怀疑，是否当尖首圭取得礼制上的优先地位后，反而将早一个阶段流行的平首圭称作“璋”，如前文图 6-122 出土自芮国墓地者。是否如此，也值得考察。

两周是“璧圭礼制”与“圭璋礼制”都很盛的时期。从西周到东周（春秋、战国），正是实用玉戈逐渐制式化，演变成非实用尖首圭的过程。（见图 6-135）战国时期在黄河中上游的周文化圈的诸侯国内，也正是“圭璋礼制”大盛的时期，此时流行在墓中随葬大量小型

1　2011 年春，承蒙刘云辉局长安排，在陕西历史博物馆库房检视实物，特此申谢。

2　笔者 2011 年拍摄的图发表于两篇论文中，可看到图 6-137 玉戈的另一面。邓淑苹：《龙山时期四类玉礼器的检视与省思》，载杨晶、蒋卫东执行主编《玉魂国魄：中国古代玉器与传统文化学术讨论会文集（六）》，浙江古籍出版社，2014，图 1、图 2。邓淑苹：《万邦玉帛——夏王朝的文化底蕴》，载许宏主编，中国社会科学院考古研究所编《夏商都邑与文化（二）：纪念二里头遗址发现 55 周年学术研讨会论文集》，中国社会科学出版社，2014，图 11。

3　孙周勇、邵晶、邸楠：《石峁遗址的考古发现与研究综述》，《中原文物》2020 年第 1 期。由于这两件玉戈是征集所得，征集品中也见其他地区玉器被带至陕北者，暂时无法确定其文化类别。

4　中国社会科学院考古研究所、山西省临汾市文物局编著：《襄汾陶寺：1978 ~ 1985 年考古发掘报告》，文物出版社，2015，彩版 43。

5　笔者目验过这两件实物。

6　该两件均无中脊，器表局部刻有成组平行阴线，在刻阴线部分的器身两侧并不平顺，多不规则凹凸，暗示它们可能从牙璋改制。

7　二里头分期年代依据仇士华：《^{14}C 测年与中国考古年代学研究》，中国社会科学出版社，2015。

8　邓淑苹：《解析西周玉器文化的多源性》，载《赫赫宗周：西周文化特展》，台北故宫博物院，2012。

图 6-139　二里头文化玉戈

中国社会科学院考古研究所编著：《偃师二里头：1959 年～1978 年考古发掘报告》，中国大百科全书出版社，1999。

神禾原战国秦陵园大墓出土

图 6-140　战国末年成组小玉圭

陕西省考古研究院：《陕西长安神禾原战国秦陵园大墓发掘简报》，《考古与文物》2021 年第 5 期。

神禾原战国秦陵园大墓出土

图 6-141　战国末年玉璋

陕西省考古研究院：《陕西长安神禾原战国秦陵园大墓发掘简报》，《考古与文物》2021 年第 5 期。

的尖首圭[1]，陕西长安神禾原战国末年秦国夏太后墓葬（前 240 年）即出土甚多，图 6-140 只是其中一部分。[2]在此墓中也出土了上端不作正三角形，而作偏刃的“玉璋”（见图 6-141）。此一造型与西安联志村、芦家口村出土的祭祀用玉制“六器”中的“玉璋”也就是前文图 6-120d 造型相同。可知，记载于东汉《说文》里的“半圭为璋”的概念与造型，在战国晚期已经形成。

七、连续与断裂：中国玉礼制探源

前文内容可大致以表 6-4 归纳。

从表 6-4 可知，本文主要讨论的时间框架是：自公元前 5000 年前后，到公元 8 年西汉结束。空间范围大致为图 6-1 所标示的华西与华东。

近年学界常以“早期中国”一词统称“史前至战国”，或“史前至汉代”。由于《周官》一书写成于战国，在新莽时改称《周礼》，并在政府里设立学官，所以笔者认为中国玉礼制史，可以新莽为分界点，可将西汉以前称为“前周礼时代”，新莽以后称为“周礼后时代”。[3]

表 6-4 所框定的时间范围，就是“前周礼时代”，也可称为“早期中国”。或因为华西、华东生态差异导致先民的原始宗教思维有别，所以自远古起，生活在低平湿润环境的华东先民，发展了“动物精灵崇拜”（简称“物精崇拜”）；生活在高亢干燥环境的华西先民，发展了“天体崇拜”。当时用以制作祭祀用礼器的质地应该多样，但玉质是最不朽的品类，得以流传后世。

表 6-4 分为五栏，配合图 6-1 地图，以右边（D 栏、E 栏）为华东，以左边（A 栏、B 栏）为华西，C 栏则是东、西两方都出现的器类——牙璋。

表 6-4 所分的五栏中，A、B、E 三栏，以灰绿底色表示基本上流传到战国时，仍是当时的玉礼器，所以被收入《周礼・六器》的范围。

A 栏是：天体崇拜的礼器——璧、琮；B 栏是：政权表征的礼器——斧、戈、圭、璋；E 栏是：物精崇拜里以虎、龙为内涵的礼器——琥、璜。

读者应注意到，A、E 两栏虽然都是灰绿色底，但是中间有过断裂的时段，那就以浅灰绿色表现。

从 A 栏可见：在齐家文化结束到春战之交的千余年，也就是商代、西周、春秋（约前 1600—前 476 年），并无新的礼制性玉琮制作，文字史料与考古发掘也都显示这千年内没有“用成组璧琮祭祀天地”的礼制。经过

1　孙庆伟：《周代用玉制度研究》，上海古籍出版社，2008，第 211—213 页。

2　陕西省考古研究院：《陕西长安神禾原战国秦陵园大墓发掘简报》，《考古与文物》2021 年第 5 期。

3　邓淑苹：《玉礼器与玉礼制初探》，《南方文物》2017 年第 1 期。

表 6-4 公元前 5000 年—公元 8 年各类玉礼器的连续与断裂

时间	A	B	C	D	E
	华西天体崇拜与政权表征		西、东皆有	华东物精崇拜	
	璧与琮	斧、戈与圭、璋	牙璋（存疑）	人、鸟与神祖灵	虎、龙与琥、璜
公元前 5000 年					
公元前 4500 年					
公元前 4000 年		?			
公元前 3500 年					
公元前 3000 年					
公元前 2500 年					
公元前 2000 年					
公元前 1500 年					
公元前 1000 年					
公元前 500 年					
公元 8 年					

千年左右的断裂，在春秋战国之交时玉琮文化又见复苏，黄河中上游开始出现小型琮的制作，或出于墓葬（见图 6-116、图 6-117），或出于祭祀坑（见图 6-118、图 6-119），最后成为成组六器的单元（见图 6-120）。

E 栏说明先民对虎、龙的崇拜历时虽久，但也曾经过二次断裂与复苏：第一次的断裂是在公元前 2800—前 2700 年左右，也就是在良渚文化中期早段胚胎式玉雕的消失，到公元前 1250 年进入商晚期之间的 1500 年左右；第二次的断裂是在整个西周到春秋，约在公元前 1046—前 476 年，持续 500 多年。

前文都已述明这些文化因子发生断裂、潜藏到复苏的原因，也强调与信仰有关的文化因子常有极强的韧性，长期潜藏后，还是会在该玉礼器的原生地复苏。

从玉琮文化复苏于黄河中上游，即可确认该处是玉琮的萌芽始生之地。前文也从良渚早期至中期前段的四个遗址——张陵山、赵陵山、瑶山、新地里出土玉器现象分析，当时没有礼制上祭祀天地的圆璧、方琮，被称为“琮”的，是神祖灵纹的载体之一：圆方镯或方镯。

良渚文化中期反山遗址的晚段，第 12 号墓出土两片圆璧夹着方筒的所谓“玉琮王”，第 23 号等墓出土大量堆叠的中大型璧，这时良渚文化才从极兴盛的“物精崇拜”社会，发展出“次生性天体崇拜”。

表 6-4 的 C 栏、D 栏有玉器的格子均饰以浅黄色底，因为这两系所要表现的玉礼制并未延续到战国时期，所以未被《周礼》作者所知晓，也未收入《周礼・六器》的范围。

D栏记录上古最强势的宗教思维，认为“神祇祖先”通过“神鸟”与现世“生民”间有着“三位一体”相互转形的内在联系；或由于远古先民将他们的信仰刻画在易朽的木、骨器上而难以留存等因素，D栏在公元前4500—前4000年、公元前4000—前3500年的两格尚未有考古图像资料，但笔者认为从河姆渡文化到凌家滩文化间的千年，肯定有“神祖灵纹”继续发展，才可能出现凌家滩文化、良渚文化那样精彩的玉雕。

江汉地区肖家屋脊文化晚末期与黄河中游二里头文化间关系密切，从雕琢祖灵纹饰，用以降神的“玉梢”，发展成“祼礼”中被鬯酒灌顶的“瓒”，后者即是考古报告中通称的“柄形器”；在夏、商、周三个王朝中，均是重要的祭祖用礼器，西周晚期礼制发生变革，柄形器才逐渐凌替。

C栏所贴玉器的正式器名，迄今不详，目前俗称为“牙璋”。但绝不是西周金文与先秦文献中，与“圭”有关的“璋”。约在公元前1500年，中原地区夏王朝被商王朝取代后，这种玉器只在成都平原里继续发展。

柄形器、牙璋二者都曾有辉煌的历史，但因为结束较早，未被收入《周礼·六器》，20世纪中国考古学家们在发掘到这两类玉器时，也有命名上的困扰。

值得注意的现象是：黄河上中游的庙底沟文化（约前3500—前2900年）[1]，既萌生了祭祀用璧与琮（杨官寨），又发展了平首圭（泉护村、西坡）。换言之，上古玉礼制里的“天体崇拜”“政权表征”两大项都源自华西庙底沟文化。而其具体的玉礼器——璧、琮、圭、璋，又常被《周礼》特别关注[2]，《仪礼·聘礼》里还名之为“四器”[3]。所以近代考古学家的权威夏鼐，在其论文中，颇重视这四类玉器，而颇轻忽“璜”与“琥”，认为后二者只是“装饰品”。[4]

事实上，夏鼐不了解“璜”与“琥”成为祭祀礼器，是《周礼》作者博学的见证，因为那是华东“物精崇拜”流传演变至东周时，在长江流域“楚文化圈”里的通神礼器。但是，黄河流域“周文化圈”确实只重视“四器”。

综览中国历史，周秦汉唐（前1046—907年）近2000年，是中国历史上的盛世，主要都以长安（今陕西西安）为国都。李旻以“东亚、中亚、北亚互动圈交汇示意图”说明中国古代，华夏大地与中亚、北亚之间紧密的关系。[5] 也就说明为何在海运未兴之前，中国最重要的国运命脉，就是要守住通往中亚、北亚的关口，那就是黄土高原的西端。

唐亡后，五代以后以汴京（今河南开封）为国都、南宋迁都临安（今浙江杭州），此时航运逐渐发达；东北亚先后崛起契丹族、女真族、蒙古族、满族，建立了历史上的辽、金、元、清，其均以今日北京为重要政治中心，中国政治中心始移至东部。

事实上，大约在西周初年时，贵族们还知道“夷玉”“越玉”与华山之下的“大玉”是并列的重器。[6] 可能在秦汉以后，先民已遗忘远古时在东北辽西地区有个红山文化，在东南太湖流域有个良渚文化。这些先民所制作的“夷玉”“越玉”非常精美高妙。周秦汉唐时期，黄河上中游是王朝中心所在，承袭自庙底沟—齐家文化的璧、琮、圭、璋“四器”传统，成为中国玉礼制的核心。

红山文化、良渚文化淡出秦汉以后古人记忆，直到20世纪考古学家的发掘，才让大家重新认识两个古老的华东文化曾经辉煌的玉雕成果。

但是如前文已述及：由于地区经济发展因素，20世纪以来，主要的经费与较多的人力集中于中原地区及华东地区，黄河上中游史前文化的发掘与研究相对薄弱，以至于不少学者误以为远古时只有华东才有玉文化。

1 按文明探源工程年表，庙底沟文化应是公元前3800—前3300年，但笔者翻查一些考古报告，下限宜放在公元前3000—前2900年。

2 《周礼·典瑞》：“瑑圭璋璧琮……以頫聘。”《周礼·玉人》：“瑑圭璋八寸，璧琮八寸……以頫聘。”

3 《仪礼·聘礼》：“凡四器者，唯其所宝，以聘可也。”郑玄注：“言国独以此为宝也，四器谓圭、璋、璧、琮。”

4 夏鼐：《商代玉器的分类、定名和用途》，《考古》1983年第5期。

5 李旻：《天下之九州：龙山社会与龙山世界》，载北京大学考古文博学院、北京大学考古学研究中心编《考古学研究（十五）：庆祝严文明先生九十寿辰论文集》，文物出版社，2022。

6 《尚书·顾命》记录康王接受册命的礼堂陈设为：“越玉五重：陈宝、赤刀、大训、弘璧、琬、琰，在西序；大玉、夷玉、天球、河图，在东序。”深入探讨见邓淑苹：《夷玉·越玉·大玉——史前玉器三大系在商周的遗痕》，《故宫文物月刊》总号355，2012年10月。

展览巡礼
THE EXHIBITION

Introduction

Chinese jade culture has been playing a key role in the jade cultures in East Asia, one of the jade-using places of the Pacific Rim regions together with Central America and Oceania. It is unique for its long history, continuous development, profound significance and far-reaching influence.

The Chinese archaic jade has had a special significance in Chinese jade culture. The plain design and mysterious motif are the reflections of the observation of natural phenomena and primitive beliefs of the early ancestors. It had been highly prized and praised as a symbol of authority and status for its durability and beauty and had become associated with Chinese conceptions of the soul and immortality with its mythological connection between the mundane Earth and the transcendence of Heaven. Consequently, the love and desire to possess jade actively promoted the interaction and exchange between cultures in different regions in China 5,000 years ago, thus having become representative of a new progressive era of the diversified yet integrated Chinese culture starting 4,000 years ago.

We present you in our exhibition 450 pieces (sets) of jade artifacts from 48 museums and cultural institutions across 15 provinces and autonomous regions in China to showcase the strong significance and representative role of jade, the "beautiful stone", in the development of Chinese civilization. As it was well said by Lu Ji (261-303AD), a litterateur from the Jin Dynasty, "jade in the stone makes the mountain shine with peace; jade in the water adds the river gentle grace".

前言

世界各地都不同程度发现有用玉的习俗，但尤以环太平洋地区的东亚、中美洲和大洋洲地区最为突出。而作为东亚玉文化最为核心的中国玉文化，则以其起源久远、发展连续、意义深厚、影响深远，而别树一帜。

在中国漫长的玉文化发展过程中，史前玉器独具魅力。其古朴形制流露出对宇宙自然的体察，神秘纹饰寄托着先祖们的精神信仰。『美而不朽』的自然属性叠加上沟通天地人神的理念，使得玉器成为当时最高等级的手工制品，体现着『以玉为贵』的社会风尚。这种对玉的普遍喜爱与尊崇，从5000余年前开始积极助推不同区域文化间的互动与交流，并使得中国早期文明的发展在『多元一体』中于距今4000年左右，最终跃上了一个新的高峰。

晋人陆机在《文赋》中说：『石韫玉而山辉，水怀珠而川媚』，说的就是山石因为蕴藏美玉而光耀生辉，河水因为蕴藏美玉而润泽妩媚。本展览汇集15个省市自治区48家文博单位的450余件组玉器及相关文物，旨在系统展示和诠释：九州处处蕴藏美玉，使得中华大地山辉水润；华夏民族爱玉崇玉，助推中华文明玉汝于成。

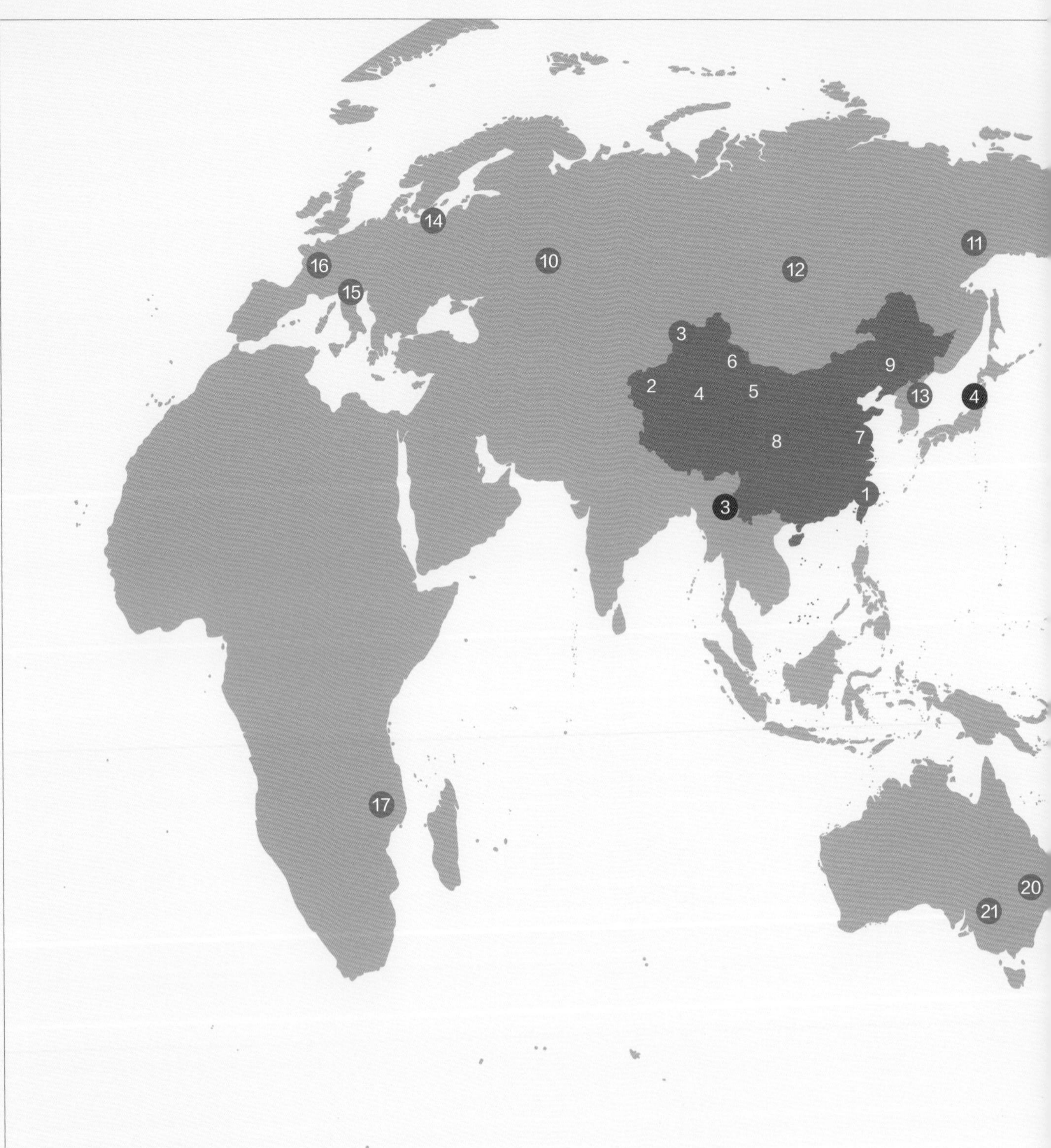
14
16
15
10
12
11
3
6
2
4
5
9
13
4
8
7
3
1
17
20
21

世界重要玉脉分布示意图*

★资料来源：邓淑苹、张丽端、蔡庆良《敬天格物：中国历代玉器导读》

●闪玉的主要蕴藏地点

1. 中国　台湾花莲丰田
2. 中国　新疆昆仑山（喀什至且末蕴藏量较丰）
3. 中国　新疆天山玛纳斯
4. 中国　青海格尔木
5. 中国　甘肃临洮
6. 中国　甘肃肃北
7. 中国　江苏溧阳
8. 中国　四川汶川
9. 中国　辽宁岫岩
10. 俄罗斯　南乌拉尔山
11. 俄罗斯　斯塔诺夫山脉（外兴安岭）
12. 俄罗斯　贝加尔湖地区
13. 韩国　江原道春川市
14. 波兰　小波兰省西里西亚
15. 意大利　亚平宁山脉
16. 瑞士　比尔湖附近
17. 马拉维与莫桑比克国界
18. 加拿大　不列颠哥伦比亚
19. 美国　西部海岸山脉
20. 澳大利亚　新南威尔士州
21. 澳大利亚　科威尔市
22. 新西兰　南岛

●辉玉的主要蕴藏地点

1. 美国　加州圣贝纳迪诺
2. 危地马拉　莫塔瓜河谷
3. 缅甸　密支那地区
4. 日本　新潟

Part One

Carving Techniques and Transformation

Jade-making involves the most advanced technology in prehistoric China. The identification of quality raw material and the processing techniques developed from stone-tool making both demonstrate a high-level of ideology and technological advancement. The superb skills not only display the individual talents of jade craftsmen, but also reflect the organized labor structure of the entire society. Each of the early jade cultures in various regions in the Neolithic Age of China develops with its own characteristics and blends with each other, making jade representative of the progression of early Chinese civilization with strong features of cultural collision and integration.

第一单元

技术·流变

制玉是史前社会最先进的技术行业。不管是从石料中辨识出玉材，还是从石器加工中拓展出特有的玉器加工工艺，都显示出史前时期人们在理念认知和技术水平上的飞跃发展。高超的技艺背后不只是制玉工匠个人天才的施展，也是整个社会组织结构和社会动员能力的反映。新石器时代的中华大地，不同地区发展出既各具特色又相互交融的早期玉文化。文化之间的交流和碰撞，使得中国早期文明在接续传承中不断创新。

一、美玉良工

数万年前的旧石器时代晚期，人类在加工和使用石器的过程中发现了“石之美者”。从此，这些色彩丰富、质地细腻，闪耀着诱人光芒的美石逐渐赢得了古人的青睐，并通过琢磨加工，被赋予特殊的人文含义。史前玉器工业已相当发达，玉料从切割开片，到成形抛光，其技术方法、工艺流程和设计理念等，均有一套完整的体系标准。美玉、良工孕育出中华民族独有的玉文化。

1. 何以为玉

玉有广义和狭义之分。广义的玉，即如东汉许慎所说的“石之美者”。按照这一定义，绿松石、青金石、玛瑙、水晶、大理石都可列入玉的行列。狭义的玉，即所谓的“真玉”，专指闪玉和辉玉两种玉料。闪玉过去被习称为“软玉”，主要成分是钙镁硅酸盐；辉玉则被称为“硬玉”或“翡翠”，成分为钠铝硅酸盐。在漫长的中华玉文化历史中，所选用的玉料多为闪玉。大约在 200 多年前，辉玉才成为中国人用玉的新宠。

中国闪玉矿分布示意图＊

＊资料来源：员雪梅《谈谈闪石玉矿的分布、类型、玉文化分区及研究意义》

史前玉器基本上是就地取材。新石器时代晚期，人们对玉器的需求增多，玉料成为重要的战略资源。虽然经年开采的古矿多已耗竭，但是从目前我国已知的20多处闪玉矿床或矿点分布来看，红山文化、良渚文化和齐家文化分布范围内，玉矿资源依然丰富。

Raw Jade
玉料

西城驿文化
长 3—5 厘米、宽 2—5 厘米
甘肃省敦煌市旱峡玉矿遗址出土
甘肃省文物考古研究所藏

Xichengyi Culture
L. 3-5 cm; W. 2-5 cm
From Hanxia Jade Mining Site of Dunhuang City, Gansu Province
Collection of Gansu Provincial Institute of Cultural Relics and Archaeology

●这组玉料颜色有白、青、糖、浅绿色，形状不规整，4 件均有磨光痕迹。旱峡玉矿遗址发现的玉料多为山料，少量为戈壁料。矿物成分以闪玉为主，玉质较为细腻，透明度高，呈现油脂光泽。旱峡玉矿为露天开采，根据矿坑壁上残留的火烧痕迹判断，可能采用了裂石采玉的技术。采矿和选料工具主要是石锤。该遗址是目前国内确定开采年代最早的闪玉矿遗址，说明早在西城驿文化和齐家文化时期河西走廊地区已经出现了采玉活动。

Raw Jade
玉料

齐家文化
长 9.14 厘米、宽 5.44 厘米、厚 3.1 厘米
青海省海东市民和回族土族自治县喇家遗址出土（QMLF4:6）
青海省文物考古研究所藏

Qijia Culture
L. 9.14 cm; W. 5.44 cm; T. 3.1 cm
From Lajia Site of Minhe Hui and Tu Autonomous County, Haidong City, Qinghai Province
Collection of Qinghai Provincial Institute of Cultural Relics and Archaeology

● 不规则块状，表面有人为加工痕迹。较平的一面经过切割，可见黄绿色玉质，间有墨绿色斑纹。其余表面未经处理，仍保留黄褐色玉料石皮。

2. 切磋琢磨

璞玉顽石要经过开料治形、琢花钻孔、打磨抛光等一系列程序，才能打造成精美的器物。玉器制作的工具虽然是随手可得的燧石、砺石、麻绳、竹管、木片、毛皮等各类材料，但只有配合水和解玉砂其才能成为攻玉的利器。直至今天，以工具带动解玉砂制作玉器的基本原理依然没有改变。

切割

线切割：用棕、麻或者牛皮等不同材质的软绳带动解玉砂进行切割，切割后的剖面呈现出波浪形高低起伏的效果。

片切割：用竹、木片等硬性工具带动解玉砂切割，切割痕迹近似直线。

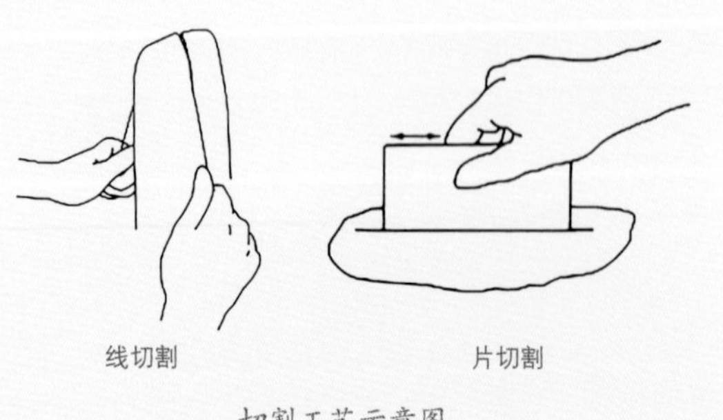

切割工艺示意图

b

A Set of Raw Jade
玉料

a

良渚文化
a：长 12.3 厘米、高 6.4 厘米（T1③:114）
b：长 30.5 厘米、宽 15.5 厘米、高 8 厘米（H3:1）
c：长 16.4 厘米、宽 6.4 厘米、高 5.6 厘米（T7②:34）
d：长 10.6 厘米、宽 10.3 厘米、高 6.4 厘米（T1③:118）
浙江省杭州市余杭区塘山遗址金村段制玉作坊出土
浙江省文物考古研究所藏

Liangzhu Culture
a: L. 12.3 cm; H. 6.4 cm
b: L. 30.5 cm; W. 15.5 cm; H. 8cm
c: L. 16.4 cm; W. 6.4 cm; H. 5.6 cm
d: L. 10.6 cm; W. 10.3 cm; H. 6.4 cm
From the Ancient Jade Workshop of Tangshan Site in Jincun Village, Yuhang District, Hangzhou City, Zhejiang Province
Collection of Zhejiang Provincial Institute of Cultural Relics and Archaeology

●青灰色。保留砾石面，留有多道片切割痕，多为垂直方向。片切割痕迹底部有齐平和内凹弧两种。塘山遗址位于一处土垣之上，是良渚遗址群内一处规模宏大的人工土建工程。这里发现了百余件留有加工痕迹的玉料和大量石质制玉工具，显示这里曾经是良渚文化的制玉作坊。

c

d

Raw Jade
玉料

齐家文化
长 10.6 厘米、宽 7.7 厘米、高 4.4 厘米
青海省海东市民和回族土族自治县喇家遗址出土（QMLF4:7）
青海省文物考古研究所藏

Qijia Culture
L. 10.6 cm; W. 7.7 cm; H. 4.4 cm
From Lajia Site of Minhe Hui and Tu Autonomous County, Haidong City, Qinghai Province
Collection of Qinghai Provincial Institute of Cultural Relics and Archaeology

●灰绿色，外形不规则。顶面和底面局部切割取料痕迹明显，割面光滑流畅，采用片切割技术加工，其余各面未经加工呈自然状。有学者推测此玉料非自然采集，属人工开采。此玉料和玉璧、石矛同出于F4房址东壁一段经过特殊处理的黑色壁面旁，具体含义尚待研究。

Jade Cutter in Arrowhead Shape
镞形切割工具

良渚文化
长 9.1 厘米、高 1.4 厘米
浙江省杭州市余杭区塘山遗址金村段制玉作坊
出土（T9②:32）
浙江省文物考古研究所藏

Liangzhu Culture
L. 9.1 cm; H. 1.4 cm
From the Ancient Jade Workshop of Tangshan Site in Jincun Village, Yuhang District, Hangzhou City, Zhejiang Province
Collection of Zhejiang Provincial Institute of Cultural Relics and Archaeology

●凝灰岩，深灰色。器形细长，可能由石镞改制而成。多边留有两面片切割痕迹。磨磋面光滑，可能是切割玉器时反复磨蹭的结果。

Remaining Part of Jade Tube (*Cong*)
琮残件

良渚文化
边长 6.2 厘米，射口高 2.1 厘米、
射孔外径 3.8 厘米
浙江省杭州市余杭区塘山遗址金村段制玉作坊
出土（T7②:4）
浙江省文物考古研究所藏

Liangzhu Culture
SL. 6.2 cm; Hole H. 2.1 cm; Hole OD. 3.8 cm
From the Ancient Jade Workshop of Tangshan Site in Jincun Village, Yuhang District, Hangzhou City, Zhejiang Province
Collection of Zhejiang Provincial Institute of Cultural Relics and Archaeology

●琮残件，呈圆角方形。射孔规整，孔内壁经打磨。射口一端表面有线切割痕迹，另一端表面有同心圆状的旋痕。

钻孔

程（tīng）具钻孔：程具为实心，可以单面钻，也可以双面钻。单面钻孔为喇叭状，一面大，一面小；双面钻孔呈腰鼓形，但如果两端没有对齐，中间的孔道就会倾斜错位。

管钻打孔：管钻工具为空心，可以是竹管、动物肢骨，甚至是禽鸟羽毛的根管等，钻孔后会留下玉芯料。

徒手握木棒之类的程具钻孔

用拉弓法令程具来回转动以钻孔

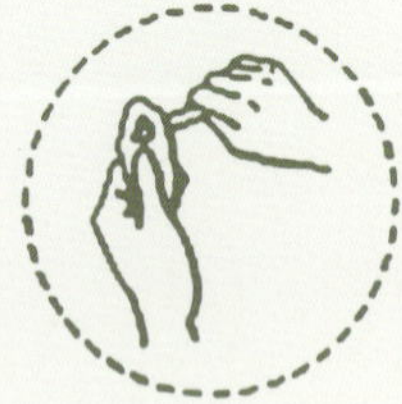

凿磨法：先敲击出小孔，再将小孔磨圆

程具钻孔工艺示意图

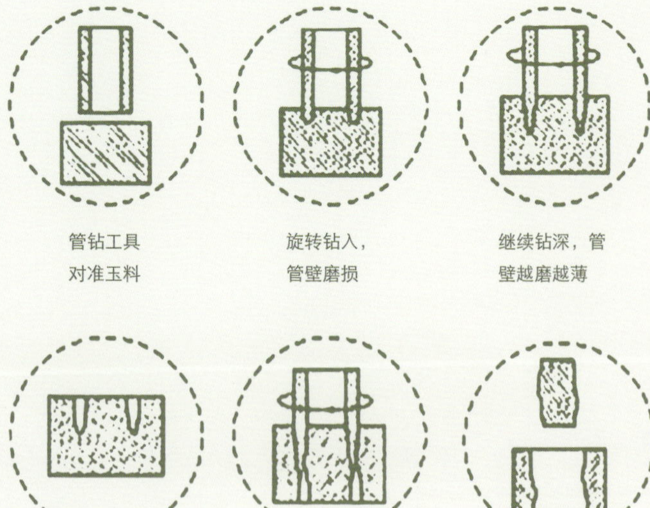
管钻工具对准玉料
旋转钻入，管壁磨损
继续钻深，管壁越磨越薄

钻至一半

选择新工具继续钻至相通处

取出芯料

管钻打孔工艺示意图

Jade Core from Hollow Drilling

管钻芯

良渚文化

高 3 厘米，两端外径分别为 4.5 厘米、5 厘米

浙江省杭州市余杭区塘山遗址金村段制玉作坊出土（T14①:1）

浙江省文物考古研究所藏

Liangzhu Culture

H. 3 cm; ED. 4.5 cm and 5 cm

From the Ancient Jade Workshop of Tangshan Site in Jincun Village, Yuhang District, Hangzhou City, Zhejiang Province

Collection of Zhejiang Provincial Institute of Cultural Relics and Archaeology

●米黄色。沁蚀多气孔，为单向管钻留下的管钻芯。端面正中留有管钻时产生的小圆窝，侧面留有同心圆旋痕。

Jade Disc (*Bi*) with the Core
小玉璧及玉璧芯

齐家文化
玉璧直径 6.8 厘米、壁芯直径 2.25 厘米、厚 0.7 厘米
甘肃省白银市会宁县老人沟遗址出土
会宁县博物馆藏

Qijia Culture
D. 6.8 cm; Core D. 2.25 cm; T. 0.7 cm
From Laorengou Site of Huining County, Baiyin City, Gansu Province
Collection of Huining Museum

●灰白色，局部泛黄褐色。光素无纹，表面光滑。玉璧平面近圆形，中间钻一圆孔，孔壁微外撇，器表可见片切割痕迹，边缘厚薄不均。玉璧芯呈圆形，侧缘留有旋痕。璧与芯出自一块玉料，玉料在使用前经简单打磨加工后，以片切割方式开一片状玉料，再用管钻法单向打孔取料。玉璧与璧芯形状规则，切割平整，琢磨有度，显示出齐家文化高超的制玉工艺。

Core of Jade Disc (*Bi*)
玉璧芯

齐家文化
直径 3.6 厘米、厚 0.6 厘米
甘肃省武威市皇娘娘台遗址出土
甘肃省博物馆藏

Qijia Culture
D. 3.6 cm; T. 0.6 cm
From Huangniangniangtai Site of Wuwei City, Gansu Province
Collection of Gansu Provincial Museum

●白色，半透明，玉质细腻温润。整器呈圆饼状，一面大，一面小。较小一面有细密的同心圆弦纹，较大一面平整光素。器表侧面有弧形切割痕，为钻取玉璧中孔时所遗留。

●墨玉质。琮芯为圆柱体，上下端平整。表面可见钻芯时留下的细微旋痕。

●齐家文化玉器成品与玉料的发现，表明其时齐家文化先民已充分掌握选料、切割等制玉工艺，工艺体系已经比较成熟。

Core of Jade Tube (*Cong*)
玉琮芯

齐家文化
上端直径 3.5 厘米、下端直径 3 厘米、高 5.4 厘米
甘肃省武威市皇娘娘台遗址出土
甘肃省博物馆藏

Qijia Culture
Top D. 3.5 cm; Bot D. 3 cm; H. 5.4 cm
From Huangniangniangtai Site of Wuwei City, Gansu Province
Collection of Gansu Provincial Museum

不论是为了去料还是艺术设计，镂空是常用的技巧。其原则是先钻孔后再套穿线性工具，并配合湿润的解玉砂来回拉动，慢慢将不要的玉料去除。

●黄绿色，片状。为一抽象的兽面形象。兽头戴“介”字形冠，面部呈两端上翘的月牙状，面中以镂空方式镂（sōu）出一对斜目，眼内角较宽，外眼角上翘，其余鼻、口、耳等均未表现。

Jade Plaque in Beast Face Design
兽面形饰

肖家屋脊文化
长 3.3 厘米、宽 1.8 厘米、厚 0.4 厘米
湖北省天门市肖家屋脊遗址出土（W6:60）
湖北省博物馆藏

Xiaojiawuji Culture
L. 3.3 cm; W. 1.8 cm; T. 0.4 cm
From Xiaojiawuji Site of Tianmen City, Hubei Province
Collection of Hubei Provincial Museum

Jade Openwork Plaque
透雕饰片

肖家屋脊文化
长 9.6 厘米、宽 3 厘米、厚 0.5 厘米
湖北省天门市肖家屋脊遗址出土（W71:5）
湖北省博物馆藏

Xiaojiawuji Culture
L. 9.6 cm; W. 3 cm; T. 0.5 cm
From Xiaojiawuji Site of Tianmen City, Hubei Province
Collection of Hubei Provincial Museum

●略呈长方形，两侧有锯齿状牙，下方有凸榫。顶部饰一镂空卷云纹，中脊两侧各有一列五个长椭圆形镂孔。制作时先在玉片上设计好纹样，再在纹样上钻孔，用线锯将孔眼扩锯连接起来，形成镂空的纹样。

Raw Stone for Carving
雕刻用石

●黑色燧石，质地坚硬。尖锥状，底部有锐利的尖凸做琢玉之用。

良渚文化
长 5.5 厘米
浙江省杭州市余杭区塘山遗址金村段制玉作坊出土（T9③:107）
浙江省文物考古研究所藏

Liangzhu Culture
L. 5.5 cm
From the Ancient Jade Workshop of Tangshan Site in Jincun Village, Yuhang District, Hangzhou City, Zhejiang Province
Collection of Zhejiang Provincial Institute of Cultural Relics and Archaeology

Bangle-Shaped Jade Tube (*Cong*)

镯式琮

良渚文化
高 4.5 厘米、射径 7.95 厘米、孔径 6.3 厘米
浙江省杭州市余杭区良渚遗址瑶山墓地出土（M9:4）
浙江省文物考古研究所藏

Liangzhu Culture
H. 4.5 cm; D. 7.95 cm; Bore D. 6.3 cm
From Yaoshan Cemetery in Liangzhu Site of Yuhang District, Hangzhou City, Zhejiang Province
Collection of Zhejiang Provincial Institute of Cultural Relics and Archaeology

●圆筒形，外壁减地形成四个长方形弧凸块，每个弧凸块上琢刻一组兽面纹，图案基本相同。兽面椭圆形眼眶，圆眼珠管钻而成，眼珠和眼眶之间刻重圈纹。鼻微隆起，鼻翼宽阔，阴线刻出鼻孔。嘴扁宽且弧凸，内以阴线刻出獠牙。主体纹饰的空隙处用阴线刻繁密的卷云纹。

Jade Tube (*Cong*)
玉琮

良渚文化
高 4.4 厘米、孔径 6.4 厘米
浙江省杭州市余杭区良渚遗址瑶山墓地出土（M7:34）
良渚博物院（良渚研究院）藏

Liangzhu Culture
H. 4.4 cm; Bore D. 6.4 cm
From Yaoshan Cemetery in Liangzhu Site of Yuhang District, Hangzhou City, Zhejiang Province
Collection of Liangzhu Museum

●中空矮柱状。内孔壁略弧凸，外表呈弧边方形，四角凸块以转角为中轴，琢刻兽面纹。顶端刻两组弦纹带，弦纹下刻兽面。兽眼外廓呈椭圆形，减地雕刻，凸起于器表。眼内刻重圈阴线表示眼珠，眼珠和眼眶之间填刻卷云纹。兽嘴扁宽凸出，内刻阴线纹饰。

Remaining Part of Jade Tube (*Cong*)
琮残件

●琮一角的残件，保留下射口。以折角展开琢刻三节神人纹，最上一节残，下两节完整。

良渚文化
残高 7.9 厘米
浙江省杭州市余杭区塘山遗址金村段制玉作坊出土（T12④:15）
浙江省文物考古研究所藏

Liangzhu Culture
Remaining H. 7.9 cm
From the Ancient Jade Workshop of Tangshan Site in Jincun Village, Yuhang District, Hangzhou City, Zhejiang Province
Collection of Zhejiang Provincial Institute of Cultural Relics and Archaeology

Grinding Stones
磨石

良渚文化
a：长 5.3 厘米（H4:2）
b：高 2.8 厘米、直径约 3.8 厘米（T11①:3）
c：直径约 3.5 厘米（T1③:98）
d：长 6 厘米、宽 4.3 厘米、厚 2.2 厘米（T1③:97）
浙江省杭州市余杭区塘山遗址金村段制玉作坊出土
浙江省文物考古研究所藏

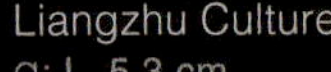

Liangzhu Culture
a: L. 5.3 cm
b: H. 2.8 cm; D. 3.8 cm
c: D. 3.5 cm
d: L. 6 cm; W. 4.3 cm; T. 2.2 cm
From the Ancient Jade Workshop of Tangshan Site in Jincun Village, Yuhang District, Hangzhou City, Zhejiang Province
Collection of Zhejiang Provincial Institute of Cultural Relics and Archaeology

●分别呈锥形、柱形、球形和扁平柱形。良渚文化塘山制玉作坊出土较多磨石。器形较大者为粗砂岩质，表面经反复磨砺，多见凹弧状的磨面；器形较小者为砂岩质，形状各异，用于制玉过程中玉器不同部位的磨砺。

Jade Disc (*Bi*) in Squircle Shape
方圆形玉璧

良渚文化
直径 16.6—17.2 厘米、孔径 4.3—4.7 厘米、
厚 1.4—1.7 厘米
杭州市临平博物馆（中国江南水乡文化博物馆）藏

Liangzhu Culture
D. 16.6-17.2 cm; Bore D. 4.3-4.7 cm; T. 1.4-1.7 cm
Collection of China Jiangnan Water Town Culture Museum

● 外廓呈不规则圆形，部分边缘经打磨修整。中孔双面对钻，形状规整。应是一件半成品。

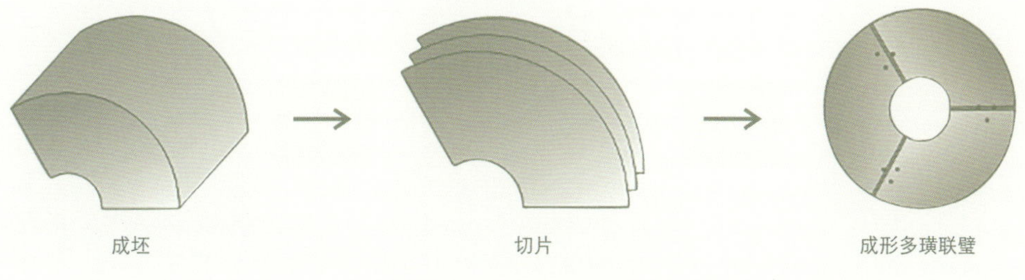

多璜联璧成形示意图

Jade Disc (*Bi*) Made up of Four Arc-Shaped Pendants (*Huang*)

四璜联璧

齐家文化

直径 20.1 厘米、孔径 7.9 厘米

宁夏回族自治区固原市彭阳县周沟村出土

彭阳县博物馆藏

Qijia Culture

D. 20.1 cm; Bore D. 7.9 cm

From Zhougou Village of PengYang County, GuYuan City, Ningxia Hui Autonomous Region

Collection of Pengyang Museum

●青灰色。由四片扇面形玉璜合成一璧，形状近圆。局部有褐色沁斑，满布藻丝沉积结构纹。每片玉璜以单向钻孔法在两侧直边钻孔，一侧为一孔，另一侧为两孔。通体抛光，做工精细，器表有光泽。多璜联璧属齐家文化的标志性器物，形式丰富多样。多见由同一块玉料同向切出形状相似、纹理相近的多片玉璜，仔细计算和修琢磨制后缀合成一璧。齐家文化这种"小料大作"的工艺，最大限度地实现了对玉材资源的有效利用。

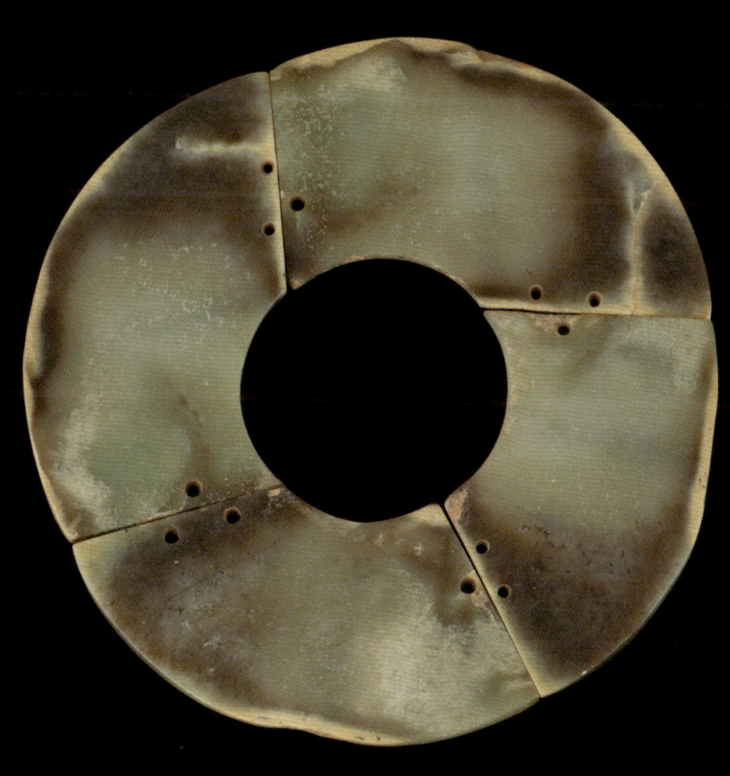

Jade Disc (*Bi*) Made up of Six Arc-Shaped Pendants (*Huang*)

六璜联璧

陶寺文化

玉片长 2.7—7.2 厘米、直径 10.7—11.5 厘米、
孔径 5.4 厘米、厚 0.2—0.3 厘米
山西省临汾市下靳墓地出土（M472:2）
山西省考古研究院（山西考古博物馆）藏

Taosi Culture
Jade Plaque L. 2.7-7.2 cm; D. 10.7-11.5 cm;
Bore D. 5.4 cm; T. 0.2-0.3 cm
From Xiajin Cemetery of Linfen City, Shanxi Province
Collection of Shanxi Provincial Institute of Cultural Relics and Archaeology

● 整器由六块颜色各异、大小不一的玉片合围而成。玉璜片有墨绿、青绿、黄绿三种颜色，平面极不规整，形状有扇形、长方形、不规则梯形等，应是不同小料开片制成的。每片直边处有一个或两个钻孔，用以连缀相邻玉璜片，钻孔应为实心钻头所钻。

Jade Disc (*Bi*) Made up of Two Arc-Shaped Pendants (*Huang*)

双璜联璧

齐家文化

直径 12.6 厘米、孔径 6.2 厘米、厚 0.6 厘米
陕西省咸阳市长武县樊罗村出土
长武县博物馆藏

Qijia Culture
D. 12.6 cm; Bore D. 6.2 cm; T. 0.6 cm
From Fanluo Village of Changwu County, Xianyang City, Shaanxi Province
Collection of Changwu Museum

●青白色，玉质莹润通透。平面为圆环形，中孔较大，由两片形状相同的璜片组成。两片玉璜颜色及纹理相似，且形制规整、拼接密合，应当取材自同一块玉料。每片玉璜两侧直边各钻有一个小圆孔，用以连缀璜片，从而组成完整的联璜玉璧。

Jade Disc (*Bi*) Made up of Three Arc-Shaped Pendants (*Huang*)

三璜联璧

齐家文化
直径 13.5 厘米、孔径 6 厘米、厚 0.5 厘米
陕西省咸阳市长武县樊罗村出土
长武县博物馆藏

Qijia Culture
D. 13.5 cm; Bore D. 6 cm; T. 0.5 cm
From Fanluo Village of Changwu County, Xianyang City, Shaanxi Province
Collection of Changwu Museum

●黄绿色，局部有黑色斑纹。表面光素无纹，平面呈圆环形，由三片扇形玉璜拼合组成。璜片应由同一块玉料切割成形。每片玉璜两侧直边钻有一个或两个小圆孔。

Jade Disc (*Bi*) Made up of Four Arc-Shaped Pendants (*Huang*)
四璜联璧

齐家文化
直径 21 厘米
陕西省咸阳市武功县下雷村出土
武功县文物旅游服务中心藏

Qijia Culture
D. 21 cm
From Xialei Village of Wugong County, Xianyang City, Shaanxi Province
Collection of Wugong Cultural Relics Tourism Service Center

●青灰色，间有白色、黑色、褐色斑纹，通透度好。由四片璜形玉片组合成完整的联璧。每片形制基本相同，呈四分之一圆弧，两侧直边均有一个或两个小圆孔。璜形玉片纹理相似，可能为同一扇形坯料切片制成。玉片表面平整光滑，表明齐家文化先民已熟练掌握以硬性片状物切割玉料的片切割工艺。

Jade Disc (*Bi*) Made up of Four Arc-Shaped Pendants (*Huang*)

四璜联璧

齐家文化
直径 18 厘米、孔径 6.5 厘米、厚 0.4 厘米
陕西省延安市甘泉县杨家河村出土
甘泉县文物保护中心（甘泉县博物馆）藏

Qijia Culture
D. 18 cm; Bore D. 6.5 cm; T. 0.4 cm
From Yangjiahe Village of Ganquan County, Yan'an City, Shaanxi Province
Collection of Ganquan Cultural Heritage Center

●玉色青灰，有白色片状纹理。大体为圆环状，外轮廓又似四瓣花形。整器由四片璜形玉片组成，其中一片体量较小，无法严丝合缝拼合，三片较大的玉片可能为同一玉料切片而成。玉片表面有直棱小台面，是片切割工序所留痕迹。璜形玉片的两侧直边钻有两个或三个小圆孔，用以连缀相邻玉片。

Jade Disc (*Bi*) Made up of Five Arc-Shaped Pendants (*Huang*)

五璜联璧

齐家文化
直径 12 厘米、孔径 6.4 厘米、厚 0.35 厘米
陕西省延安市甘泉县杨家河村出土
甘泉县文物保护中心（甘泉县博物馆）藏

Qijia Culture
D. 12 cm; Bore D. 6.4 cm; T. 0.35 cm
From Yangjiahe Village of Ganquan County, Yan'an City, Shaanxi Province
Collection of Ganquan Cultural Heritage Center

●青灰色，玉质纯净，通透度较高。整器由五片璜形玉片拼合而成，平面近环形。玉片不甚规整，外缘一角大多经过磨圆，似为同一块玉料上开出的大小不同的玉片。每片玉片两侧直边有一个或两个小圆孔，采用实心钻孔工具钻成。

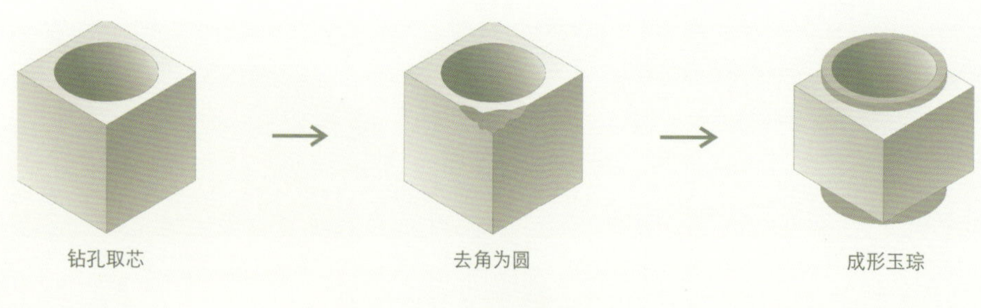

玉琮成形示意图

Half-Finished Plain Jade Tube (*Cong*)

素面半成品琮

良渚文化

高 7 厘米、孔径 5.8 厘米、四边长 8.2—8.4 厘米
浙江省杭州市余杭区吴家埠遗址采集
良渚博物院（良渚研究院）藏

Liangzhu Culture
H. 7 cm; Bore D. 5.8 cm; SL. 8.2-8.4 cm
From Wujiabu Site of Yuhang District, Hangzhou City, Zhejiang Province
Collection of Liangzhu Museum

●琮的半成品。整体呈四面稍外弧的方柱体。射孔为规整的圆形，已经过修整打磨。上下两端面有设计琮时留下的定位线，为两圈圆弧线和一圈四边略外弧的方框线。内圈圆弧线是射孔双向管钻的定位线，外圈圆弧线是切割射口时的定位线，弧边方框线是琮外轮廓的定位线。

a

b

Jade Tube (*Cong*)

玉琮

齐家文化
a：高 4.6—5.2 厘米、外方边长 5.5—5.7 厘米、内径 4.2—5.4 厘米
b：高 4.2 厘米、外方边长 6.1—6.3 厘米、内径 5.2 厘米
陕西省宝鸡市凤翔区柿园村出土
宝鸡市凤翔区博物馆藏

Qijia Culture
a: H. 4.6-5.2 cm; Outer SL. 5.5 -5.7 cm; ID. 4.2-5.4 cm
b: H. 4.2 cm; Outer SL. 6.1-6.3 cm; ID. 5.2 cm
From Shiyuan Village of Fengxiang District, Baoji City, Shaanxi Province
Collection of Fengxiang Museum

●青褐色及棕红色。素面无纹，打磨光滑。两件玉琮玉料一致，推测制法是将一件大玉琮切割为两块，再分别“去角为圆”制成圆形琮口，最终成形为两件小玉琮。琮口切割处棱角分明，加工改制手法不甚讲究。这两件玉琮出土于西周遗址中，从玉料材质及雕琢工艺来看，应属于齐家文化玉器。

Jade Tube (*Cong*)
玉琮

春秋早期
高 5.9 厘米、直径 3.4 厘米
陕西省渭南市澄城县刘家洼芮国墓地出土（M49:3）
陕西省考古研究院（陕西考古博物馆）藏

Early Spring and Autumn Period
H. 5.9 cm; D. 3.4 cm
From Ruiguo Cemetery in Liujiawa of Chengcheng County, Weinan City, Shaanxi Province
Collection of Shaanxi Academy of Archaeology

●玉琮出土于刘家洼芮国墓地 49 号墓内人骨双股内侧。玉质精良，细腻莹润。器身低矮近圆柱体，两端出环形矮射，中孔较大，孔壁打磨光滑。不同于一般玉琮"外方内圆"的形制，此琮仅一侧见方，两折角雕饰立人，琮体雕刻抽象兽面和线条。

●以往此类琮仅见于齐家文化，然而齐家文化不尚纹饰。此琮上的纹饰呈现出两周之际的特征，故推测其是由西周晚期工匠用齐家玉琮改制而成。改制玉器在古代极为普遍，因为玉料珍贵难得，所以后代工匠们往往对前代玉器进行改制。改制玉器仍会保留原器的部分形制和纹饰特征，但却从审美到功用赋予器物以新的内涵，反映出不同时代玉器加工工艺和理念的变迁。

Jade Disc (*Bi*)

玉璧

春秋时期

直径 29.7 厘米、孔径 5.9 厘米、厚 0.6—0.9 厘米
陕西省宝鸡市秦都雍城遗址出土
宝鸡市凤翔区博物馆藏

Spring and Autumn Period
D. 29.7 cm; Bore D. 5.9 cm; T. 0.6-0.9 cm
From Yongcheng (Capital of the Qin State) Site, Baoji City, Shaanxi Province
Collection of Fengxiang Museum

●青玉，深绿色。璧面大而平整，边缘有残损。由内而外以五圈绹索纹将玉璧表面划分成四个环形区间，每区间内饰细密的阴线勾连纹（秦式龙纹）。这件玉璧出土于秦都雍城遗址，结合玉璧出土地附近发现的夯土遗迹以及秦、汉瓦当等遗物，推测其可能属于秦国宫廷用玉。也有学者认为此璧为齐家文化的遗物，纹饰乃秦人后来所加。在这件玉璧上，可以看到玉器制作加工技术的迭代累加。

二、玉华四方

距今七八千年前，辽河流域、黄河流域及长江流域，不同族群的人先后开始选取玉或美石制作工具或装饰品，一时间九州山辉水润，四方玉华萌发。然而由于资源、技术及玉器所承载文化意义的不同，在随后的发展中各个不同区域的玉文化有强有弱、有兴有衰，同时在此消彼长中，互相之间观念与技术的因袭传承也有迹可循。

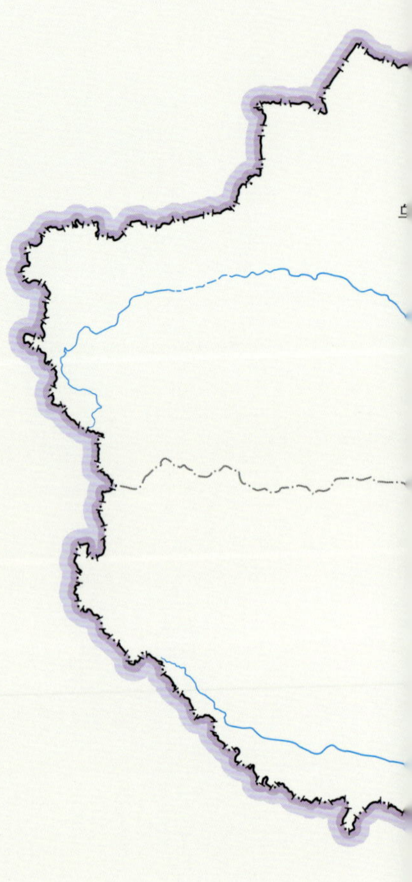

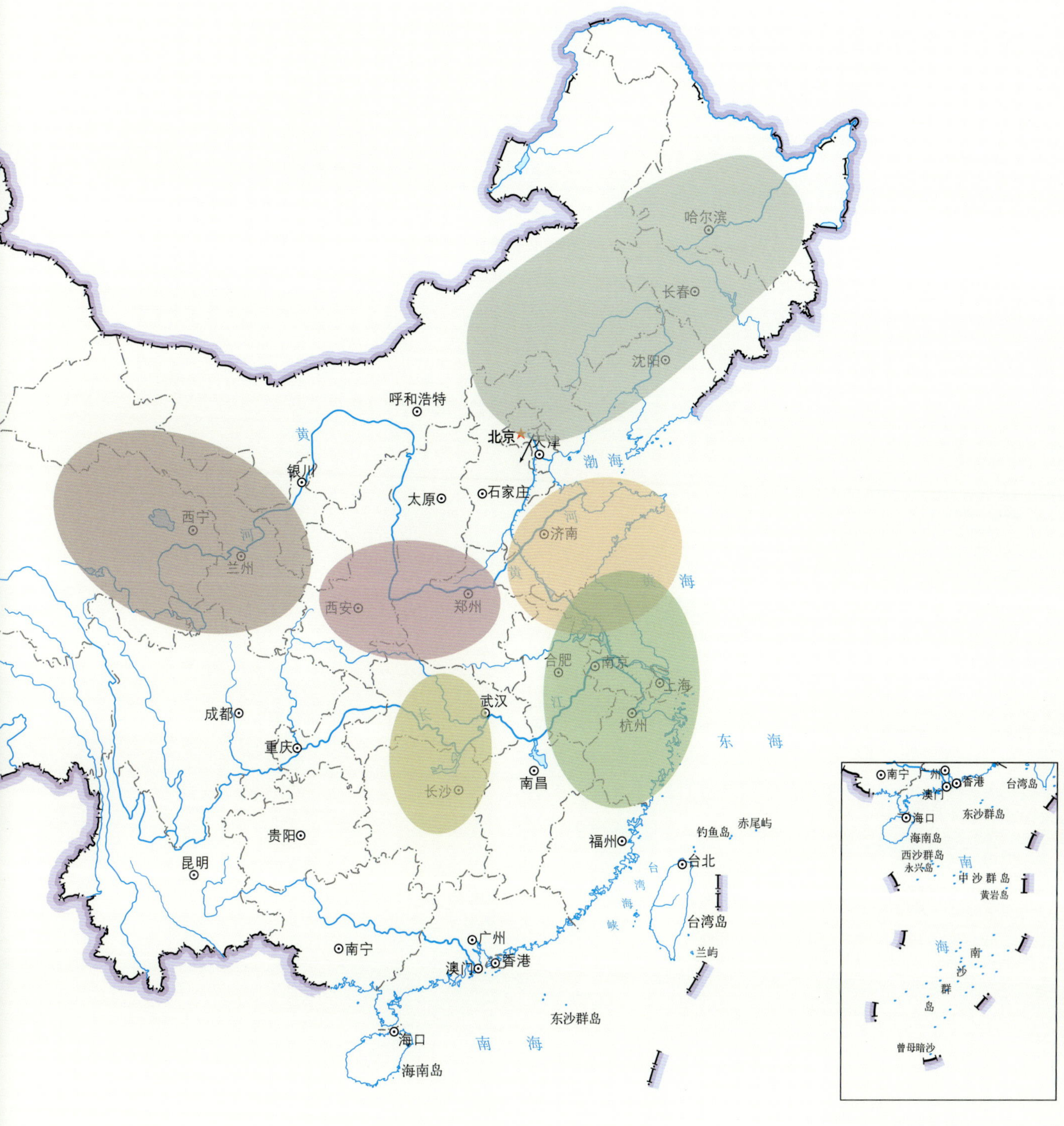

新石器时代玉器文化圈分布示意图

东北地区　东南地区　海岱地区　江汉地区　甘青地区　中原地区

1. 玉出东北

东北地区目前发现的最早玉器，同时也是我国境内目前发现的最早玉器，见于距今 9000 年左右位于三江平原的小南山文化。距今 8200 —7200 年、主要分布于辽西地区的兴隆洼 — 查海文化玉器的加工技术已经较为成熟，出现了新的器类和相对固定的组合，并成为红山文化玉器的直接源头。至距今 6500 —5000 年的红山文化时期，玉文化在辽西地区达到鼎盛，种类造型多样，制作工艺精湛，对之后海岱、江淮地区的玉器制作有较大影响。

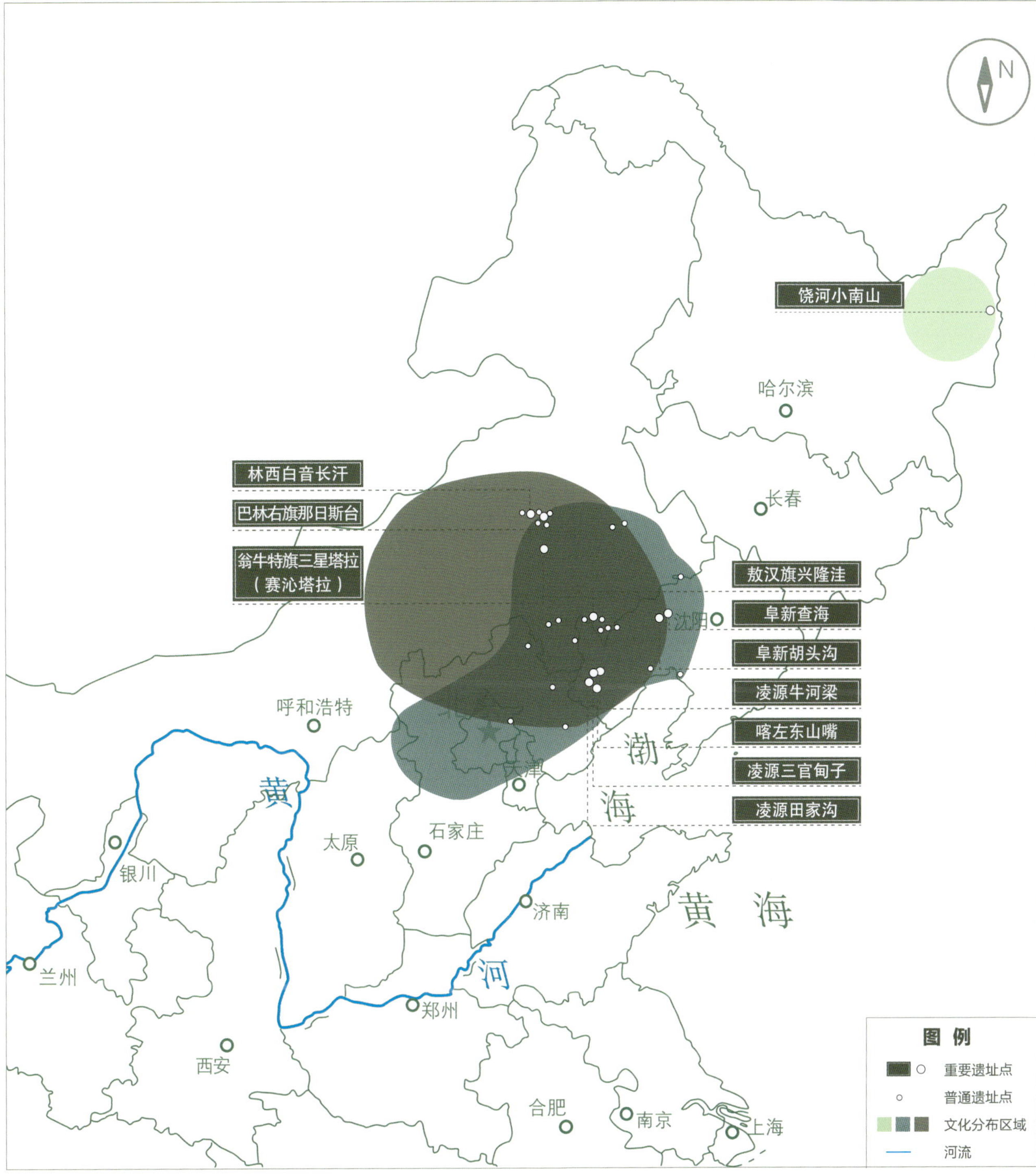

东北地区史前文化分布范围示意图

- 小南山文化
  饶河小南山
- 兴隆洼文化
  敖汉旗兴隆洼、阜新查海
- 红山文化
  翁牛特旗三星塔拉（赛沁塔拉）、林西白音长汗、巴林右旗那日斯台、喀左东山嘴、阜新胡头沟、凌源牛河梁、凌源三官甸子、凌源田家沟

Jade Disc (*Bi*)

玉璧

小南山文化
直径 1.72 厘米、厚 0.74 厘米
黑龙江省双鸭山市饶河县小南山遗址出土（15M2:5）
黑龙江省文物考古研究所藏

Xiaonanshan Culture
D. 1.72 cm; T. 0.74 cm
From Xiaonanshan Site of Raohe County, Shuangyashan City, Heilongjiang Province
Collection of Heilongjiang Provincial Institute of Archaeology

●乳白色，表面莹润，有光泽。器体呈扁圆形，一面较大，另一面稍小，内有一喇叭形孔。

●出土这件玉璧的小南山遗址，位于黑龙江省双鸭山市饶河县城东南的乌苏里江岸边。该遗址发现了目前我国境内最早的玉器，年代距今约 9000 年，种类包括玦、璧、环、珠、管、匕形器及玉斧等，构成了迄今所知中国最早的玉器文化组合。

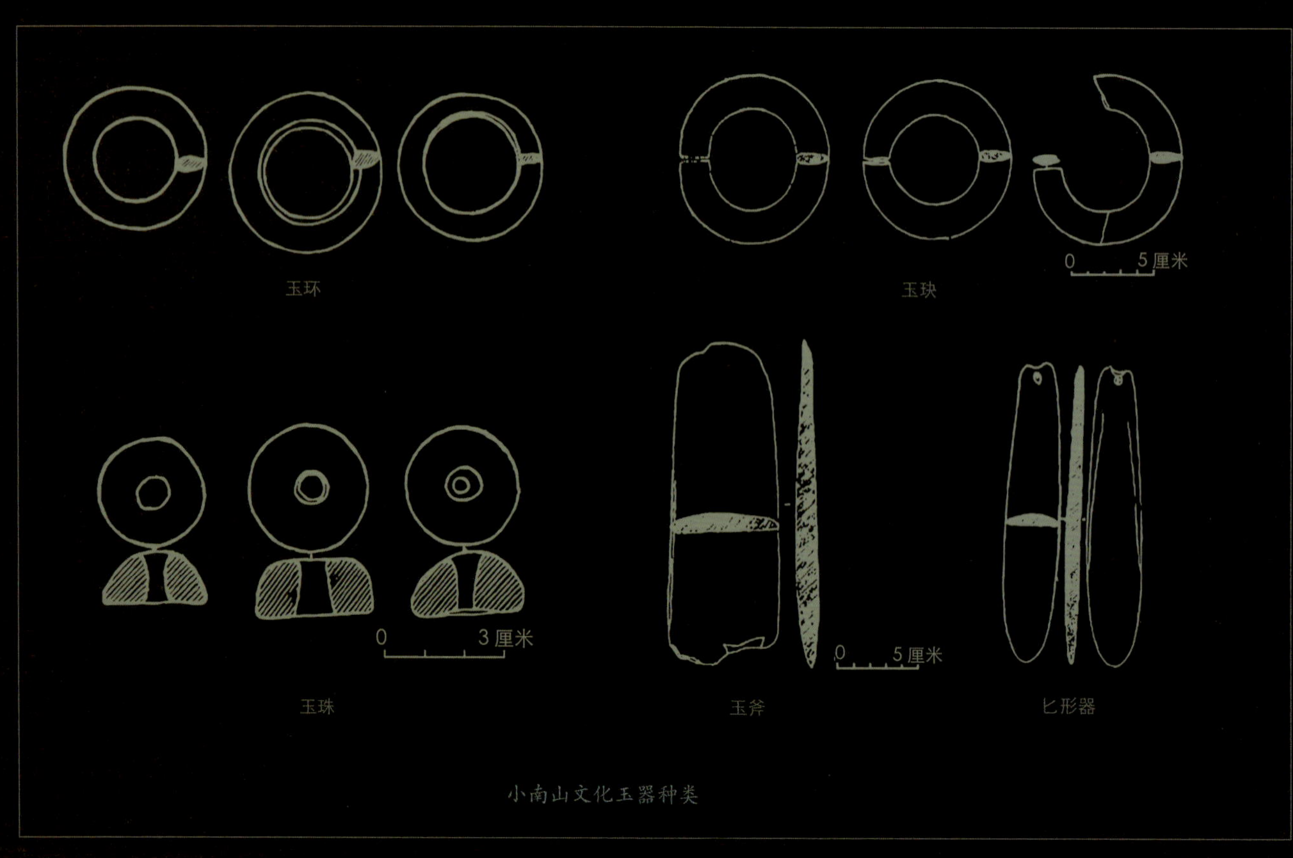

小南山文化玉器种类

Jade Disc (*Bi*)
玉璧

小南山文化
直径 2.3 厘米、厚 0.54 厘米
黑龙江省双鸭山市饶河县小南山遗址出土（15M2:13）
黑龙江省文物考古研究所藏

Xiaonanshan Culture
D. 2.3 cm; T. 0.54 cm
From Xiaonanshan Site of Raohe County, Shuangyashan City, Heilongjiang Province
Collection of Heilongjiang Provincial Institute of Archaeology

●黄褐色，夹杂黑色沉积点，表面磨光。平面呈圆形，中部对钻一小孔，孔壁光滑。侧边有砂绳切割形成的凹槽。

●史前先民针对软玉坚韧的特性，开发出以绳子为载体，配合解玉砂和水的砂绳切割工具，用以精准切割玉料和加工玉器，从而使砂绳切割技术成为中国新石器玉器文化时代核心技术之一。小南山玉器上的砂绳切割痕迹为目前世界此类技术最早的发现，奠定了中国早期玉文化的技术基础。

Jade Tube
玉管

小南山文化
长 3.64 厘米、直径 1.64 厘米
黑龙江省双鸭山市饶河县小南山遗址出土（15M2:9）
黑龙江省文物考古研究所藏

Xiaonanshan Culture
L. 3.64 cm; D. 1.64 cm
From Xiaonanshan Site of Raohe County, Shuangyashan City, Heilongjiang Province
Collection of Heilongjiang Provincial Institute of Archaeology

●乳白色，光泽莹润。器体呈筒状，中空，横截面为圆角三角形，孔对钻，孔壁有未完全磨掉的砂绳切割留下的圆弧形痕迹。

●小南山遗址出土的玉器器形丰富，以装饰品数量居多。其中玉管、珠、坠饰等是旧石器时代晚期常见的形制，旧、新石器时代石器与玉器的传承关系由此可见一斑。

Jade Bead
玉珠

小南山文化
直径 3.37 厘米、厚 2.41 厘米
黑龙江省双鸭山市饶河县小南山遗址出土（15M2:4）
黑龙江省文物考古研究所藏

Xiaonanshan Culture
D. 3.37 cm; T. 2.41 cm
From Xiaonanshan Site of Raohe County, Shuangyashan City, Heilongjiang Province
Collection of Heilongjiang Provincial Institute of Archaeology

●乳白色，夹杂褐色沁斑。上下两面稍平，中部钻孔，孔壁保留对钻形成的陡坎。

●小南山文化发现的玉珠上均有钻孔，且钻孔较为规则，表明此时期钻孔技术较之前有了一定发展。

●乳白色。平面近似梯形，中间厚，两侧稍薄。原为玉斧的柄部，其断面可见多处砂绳切割形成的弧形痕迹，中心为切割接近完成时的折断痕。

Remaining Part of a Jade Axe
玉斧改料

小南山文化
长 6.4 厘米、宽 6.1 厘米、厚 1.2 厘米
黑龙江省双鸭山市饶河县小南山遗址出土（TN545,E480③:26）
黑龙江省文物考古研究所藏

Xiaonanshan Culture
L. 6.4 cm; W. 6.1 cm; T. 1.2 cm
From Xiaonanshan Site of Raohe County, Shuangyashan City, Heilongjiang Province
Collection of Heilongjiang Provincial Institute of Archaeology

Jade Axe
玉斧

小南山文化
长 16.7 厘米、宽 7.3 厘米、厚 1.75 厘米
黑龙江省双鸭山市饶河县小南山遗址出土（15M3:3）
黑龙江省文物考古研究所藏

Xiaonanshan Culture
L. 16.7 cm; W. 7.3 cm; T. 1.75 cm
From Xiaonanshan Site of Raohe County, Shuangyashan City, Heilongjiang Province
Collection of Heilongjiang Provincial Institute of Archaeology

●青白色间灰绿色条带，质地莹润有光泽。通体扁平，平面近梯形，两侧边平直，柄部和刃部圆弧。器表磨光，素面无纹，有细微的左斜及横向磨痕，柄部保留小部分打制片疤，刃部有大的破碎疤，由边缘向中心单面打击，推测是人为故意打击形成而非使用痕迹。

●此玉斧为小南山仿工具类玉器之精品，器形由旧石器时代的实用工具石斧发展而来。因玉质上乘，磨制精细，推测可能已初具象征意义。

Jade Cicada
玉蝉

兴隆洼文化
长 3.55 厘米、头宽 1 厘米、尾宽 1.2 厘米、厚 1.1 厘米
内蒙古自治区赤峰市林西县白音长汗遗址出土（M7:1）
内蒙古自治区文物考古研究院藏

Xinglongwa Culture
L. 3.55 cm; Up W. 1 cm; Bot W. 1.2 cm; T. 1.1 cm
From Baiyinchanghan Site of Linxi County, Chifeng City, Inner Mongolia Autonomous Region
Collection of Inner Mongolia Provincial Institute of Cultural Relics and Archaeology

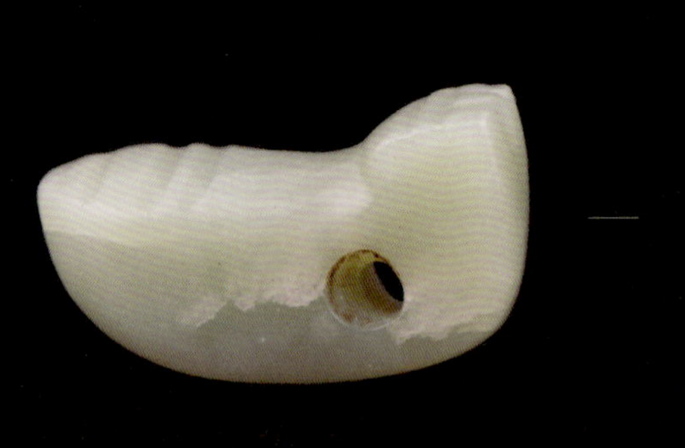

●黄绿色，有蜡质光泽。扁圆柱状，以圆雕工艺取形，以阴线刻表现蝉首、眼及体节，简约而不失生动。此玉蝉出土于墓主人耳骨附近，结合蝉体两侧的穿孔，推测其可能为佩饰。

Jade Tube
玉管

兴隆洼文化
长 3.8 厘米、直径 1.3—1.5 厘米、孔径 0.4—0.9 厘米
内蒙古自治区赤峰市林西县白音长汗遗址出土（M4:5）
内蒙古自治区文物考古研究院藏

Xinglongwa Culture
L. 3.8 cm; D. 1.3-1.5 cm; Bore D. 0.4-0.9 cm
From Baiyinchanghan Site of Linxi County, Chifeng City, Inner Mongolia Autonomous Region
Collection of Inner Mongolia Institute of Cultural Relics and Archaeology

●深绿色，玉质温润。管体呈圆柱状，上下两端管口呈斜坡状，中孔为双面对钻而成，孔壁保留有细密的旋痕。

Jade Slotted Ring (*Jue*)

玉玦

兴隆洼文化
直径 2.9—3.1 厘米、厚 1.2—1.4 厘米、
孔径 0.7 厘米
内蒙古自治区赤峰市林西县白音长汗遗址出土（M2:2）
内蒙古自治区文物考古研究院藏

Xinglongwa Culture
D. 2.9-3.1 cm; T. 1.2-1.4 cm; Bore D. 0.7 cm
From Baiyinchanghan Site of Linxi County, Chifeng City, Inner Mongolia Autonomous Region
Collection of Inner Mongolia Institute of Cultural Relics and Archaeology

●浅灰绿色，通体磨光。平面近圆形，上下两面中部内凹，近边缘处最厚。中部为一单面钻成的小孔，一侧有一窄缺口。缺口呈长条形，内外宽窄相同。

●玦是兴隆洼文化最有代表性的器类，发现数量也最多。其中，内蒙古自治区赤峰市敖汉旗兴隆洼遗址135号墓出土的一对大型玉玦，直径约6厘米，堪称“玦王”。

●有观点认为，玦是迄今所知世界上最早的耳饰。距今9000年前，在中国小南山文化开始出现后，逐渐向各地扩散。距今7000—6000年，便已经影响到俄罗斯滨海地区、朝鲜半岛和日本列岛，在我国境内也已传播至长江中下游地区，之后更进一步传播至华南地区。一直到近代，在菲律宾及印尼诸岛，仍可见到土著居民佩戴玉玦。

Jade Slotted Ring (*Jue*)

玉玦

兴隆洼文化
内径 0.7 厘米、外径 3.3 厘米、厚 1.1 厘米
内蒙古自治区赤峰市巴林右旗巴彦塔拉苏木苏达勒遗址出土
巴林右旗博物馆藏

Xinglongwa Culture
ID. 0.7 cm; OD. 3.3 cm; T. 1.1 cm
From Sumusudale Site of Bayan Tal Town, Bairin Right Banner, Chifeng City, Inner Mongolia Autonomous Region
Collection of Bairin Right Banner Museum

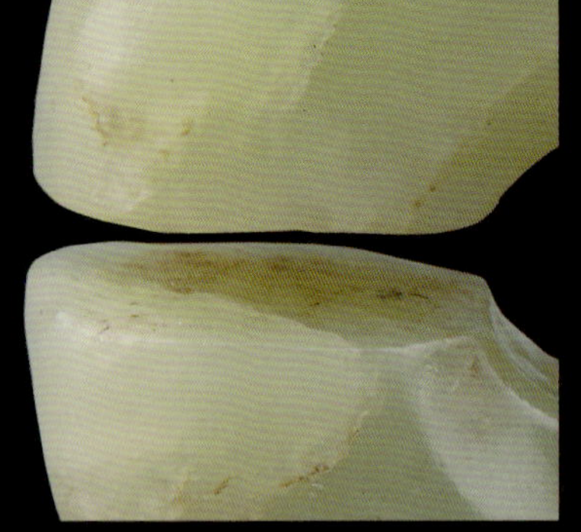

●青黄玉质，莹润，有透明感，局部有冰片纹。平面呈扁平圆形，中央对向钻孔贯穿，玦口切面呈波浪状，可能是砂绳拉切后经简单研磨修整而遗留的加工痕迹。

Jade Ornament Carved in the Shape of a Human Face

人面形玉饰

兴隆洼文化
长径 5.8 厘米、短径 4.4 厘米、厚 0.2—0.6 厘米
内蒙古自治区赤峰市林西县白音长汗遗址出土（AT27②:7）
内蒙古自治区文物考古研究院藏

Xinglongwa Culture
Long D. 5.8 cm; Short D. 4.4 cm; T. 0.2-0.6 cm
From Baiyinchanghan Site of Linxi County, Chifeng City, Inner Mongolia Autonomous Region
Collection of Inner Mongolia Institute of Cultural Relics and Archaeology

●黄褐色，叶蜡石质。平面呈椭圆形，表面有磨制时的细划痕。正面上部磨出一对弧形凹槽代表双目，外有眼眶，内有细线；正面居中偏下部有一道横向凹槽，内嵌长条形蚌壳代表嘴部，又在嘴部上下嵌入三角形的蚌壳表示牙齿。背面上部磨一道横向凹槽，在其两端向侧边钻孔，在两侧边相对位置向背面斜向钻孔，用以穿挂。

●人面形玉器是新石器时代玉器造型中的重要题材，带有醒目獠牙的人面可能已具有神的属性，是先民丰富想象力的体现，神秘而富有意趣。

Dagger-Shaped Jade Object
玉匕形器

兴隆洼文化
长 14.9 厘米、宽 2.5 厘米、厚 0.7 厘米
内蒙古自治区赤峰市巴林右旗原查干诺尔苏木锡本包楞遗址出土
巴林右旗博物馆藏

Xinglongwa Culture
L. 14.9 cm; W. 2.5 cm; T. 0.7 cm
From Qagan Nur L. Sumuxibenbaoleng Site of Bairin Right Banner, Chifeng City, Inner Mongolia Autonomous Region
Collection of Bairin Right Banner Museum

● 碧绿色，夹杂黄褐色沁斑。器体呈长条形，顶部略窄，中部稍宽，顶部平直，两侧微外弧，一面外鼓，另一面内凹，末端呈外凸弧形，靠近顶端偏一侧钻一小圆孔。通体磨制精细，表面光滑莹润。

● 兴隆洼文化距今8200—7200年，除内蒙古东南部以兴隆洼遗址为代表的遗存外，辽宁西部、河北北部均有该文化的遗存，出土的玉器种类包括玦、匕形器、环、斧、锛、管、人面饰等。

● 匕形器是兴隆洼文化玉器的典型器类之一，出土数量之多仅次于玉玦。因其形似后世的匕而得名。其上有穿孔，多出自墓主人的颈部、胸部和腹部，可能是装饰品。

Jade Owl
玉鸮

红山文化
高 4 厘米、宽 4.5 厘米、厚 1.6 厘米
内蒙古自治区赤峰市巴林右旗那日斯台遗址出土
巴林右旗博物馆藏

Hongshan Culture
H. 4 cm; W. 4.5 cm; T. 1.6 cm
From Narisitai Site of Bairin Right Banner, Chifeng City, Inner Mongolia Autonomous Region
Collection of Bairin Right Banner Museum

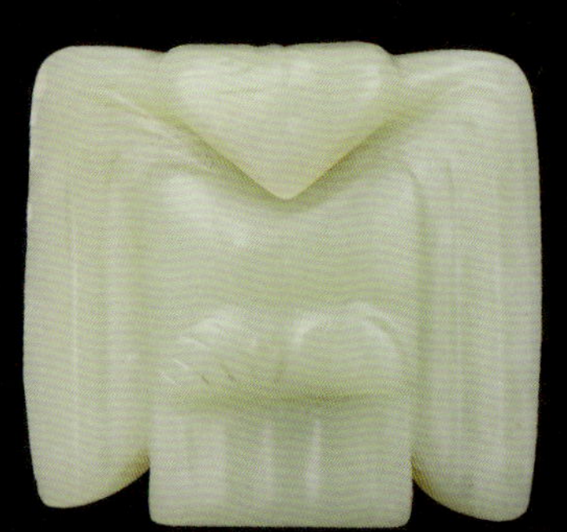

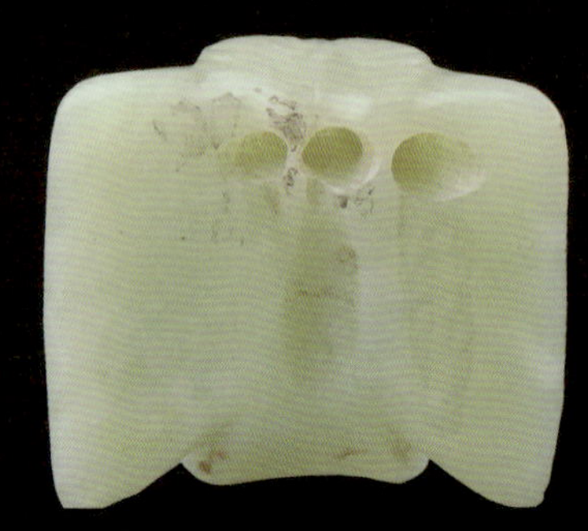

●黄绿色，玉质细腻。通体抛光。半圆雕，平面近长方形。头部凸起，双耳上束，尖喙下凸，双眼用复线刻出，以减地阳纹表现双翅和双足，双爪做攀附状。背面有两组牛鼻形穿孔，可用于穿系。

●动物形象在红山文化玉器上运用得十分广泛，或具象写实，或抽象。变形，是红山先民在长期生产生活实践中积累和提炼出来的高超艺术概括力的体现。

Jade Owl
玉鸮

红山文化
高 2.4 厘米、宽 3 厘米、厚 0.6 厘米
内蒙古自治区赤峰市巴林右旗那日斯台遗址出土
巴林右旗博物馆藏

Hongshan Culture
H. 2.4 cm; W. 3 cm; T. 0.6 cm
From Narisitai Site of Bairin Right Banner, Chifeng City, Inner Mongolia Autonomous Region
Collection of Bairin Right Banner Museum

●黄绿色，光洁温润。玉鸮呈展翅状，正面琢磨鸮首、双翅和尾部。背面以数道细密的阴线表现羽纹，近头部有一牛鼻形穿孔。造型生动，古朴而精致。

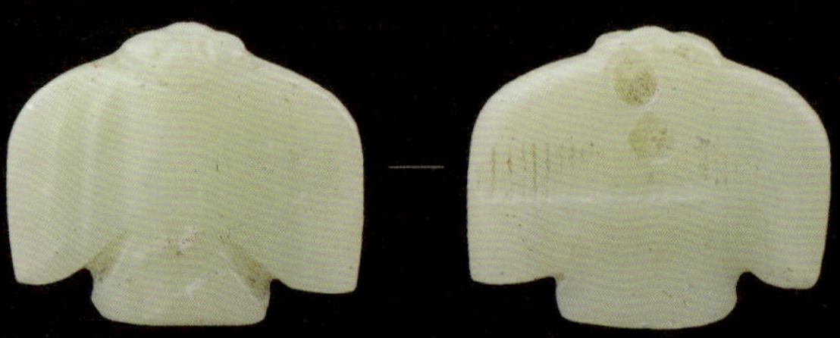

Jade Silkworm

玉蚕

红山文化
长 6.8 厘米、宽 2.8 厘米、厚 2 厘米
辽宁省朝阳市田家沟墓地第三地点出土（M8:2）
辽宁省文物考古研究院（辽宁省文物保护中心）藏

Hongshan Culture
L. 6.8 cm; W. 2.8 cm; T. 2 cm
From Locality No.3 in Tianjiagou Cemetery of Chaoyang City, Liaoning Province
Collection of Liaoning Provincial Institute of Cultural Relics and Archaeology

●白色，呈扁圆柱状。首端平整阴刻圆眼，腹部略呈扁平状，尾部尖圆，背部琢三道阳纹。

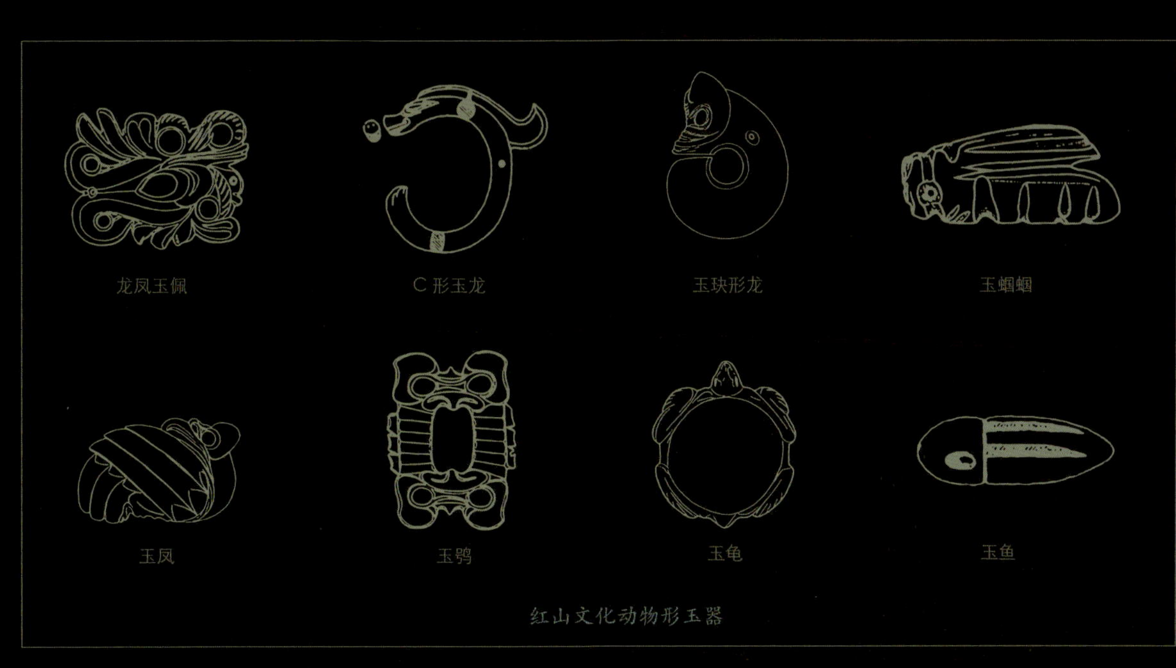

红山文化动物形玉器

Jade Ornament in Hooked-Cloud Shape
玉勾云形器

红山文化
长 18.1 厘米、宽 10.8 厘米、厚 0.7 厘米
内蒙古自治区赤峰市巴林右旗那日斯台遗址出土
巴林右旗博物馆藏

Hongshan Culture
L. 18.1 cm; W. 10.8 cm; T. 0.7 cm
From Narisitai Site of Bairin Right Banner, Chifeng City, Inner Mongolia Autonomous Region
Collection of Bairin Right Banner Museum

● 浅黄绿色。器体扁薄呈片状，平面近长方形，中心部位镂空，作一弯钩。外围琢磨出相应走向的浅凹槽纹路，两侧各外伸一对勾云状卷角。主体部分上、下端各外伸三个小凸起，靠近上侧边缘中部有两个圆形钻孔。

● 勾云形玉器为红山文化的典型器物，形式或繁或简，或具象或抽象，至少包含"勾云形""有齿兽面形""钩形"等几种形态，显示出红山文化晚期登峰造极的玉器制作技艺。关于其功用有崇鸟礼俗的产物、沟通天地人神的媒介、高贵的装饰物等多种说法。

Jade Tube with a Slanting Mouth
玉斜口筒形器

红山文化
高 13.3 厘米、斜口端最宽 8.3 厘米、
平口端长径 5.9—6.8 厘米、壁厚 0.5 厘米
辽宁省朝阳市牛河梁遗址第二地点一号冢出土
(N2Z1M25:3)
辽宁省文物考古研究院(辽宁省文物保护中心)藏

Hongshan Culture
H. 13.3 cm; Slanting Mouth Max W. 8.3 cm;
Flat End D. 5.9-6.8 cm; T. 0.5 cm
From No.1 Boulder Mound at Locality No.2 in Niuheliang Site of Chaoyang City, Liaoning Province
Collection of Liaoning Provincial Institute of Cultural Relics and Archaeology

●黄绿色，表面有多处黄褐色瑕斑。器体呈扁圆筒状，通体光洁，内壁有掏取内芯时产生的线切割痕。上端一侧口部残缺，下端为平口，沿面磨薄似刃，两侧面近底部各有一小圆孔。

●斜口筒形器是红山文化典型玉器器类，主要出土于牛河梁遗址的积石冢墓葬。

2. 瑾瑜东南

长江下游以环太湖为核心的地区，是我国史前玉器的又一重要起源地。早期玉器出现在距今 7000 年左右，数量少、体形小，种类以玦、璜、管、珠为主。中期距今约 6000 年，出现了体形较小的环镯、璧和少量具有特定形象的雕件。晚期的代表是距今 5300—4300 年的良渚文化玉器，以琮、璧、钺等玉礼器以及玉器上的神人兽面纹为特征。良渚玉文化的强大影响力突破区域限制，向北影响黄河中下游地区，向南波及珠江流域，为中华玉文化的后续发展奠定了重要基础。

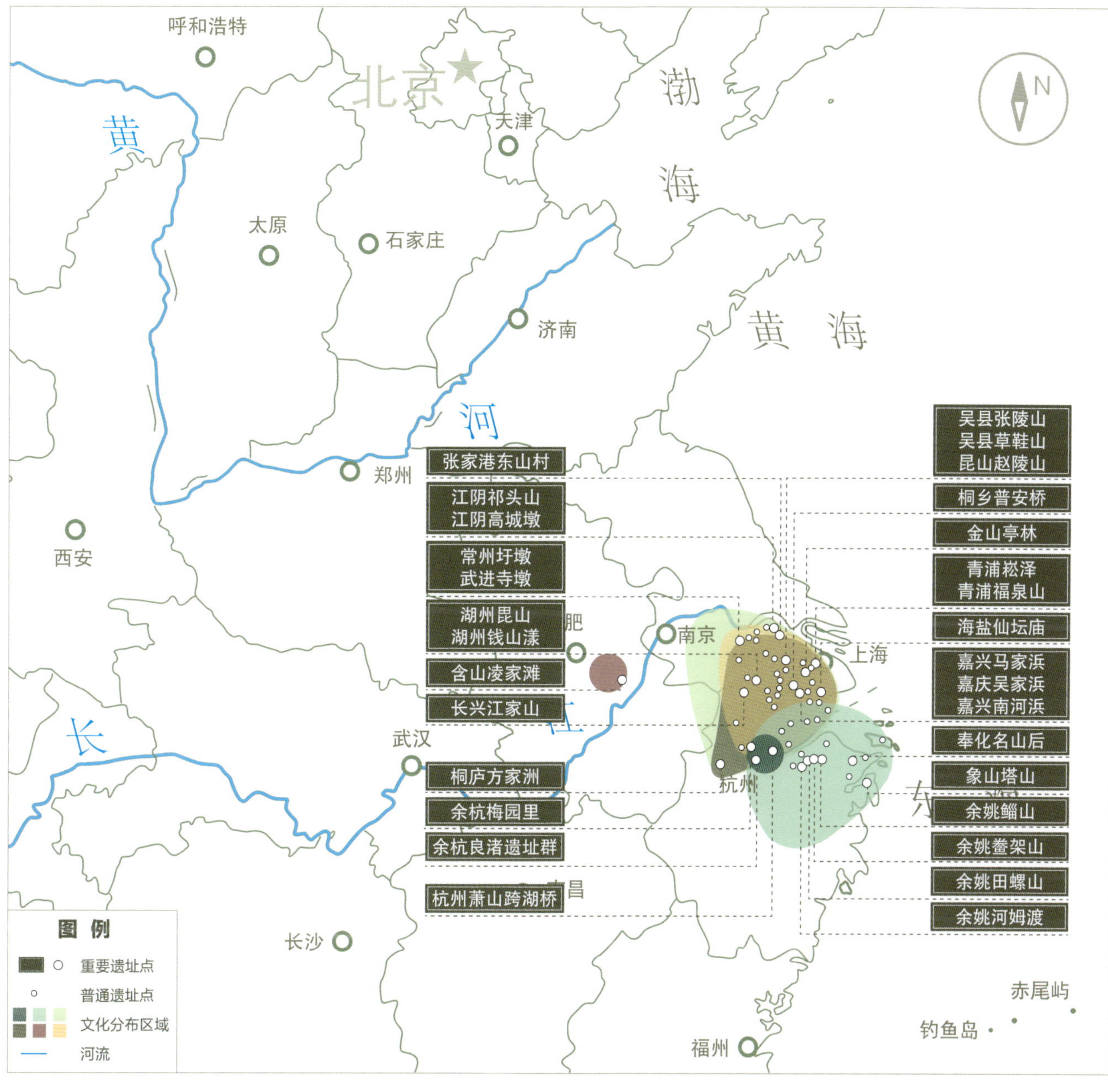

东南地区主要史前文化分布范围示意图

跨湖桥文化

杭州萧山跨湖桥

河姆渡文化

余姚河姆渡、余姚田螺山、余姚鲻山、余姚鲞架山、象山塔山、奉化名山后

马家浜文化

嘉兴马家浜、嘉庆吴家浜、余杭梅园里、桐庐方家洲、常州圩墩、江阴祁头山、张家港东山村

崧泽文化

长兴江家山、海盐仙坛庙、湖州昆山、嘉兴南河浜、桐乡普安桥、青浦崧泽、青浦福泉山

凌家滩文化

含山凌家滩

良渚文化

余杭良渚遗址群、湖州钱山漾、桐乡普安桥、金山亭林、吴县张陵山、昆山赵陵山、青浦福泉山、吴县草鞋山、武进寺墩、江阴高城墩

Jade Pendant in Animal Shape
动物形玉挂件

河姆渡文化
宽 5.2 厘米、厚 1.5 厘米
浙江省余姚市田螺山遗址出土（T204⑦:27）
浙江省文物考古研究所藏

Hemudu Culture
W. 5.2 cm; T. 1.5 cm
From Tianluoshan Site of Yuyao City, Zhejiang Province
Collection of Zhejiang Provincial Institute of Cultural Relics and Archaeology

●略似兽的侧面形象。头、尾部各有一个牛鼻形穿孔。

Jade Tube in Arc Shape
玉璜形管

跨湖桥文化
长 6.2 厘米、截面径 1.1 厘米
浙江省杭州市萧山区跨湖桥遗址出土（90T302②:1）
杭州市萧山跨湖桥遗址博物馆

Kuahuqiao Culture
L. 6.2 cm; Sectional D. 1.1 cm
From Kuahuqiao Site of Xiaoshan District, Hangzhou City, Zhejiang Province
Collection of Kuahuqiao Museum

●条形弧状。截面呈椭圆形，两端各有一个牛鼻形穿孔，未钻透。通体磨制精细，薄厚均匀，线条流畅。墨绿色，主要成分为硬度较低的绢云母，另混有绿帘石等矿物。

●跨湖桥文化以浙江省杭州市萧山区跨湖桥遗址命名，距今约 8200—7200 年。跨湖桥文化出土的玉璜，是中国目前所知时代最早的璜形装饰品，也是迄今我国南方地区出土的年代最早的玉器。

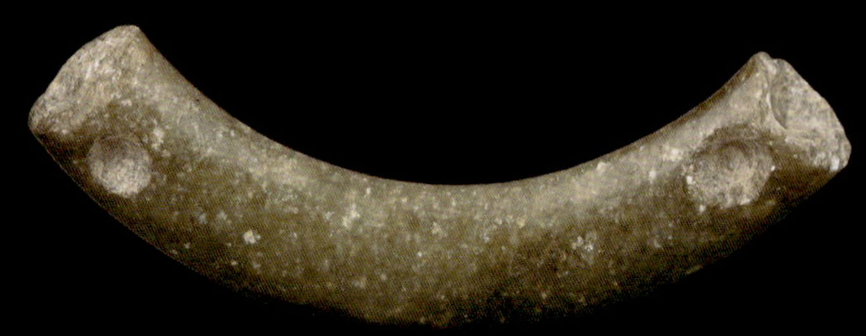

Jade Pendant in Arc Shape (*Huang*)
玉璜

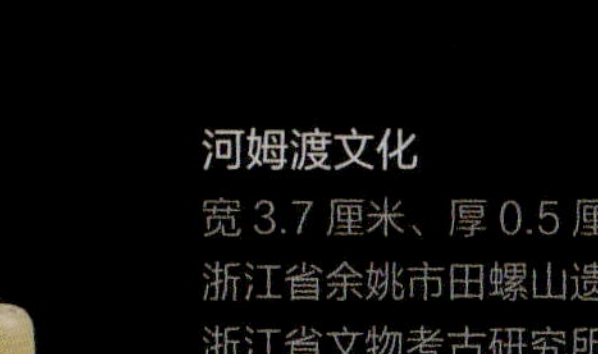

河姆渡文化
宽 3.7 厘米、厚 0.5 厘米
浙江省余姚市田螺山遗址出土（T404 ⑧ :60）
浙江省文物考古研究所藏

Hemudu Culture
W. 3.7 cm; T. 0.5 cm
From Tianluoshan Site of Yuyao City, Zhejiang Province
Collection of Zhejiang Provincial Institute of Cultural Relics and Archaeology

●半环形璜，呈弯条状。两端各有一单面钻的钻孔。璜表面及两端面有打磨痕迹。

Jade Slotted Ring (*Jue*)
玉玦

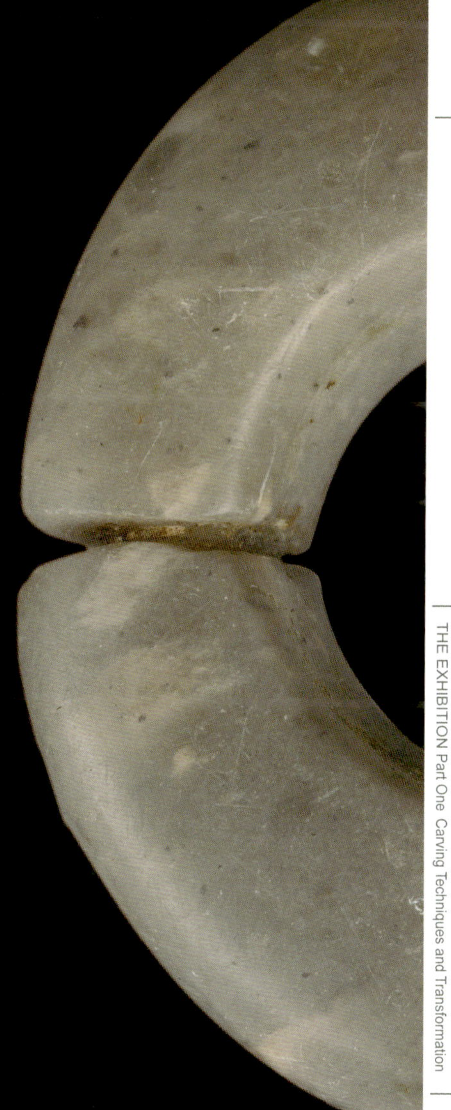

河姆渡文化
直径 3.4 厘米、厚 0.8 厘米
浙江省余姚市田螺山遗址出土（T305 ⑥ :150）
浙江省文物考古研究所藏

Hemudu Culture
D. 3.4 cm; T. 0.8 cm
From Tianluoshan Site of Yuyao City, Zhejiang Province
Collection of Zhejiang Provincial Institute of Cultural Relics and Archaeology

●体型小而厚，外缘规整。中孔双面对钻。玦口由两侧向中间切割，未切断。

Jade Spinning Wheel

玉纺轮

河姆渡文化
直径 4.3 厘米、厚 0.7 厘米
浙江省余姚市田螺山遗址出土（T003⑥:1）
浙江省文物考古研究所藏

Hemudu Culture
D. 4.3 cm; T. 0.7 cm
From Tianluoshan Site of Yuyao City, Zhejiang Province
Collection of Zhejiang Provincial Institute of Cultural Relics and Archaeology

●褐黄色。呈扁平圆饼形，中间有一单面钻圆孔，表面留有片切割和打磨的痕迹。

A Set of Six Jade Hairpins with Engraved Lines

刻纹骨笄

河姆渡文化
a：长 14.1 厘米、宽 1.1 厘米、厚 0.7 厘米（T406⑧:4）
b：长 15.3 厘米、宽 0.7 厘米、厚 0.4 厘米（T005⑥:1）
c：长 15.3 厘米、宽 1.4 厘米、厚 0.3 厘米（T005⑦:11）
d：长 14.8 厘米、宽 1.4 厘米、厚 0.8 厘米（T106⑧:7）
e：长 14 厘米、宽 1.9 厘米、厚 0.8 厘米（T305⑥:12）
f：长 10.4 厘米、宽 1.8 厘米、厚 0.4 厘米（T307⑦:2）
浙江省余姚市田螺山遗址出土
浙江省文物考古研究所藏

Hemudu Culture
a: L. 14.1 cm; W. 1.1 cm; T. 0.7 cm
b: L. 15.3 cm; W. 0.7 cm; T. 0.4 cm
c: L. 15.3 cm; W. 1.4 cm; T. 0.3 cm
d: L. 14.8 cm; W. 1.4 cm; T. 0.8 cm
e: L. 14 cm; W. 1.9 cm; T. 0.8 cm
f: L. 10.4 cm; W. 1.8 cm; T. 0.4 cm
From Tianluoshan Site of Yuyao City, Zhejiang Province
Collection of Zhejiang Provincial Institute of Cultural Relics and Archaeology

●上刻弦纹、麦穗纹、折线纹等细密繁复的纹饰并钻孔。部分骨笄打磨光滑。

a　b　c

A Set of Six Shark Teeth as Jade-Carving Tools

鲨鱼牙雕刻器

河姆渡文化
宽 1.4—2.7 厘米、高 1.8—2.2 厘米
浙江省余姚市田螺山遗址出土（T203 ⑧ :4 ）
浙江省文物考古研究所藏

Hemudu Culture
W. 1.4-2.7 cm; H. 1.8-2.2 cm
From Tianluoshan Site of Yuyao City, Zhejiang Province
Collection of Zhejiang Provincial Institute of Cultural Relics and Archaeology

●略呈三角形。表面具有光泽的釉质层。边缘有粗糙的锯齿，尖峰锐利。经过人为加工，部分牙齿上可见钻孔。有观点认为此组鲨鱼牙是刻纹工具。

d

e

f

Jade Pendant in Arc Shape (*Huang*)

玉璜

马家浜文化

长 14.9 厘米、中宽 1.3 厘米、中厚 0.4 厘米
江苏省江阴市祁头山遗址出土（H1:2）
江阴市博物馆藏

Majiabang Culture
L. 14.9 cm; MW. 1.3 cm; MT. 0.4 cm
From Qitoushan Site of Jiangyin City, Jiangsu Province
Collection of Jiangyin Museum

●晶状灰白绿色，呈桥状条形，形体细长，弯曲较甚。璜体中段窄厚，两端较宽薄。已残断，未残的一端对钻两孔。

●马家浜文化是环太湖地区一支与河姆渡文化南北并存的考古学文化，距今约 7000—6000 年。其玉器选料多为石英，器类以玦、璜、管为代表，用作耳部、颈部、胸部及手腕处的装饰。

●略呈桥形，中段平直，两端上翘，一端有一未钻透的钻孔，另一端的孔分两次钻成。上翘处的顶面各有一牛鼻形穿孔。

Jade Pendant (*Huang*)

玉璜

马家浜文化
长 16.4 厘米、中宽 1.9 厘米
江苏省江阴市祁头山遗址出土（T1325②:1）
江阴市博物馆藏

Majiabang Culture
L. 16.4 cm; MW. 1.9 cm
From Qitoushan Site of Jiangyin City, Jiangsu Province
Collection of Jiangyin Museum

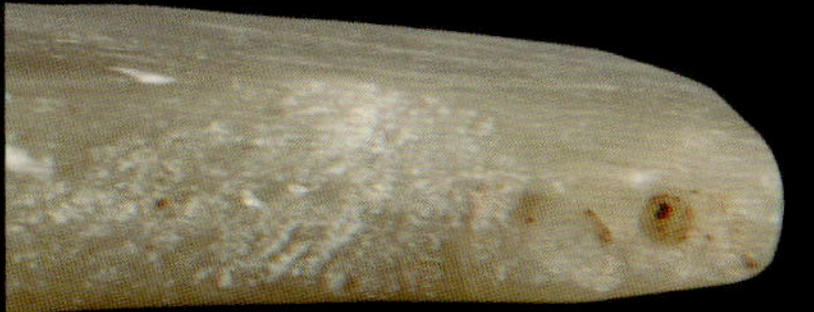

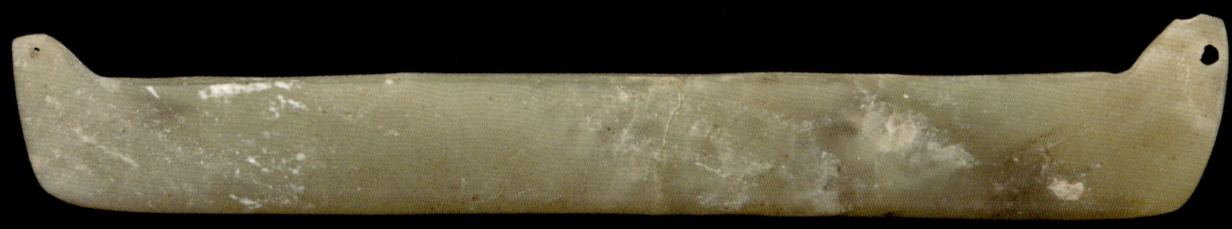

Jade Pendant in Arc Shape (*Huang*) in Two Pieces

玉璜

马家浜文化
长 12 厘米、中宽 2 厘米
江苏省江阴市祁头山遗址出土（H1:1）
江阴市博物馆藏

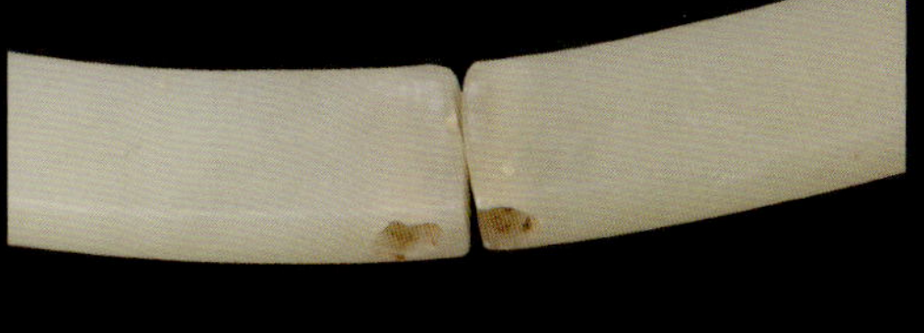

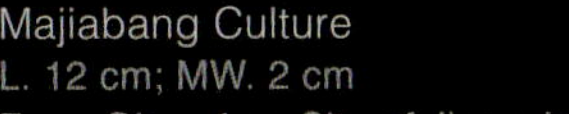

Majiabang Culture
L. 12 cm; MW. 2 cm
From Qitoushan Site of Jiangyin City, Jiangsu Province
Collection of Jiangyin Museum

●乳白色，弯条形，弧度不大，两端各有一穿孔。该璜曾经断裂，断面经打磨后，在断裂处两端钻一通天孔，横穿璜体，可用绳类加以连接。孔为对钻孔，有长期挂带磨损的痕迹。

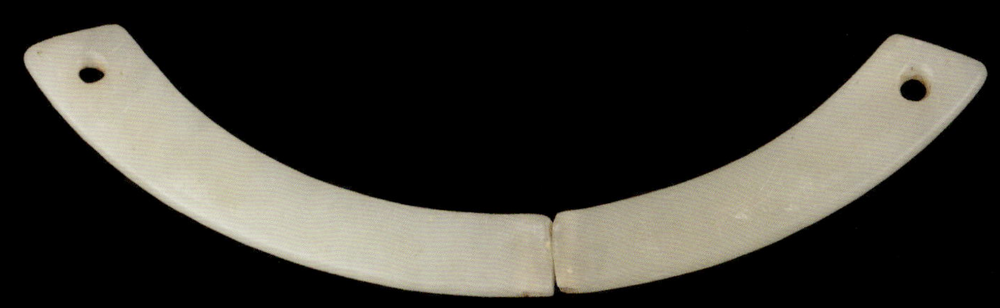

Jade Slotted Ring (*Jue*)
玉玦

马家浜文化
上径 2 厘米、下径 1.9 厘米、高 1.9 厘米
江苏省江阴市祁头山遗址出土（M54:3）
江阴市博物馆藏

Majiabang Culture
Top D. 2 cm; Bot D. 1.9 cm; H. 1.9 cm
From Qitoushan Site of Jiangyin City, Jiangsu Province
Collection of Jiangyin Museum

●黄绿色，球管形，表面有三周凸棱旋转装饰。玦口开口线较长，孔部为由上至下的单面钻，内部钻痕明显。

●球管形玦是马家浜文化早期典型的耳饰类型。

Jade Slotted Ring (*Jue*)
玉玦

马家浜文化
长径 1.8 厘米、短径 1.3 厘米、厚 0.7 厘米
江苏省江阴市祁头山遗址出土（M15:2）
江阴市博物馆藏

Majiabang Culture
Long D. 1.8 cm; Short D. 1.3 cm; T. 0.7 cm
From Qitoushan Site of Jiangyin City, Jiangsu Province
Collection of Jiangyin Museum

●鸡骨白色，扁圆形，体小但厚重。玦孔单面管钻，玦口不规整。

Jade Slotted Ring (*Jue*)
玉玦

马家浜文化
上径 1.4 厘米、下径 1.3 厘米、高 1.9 厘米
江苏省江阴市祁头山遗址出土（M13:4）
江阴市博物馆藏

Majiabang Culture
Top D. 1.4 cm; Bot D. 1.3 cm; H. 1.9 cm
From Qitoushan Site of Jiangyin City, Jiangsu Province
Collection of Jiangyin Museum

●鸡骨白色，整体呈柱形，截面呈 C 形，玦口内部及玦孔内打磨光滑。

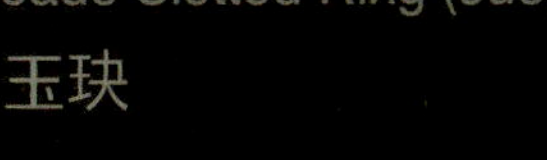

Jade Slotted Ring (*Jue*)
玉玦

马家浜文化
上径 1.3 厘米、高 1.7 厘米
江苏省江阴市祁头山遗址出土（M51:3）
江阴市博物馆藏

Majiabang Culture
Top D. 1.3 cm; H. 1.7 cm
From Qitoushan Site of Jiangyin City, Jiangsu Province
Collection of Jiangyin Museum

●青绿色，体呈圆台形，上台面较小，下台面较大。玦口开口线较长，玦孔为单面管钻。

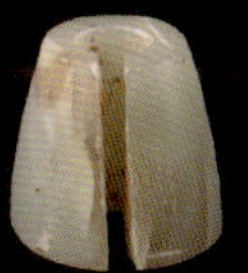

Jade Slotted Ring (*Jue*) in Bangle Shape
大孔镯形玉玦

马家浜文化
外径 8 厘米、内径 7 厘米
浙江省杭州市余杭区梅园里遗址出土（M6:3）
浙江省文物考古研究所藏

Majiabang Culture
OD. 8 cm; ID. 7 cm
From Meiyuanli Site of Yuhang District, Hangzhou City, Zhejiang Province
Collection of Zhejiang Provincial Institute of Cultural Relics and Archaeology

●乳白色。器形与环状镯接近，一侧线切割形成一小缺口。直径较大，玦体和内圆周壁斜收明显。出土时位于墓主手腕部位。

Jade Pendant in Arc Shape (*Huang*)

玉璜

崧泽文化
长 5.85 厘米、宽 2.75 厘米、厚 0.4 厘米
浙江省嘉兴市南河浜遗址出土（M78:5）
浙江省文物考古研究所藏

Songze Culture
L. 5.85 cm; W. 2.75 cm; T. 0.4 cm
From Nanhebang Site of Jiaxing City, Zhejiang Province
Collection of Zhejiang Provincial Institute of Cultural Relics and Archaeology

●透闪石软玉，沁成白色，夹杂黑色沁斑。璜为半璧形，边缘不规整，一面为平面，一面为弧面，两端各钻一小孔。

●崧泽文化距今约 5900—5300 年，其玉器主要用透闪石和阳起石等软玉制作，与此前马家浜文化多采用玉髓类“美石”有质的区别。玉璜是崧泽文化玉器中数量较多、个体较大的一类，出土时一般位于墓主人的颈部，且墓主多为女性。结合墓葬其他特征综合判断，玉璜可能是地位较高的女性的身份象征。

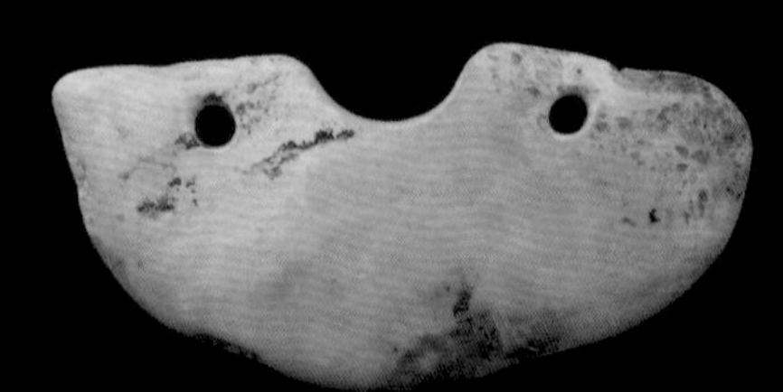

Jade Pendant in Arc Shape (*Huang*)

玉璜

崧泽文化
长 5.5 厘米、宽 1.3 厘米、厚 0.3 厘米
浙江省嘉兴市南河浜遗址出土（M50:3）
浙江省文物考古研究所藏

Songze Culture
L. 5.5 cm; W. 1.3 cm; T. 0.3 cm
From Nanhebang Site of Jiaxing City, Zhejiang Province
Collection of Zhejiang Provincial Institute of Cultural Relics and Archaeology

●沁成鸡骨白色，片状。外廓呈弧形，内缘较平直。两端呈尖角状，各有一钻孔。

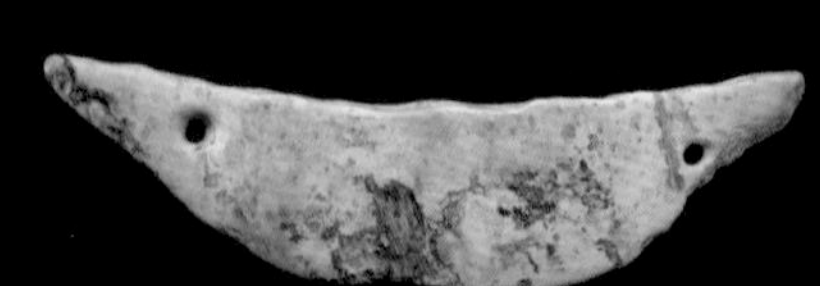

Jade Bangle
玉镯

崧泽文化
外径 8.7 厘米、内径 6.3 厘米
浙江省嘉兴市南河浜遗址出土（M96:5）
浙江省文物考古研究所藏

Songze Culture
OD. 8.7 cm; ID. 6.3 cm
From Nanhebang Site of Jiaxing City, Zhejiang Province
Collection of Zhejiang Provincial Institute of Cultural Relics and Archaeology

●墨绿色闪玉。窄环形，体较厚，横截面略呈三角形。玉镯曾自然断裂成两个半环，后在两个自然断裂面的两侧各用线切割法锯出沟槽，用以缚系。

●崧泽文化玉镯分为整体玉镯和分体玉镯两种。分体玉镯最初可能是将无意打断的玉镯重新缀连，后发展成将完整玉镯有意锯开再连接使用的特色。

Jade Bangle
玉镯

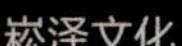

崧泽文化
外径 9 厘米、内径 5.2 厘米
浙江省嘉兴市南河浜遗址出土（M78:7）
浙江省文物考古研究所藏

Songze Culture
OD. 9 cm; ID. 5.2 cm
From Nanhebang Site of Jiaxing City, Zhejiang Province
Collection of Zhejiang Provincial Institute of Cultural Relics and Archaeology

●闪玉，沁成灰白色。镯体宽扁，内缘较厚，外缘扁薄。玉镯由两段拼合而成，一处断面为人为切割开，较整齐；另一处断面为自然断裂，不甚齐整。两断面处各有一对钻孔，用来系缚。

Jade Wide Axe (*Yue*)

玉钺

崧泽文化

长 15.2 厘米、刃宽 6.6 厘米、顶端宽 4.3 厘米、最大厚度 1.4 厘米、孔径 1.2 厘米

浙江省嘉兴市南河浜遗址出土（M61:8）

浙江省文物考古研究所藏

Songze Culture

L. 15.2 cm; Blade W. 6.6 cm; Top W. 4.3 cm; Max T. 1.4 cm; Bore D. 1.2 cm

From Nanhebang Site of Jiaxing City, Zhejiang Province

Collection of Zhejiang Provincial Institute of Cultural Relics and Archaeology

●青绿色闪玉，含灰白色沁斑。整体略呈窄梯形，较厚重。上端斜直，有一对钻成的孔；刃部呈圆弧形。

●玉钺的出现，反映出崧泽文化玉器在装饰功能之外衍生出一定的礼制功能。崧泽文化墓地出土玉器的数量、种类和质量，已经具有标识墓葬和聚落等级的内涵。

Jade Pendant in Arc Shape (*Huang*)

玉璜

凌家滩文化

外径 11.4 厘米、内径 6 厘米、高 5.4 厘米、厚 0.5 厘米
安徽省马鞍山市含山县凌家滩遗址出土（87M12:11）
安徽省文物考古研究所藏

Lingjiatan Culture
OD. 11.4 cm; ID. 6 cm; H. 5.4 cm; T. 0.5 cm
From Lingjiatan Site of Hanshan County, Ma'anshan City, Anhui Province
Collection of Anhui Provincial Institute of Cultural Relics and Archaeology

●乳白色夹杂青灰色斑，表面琢磨光滑。璜体为半璧形，截面呈扁方形，平直两端各有一钻孔。外弧缘近中点处琢出一伞盖状凸饰，凸饰与璜相连处琢出一凹槽。

●玉璜是凌家滩文化最具代表性的一类器物，有条形、桥形、半璧形等多种形式，有的璜外缘还有锯齿或出廓。凌家滩文化墓葬中，玉璜多成组出现，与玉管、玉环等配套使用。亦有玉璜从中部断开，以榫卯方式拼合使用的现象，有学者推测可能与氏族部落之间的结盟、联姻有关。

Jade Slotted Ring (*Jue*)

玉玦

凌家滩文化

外径 2.4—2.6 厘米、内径 1.15 厘米、厚 0.3 厘米
安徽省马鞍山市含山县凌家滩遗址出土（07M23:59）
安徽省文物考古研究所藏

Lingjiatan Culture
OD. 2.4-2.6 cm; ID. 1.15 cm; T. 0.3 cm
From Lingjiatan Site of Hanshan County, Ma'anshan City, Anhui Province
Collection of Anhui Provincial Institute of Cultural Relics and Archaeology

●宽窄、薄厚不一，形状不甚规整。玦孔双面钻，玦口未打磨。

●凌家滩文化出土玉玦数量多、使用情况多样。有的出土于墓主头端，用作耳饰，也有的和玉环等构成组配饰。这件玉玦出土时与数十件玉玦成组置于墓主胸部以上部位，故推测其当时可能缝缀在织物上。

Jade Human Figure
玉人

凌家滩文化
宽 2.3 厘米、高 8.1 厘米、厚 0.8 厘米
安徽省马鞍山市含山县凌家滩遗址出土（98M29:14）
安徽省文物考古研究所藏

Lingjiatan Culture
W. 2.3 cm; H. 8.1 cm; T. 0.8 cm
From Lingjiatan Site of Hanshan County, Ma'anshan City, Anhui Province
Collection of Anhui Provincial Institute of Cultural Relics and Archaeology

●玉人长方形脸，长眼，阔鼻，大嘴。两耳宽大，上有镂空耳洞。头戴冠，冠顶有尖状装饰。双臂屈肘举至身前，十指张开，小臂各琢刻八道凹槽，似表示佩戴的臂环。腰部饰斜条带纹，象征腰带。下半身为跪姿，两腿弯曲，双脚并在一起。玉人背面扁平，背部正中偏左处有一牛鼻形穿孔。两小腿之间透雕长圆形镂孔。

●江淮地区自北阴阳营文化与薛家岗文化时期即有玉器出土，至距今 5600—5300 年的凌家滩文化时期达到鼎盛。凌家滩文化玉器数量多、种类丰富、工艺精湛，且几乎全部发现于墓葬中。其玉器可分为两类：一类为玉龟、玉版、玉人等蕴含丰富精神内涵的器物，为特殊阶层的人群所独有；另一类为玦、璜、耳珰、环璧等装饰品，常多件构成组佩，亦有标示身份等级的作用。凌家滩文化玉器具有非常鲜明的自身特色，但同时又与红山文化玉器存在一些共同的文化元素，说明两者存在远程的文化交流。从后世良渚文化玉器的组合、使用方式及葬玉制度上，也可看出凌家滩文化玉器的深远影响。

Jade Tube (*Cong*)

玉琮

良渚文化

射口上径 9.3—9.6 厘米、射口下径 9.27—9.42 厘米、高 3 厘米、孔内径 6.4 厘米

浙江省杭州市余杭区良渚遗址反山墓地出土（M20:121）

浙江省文物考古研究所藏

Liangzhu Culture

Top D. 9.3-9.6 cm; Bot D. 9.27-9.42 cm; H. 3 cm; Bore ID. 6.4 cm

From Fanshan Cemetery of Liangzhu Site of Yuhang District, Hangzhou City, Zhejiang Province

Collection of Zhejiang Provincial Institute of Cultural Relics and Archaeology

●黄褐色，局部夹杂青斑。以四角展开琢刻一节神人纹，填刻两组弦纹。神人眼睛为单圈管钻，有眼角。

●良渚文化玉器种类繁多，其中琮、璧、锥形器、三叉形器、冠状器、柱形器、半圆形器等均为“良渚原创”。玉器在种类和数量上的绝对优势，标志着其制作和使用都达到了中国新石器时代晚期独一无二的高度。

Cylindrical Jade Object

玉柱形器

良渚文化

直径 3.98—4.2 厘米，孔外径上 1.05—1.2 厘米、下 0.8 厘米，孔内径 0.65 厘米，高 1.76 厘米

浙江省杭州市余杭区良渚遗址反山墓地出土（M20:127）

浙江省文物考古研究所藏

Liangzhu Culture

D. 3.98-4.2 cm; Up Bore OD. 1.05-1.2 cm; Bot. Bore OD. 0.8 cm; Bore ID. 0.65 cm; H. 1.76 cm

From Fanshan Cemetery of Liangzhu Site of Yuhang District, Hangzhou City, Zhejiang Province

Collection of Zhejiang Provincial Institute of Cultural Relics and Archaeology

●圆柱状，中间有孔，采用双面实心钻头钻成，其中一面经两次钻成，另一面仅做修整。

Jade Disc (*Bi*)

玉璧

良渚文化

直径 14.1—14.7 厘米、孔径 3.65—4.4 厘米、厚 1.2—1.6 厘米
浙江省杭州市余杭区良渚遗址反山墓地出土（M20:196）
浙江省文物考古研究所藏

Liangzhu Culture
D. 14.1-14.7 cm; Bore D. 3.65-4.4 cm; T. 1.2-1.6 cm
From Fanshan Cemetery of Liangzhu Site of Yuhang District, Hangzhou City, Zhejiang Province
Collection of Zhejiang Provincial Institute of Cultural Relics and Archaeology

●浅墨绿色，夹白色花斑。两面切割痕迹不明显，一面相对平整，另一面的边缘因取料缘故而凹陷。璧孔对钻，孔内保留明显的台状痕迹。

Awl-Shaped Jade Object
玉锥形器

良渚文化
长 15.3 厘米、最大截面 0.86 厘米 × 1.01 厘米
浙江省杭州市余杭区良渚遗址反山墓地出土（M20:67）
浙江省文物考古研究所藏

Liangzhu Culture
L. 15.3 cm; Max Cross-Section 0.86 cm×1.01 cm
From Fanshan Cemetery of Liangzhu Site of Yuhang District, Hangzhou City, Zhejiang Province
Collection of Zhejiang Provincial Institute of Cultural Relics and Archaeology

● 黄褐色。横截面近正方形，器身琢刻两节神人兽面纹。每节神人兽面纹上部都有两道弦纹带绕器身一周，弦纹下以对角展开琢刻神人四个，其下对应兽面纹两个。器下端出短榫，榫上有一对钻的小孔。钻孔方向与锥形器横截面平行。

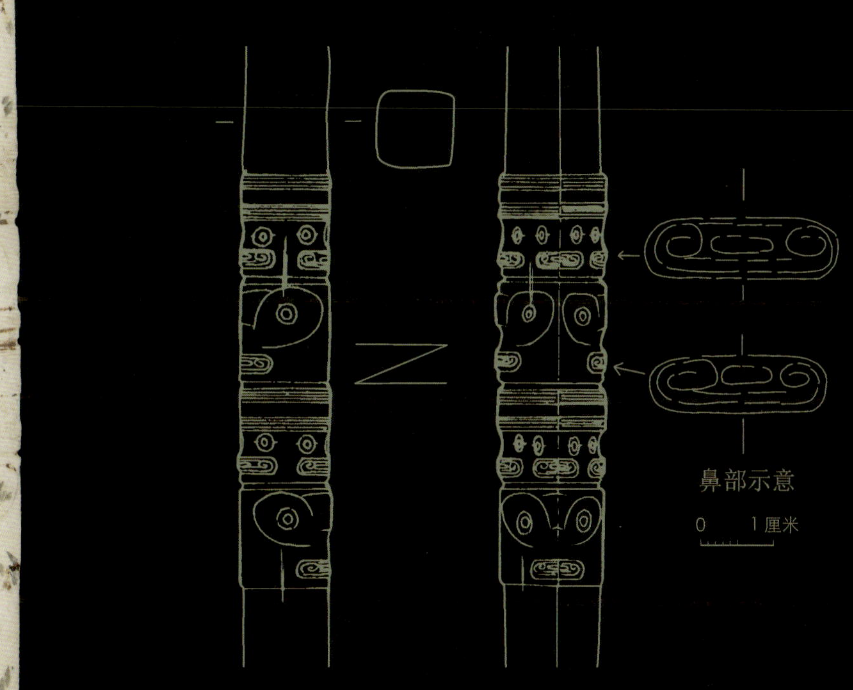

3. 琼林海岱

黄河下游的海岱地区指以泰山为中心的山东及其邻近区域，这一地区的玉器始见于距今 8000 年前后的后李文化。早期玉器数量不多，增长缓慢。直至距今 5500—4500 年的大汶口文化中晚期和距今 4500—3900 年的龙山文化时期，玉器数量剧增。龙山文化时期礼仪用玉数量居多，镶嵌、透雕等工艺极具特色。海岱系玉器对黄河中游、长江中游地区都产生了较大影响，特别是其中的有刃玉器被二里头文化所吸收并加以发展，成为后者体现礼制文化内涵的重要组成部分。

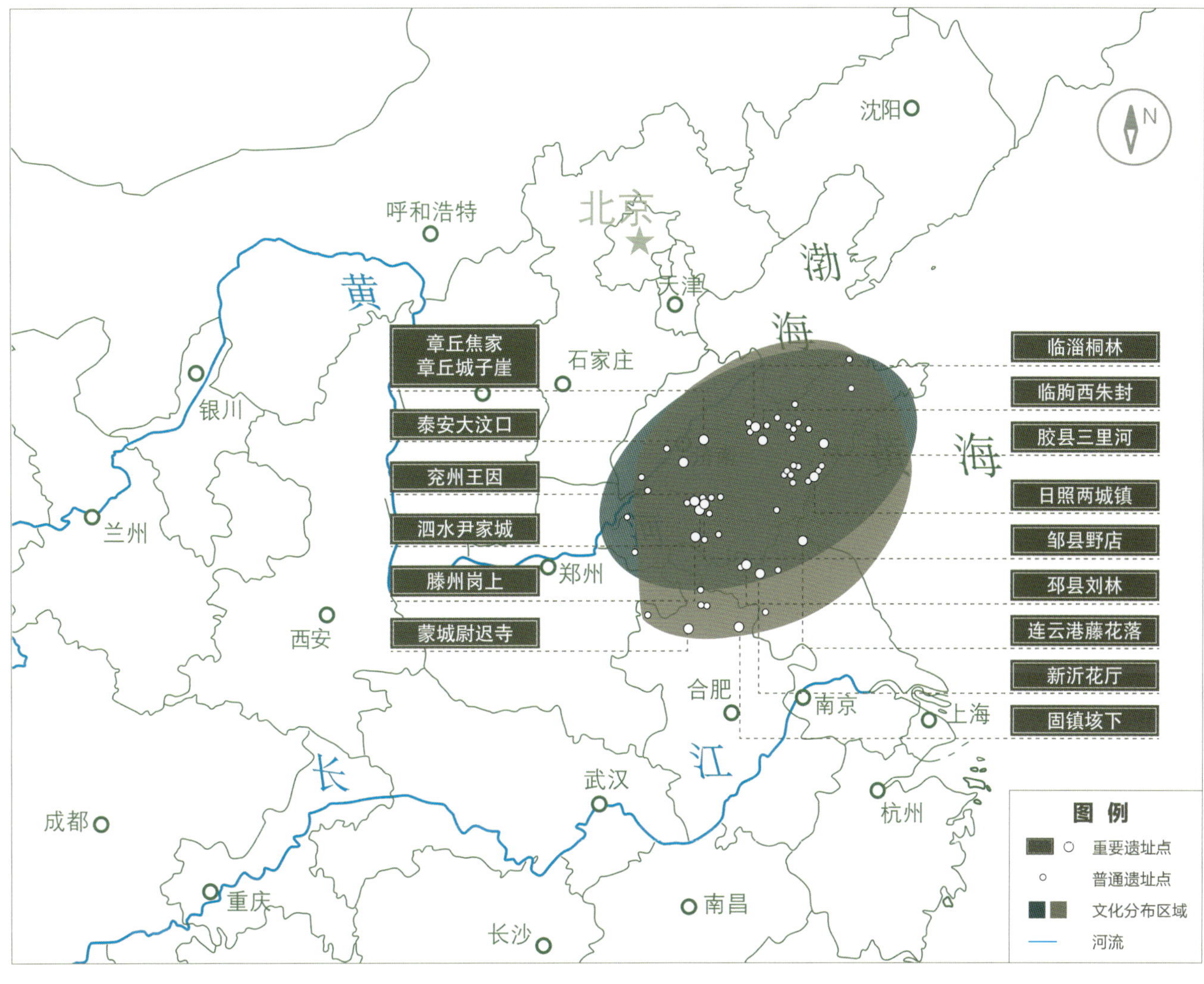

海岱地区主要史前文化分布范围示意图

■ 大汶口文化

泰安大汶口、章丘焦家、滕州岗上、兖州王因、邹县野店、新沂花厅、邳县刘林、蒙城尉迟寺、固镇垓下

■ 龙山文化

章丘城子崖、临朐西朱封、胶县三里河、日照两城镇、泗水尹家城、临淄桐林、连云港藤花落

Notched Jade Disc (*Bi*)
玉牙璧

大汶口文化
外径 3.6 厘米、孔径 1 厘米、厚 0.3—0.4 厘米
山东省济南市平阴县周河遗址出土（M4:21）
山东大学博物馆藏

Dawenkou Culture
OD. 3.6 cm; Bore D. 1 cm; T. 0.3–0.4 cm
From Zhouhe Site of Pingyin County, Jinan City, Shandong Province
Collection of Shandong University Museum

●表面呈灰绿色，整体近似环形。外周有三个牙状凸起，偏于圆周一侧。中心单面管钻一圆孔，近孔缘器体较薄，最厚处靠近外缘，截面呈柳叶形。出土时，牙璧放置于墓主大腿与小腿交界处。此件牙璧为体量较小者，出牙朝向不同，没有明显的旋感，也被称为“出牙玉环”或“异形牙璧”。

●根据出牙数量不同，牙璧有二牙、三牙、四牙、五牙之分，其中三牙者数量最多。牙璧是大汶口文化先民创造的典型玉器，流传时间较长，分布范围较广，尤以龙山时代的山东和辽东半岛最为集中，其形制与功用在不同时代、不同文化中差异显著。

Three-Connected Jade Disc (*Bi*)
玉三连璧

大汶口文化
长 5.5 厘米、宽 2.6 厘米、厚 0.2 厘米
山东省济南市平阴县周河遗址出土（M4:17）
山东大学博物馆藏

Dawenkou Culture
L. 5.5 cm; W. 2.6 cm; T. 0.2 cm
From Zhouhe Site of Pingyin County, Jinan City, Shandong Province
Collection of Shandong University Museum

●器表呈灰色，器体较薄呈长圆形。表面有三个小圆孔，三孔周围琢制出较薄的边缘，再管钻成孔。两长边各有两处凹缺，其内有压磨痕。出土时，三连璧放置在墓主后脑部位，故推测为佩饰。此件连璧三孔大小相近，内、外缘均加工成薄刃状，具有浓厚的红山文化玉器风格。

●连璧有双连璧、三连璧及四连璧三种形制，多见于史前时期的东北地区、海岱地区及江淮地区。

Jade Wide Axe (*Yue*)

玉钺

大汶口文化
长 16.4 厘米、宽 8.2—9.6 厘米、厚 0.5 厘米
山东省济南市章丘区焦家遗址出土（M152:9）
山东大学博物馆藏

Dawenkou Culture
L. 16.4 cm; W. 8.2-9.6 cm; T. 0.5 cm
From Jiaojia Site of Zhangqiu District, Jinan City, Shandong Province
Collection of Shandong University Museum

● 青灰色，满布淡黄色斑纹，透光。平面呈长梯形，上端装柄部较窄，下端斜弧刃较宽。器体中部最厚，两侧缘逐渐变薄。上部中间钻有两个穿孔，上小下大。上孔多次成形，不甚规整，但下孔极其规整。穿孔两侧有几处红色残留物，推测为安装钺柄时所遗留。

● 出土这件玉钺的焦家遗址 152 号墓，是一座大汶口文化中晚期高等级墓葬，墓主为老年男性，葬具为两椁一棺，随葬品包括 27 件陶器、5 件玉器及 7 件骨角蚌器。该墓出土的成组陶礼器和精美玉器，共同构成墓主身份地位的象征。

Jade Pendant
玉坠饰

大汶口文化
长 1.7 厘米、宽 1.2 厘米
山东省济南市章丘区焦家遗址出土（M152:2）
山东大学博物馆藏

Dawenkou Culture
L. 1.7 cm; W. 1.2 cm
From Jiaojia Site of Zhangqiu District, Jinan City, Shandong Province
Collection of Shandong University Museum

●灰绿色，间杂黑色斑纹。素面磨光。整器呈片状圆角梯形，上部中心对钻一小圆孔。

Jade Bangle
玉镯

大汶口文化
外径 14.1 厘米、内径 6.5 厘米、厚 0.4 厘米
山东省济南市章丘区焦家遗址出土（M152:4）
山东大学博物馆藏

Dawenkou Culture
OD. 14.1 cm; ID. 6.5 cm; T. 0.4 cm
From Jiaojia Site of Zhangqiu District, Jinan City, Shandong Province
Collection of Shandong University Museum

●牙白色，不透光。器呈圆环状，素面磨光，厚薄均匀，两面不同程度留有切割凹痕。中孔对钻，经过打磨。从这件玉镯的出土位置看，应是作为配饰套在男性墓主的右臂上。

●大汶口文化玉器可分为礼器和装饰品两大类，其中礼器以钺为主，还有少量刀，装饰品常见镯、指环、串饰和耳坠等。

Jade Finger Ring
玉指环

大汶口文化
外径 3.6 厘米、内径 2.25 厘米、厚 1.8 厘米
山东省济南市章丘区焦家遗址出土（M152:5）
山东大学博物馆藏

Dawenkou Culture
OD. 3.6 cm; ID. 2.25 cm; T. 1.8 cm
From Jiaojia Site of Zhangqiu District, Jinan City, Shandong Province
Collection of Shandong University Museum

●灰绿色。体宽且厚，内壁平直，外壁弧凸，其上有一牛鼻形穿孔。

Jade Bangle
玉镯

大汶口文化
外径 11.3 厘米、孔径 6.5 厘米
山东省济南市章丘区焦家遗址出土（M91:54）
山东大学博物馆藏

Dawenkou Culture
OD. 11.3 cm; Bore D. 6.5 cm
From Jiaojia Site of Zhangqiu District, Jinan City, Shandong Province
Collection of Shandong University Museum

●牙白色，间杂少量黄褐色斑纹。大略呈圆饼状，近圆角方形，中孔大，边缘四等分处有极浅的宽凹槽。磨制不甚圆整，推测是为陪葬而临时制作的。

●焦家遗址玉镯有圆饼状、圆箍状、四角环状三种。

Jade Bangle

玉镯

大汶口文化
外径 5.5 厘米、孔径 4.5 厘米
山东省济南市章丘区焦家遗址出土（M91:48）
山东大学博物馆藏

Dawenkou Culture
OD. 5.5 cm; Bore D. 4.5 cm
From Jiaojia Site of Zhangqiu District, Jinan City, Shandong Province
Collection of Shandong University Museum

●牙白色。圆箍状，横截面近长方形。加工精细，棱角经过磨圆。器体有四处断裂，两处裂缝部位两侧均钻有锥形穿孔。

●这种在断裂处加钻小孔用以连缀的修复方法，也普遍见于晋南地区清凉寺墓地中的璧环类玉石器上。

Jade Bangle

玉镯

大汶口文化
外径 7.7 厘米、孔径 6 厘米、厚 1.5 厘米
山东省济南市章丘区焦家遗址出土（M91:56）
山东大学博物馆藏

Dawenkou Culture
OD. 7.7 cm; Bore D. 6 cm; T. 1.5 cm
From Jiaojia Site of Zhangqiu District, Jinan City, Shandong Province
Collection of Shandong University Museum

●黄白色，素面磨光。平面为圆环状，剖面近似长方形。镯体较窄，棱角分明。

Jade Ring (*Huan*)

玉环

大汶口文化
外径 6 厘米、中孔径 1.5 厘米、小孔径 0.6 厘米
山东省济南市章丘区焦家遗址出土（M91:46）
山东大学博物馆藏

Dawenkou Culture
OD. 6 cm; Central Hole D. 1.5 cm; Small Hole D. 0.6 cm
From Jiaojia Site of Zhangqiu District, Jinan City, Shandong Province
Collection of Shandong University Museum

●牙白色，素面磨光。平面呈圆饼状，中间厚，边缘薄。中心钻一圆孔，两侧钻两个小圆孔。孔皆为单面钻。

Stemmed Jade Ring (*Huan*)

高体玉环

大汶口文化
外径 4.9 厘米、孔径 2.5 厘米、高 2.3 厘米
山东省济南市章丘区焦家遗址出土（M91:47）
山东大学博物馆藏

Dawenkou Culture
OD. 4.9cm; Bore D. 2.5 cm; H. 2.3 cm
From Jiaojia Site of Zhangqiu District, Jinan City, Shandong Province
Collection of Shandong University Museum

●牙白色，局部呈淡绿色。表面光素，磨制精细。器体中部内收，呈亚腰形。中孔单面钻，内壁有红色残留物。顶面和底面均有切割痕。

Turquoise Pendant
绿松石坠饰

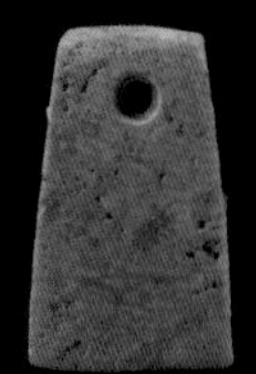

大汶口文化
长 2.3 厘米、宽 1.4 厘米
山东省济南市章丘区焦家遗址出土（M91:53）
山东大学博物馆藏

Dawenkou Culture
L. 2.3 cm; W. 1.4 cm
From Jiaojia Site of Zhangqiu District, Jinan City, Shandong Province
Collection of Shandong University Museum

●蓝绿色，表面光素。整器呈梯形，棱角分明。上部中间对钻一小圆孔。

●大汶口文化绿松石应用较为发达。该时期绿松石制品普遍较小，以片状居多，主要用作人体配饰和镶嵌物料。从大汶口文化中期开始，绿松石制品逐渐成为象征身份等级的珍贵物品。

Awl-Shaped Jade Object
玉锥形器

大汶口文化
长 4.8 厘米、体径 1 厘米
山东省济南市章丘区焦家遗址出土（M188:1）
山东大学博物馆藏

Dawenkou Culture
L. 4.8 cm; Body D. 1 cm
From Jiaojia Site of Zhangqiu District, Jinan City, Shandong Province
Collection of Shandong University Museum

●牙白色，素面磨光。略呈圆柱体，顶端为小尖头，尾端有小突榫，其上有对钻圆孔。

●玉锥形器常见于大汶口文化和良渚文化，区别在于，前者不如后者制作精细，且大汶口文化绝大多数玉锥形器尾端无孔，这表明二者的使用方法不同。大汶口文化玉器虽受良渚文化影响，但其自身特有的器类、技艺仍自成一系。

Jade Blade

玉刀

龙山文化

长 16.1 厘米、宽 7.8—8.1 厘米、厚 0.06—0.15 厘米
山东省济宁市泗水县尹家城遗址出土（M139:11）
山东大学博物馆藏

Longshan Culture
L. 16.1 cm; W. 7.8-8.1cm; T. 0.06-0.15cm
From Yinjiacheng Site of Sishui County, Jining City, Shandong Province
Collection of Shandong University Museum

●黄绿色，半透明。素面无纹，通体磨制精细。器体为薄片状，平面近长方形。顶端平直，保留有棱状切割痕，近一端中部有一小圆孔，孔为双面实心钻头对钻而成。两长边笔直，下端为双面刃，刃部微外弧，右侧边中下部呈锋利的单面刃。

●值得注意的是，这种除刃部外，两侧边也不同程度呈刃状的现象，在黄河流域龙山文化时期的薄片状有刃器中普遍存在。

Jade Scepter (*Zhang*)
玉牙璋

龙山文化
长 27.5 厘米、刃宽 7.2 厘米、厚 0.5 厘米
山东省海阳市司马台遗址出土
海阳市博物馆藏

Longshan Culture
L. 27.5 cm; Blade W. 7.2 cm; T. 0.5 cm
From Simatai Site of Haiyang City, Shandong Province
Collection of Haiyang Museum

●墨玉质，质地细腻，有灰褐色斑点。器体扁薄，两侧边缘呈修长凹弧形。上端刃部内凹，两尖一高一低；端下部短柄正中有一穿孔。器体与短柄结合处，两侧向外伸出扉牙。

●牙璋是龙山文化最具代表性的礼器之一，也是参与和见证“早期中国”形成的重要物质载体。这件山东龙山文化的牙璋与陕西石峁遗址出土的牙璋如出一辙，两者的关系尚无定论。

Collared Disc (*Bi*)
有领玉璧

龙山文化
外径 11.7 厘米、内径 6.6 厘米
山东省海阳市司马台遗址出土
海阳市博物馆藏

Longshan Culture
OD. 11.7 cm; ID. 6.6 cm
From Simatai Site of Haiyang City, Shandong Province
Collection of Haiyang Museum

● 墨玉质，圆环状。中孔较大，内侧壁上下延展成筒形。

● 有领玉璧在司马台遗址与牙璋同组共出。这种玉器组合较为特殊，其内涵有待进一步研究。

4. 玥凝江汉

江汉平原与洞庭湖地区玉器的使用可追溯至距今约6000多年前的大溪文化早期,器形有玦、璜、管、珠等。距今5100—4500年的屈家岭文化时期,高级墓葬中随葬的各种玉器与大型制玉作坊的发现,显示出史前玉器在制作方面有了显著发展。至距今4200—3800年的肖家屋脊文化时期,长江中游史前玉器的发展达到高峰。玉器主要出土于非本区域文化传统的瓮棺葬中,玉器形制以圆雕和浮雕的各种人头像及动物形玉饰为主,构思巧妙,极富创造性,呈现出“本地造、非传统”的特征,显示出江汉地区与黄河流域的文化交融。

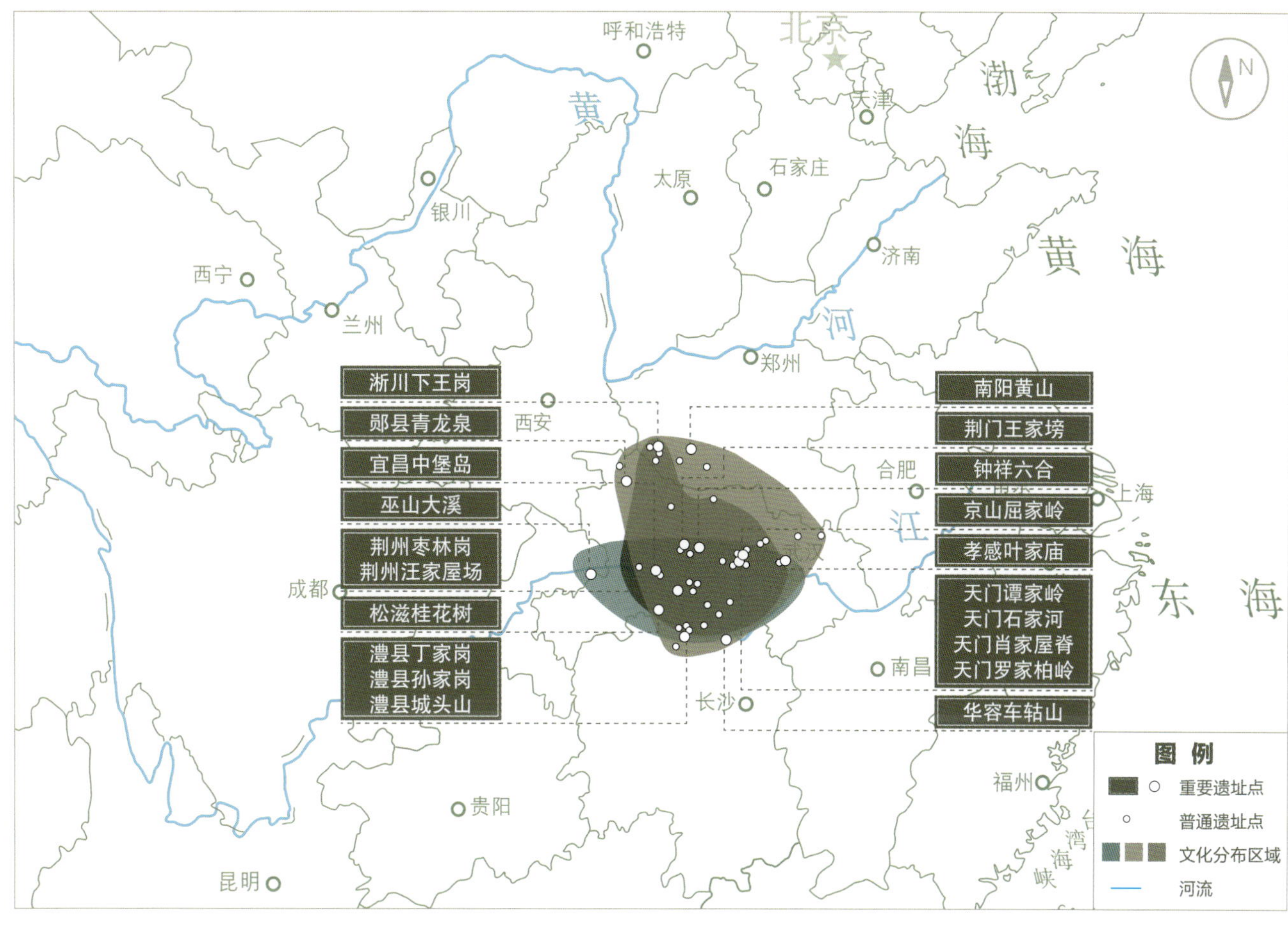

江汉地区主要史前文化分布示意图

大溪文化

澧县丁家岗、澧县城头山、华容车轱山、松滋桂花树、巫山大溪

屈家岭文化

京山屈家岭、天门谭家岭、天门肖家屋脊、宜昌中堡岛、郧县青龙泉、孝感叶家庙、荆门王家垴、澧县城头山、淅川下王岗、南阳黄山

肖家屋脊文化

天门石家河、天门肖家屋脊、天门罗家柏岭、天门谭家岭、钟祥六合、荆州枣林岗、荆州汪家屋场、澧县孙家岗

Arc-Shaped Jade Pendants (*Huang*)
玉璜

大溪文化
a：长 9.85 厘米、径 1.1—1.25 厘米
b：长 9.35 厘米、径 1.25—1.4 厘米
湖南省常德市澧县城头山遗址出土（M678:1）
湖南省文物考古研究院藏

●乳黄色，玉质半透明。弯条状，截面略呈三角形，两端各有一对钻孔。

●大溪文化玉器数量不多，种类较少，主要有玦、条形璜、片状璜、耳饰等，基本为素面，切割、琢制和钻孔技术略显粗糙。玉器器形和制玉工艺总体上与同时期长江下游地区玉器相似度较高，属于同一技术系统。

Daxi Culture
a: L. 9.85 cm; D. 1.1-1.25 cm
b: L. 9.35 cm; D. 1.25-1.4 cm
From Chengtoushan Site of Lixian County, Changde City, Hunan Province
Collection of Hunan Provincial Institute of Cultural Relics and Archaeology

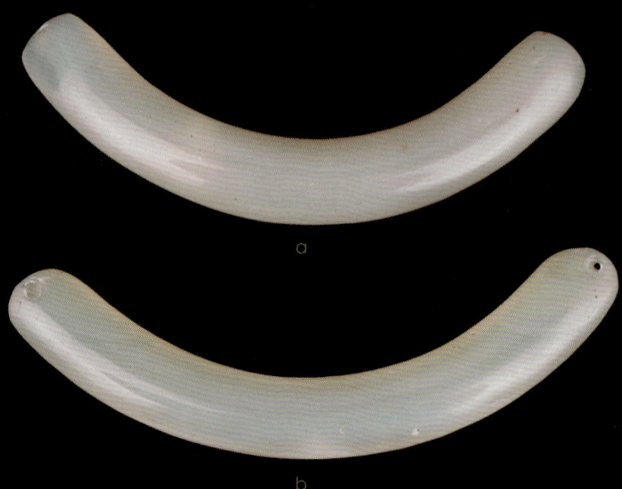

a

b

Jade Slotted Ring (*Jue*)
玉玦

大溪文化
外径 3 厘米、内径 1.2 厘米、厚 0.65 厘米
湖南省常德市澧县城头山遗址出土（T3076⑥:9）
湖南省文物考古研究院藏

●器形较扁薄，截面呈长方形。玦口不甚整齐，但玦孔规整，孔内壁有打磨痕迹。

Daxi Culture
OD. 3 cm; ID. 1.2 cm; T. 0.65 cm
From Chengtoushan Site of Lixian County, Changde City, Hunan Province
Collection of Hunan Provincial Institute of Cultural Relics and Archaeology

Jade Wide Axe (*Yue*)
玉钺

屈家岭文化
长22—25厘米、刃宽13厘米、厚0.4—0.8厘米、孔径2.3厘米
湖北省荆门市沙洋县王家塝墓地出土（M155:1）
中国社会科学院考古研究所藏

Qujialing Culture
L. 22-25 cm; Blade W. 13 cm; T. 0.4-0.8 cm; Bore D. 2.3 cm
From Wangjiabang Cemetery of Shayang County, Jingmen City, Hubei Province
Collection of the Institute of Archaeology, Chinese Academy of Social Sciences

●青色，色泽光润，通体磨制光滑。体薄，略呈梯形。顶面较平，略残损，近顶端中部对钻一个圆形穿孔。刃端弧，刃缘锐利。钺身上部的一面及圆孔内残存朱砂痕。玉钺随葬在男性墓主右股骨附近，其旁留有红色漆柄痕迹。

Jade Wide Axe (*Yue*)

玉钺

屈家岭文化
长 17 厘米、宽 5.8—8.3 厘米、最厚 0.6 厘米
河南省南阳市黄山遗址出土（M18:1）
河南省文物考古研究院藏

Qujialing Culture
L. 17 cm; W. 5.8-8.3 cm; Max T. 0.6cm
From Huangshan Site of Nanyang City, Henan Province
Collection of Henan Provincial Institute of Culture Heritage and Archaeology

●独山青花玉质地，近长条圭形状。两侧边磨成直边，两面刃，刃薄且锋利。一端有两个圆形对钻孔。钺柄灰痕上穿有一牙黄色近椭圆管状的骨镈，骨镈近上端刻磨两周凹槽。

●在黄山遗址屈家岭文化的高等级大墓中，随葬有大量的猪下颌骨、玉钺、弓箭、象牙器及少量陶器，体现出其社会成员的等级划分。

Arc-Shaped Jade Pendant (*Huang*)
玉璜

屈家岭文化
长 14.3 厘米、宽 1.1—1.4 厘米、厚 0.3—0.9 厘米
河南省南阳市黄山遗址出土（M172:1）
河南省文物考古研究院藏

Qujialing Culture
L. 14.3 cm; W. 1.1-1.4 cm; T. 0.3-0.9 cm
From Huangshan Site of Nanyang City, Henan Province
Collection of Henan Provincial Institute of Culture Heritage and Archaeology

●白玉，质细腻。体窄长而厚，向两端渐薄。两端各有一较大对钻孔。在近中部断为两截，断面经磨制，断口两侧纵向各钻一孔以穿线捆缚。

●黄山遗址出土大量玉器、玉料以及与玉器加工相关的遗迹遗物，显示出屈家岭文化的玉石器制作已具有专门化、规模化特征。

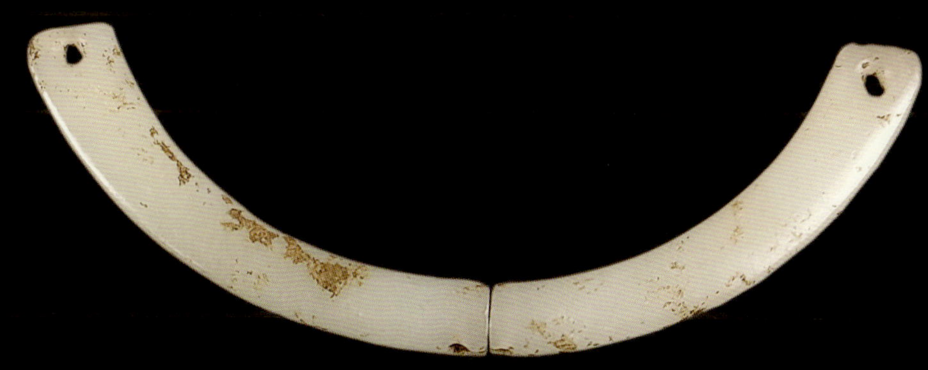

Jade Cicada
玉蝉

肖家屋脊文化
长 2.7 厘米、宽 1.5 厘米
湖北省荆州市枣林岗遗址出土（JZWM37:3）
荆州博物馆藏

Xiaojiawuji Culture
L. 2.7 cm; W. 1.5 cm
From Zaolingang Site of Jingzhou City, Hubei Province
Collection of Jingzhou Museum

●红褐色。蝉雕于一块厚玉片上，正面浮雕，背面光素。蝉头部口吻凸出呈“介”字形，双目近似菱形，颈部两侧略向内凹。蝉翼收拢于身侧，翼尖略向外翘。蝉颈与身之间有一道凸棱，颈部左右两侧有一对贯穿的隧孔。

Jade Cicada
玉蝉

肖家屋脊文化
长 3 厘米、宽 2 厘米
湖北省荆州市枣林岗遗址出土(JZWWM1:3)
荆州博物馆藏

Xiaojiawuji Culture
L. 3 cm; W. 2 cm
From Zaolingang Site of Jingzhou City, Hubei Province
Collection of Jingzhou Museum

●灰白色，磨制光滑。蝉雕于一块薄玉片上，正面浮雕，背面光素。蝉体较宽，平面近似长方形，颈与身之间有一条横向凸棱，中脊处有一条纵向凸棱。头部顶端为蝉的口吻，凸出呈“介”字形。双目椭圆，位于头部两侧。双翼未精细刻画，与身融为一体，翼尖略向外撇。

Jade Cicada
玉蝉

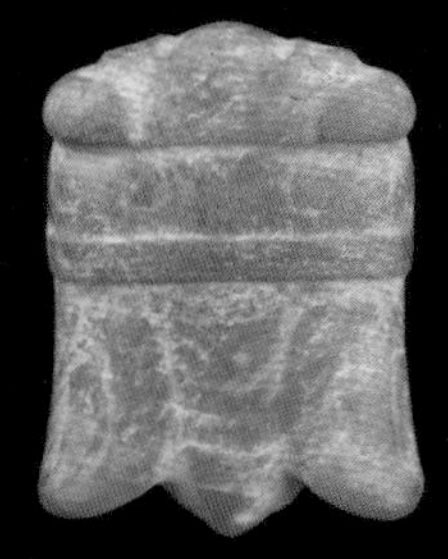

肖家屋脊文化
长 2.5 厘米、宽 2 厘米、厚 0.9 厘米
湖北省天门市肖家屋脊遗址出土（W6:12）
湖北省博物馆藏

Xiaojiawuji Culture
L. 2.5 cm; W. 2 cm; T. 0.9 cm
From Xiaojiawuji Site of Tianmen City, Hubei Province
Collection of Hubei Provincial Museum

●黄绿色，表面有粉状白斑。蝉雕于一块厚玉片上，正面浮雕，背面中间自上而下有一道凹槽，槽下端有细密而平行的横线刻纹。蝉头部口吻凸出，双目近似椭圆形。颈部较宽，左右两侧各饰一对反向的卷云纹，颈后部有五道平行的细凸线纹。蝉体较宽肥，双翼收合叠于背上，翼面上有两条筋脉纹，翼尖向上和向外弯翘，翼间露出带节的蝉身。

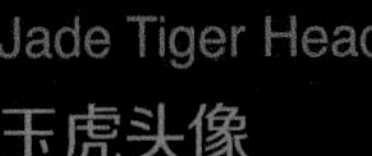

Jade Tiger Head
玉虎头像

肖家屋脊文化
长 2.8 厘米、宽 3.4 厘米、厚 1.1 厘米
湖北省天门市肖家屋脊遗址出土（W6:53）
湖北省博物馆藏

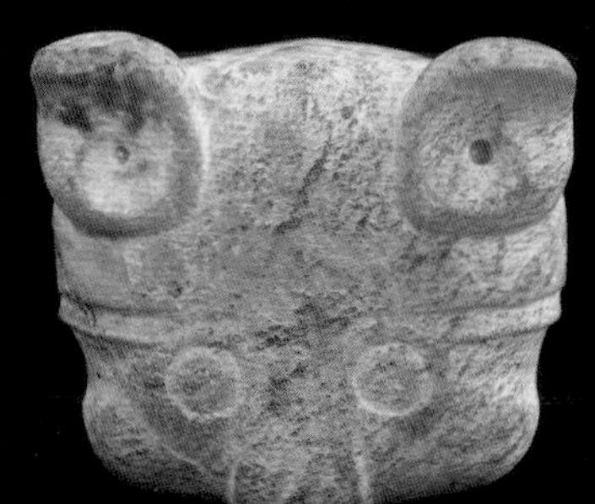

Xiaojiawuji Culture
L. 2.8 cm; W. 3.4 cm; T. 1.1 cm
From Xiaojiawuji Site of Tianmen City, Hubei Province
Collection of Hubei Provincial Museum

●玉因受沁而呈灰白色。虎首雕于一块厚玉片上，虎额头宽大，额中间略向上凸起。耳为涡旋状，两耳蜗中心各有一圆形凹坑，未凿穿。圆眼，方鼻，鼻端延伸至下颌处，颧部鼓突明显。虎首两侧有对钻的隧孔，左右贯通，故推测此虎首为缀于织物表面的装饰品。

Jade Ornament in the Shape of Tiger Head
玉虎头形饰

肖家屋脊文化
长 3.5 厘米、宽 2.6 厘米
湖北省荆州市枣林岗遗址出土（JZWM37:1）
荆州博物馆藏

Xiaojiawuji Culture
L. 3.5 cm; W. 2.6 cm
From Zaolingang Site of Jingzhou City, Hubei Province
Collection of Jingzhou Museum

●虎首琢于玉片上，额顶呈“介”字形，有三个尖凸。耳为涡旋状，两耳蜗中心各有一圆形凹坑，未凿穿。鼻宽大，鼻头近面底部，圆目位于鼻梁两侧，鼓腮。整体造型似从虎头顶部俯视的视角。加工不甚精细，从虎耳上的盲孔以及耳郭一周杂乱的涡旋刻痕来看，可能为一件粗加工的半成品。

Jade Human Head
玉人头像

肖家屋脊文化
长 2 厘米、宽 1.35 厘米、厚 0.4 厘米
湖北省天门市罗家柏岭遗址出土（T20 ③ B:1）
湖北省博物馆藏

Xiaojiawuji Culture
L. 2 cm; W. 1.35 cm; T. 0.4 cm
From Luojiabailing Site of Tianmen City, Hubei Province
Collection of Hubei Provincial Museum

●灰白色，器呈长方形，片状。正面雕刻人面，背面光平。人像头戴平冠，方脸，梭形目上挑，蒜头鼻，耳上端呈刀尖形，耳垂着环，扁方嘴。面下有领，与冠同宽。顶、底部各有一牛鼻形穿孔，与背面贯通。

Jade Human Head

玉人头像

肖家屋脊文化

长 2.85 厘米、冠顶最宽处 2.2 厘米、中间厚 0.55 厘米
湖北省天门市肖家屋脊遗址出土（W6:14）
湖北省博物馆藏

Xiaojiawuji Culture
L. 2.85 cm; Max W. 2.2 cm; MT. 0.55 cm
From Xiaojiawuji Site of Tianmen City, Hubei Province
Collection of Hubei Provincial Museum

●人头像雕于近长方形的黄绿色玉片上，正面浮雕，背面光平。人像长方形脸，头戴平冠，冠上雕饰卷云纹；梭形眼，外眼角上挑；蒜头鼻；嘴紧闭，嘴角下垂；扇形大耳，戴环形耳饰；粗颈，颈下有领，领中央钻一孔。

●肖家屋脊文化的玉人像可能代表了其先民共同崇拜的神祇和祖先，具有“祖神”的性质。

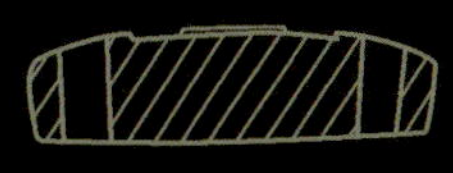

Jade Plaque of Deity Showing Fangs
玉獠牙神面牌饰

肖家屋脊文化
残宽 7.9 厘米、高 4.7 厘米、厚 0.3 厘米
湖南省常德市澧县孙家岗遗址出土（M149:1）
湖南省文物考古研究院藏

Xiaojiawuji Culture
Remaining W. 7.9 cm; H. 4.7 cm; T. 0.3 cm
From Sunjiagang Site of Lixian County, Changde City, Hunan Province
Collection of Hunan Provincial Institute of Cultural Relics and Archaeology

●灰白色闪玉，多黄沁。玉片之上雕刻神面，正面为减地阳纹，背面有对应阴纹。神人头戴双层平冠，冠檐伸出并上翘。梭形目，圆眼珠，双眉与鼻梁相连。扁长方形嘴，嘴角两侧各向上和向下伸出一对獠牙。长耳下垂，耳洞处镂空。神面顶部正中有钻孔，底部有三个钻孔。

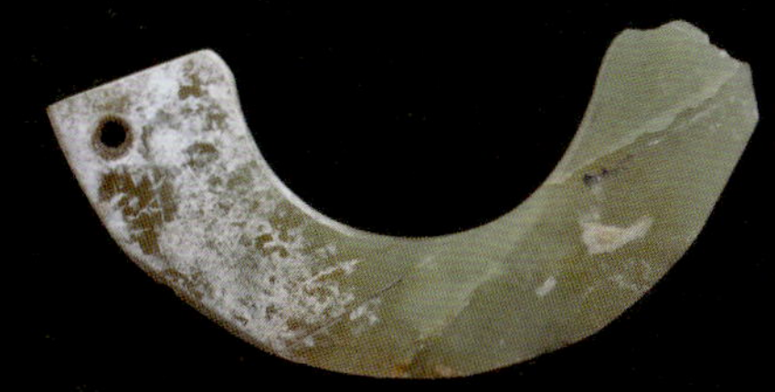

Jade Pendant in Arc Shape (*Huang*)

玉璜

肖家屋脊文化
内角间距 4.7 厘米、厚 0.4 厘米
湖北省天门市肖家屋脊遗址出土（W6:56）
湖北省博物馆藏

Xiaojiawuji Culture
W. 4.7 cm; T. 0.4 cm
From Xiaojiawuji Site of Tianmen City, Hubei Province
Collection of Hubei Provincial Museum

●青绿色，部分受沁为灰白色。器体扁薄，一面留有片切割的痕迹。器呈弧形。一侧端面平直，有一钻孔；另一侧端面形状不规则。

Jade Tube

玉管

肖家屋脊文化
长 3.3 厘米、上端直径 3.3 厘米、下端直径 3.8 厘米
湖北省天门市肖家屋脊遗址出土（W6:45）
湖北省博物馆藏

Xiaojiawuji Culture
L. 3.3 cm; Up D. 3.3 cm; Bot D. 3.8 cm
From Xiaojiawuji Site of Tianmen City, Hubei Province
Collection of Hubei Provincial Museum

●黄绿色，局部有粉状白斑。形似喇叭，口部饰一周凸棱，喇叭口处饰三周凸棱。

Jade Hairpin

玉笄

肖家屋脊文化
长 7.55 厘米、中间直径 0.85 厘米
湖北省天门市肖家屋脊遗址出土（W6:6）
湖北省博物馆藏

Xiaojiawuji Culture
L. 7.55 cm; MD. 0.85 cm
From Xiaojiawuji Site of Tianmen City, Hubei Province
Collection of Hubei Provincial Museum

●青绿色。首端呈螺帽状，尾端为尖锥形。

5. 玉璨陇右

陇右地区以六盘山、陇山一线以西的黄河上游及其支流洮河、湟水等为中心，西北扩及河西走廊一带。在距今 8000—7000 年的老官台文化和距今 5300—4050 年的马家窑文化时期已发现珠、管、斧、凿等玉器。至距今 4300—3800 年的齐家文化时期，陇右地区的玉器制作进入发展盛期，玉器种类包括璧、多璜联璧、琮、环、多孔刀、斧、钺等，大多光素无纹，琢制平整利落，颇具地域特色。

甘青地区齐家文化分布范围示意图

齐家文化

武威皇娘娘台、乐都柳湾、民和喇家、同德宗日、临潭磨沟、广河齐家坪、天水师赵村、天水西山坪、隆德页河子

Jade Shovel
玉铲形器

齐家文化
长 29.1 厘米、宽 3.7 厘米、厚 0.8 厘米
青海省海南藏族自治州同德县宗日遗址出土
青海省博物馆藏

Qijia Culture
L. 29.1 cm; W. 3.7 cm; T. 0.8 cm
From Zongri Site of Tongde County, Hainan Tibetan Autonomous Prefecture, Qinghai Province
Collection of Qinghai Provincial Museum

●青褐色，玉质细腻莹润。器表光素无纹，磨制精细。整器呈扁薄窄长条形，器身两侧微内弧。一端成刃，刃部略宽于器身，近刃部器表下凹。另一端为柄，其上单面钻一圆孔，孔径较大。

●这类玉铲形器较为少见，集中发现于齐家文化，应是具有象征意义的礼器。

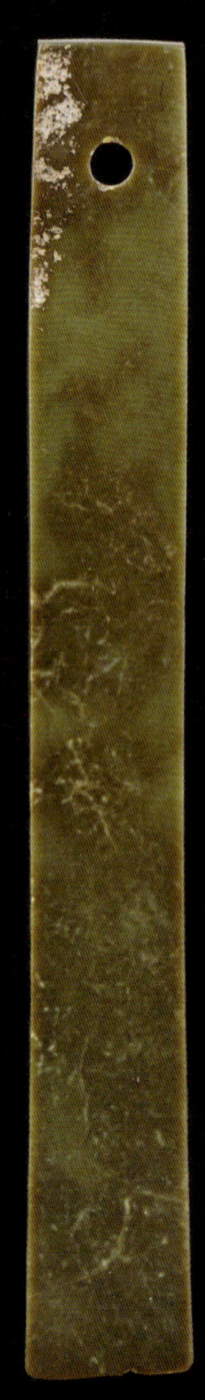

Jade Wide Axe (*Yue*)
玉钺

齐家文化
长 14 厘米、宽 4.6 厘米、厚 1.1 厘米
青海省海东市民和回族土族自治县喇家遗址出土
青海省博物馆藏

Qijia Culture
L. 14 cm; W. 4.6 cm; T. 1.1 cm
From Lajia Site of Minhe Hui and Tu Autonomous County, Haidong City, Qinghai Province
Collection of Qinghai Provincial Museum

●青白色，半透明，有白色片状斑纹。素面磨光，磨制精细。器体较厚，平面呈窄长梯形。顶端较窄，略呈“八”字形；刃端较宽，双面平直刃。近柄端单面管钻一圆孔。

Core of Jade Tube (*Cong*)

玉琮芯

齐家文化
上直径 3.8 厘米、下直径 4.1 厘米、高 7.9 厘米
青海省海东市民和回族土族自治县喇家遗址出土（T537④b:4）
青海省文物考古研究所藏

Qijia Culture
Up D. 3.8 cm; Bot D. 4.1 cm; H. 7.9 cm
From Lajia Site of Minhe Hui and Tu Autonomous County, Haidong City, Qinghai Province
Collection of Qinghai Provincial Institute of Cultural Relics and Archaeology

●深绿色，表面光滑。琮芯基本呈柱状，一端大，一端小，是制作玉琮时钻通中孔产生的玉制品。立面器表留有切割旋痕，浅且细密。较小一端底面有半弧形切割凹槽和同心圆切割旋痕。

Raw Jade

玉料

齐家文化
长 8 厘米、宽 3.8 厘米、厚 1.06—2.3 厘米
青海省海东市民和回族土族自治县喇家遗址出土（M17:5）
青海省文物考古研究所藏

Qijia Culture
L. 8 cm; W. 3.8 cm; T. 1.06-2.3 cm
From Lajia Site of Minhe Hui and Tu Autonomous County, Haidong City, Qinghai Province
Collection of Qinghai Provincial Institute of Cultural Relics and Archaeology

●黄绿色，可见絮状白色纹理。不规则形块状，有相对的两面经过磨制，其余为自然破裂面。

●这件玉料出土于喇家遗址的 17 号墓，该墓是一座高规格的祭坛墓葬，显示出以玉料随葬是齐家文化用玉的重要特征。此外，遗址内 4 号房址特制的墙壁下也摆放玉料和玉璧。由此可以看出，日常玉器生产剩余的边角料，如璧、琮的钻芯和玉料，都被齐家文化先民充分利用，或作为身份地位的标识物，或作为礼仪活动的用具，成为齐家文化玉器组合的构成特色。

Core of Jade Disc (*Bi*)

玉璧芯

齐家文化
直径 1.55 厘米、厚 0.63 厘米
青海省海东市民和回族土族自治县喇家遗址出土（M17:7）
青海省文物考古研究所藏

Qijia Culture
D. 1.55 cm; T. 0.63 cm
From Lajia Site of Minhe Hui and Tu Autonomous County, Haidong City, Qinghai Province
Collection of Qinghai Provincial Institute of Cultural Relics and Archaeology

●青白色，玉质温润，通体透亮。厚饼状，两面平整光滑，大小不一，周身可见同心圆入切旋痕迹。一般墓中随葬玉器多发现于墓主身体周围，但这件玉璧芯出土位置比较特别，是在喇家遗址 17 号墓葬的填土中发现的。

Amazonite Ornament

天河石饰

齐家文化
长 3.74 厘米、宽 1.5 厘米、厚 1.16、孔径 0.4 厘米
青海省海东市民和回族土族自治县喇家遗址出土（M17:13）
青海省文物考古研究所藏

Qijia Culture
L. 3.74 cm; W. 1.5 cm; T. 1.16 cm; Bore D. 0.4 cm
From Lajia Site of Minhe Hui and Tu Autonomous County, Haidong City, Qinghai Province
Collection of Qinghai Provincial Institute of Cultural Relics and Archaeology

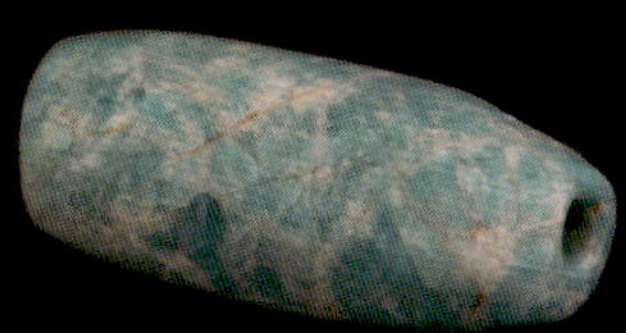

●蓝绿色天河石，具白色冰裂状纹理。素面磨光，略呈长管状，中部外弧，中孔对钻。

Jade Spinning Wheel
玉纺轮

齐家文化
直径 4.3—4.5 厘米、孔径 0.57—0.95 厘米、厚 0.9 厘米
青海省海东市民和回族土族自治县喇家遗址出土（M17:15）
青海省文物考古研究所藏

Qijia Culture
D. 4.3-4.5 cm; Bore D. 0.57-0.95 cm; T. 0.9 cm
From Lajia Site of Minhe Hui and Tu Autonomous County, Haidong City, Qinghai Province
Collection of Qinghai Provincial Institute of Cultural Relics and Archaeology

●淡黄色，边缘对称部位呈褐色。通体抛光，边缘棱角较为分明。圆饼状，局部边缘稍薄，中心钻一小圆孔。形制与纺轮相似，故名玉纺轮，也被称为小璧或钻芯。出土时，与玉璧、玉管、玉环堆置在墓主头颈部。

●随葬这件玉器的 17 号墓葬，形制特殊，出土玉器数量多达 15 件，据此推测墓主具有特殊身份，可能是巫师之类的神职人员。

Jade Disc (*Bi*)
玉璧

齐家文化
直径 10.5 厘米、孔径 4.97—5.3 厘米、厚 0.42—0.63 厘米
青海省海东市民和回族土族自治县喇家遗址出土（M17:12）
青海省文物考古研究所藏

Qijia Culture
D. 10.5 cm; Bore D. 4.97-5.3 cm; T. 0.42-0.63 cm
From Lajia Site of Minhe Hui and Tu Autonomous County, Haidong City, Qinghai Province
Collection of Qinghai Provincial Institute of Cultural Relics and Archaeology

●青白色，局部可见褐色斑纹。圆环状，中孔单面管钻，孔径约占直径的一半，局部边缘较薄，是典型的齐家文化玉璧。齐家文化玉璧及玉琮大多为采集所得，一般认为是祭祀礼仪用器。但这件玉璧是考古发掘出土，发现时与另一件玉璧交错叠放在墓主头颈部，具体功能尚待研究。

Small Jade Disc (*Bi*)

小玉璧

齐家文化
直径 5.6 厘米、孔径 2.1 厘米、厚 1.1 厘米
甘肃省武威市皇娘娘台遗址出土（75WXT20M71）
甘肃省博物馆藏

Qijia Culture
D. 5.6 cm; Bore D. 2.1 cm; T. 1.1 cm
From Huangniangniangtai Site of Wuwei City, Gansu Province
Collection of Gansu Provincial Museum

●浅绿色，间有褐色絮状斑。扁圆状，中心单面钻圆孔。加工较粗，边缘厚薄不均，未经修整，且器表留有明显的片切割痕迹。整器与圆整的齐家文化玉璧有所不同，呈现出“改方为圆”的特点，这种技法颇具特色。

●皇娘娘台遗址是齐家文化出土玉石璧最集中的遗址，尤其是第四次发掘共出土玉石璧 209 件。综合来看，河西走廊的齐家文化先民在制作和使用玉器时更看重数量，而非标准化。

Jade Disc (*Bi*) Made up of Four Arc-Shaped Pendants (*Huang*)

四璜联璧

齐家文化

外径 23.9 厘米、孔径 8.1 厘米、厚 0.7 厘米

宁夏回族自治区固原市隆德县页河子遗址出土

宁夏回族自治区固原博物馆藏

Qijia Culture

OD. 23.9 cm; Bore D. 8.1 cm; T. 0.7 cm

From Yehezi Site of Longde County, Guyuan City, Ningxia Hui Autonomous Region

Collection of Guyuan Museum of Ningxia

●主体为灰白色，可见墨绿色玉质。整器磨光，厚薄不均。圆饼状，中孔直径约占联璧直径的三分之一。整器由四片璜形玉片拼合而成，玉片大小不一，大者近半圆状，小者近长方形，且表面有片切割痕迹。每片上有三个或五个圆孔，圆孔有单面钻和双面钻之分。

Jade Disc (*Bi*)

玉璧

齐家文化
外径 15.2 厘米、孔径 5.1 厘米
宁夏回族自治区固原市隆德县页河子遗址出土
宁夏回族自治区固原博物馆藏

Qijia Culture
OD. 15.2 cm; Bore D. 5.1 cm
From Yehezi Site of Longde County, Guyuan City, Ningxia Hui Autonomous Region
Collection of Guyuan Museum of Ningxia

●青灰色，间杂褐色斑纹。素面磨光。厚薄均匀，边缘平直。中孔较小，为单面钻。

●玉璧是齐家文化发现数量众多的一种玉器，以贴身随葬墓主的用法最为常见。

Jade Tube (*Cong*)

玉琮

齐家文化

高 19.7 厘米、宽 8.1 厘米、孔径 6.4 厘米

宁夏回族自治区固原市隆德县页河子遗址出土

宁夏回族自治区固原博物馆藏

Qijia Culture

H. 19.7 cm; W. 8.1 cm; Bore D. 6.4 cm

From Yehezi Site of Longde County, Guyuan City, Ningxia Hui Autonomous Region

Collection of Guyuan Museum of Ningxia

●大部分为黄白色，可见青灰色玉质，器表光素无纹。器体瘦长，外方内圆，上大下小。四面呈长方形，不见凹槽、分节。中心上下贯通，两面对穿成形，两端口部微外侈。

●玉琮是齐家文化重要的器类之一，数量多，流传广。在甘肃中部的天水、甘谷、静宁、会宁、定西、临洮，宁夏的隆德、西吉、固原、海原以及甘青交界的民和等地均有发现。

Jade Scepter (*Zhang*)

玉璋

齐家文化

长 54 厘米、宽 7.5—9.9 厘米、厚 0.2—0.36 厘米
甘肃省白银市会宁县牛门洞遗址出土
会宁县博物馆藏

Qijia Culture
L. 54 cm; W. 7.5-9.9 cm; T. 0.2-0.36 cm
From Niumendong Site of Huining County, Baiyin City, Gansu Province
Collection of Huining Museum

●青黄色闪玉。器体扁薄，体量颇大，打磨精细，显示出极高水平的开片工艺。平面略呈梯形，上端成刃，其余三边平直。器形虽与牙璋大体近似，但不见端刃分叉及璋体下部外伸扉棱。柄部内收，较为宽短。璋体中下部单面钻三个圆孔，三者间距不等，大小也不等，中间圆孔较小。璋体与短束柄连接处两侧有极细小的尖角，束柄中部两侧有两组三道减地浮雕线。

6. 玉润三秦

距今 8000—7000 年的老官台文化虽有玉器出现，但数量少，器形小。距今 7000—5000 年的仰韶文化时期，玉器数量明显增加，种类包括装饰品和生产工具。老官台文化和仰韶文化时期的玉器主要发现于陕南和关中一带。到了距今 4600—3800 年的龙山文化时期，玉器不仅数量多、种类丰，且工艺水平较高。陕西龙山时期玉器的出土地点主要集中在陕北地区，而关中地区太平遗址的新发现则开始刷新已有认知。

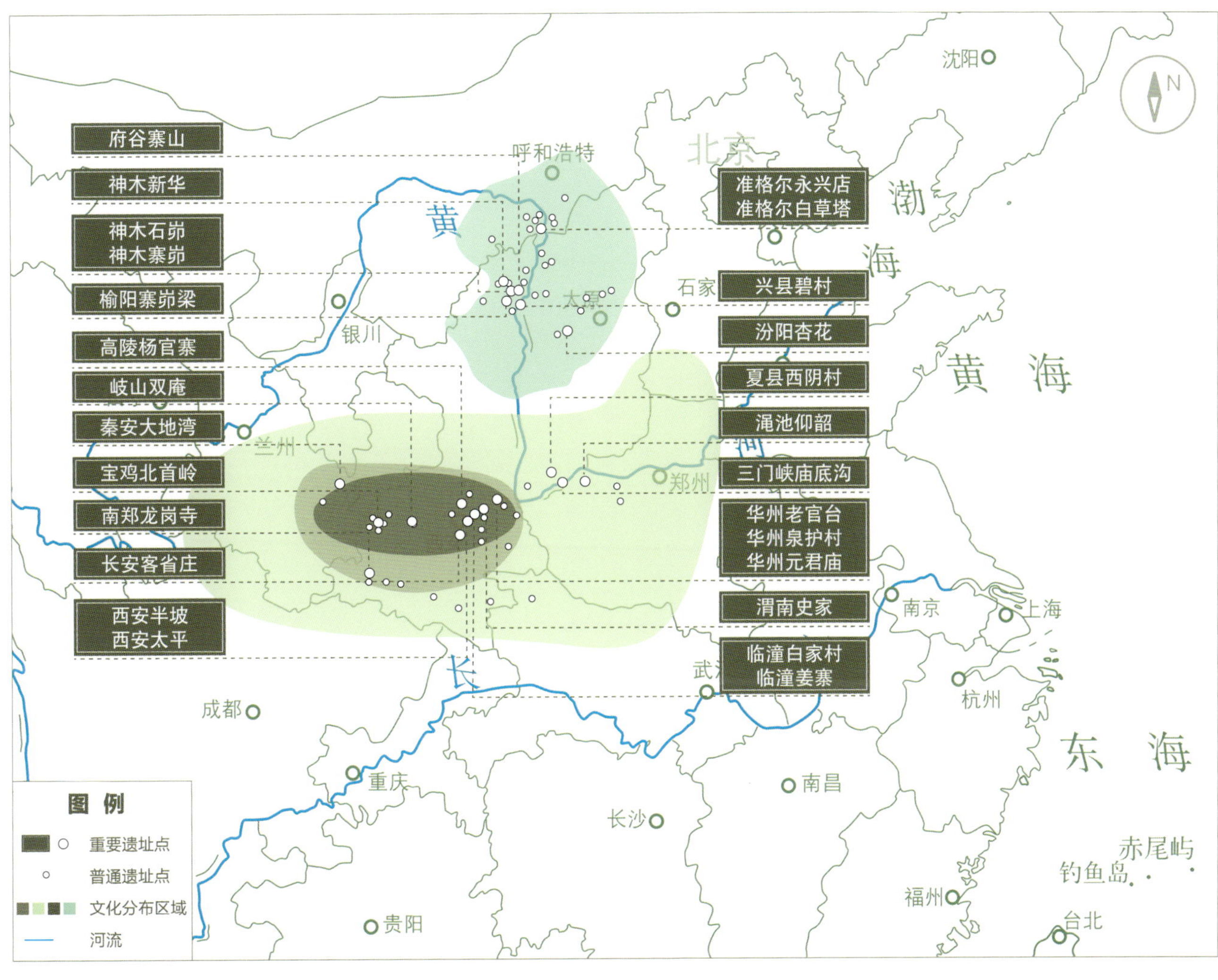

黄河中游地区主要史前文化分布示意图

老官台文化

华州老官台、宝鸡北首岭、临潼白家村、秦安大地湾

仰韶文化

西安半坡、高陵杨官寨、宝鸡北首岭、临潼姜寨、渭南史家、华州泉护村、华州元君庙、南郑龙岗寺、秦安大地湾、夏县西阴村、三门峡庙底沟、渑池仰韶

客省庄二期文化

西安太平、岐山双庵、长安客省庄

石峁文化

神木石峁、神木新华、神木寨峁、榆阳寨峁梁、府谷寨山、汾阳杏花、兴县碧村、准格尔永兴店、准格尔白草塔

Jade Ring (*Huan*)
玉环

老官台文化
直径 2.6 厘米、宽 1.5 厘米
陕西省宝鸡市关桃园遗址出土（H183:1）
宝鸡市陈仓区博物馆藏

Laoguantai Culture
D. 2.6 cm; W. 1.5 cm
From Guantaoyuan Site of Baoji City, Shaanxi Pronvince
Collection of Chencang Museum

●白色，表面光素，磨制光滑，形似指环。这件玉环出土于宝鸡市关桃园遗址，属老官台文化，年代距今约 8000—7000 年。虽然器体较小，质地也并非闪玉，却是迄今为止陕西境内发现的最早的一件玉石制品，对于研究陕西玉器起源具有重要意义。

Turquoise Bead
绿松石珠

仰韶文化
长 1.7 厘米、宽 1.3 厘米
陕西省西安市半坡遗址出土
西安半坡博物馆藏

Yangshao Culture
L. 1.7 cm; W. 1.3 cm
From Banpo Site of Xi'an City, Shaanxi Province
Collection of Xi'an Banpo Museum

●蓝绿色，素面磨光。大致为椭圆形，扁圆状。上下端磨平，中部钻贯通孔道，偏于器体一侧，可用于穿系。这件绿松石珠出土年代较早，是陕西地区仰韶文化早期先民利用绿松石制品的一个例证。

Jade Ornament
玉饰件

仰韶文化
长 2.5 厘米、宽 0.7 厘米
陕西省西安市临潼区姜寨遗址出土
陕西历史博物馆藏

Yangshao Culture
L. 2.5 cm; W. 0.7 cm
From Jiangzhai Site of Lintong District, Xi'an City, Shaanxi Province
Collection of Shaanxi History Museum

●淡绿色，通体经过抛光打磨。扁平片状，平面为水滴形，上圆下尖，两侧缘呈弧形棱，顶端中部钻一小圆孔，可用于系挂。此件玉器尽管体量小，造型简单，但仍经过切割、打磨、钻孔等工序，表明中原地区在仰韶文化早期阶段，玉已经作为成熟的饰品原料被认识和使用了。

Jade Hairpin

玉笄

仰韶文化
残长 5.9 厘米、直径 0.7 厘米
陕西省西安市鱼化寨遗址出土（H90:40）
西安博物院藏

Yangshao Culture
Remaining Part L. 5.9 cm; D. 0.7 cm
From Yuhuazhai Site of Xi'an City, Shaanxi Province
Collection of Xi'an Museum

●乳白色，半透明。磨制精细，表面光滑。笄首残断，断面近椭圆形，器体下收成尖锥状，较为锐利。

Jade Ornament

玉饰件

●淡绿色，半透明，局部夹杂白色和褐色瑕斑。平面呈扁豆角形，通体磨光，线条流畅。器上端中部有一个两面对钻而成的圆孔，弧边有一残孔痕。

仰韶文化
长 6.1 厘米、高 1.4 厘米、厚 0.4 厘米
陕西省西安市鱼化寨遗址出土（T1312⑤：3）
西安博物院藏

Yangshao Culture
L. 6.1 cm; H. 1.4 cm; T. 0.4 cm
From Yuhuazhai Site of Xi'an City, Shaanxi Province
Collection of Xi'an Museum

Jade Shovel
玉铲

仰韶文化
长 22.2 厘米、宽 4.1 厘米、厚 0.9 厘米
陕西省汉中市南郑区龙岗寺遗址出土(M345 : 21)
陕西历史博物馆藏

Yangshao Culture
L. 22.2 cm; W. 4.1 cm; T. 0.9 cm
From Longgangsi Site of Nanzheng District, Hanzhong City, Shaanxi Province
Collection of Shaanxi History Museum

●青绿色，夹杂白色云起，玉质细腻，富有光泽，属典型的闪玉。平面呈窄长条形，双面刃，切割平直，器体薄厚均匀。一端为光滑的弧形，一端不甚齐整，两侧边保留单向切割痕迹，刃部无明显使用痕迹。

●这件玉铲出土于龙岗寺遗址 345 号墓葬，该墓是单人墓中最大、最深、最规整的一座，且随葬品数量多达 35 件。男性墓主 30—35 岁，左手旁有一件玉铲，右腿部有长 48 厘米、46.8 厘米的两件大型石铲，这在其他墓葬中均未发现。由此可见，这些磨制精细的大型石铲、玉铲已经成为墓主身份权力的标识。

Jade Shovel
玉铲

仰韶文化
长 14.5 厘米、宽 6—7.8 厘米
陕西省宝鸡市渭滨区晁峪出土
宝鸡市陈仓区博物馆藏

Yangshao Culture
L. 14.5 cm; W. 6-7.8 cm
From Chaoyu Site of Weibin District, Baoji City, Shaanxi Province
Collection of Chencang Museum

●白玉，质地坚硬。器体较厚重，平面为梯形，双面刃，刃部微弧且较薄。上部两面正中有使用实心钻头对钻时留下的小圆窝。整器经过磨光，但仍能在玉铲侧边看到颗粒状小凹窝，应当是琢制塑形时留下的痕迹。

Jade Hairpin
玉笄

仰韶文化
长 25.7 厘米
陕西省咸阳市武功县游凤遗址采集
西北大学博物馆藏

Yangshao Culture
L. 25.7 cm
From Youfeng Site of Wugong County, Xianyang City, Shaanxi Province
Collection of Northwest University Museum

●灰黑色，墨玉质，器表光素无纹。形制规整，磨制精细。平面呈 T 形，顶端宽平，末端尖收似锥，线条爽利流畅。游凤遗址发现的这件 T 形玉笄，是目前陕西仰韶文化发现的体量最大的玉石笄之一。

Jade Hairpin
玉笄

仰韶文化
a：残长 6.9 厘米、宽 2.1 厘米
b：残长 6.26 厘米
陕西省西安市蓝田县新街遗址出土
陕西省考古研究院（陕西考古博物馆）藏

Yangshao Culture
a: Remaining Part L. 6.9 cm; W. 2.1 cm
b: Remaining Part L. 6.26cm
From Xinjie Site of Lantian County, Xi'an City, Shaanxi Province
Collection of Shaanxi Academy of Archaeology

●两件玉笄皆为墨玉质。尖端和首端均稍残，完整器形平面呈 T 字形，笄身横截面为椭圆形，尖端磨成锥状。

●玉笄所出土的新街遗址发现了距今约 5500—5000 年的仰韶文化晚期玉器及玉料，玉器种类以玉笄、玉环类装饰品为主，其中玉笄数量最多，共 106 件。

a

b

Raw Jade

玉料

仰韶文化

a：长 9.5 厘米、宽 6 厘米、厚 1.5 厘米
b：长 7.2 厘米、宽 2.5 厘米、厚 1 厘米
c：长 5 厘米、宽 4 厘米
陕西省西安市蓝田县新街遗址出土
陕西省考古研究院（陕西考古博物馆）藏

Yangshao Culture
a: L. 9.5 cm; W. 6 cm; T.1.5 cm
b: L. 7.2 cm; W. 2.5 cm; T.1 cm
c: L. 5 cm; W. 4 cm
From Xinjie Site of Lantian County, Xi'an City, Shaanxi Province
Collection of Shaanxi Academy of Archaeology

● 这些玉料为制作玉笄的坯料，表面有多处制备玉笄时切割锥形玉块留下的切槽、切面。

●新街遗址的玉器及玉料，对研究陕西史前先民认识、开发“蓝田玉”有重要参考价值，也是探索中原地区仰韶文化时期治玉工艺的宝贵标本。

a

b

c

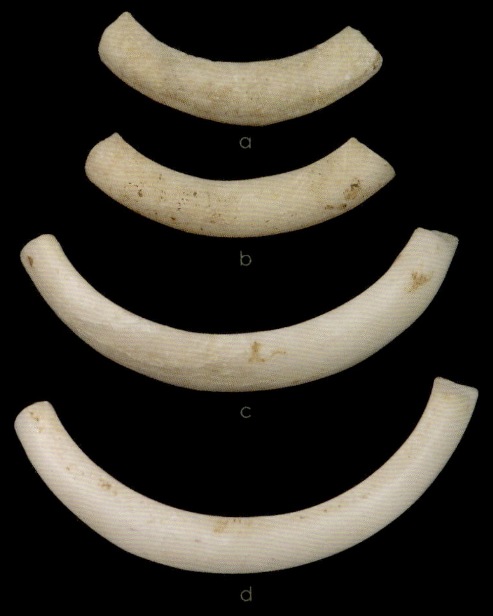

Broken Pieces of Jade Ring (*Huan*)

玉环残件

仰韶文化
a：长 4.1 厘米、宽 0.8 厘米
b：长 4.3 厘米、宽 0.7 厘米
c：长 6 厘米、宽 1.1 厘米
d：长 6 厘米、宽 1.1 厘米
陕西省西安市蓝田县新街遗址出土
陕西省考古研究院（陕西考古博物馆）藏

Yangshao Culture
a: L. 4.1 cm; W. 0.8 cm
b: L. 4.3 cm; W. 0.7 cm
c: L. 6 cm; W. 1.1 cm
d: L. 6 cm; W. 1.1 cm
From Xinjie Site of Lantian County, Xi'an City, Shaanxi Province
Collection of Shaanxi Academy of Archaeology

●玉环皆残断，器表光素无纹，打磨光滑。较小两件为黄白色，较大两件为牙白色，莹润有光泽。

Jade Wide Axe (*Yue*)

玉钺

仰韶文化
长 21 厘米、宽 7—9.8 厘米
陕西省咸阳市尹家村遗址采集
咸阳博物院藏

Yangshao Culture
L. 21 cm; W. 7-9.8 cm
From Yinjia Village Site of Xianyang City, Shaanxi Province
Collection of Xianyang Museum

●墨绿色，蛇纹石，夹杂黑色斑点。素面，磨制精细。平面大体呈梯形，近顶端处有一圆孔，为双面对钻，孔壁留有明显的螺旋纹。两侧边斜直，双面刃，刃部外弧。玉钺于 1957 年采集自咸阳尹家村遗址，当时共采集到 18 件玉石钺。遗址的年代上限为仰韶文化半坡时期。

Jade Wide Axe (*Yue*)
玉钺

仰韶文化
长 15.6 厘米、宽 6 厘米
陕西省咸阳市尹家村遗址采集
咸阳博物院藏

Yangshao Culture
L. 15.6 cm; W. 6 cm
From Yinjia Village Site of Xianyang City, Shaanxi Province
Collection of Xianyang Museum

●墨绿色，蛇纹石。窄长条状，中部较厚，周缘扁薄。上部有一对钻圆孔。双面刃，刃部较平。柄部有崩坏。

Jade Wide Axe (*Yue*)
玉钺

仰韶文化
长 13 厘米、宽 7.8 厘米
陕西省咸阳市尹家村遗址采集
咸阳博物院藏

Yangshao Culture
L. 13 cm; W. 7.8 cm
From Yinjia Village Site of Xianyang City, Shaanxi Province
Collection of Xianyang Museum

●墨绿色，蛇纹石。平面呈梯形，上部有圆孔，孔为双面对钻，双面刃。两面上部及两侧边处有细密的平行划痕，或为使用痕迹。

Jade Wide Axe (*Yue*)
玉钺

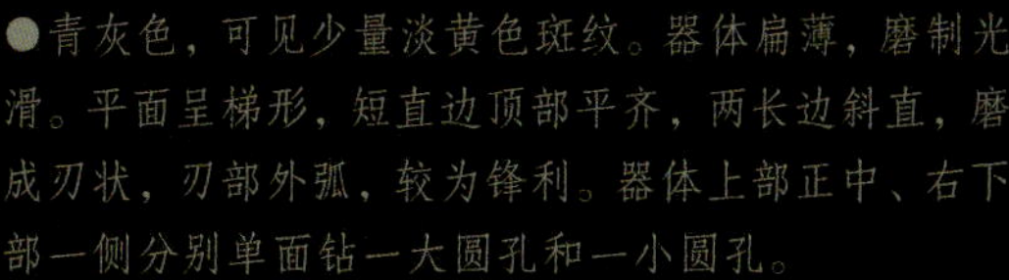

●青灰色，可见少量淡黄色斑纹。器体扁薄，磨制光滑。平面呈梯形，短直边顶部平齐，两长边斜直，磨成刃状，刃部外弧，较为锋利。器体上部正中、右下部一侧分别单面钻一大圆孔和一小圆孔。

●芦山峁遗址大营盘梁的大型房址、院墙、广场夯土以及祭祀坑中，常见玉器奠基现象，使用的玉器有牙璧和玉钺两种。这件玉钺被竖向斜置在第5号房址的墙体中，弧刃部斜向下，或为礼仪用具。

庙底沟二期文化

长 18.3 厘米、宽 8—9.6 厘米、厚 0.4 厘米

陕西省延安市芦山峁遗址出土［AT3328 (3) ：1］

延安市文物研究院藏

Miaodigou Phase Ⅱ Culture

L. 18.3 cm; W. 8-9.6 cm; T. 0.4 cm

From Lushanmao Site of Yan'an City, Shaanxi Province

Collection of Yan'an Institute of Cultural Relics and Archaeology

Notched Jade Disc (*Bi*)

玉牙璧

庙底沟二期文化

外径 10.5—11 厘米、内径 5.8—6.4 厘米、厚 0.6 厘米

陕西省延安市芦山峁遗址出土 [AT3228 (3) ：1]

延安市文物研究院藏

Miaodigou Phase Ⅱ Culture

OD. 10.5-11 cm; ID. 5.8-6.4 cm; T. 0.6 cm

From Lushanmao Site of Yan'an City, Shaanxi Province

Collection of Yan'an Institute of Cultural Relics and Archaeology

●浅绿色，半透明，玉质莹润，边缘一角有红褐色沁痕。器表磨制光滑。环形片状，中孔大，外缘四等分处各有四个扉牙，出牙处可见“V”形切割痕。中孔壁上有一弧形小凹槽。这件牙璧出土于芦山峁遗址大营盘梁 2 号房址，被竖向放置在奠基坑中。

●牙璧始见于距今约 5500 年的大汶口文化中期，兴盛于大汶口文化晚期至龙山文化早期，集中出土于山东和辽东地区，大多作为墓主贴身随葬玉器使用。玉牙璧于稍晚的黄河中游庙底沟二期文化时期，在奠基活动中使用，显然被赋予了不同的功能与内涵。

Jade Disc (*Bi*)
玉璧

龙山文化时期
直径 16.9 厘米、厚 0.6 厘米
陕西省延安市芦山峁遗址（征集）
延安市文物研究院藏

Longshan Age
D. 16.9 cm; T. 0.6 cm
From Lushanmao Site of Yan'an City, Shaanxi Province (Collected)
Collection of Yan'an Institute of Cultural Relics and Archaeology

●青白色，间有黄白色条纹和斑点，局部有两道墨绿色条纹。磨制精细，通透莹润。整器为圆饼状，中心孔径约占整器直径的三分之一。圆孔为单面管钻。

Jade Tube (*Cong*)

玉琮

龙山文化时期

高 4.1 厘米、外径 7.1 厘米、内径 6.4 厘米

陕西省延安市芦山峁遗址（征集）

延安市文物研究院藏

Longshan Age

H. 4.1cm; OD. 7.1 cm; ID. 6.4 cm

From Lushanmao Site of Yan'an City, Shaanxi Province (Collected)

Collection of Yan'an Institute of Cultural Relics and Archaeology

●青绿色，间有墨绿斑纹。双节矮体琮，外方内圆，四角外壁微外弧，器壁上沿微损。琮体四角以减地阳线手法分别雕琢出上、下两个神面纹，中间以浅凹槽区隔，相邻两角的神面纹方向各异，一正一倒。神面纹的大圆眼内方外尖，两圆眼间加琢折角，象征鼻梁，其下有方形凸弦纹，似为张开的嘴巴。

●研究表明，这件玉琮雕琢神面纹的做法承自良渚文化，而神面纹造型与加工手法却具有山东龙山文化玉器的风格，其玉质和器形又与中原龙山文化时期或齐家文化时期玉琮相似，可谓多元玉文化传统交融的集大成者，具有重要的文化意义及学术价值。

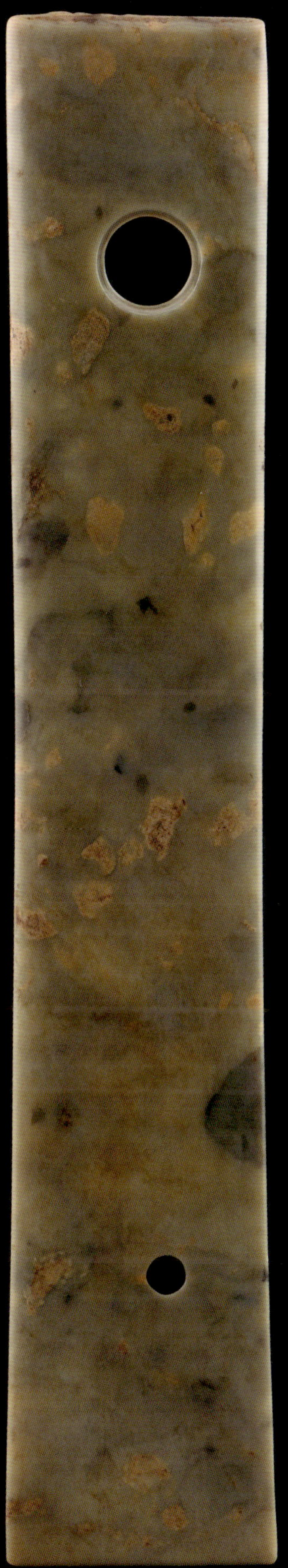

Jade Shovel

玉铲

龙山文化时期

长 39 厘米、宽 6 厘米、厚 0.6 厘米

陕西省延安市芦山峁遗址（征集）

延安市文物研究院藏

Longshan Age

L. 39 cm; W. 6 cm; T. 0.6 cm

From Lushanmao Site of Yan'an City, Shaanxi Province (Collected)

Collection of Yan'an Institute of Cultural Relics and Archaeology

●黄褐色，间有淡黄色块状斑纹。素面磨光，长条片状。上部正中有一大圆孔，其边缘有弧状浅钻痕，下部偏一侧有一小圆孔，两孔皆为单面管钻。顶端起棱，可见横向切割痕迹。底端刃部锋利，两侧边缘较薄，近似刃状。

Flat Jade Tube (*Cong*)
扁玉琮

龙山文化时期
外径 10.4 厘米、厚 1.3 厘米
陕西省延安市芦山峁遗址（征集）
延安市文物研究院藏

Longshan Age
OD. 10.4 cm; T. 1.3 cm
From Lushanmao Site of Yan'an City, Shaanxi Province (Collected)
Collection of Yan'an Institute of Cultural Relics and Archaeology

●浅绿色，局部边缘有褐色斑纹。器身较厚。平面近环形，四等分处有内凹，内凹之间形成四处外凸。凸起的侧缘表面有横向和纵向的阴线刻，似琮节上的简化装饰，故推测整器为镯式琮切片制成，或可称作扁玉琮。一般观点认为，这件玉器是造型特殊的牙璧。在形制上，与海岱地区牙璧有一定联系；在制作体系上，体现了河套地区的本土化特征。

Jade Blade

玉刀

石峁文化
长 31 厘米、宽 7.2 厘米、厚 0.5 厘米
陕西省神木市石峁遗址（征集）
陕西历史博物馆藏

Shimao Culture
L. 31 cm; W. 7.2 cm; T. 0.5 cm
From Shimao Site of Shenmu City, Shaanxi Province (Collected)
Collection of Shaanxi History Museum

●墨玉质。磨制精细，造型利落，线条流畅。平面为扁梯形，上端平直，下端弧刃略内凹，两侧边微外撇。刃部较为锋利，刀身向刃部过渡处有较明显的起棱。近背部单面管钻两个小圆孔，两孔大致位于刀身三等分处。

Jade Scepter (*Zhang*)

玉牙璋

石峁文化
长 33 厘米、宽 8 厘米
陕西省神木市石峁遗址（征集）
陕西历史博物馆藏

Shimao Culture
L. 33 cm; W. 8 cm
From Shimao Site of Shenmu City, Shaanxi Province (Collected)
Collection of Shaanxi History Museum

●墨玉质，质地匀净。器体与柄几乎等宽，薄厚均匀，刃部稍薄。浅弧刃。体下端近柄孔处两边各有一单齿扉牙。此牙璋形制精巧，磨制精细，钻孔规整，保存较为完好。

Jade Scepter (*Zhang*)
玉牙璋

夏代早期
长 27.8 厘米、宽 5—7 厘米、厚 0.5 厘米
陕西省商洛市东龙山遗址出土（M83:1）
商洛市博物馆藏

Early Xia Dynasty
L. 27.8 cm; W. 5-7 cm; T. 0.5 cm
From Donglongshan Site of Shangluo City, Shaanxi Province
Collection of Shangluo Museum

●墨玉，蛇纹石。器体扁薄，通体磨光。璋体顶端磨成单面刃，呈“U”形，两侧边缘微弧内收。下部璋柄呈梯形，单面管钻一圆孔。璋体与璋柄交接处有两个扉牙，扉牙分布错位，一高一低。

Jade Disc (*Bi*)
玉璧

客省庄二期文化
内径 4 厘米、外径 13.4 厘米、宽 3.8 厘米、厚 0.4 厘米
陕西省西安市太平遗址出土（HG2⑨:9）
中国社会科学院考古研究所藏

Keshengzhuang Phase Ⅱ Culture
ID. 4 cm; OD. 13.4 cm; W. 3.8 cm; T. 0.4 cm
From Taiping Site of Xi'an City, Shaanxi Province
Collection of the Institute of Archaeology, Chinese Academy of Social Sciences

●黄褐色，表面光素无纹，部分残断。原器应呈圆饼状，器形较为规整。

●出土这件玉璧的太平遗址是一处客省庄二期文化大型中心性聚落，年代距今约 4150—3700 年。

Jade Pendant in Arc Shape (*Huang*)
玉璜

客省庄二期文化
长 7.5 厘米、厚 0.4 厘米
陕西省西安市太平遗址出土（HG2:2）
中国社会科学院考古研究所藏

Keshengzhuang Phase Ⅱ Culture
L. 7.5 cm; T. 0.4 cm
From Taiping Site of Xi'an City, Shaanxi Province
Collection of the Institute of Archaeology, Chinese Academy of Social Sciences

●白色，间有淡黄色纹理。整器为扁平的扇状。器表光素无纹，打磨光滑。

Jade Pendant in Arc Shape (*Huang*)
玉璜

客省庄二期文化
长 6.1 厘米、宽 3.6 厘米、厚 0.4 厘米
陕西省西安市太平遗址出土（T0624④:3）
中国社会科学院考古研究所藏

Keshengzhuang Phase Ⅱ Culture
L. 6.1 cm; W. 3.6 cm; T. 0.4 cm
From Taiping Site of Xi'an City, Shaanxi Province
Collection of the Institute of Archaeology, Chinese Academy of Social Sciences

●青灰色，间杂白色点状斑纹。玉璜一端残断，整器为片状扇形。璜片打磨光滑，近直边中部钻一小圆孔。

Jade Pendant in Arc Shape (*Huang*)
玉璜

客省庄二期文化
长 11 厘米、宽 4.2 厘米、厚 0.5 厘米
陕西省西安市太平遗址出土（H105:1）
中国社会科学院考古研究所藏

Keshengzhuang Phase Ⅱ Culture
L. 11 cm; W. 4.2 cm; T. 0.5 cm
From Taiping Site of Xi'an City, Shaanxi Province
Collection of the Institute of Archaeology, Chinese Academy of Social Sciences

●墨玉质。整器平面为扇形，厚片状。两直边中部各钻一圆孔，孔为单面钻。

●太平遗址出土的玉璧、玉璜的玉礼器组合，连同陶铃、卜骨等遗物初步显示出其所处的社会已经出现以礼制为核心的早期文明特征。

Handle-Shaped Jade Object
玉柄形器

客省庄二期文化
长 5.2 厘米、直径 1 厘米
陕西省西安市太平遗址出土（H186 ①:10）
中国社会科学院考古研究所藏

Keshengzhuang Phase Ⅱ Culture
L. 5.2 cm; D. 1 cm
From Taiping Site of Xi'an City, Shaanxi Province
Collection of the Institute of Archaeology, Chinese Academy of Social Sciences

●浅黄褐色，有白色絮状斑纹。素面磨光。器身部分残断，大体呈柱状，完整一端的端首为锥状。器体中部钻一圆形穿孔，中部靠下器身内收，形成一周凸棱。

Jade Bracelet
臂钏

客省庄二期文化
长 3.5 厘米、宽 3.5 厘米、厚 0.5 厘米
陕西省西安市太平遗址出土（HG2 ⑧:5）
中国社会科学院考古研究所藏

Keshengzhuang Phase Ⅱ Culture
L. 3.5 cm; W. 3.5 cm; T. 0.5 cm
From Taiping Site of Xi'an City, Shaanxi Province
Collection of the Institute of Archaeology, Chinese Academy of Social Sciences

●黄白色，玉质较为通透。此件为残件，呈弧形片状，表面以减地方式琢刻数条横向凹弦纹，间距宽窄不一。发掘者将其命名为臂钏。

●黄褐色，间有黑色粒状和白色片状斑纹。玉刀为薄片状，部分残断，平面略呈梯形，近右端中部有一小圆孔。

Jade Blade
玉刀

客省庄二期文化
长 7.4 厘米、宽 5.4 厘米、厚 0.2 厘米
陕西省西安市太平遗址出土（HG2 ③:18）
中国社会科学院考古研究所藏

Keshengzhuang Phase Ⅱ Culture
L. 7.4 cm; W. 5.4 cm; T. 0.2 cm
From Taiping Site of Xi'an City, Shaanxi Province
Collection of the Institute of Archaeology, Chinese Academy of Social Sciences

Core of Jade Disc (*Bi*)
玉璧芯

客省庄二期文化
直径 4.3 厘米、厚 0.9 厘米
陕西省西安市太平遗址出土（H115:1）
中国社会科学院考古研究所藏

Keshengzhuang Phase Ⅱ Culture
D. 4.3 cm; T. 0.9 cm
From Taiping Site of Xi'an City, Shaanxi Province
Collection of the Institute of Archaeology, Chinese Academy of Social Sciences

●黄褐色，圆饼状，表面光滑，是钻取玉璧中孔时遗留的玉制品，形制规整。

Core of Jade Disc (*Bi*)
玉璧芯

客省庄二期文化
直径 4.1 厘米、厚 0.3 厘米
陕西省西安市太平遗址出土（H73 ④:34）
中国社会科学院考古研究所藏

Keshengzhuang Phase Ⅱ Culture
D. 4.1 cm; T. 0.3 cm
From Taiping Site of Xi'an City, Shaanxi Province
Collection of the Institute of Archaeology, Chinese Academy of Social Sciences

●黄褐色，圆饼状，器表无纹，不甚光滑。一面大，一面小，较小一面留有弧形线切割痕。

Raw Jade

玉料

客省庄二期文化
a：长 6 厘米、宽 3 厘米、厚 2.8 厘米
b：长 10.5 厘米、宽 4 厘米、厚 2.8 厘米
c：长 8.3 厘米、宽 5.6 厘米、厚 3.5 厘米
陕西省西安市太平遗址出土（H157④:83）
中国社会科学院考古研究所藏

Keshengzhuang Phase Ⅱ Culture
a: L. 6 cm; W. 3 cm; T. 2.8 cm
b: L. 10.5 cm; W. 4 cm; T. 2.8 cm
c: L. 8.3 cm; W. 5.6 cm; T. 3.5 cm
From Taiping Site of Xi'an City, Shaanxi Province
Collection of the Institute of Archaeology, Chinese Academy of Social Sciences

●玉料有墨绿色、青灰色、灰褐色三种，皆为不规则块状。有的玉料保留片切割光滑的平面和原始台面，有的玉料保留有石皮。这组玉料是反映玉器制作与加工的半成品，表明陕西关中地区客省庄二期文化先民已能辨识玉料，并掌握了开片成形技术。

a

b

c

Jade Disc (*Bi*)

玉璧

齐家文化

直径 9 厘米、孔径 4—4.4 厘米、厚 0.55—0.7 厘米

陕西省宝鸡市凤翔区柿园村出土

宝鸡市凤翔区博物馆藏

Qijia Culture

D. 9 cm; Bore D. 4-4.4 cm; T. 0.55-0.7 cm

From Shiyuan Village of Fengxiang District, Baoji City, Shaanxi Province

Collection of Fengxiang Museum

●棕红色，局部为黄绿色。整器光素无纹，圆环状。中孔较大，为单面管钻，厚薄不均，局部边缘较薄。这件玉璧被认为是西周时期遗物，从玉材、形制及工艺判断，应属于齐家文化玉器。

●齐家文化玉器传世较多，可能是因为齐家文化玉器制作数量多、流传地域广、延续时间长。

Jade Disc (*Bi*)

玉璧

齐家文化

直径 12.4 厘米、厚 0.2—0.4 厘米

旧藏

武功县文物旅游服务中心藏

Qijia Culture

D. 12.4 cm; T. 0.2-0.4 cm

Previous Collection

Collection of Wugong Cultural Relics Tourism Service Center

●青灰色，局部边缘呈白色，间有黑色斑纹，玉质通透。素面磨光，形制规整。平面为环形，中孔单面管钻。器表留有极浅的切割痕。

Part Two

Regional Jade Culture Centers

About 5500 years ago, with the intensified social stratification, there appeared several main jade-culture centers in the west of the Liaohe River, the Yellow River and the Yangtze River basins when the early regional state civilizations emerged represented by the kings and wealthy families with military and sacrificial powers. About 4300 years ago, due to the environmental and social changes, the once prosperous regional civilizations went declining, while the newly emerged ones featuring a stronger multi-cultural integration and convergence began to take shape, demonstrating a wider range of cross regional characteristic. The diversity-based integration of Chinese civilization is to be emerged.

第二单元

区域·文明

大约距今5500年时，社会分化加剧，在西辽河、长江、黄河流域渐次产生了集军事权力与祭祀权力于一身的王者及地位显赫的家族，出现了早期国家，进入区域文明社会。距今4300年前后，由于外部自然环境和社会内部变化等原因，曾经盛极一时的区域文明相继衰变，而新出现的区域文明中心则呈现出更强烈的多元文化融合与汇聚的特征，标示着更大范围跨区域文明构建的历史史实，中华文明的多元一体化趋势已然显现。

一、辽西圣地——红山

距今5500—5000年时，辽西地区的红山文化步入鼎盛时期。一方面，红山文化分布区内发现了多处祭祀遗址，规模宏大的牛河梁遗址成为红山社会最高等级的祭祀中心，以祭祀权为核心的公共管理特权集团已经形成；另一方面，红山先民通过对玉石的精心雕琢和大量使用，使玉器成为沟通天地神灵、彰显身份地位的核心物质载体，从而也使得迄今所知中国最早的玉礼制得以形成。

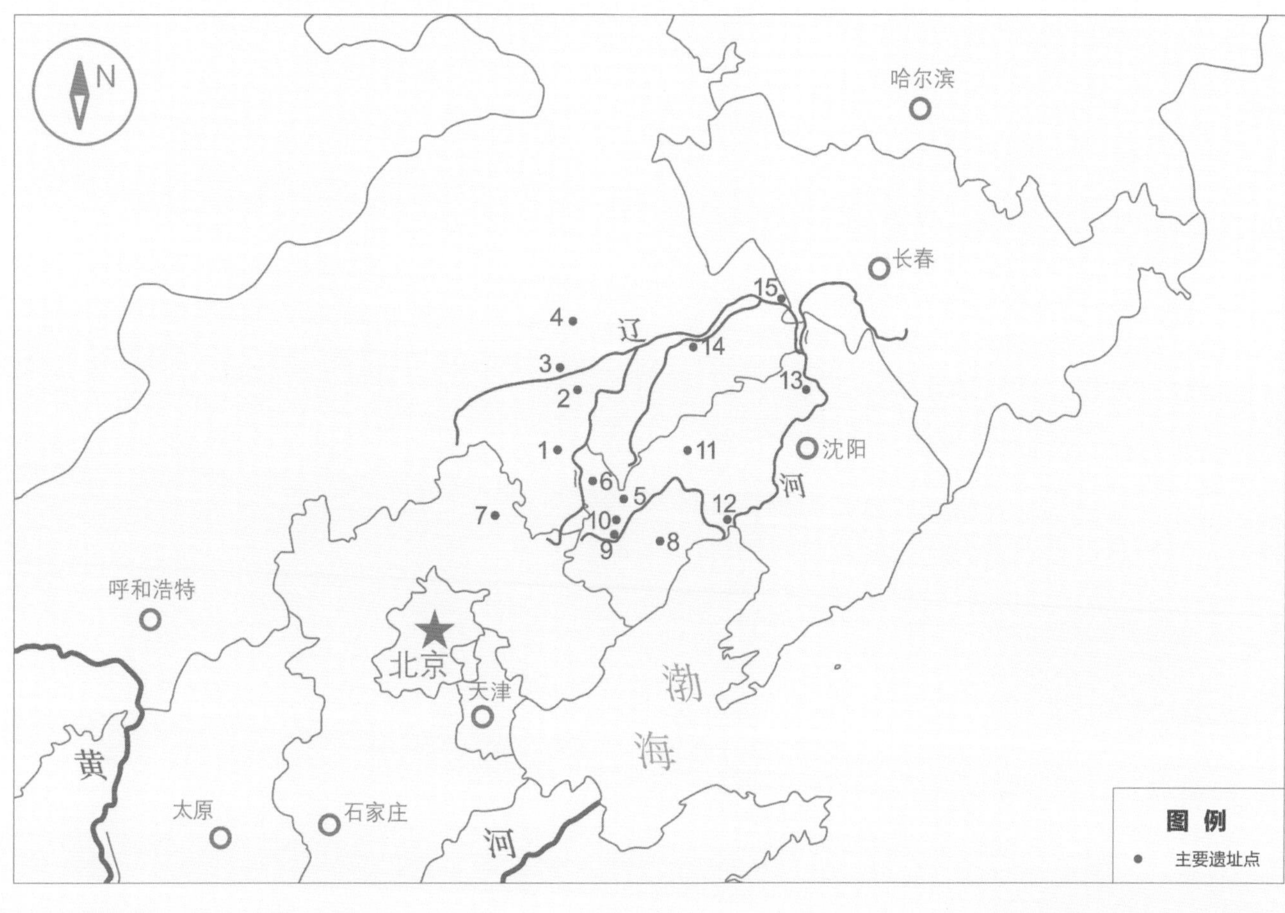

红山文化主要遗址分布示意图*

*资料来源：索秀芬《红山文化研究》

1. 内蒙古赤峰红山后
2. 内蒙古翁牛特旗三星塔拉（赛沁塔拉）
3. 内蒙古巴林右旗那日斯台
4. 内蒙古巴林左旗尖山子
5. 内蒙古敖汉旗四家子
6. 辽宁建平五十家子
7. 河北围场下伙房
8. 辽宁锦西沙锅屯
9. 辽宁喀左东山嘴
10. 辽宁凌源牛河梁
11. 辽宁阜新胡头沟
12. 辽宁盘锦市郊
13. 辽宁康平县郊
14. 内蒙古开鲁县坤都岭
15. 内蒙古科左中旗新艾力

1. 祭祀中心

距今 5500—5000 年，活跃在辽西地区的红山先民，在传统的渔猎采集经济基础上发展了以种植黍为主的原始农业。伴随着来自黄河流域以粟为主的新型旱作农业和彩陶的传入，红山文化聚落迅速臻至繁荣。中心聚落与一般聚落开始分化，与精神信仰和祭祀活动有关的遗址空前发展。处于红山文化分布区中心的牛河梁遗址，凭借着得天独厚的地理优势和规模宏大的祭坛、女神庙、积石冢墓群，确立了其作为最高等级祭祀遗址的核心地位。

Bone Arrowhead

骨镞

红山文化

长 7 厘米、宽 1.5 厘米、厚 0.5 厘米

内蒙古自治区赤峰市魏家窝铺遗址出土（FS

内蒙古自治区文物考古研究院藏

Hongshan Culture

L. 7 cm; W. 1.5 cm; T. 0.5 cm

From Weijiawopu Site of Chifeng City,

Inner Mongolia Autonomous Region

Collection of Inner Mongolia Institute of Cult

Relics and Archaeology

●牙黄色，器体扁薄，呈柳叶形，系动

磨制而成。锋部尖锐，通体磨制光滑。

是狩猎时装在弓箭上用于射杀动物的器

Stone Arrowhead
石镞

红山文化
长 2.4 厘米、宽 1 厘米、厚 0.2 厘米
内蒙古自治区赤峰市魏家窝铺遗址出土（T4455 ①:1）
内蒙古自治区文物考古研究院藏

Hongshan Culture
L. 2.4 cm; W. 1 cm; T. 0.2 cm
From Weijiawopu Site of Chifeng City, Inner Mongolia Autonomous Region
Collection of Inner Mongolia Institute of Cultural Relics and Archaeology

●黄褐色，玛瑙质。锋部尖锐，基部平整，镞身经过细致修整，平面呈等腰三角形，横截面呈菱形。

●红山文化的石镞常见水晶、硅质岩、玛瑙、燧石等质地，形制多呈三角形。该器应是狩猎时装在弓箭上用于射杀动物的器具。

Microblade
细石叶

●红褐色，玛瑙质。长条形，侧面有两条棱脊线，表面有打制痕迹。

●刃薄锋利的细石叶在红山文化遗址的出土概率较高，是这一时期狩猎经济形态的反映。

红山文化
长 4.2 厘米、宽 0.7 厘米、厚 0.1 厘米
内蒙古自治区赤峰市魏家窝铺遗址出土（T5154 ①:2）
内蒙古自治区文物考古研究院藏

Hongshan Culture
L. 4.2 cm; W. 0.7 cm; T. 0.1 cm
From Weijiawopu Site of Chifeng City, Inner Mongolia Autonomous Region
Collection of Inner Mongolia Institute of Cultural Relics and Archaeology

Stone Cake-Shaped Tool
石饼形器

红山文化

直径 10.3 厘米、厚 3.2 厘米
内蒙古自治区赤峰市魏家窝铺遗址出土（F88:3）
内蒙古自治区文物考古研究院藏

Hongshan Culture
D. 10.3 cm; T. 3.2 cm
From Weijiawopu Site of Chifeng City, Inner Mongolia Autonomous Region
Collection of Inner Mongolia Institute of Cultural Relics and Archaeology

●中粒长石石英夹砂岩质，青灰色。平面呈圆形，表面有打制痕迹。体厚重，侧面磨制光滑。该器应是狩猎时作为投掷工具使用的。

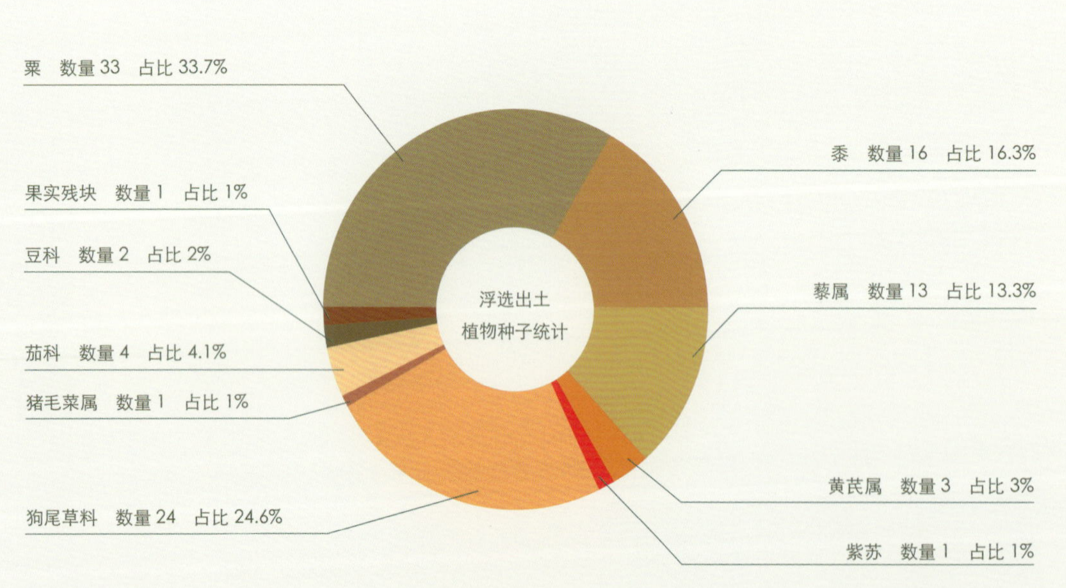

魏家窝铺遗址出土植物种子统计表

魏家窝铺遗址位于内蒙古自治区赤峰市红山区魏家窝铺村东北的丘陵台地上，是内蒙古地区目前发现的保存最完整、发掘面积最大的红山文化时期聚落遗址。该遗址出土了丰富的红山文化遗物，其中石磨盘、石磨棒、穿孔石刀、石耜等工具与农业生产息息相关，石镞、细石叶、骨镞等工具与狩猎采集活动密切关联，是探索和研究红山文化生产状况与生业结构的重要物证。

Stone Quern and Roller
石磨盘、石磨棒

●灰褐色。石磨盘盘体近似椭圆形，中部下凹，两端上翘。石磨棒为柱形，棒中段略显扁圆，使用痕迹明显。这套石质工具形制规整，磨制精细，是红山文化时期谷物加工方式以及当时石器制作工艺成熟的物证。

红山文化
盘长 35.7 厘米、宽 15.8 厘米、厚 6.1 厘米
棒长 27.5 厘米、腹径 5.5 厘米
内蒙古自治区赤峰市翁牛特旗解放营子乡头道窝铺遗址出土
赤峰博物院藏

Hongshan Culture
Quern L. 35.7 cm; W. 15.8 cm; T. 6.1 cm
Roller L. 27.5 cm; Waist D. 5.5 cm
From Toudaowopu Site of Jiefangyingzi Township, Wengniute Banner, Chifeng City, Inner Mongolia Autonomous Region
Collection of Chifeng Museum

Stone Spade-Shaped Farm Tool (*Si*)
石耜

●平面近似鞋底形，磨制而成。前端尖圆呈三角形，后端窄而稍平，表面有使用痕迹。

●石耜是红山文化富有特征的石质起土工具，它的普遍发现反映出此时期农业种植可能仍以大面积垦荒和粗放耕种为主。

红山文化
长 38 厘米、中宽 12.4 厘米、厚 2 厘米
内蒙古自治区赤峰市翁牛特旗解放营子乡头道窝铺出土
赤峰博物院藏

Hongshan Culture
L. 38 cm; MW. 12.4 cm; T. 2 cm
From Toudaowopu Site of Jiefangyingzi Township, Wengniute Banner, Chifeng City, Inner Mongolia Autonomous Region
Collection of Chifeng Museum

Jade Axe
玉斧

红山文化
长 14 厘米、宽 6.6 厘米
内蒙古自治区赤峰市松山区建昌营遗址出土
赤峰博物院藏

Hongshan Culture
L. 14 cm; W. 6.6 cm
From Jianchangying of Songshan District, Chifeng City, Inner Mongolia Autonomous Region
Collection of Chifeng Museum

●青绿色，体厚重，平面呈舌形。通体抛光，双面弧刃，弧边流畅，无明显使用痕迹。

●红山文化目前发现的工具类玉器以斧、锛、凿为主，其形制虽与同类石器形制相似，但其材质却决定了在加工上要耗费更多精力。

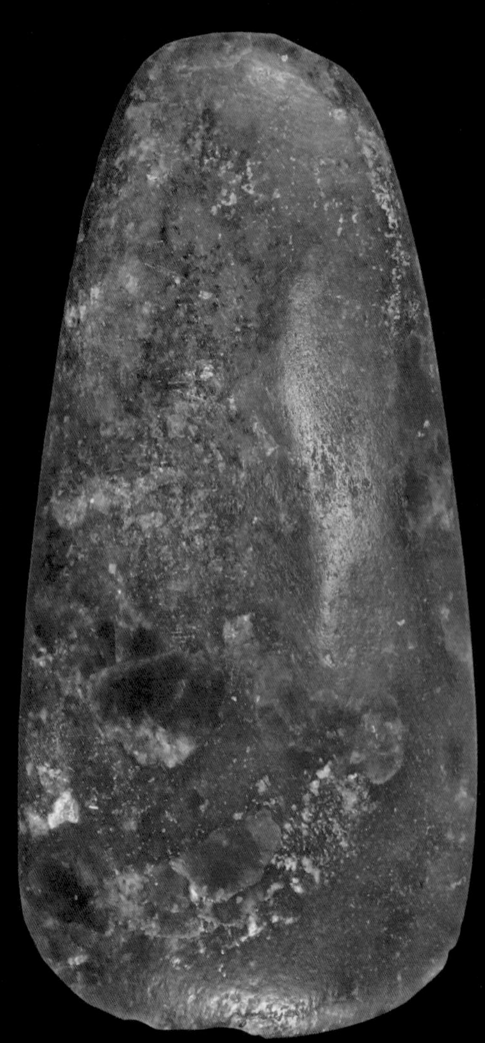

Jade Silkworm
玉蚕

红山文化
长 7.8 厘米、宽 3.4 厘米、厚 2.5 厘米
内蒙古自治区赤峰市巴林右旗那日斯台遗址（征集）
巴林右旗博物馆藏

Hongshan Culture
L. 7.8 cm; W. 3.4 cm; T. 2.5 cm
From Narisitai Site of Bairin Right Banner, Chifeng City, Inner Mongolia Autonomous Region (Collected)
Collection of Bairin Right Banner Museum

●黄绿色，头部有红褐色沁。蚕体呈较短的圆棒形，头端扁平，尾端尖圆，腹部微凹，侧面有穿孔，表现的是蚕刚变成蛹的形态。蚕首用细阴线纹雕琢出双目，蚕身则用线状阳纹表现体节，阴、阳两种纹饰的巧妙组合使玉蚕极富立体感与艺术美感。

Jade Grasshopper
玉蝈蝈

红山文化
长 5.5 厘米
辽宁省朝阳市牛河梁遗址第五地点二号冢出土（N5Z2M9:1）
辽宁省文物考古研究院（辽宁省文物保护中心）藏

Hongshan Culture
L. 5.5 cm
From No.2 Boulder Mound at Locality No.5 in Niuheliang Site of Chaoyang City, Liaoning Province
Collection of Liaoning Provincial Institute of Cultural Relics and Archaeology

●青绿色，表面有瑕斑，以圆雕工艺取形。头、眼、嘴、双翅、腹部皆勾出轮廓，腹下前部双向对钻一孔用以串缀系挂。

●红山文化发现了大量惟妙惟肖的动物题材玉器，包括鸮、蚕、蝈蝈、龟等动物形象，这既是当时气候生态与生业经济的真实反映，也是人们思想观念与信仰崇拜的形象表达。

●出土这件玉器的牛河梁遗址位于辽宁省西部凌源市与建平县的交界处，是我国目前发现最早、保存最完整的集庙、坛、冢为一体的大型史前祭祀遗址群。在东西约 10000 米、南北约 5000 米连绵起伏的山岗上，发现了四十三处红山文化遗址点。这些遗址点并非当时聚落生活区的组成部分，而是远离生活住地专门营建的社会公共礼仪空间。已发掘的第二、三、五、十六地点，出土了大量石器、陶器及珍贵玉器。

Stone Human Head
石雕人头像

红山文化
长 24 厘米、宽 5—9 厘米、高 33 厘米
辽宁省朝阳市半拉山墓地出土（M41:1）
辽宁省文物考古研究院（辽宁省文物保护中心）藏

Hongshan Culture
L. 24 cm; W. 5-9 cm; H. 33 cm
From Banlashan Cemetery of Chaoyang City, Liaoning Province
Collection of Liaoning Provincial Institute of Cultural Relics and Archaeology

●砂岩质地。面部轮廓清晰，立体感强。高额，头戴冠饰，头顶有带饰垂向脑后；耳部雕成半圆形，颧骨突出；浮雕柳叶形眼，外眼角向上；三角形鼻，浅雕两鼻孔；嘴部微隆，闭口，嘴角及下颌雕刻数道胡须。

Stone Figure Playing Witchcraft
石雕巫觋像

红山文化
高 19.1 厘米、宽 6.2 厘米、厚 5 厘米
内蒙古自治区赤峰市巴林右旗那日斯台遗址出土
巴林右旗博物馆藏

Hongshan Culture
H. 19.1 cm; W. 6.2 cm; T. 5 cm
From Narisitai Site of Bairin Right Banner, Chifeng City, Inner Mongolia Autonomous Region
Collection of Bairin Right Banner Museum

●通体磨光。头顶有三重圆饼状装饰，顶部平齐。头部近菱形，面部造型十分抽象，巨鼻大耳，眉眼极度下斜呈“八”字形，口部无明显刻痕。上身挺直，两手合于胸腹之前，束腰，跪坐，臀部压在双脚之上。

●红山文化的跪坐人像目前仅此一例，除此之外还发现有盘坐、高坐、踞坐与箕踞等体态姿势的造像。它们表现的应不是现实社会中的人，也应不是纯粹意义上的艺术品，而是有着某种特定宗教礼仪内涵的人格化神灵形象。

Cylindrical Pottery Vessel
彩陶筒形器

红山文化
口径 22.5 厘米、底径 22.5 厘米、高 26 厘米
辽宁省朝阳市牛河梁遗址出土（N2Z4B:4）
辽宁省文物考古研究院（辽宁省文物保护中心）藏

Hongshan Culture
Top D. 22.5 cm; Bot D. 22.5 cm; H. 26 cm
From Niuheliang Site of Chaoyang City, Liaoning Province
Collection of Liaoning Provincial Institute of Cultural Relics and Archaeology

●泥质红陶。平沿，圆唇，腹壁较直，体较长，无底。器表近口沿处以黑彩绘连续菱形方格纹两周。这件陶筒形器发现于牛河梁第二地点四号冢东部冢体北侧，与其共出的还有48件陶筒形器，皆原位摆放。

●冢界置陶筒形器群是红山文化的一大特征和重要标识。陶筒形器均为泥质红陶，无底，外表绘黑彩，图案母题常见勾连花卉纹、垂鳞纹和各种几何纹。竖置于冢上，一般为一列，沿冢界成行排列，彼此紧贴，几无缝隙，推测其功用可能与祭祀礼仪活动有关。

2. 唯玉为葬

玉器是红山文化最突出的标志和最重要的组成部分。红山文化的积石冢墓葬中，玉器几乎是唯一的随葬品，且墓葬级别越高，出土玉器越丰富精美。拥有和使用玉器的人是通神的大巫，以至高无上的宗教权掌控着社会政治大权。而玉器不仅在沟通天地人神的祭祀活动中充当媒介，更以极强的规范性和普及性成为文化认同的标识，在红山文化分布区内发挥着强大的凝聚力与向心力。

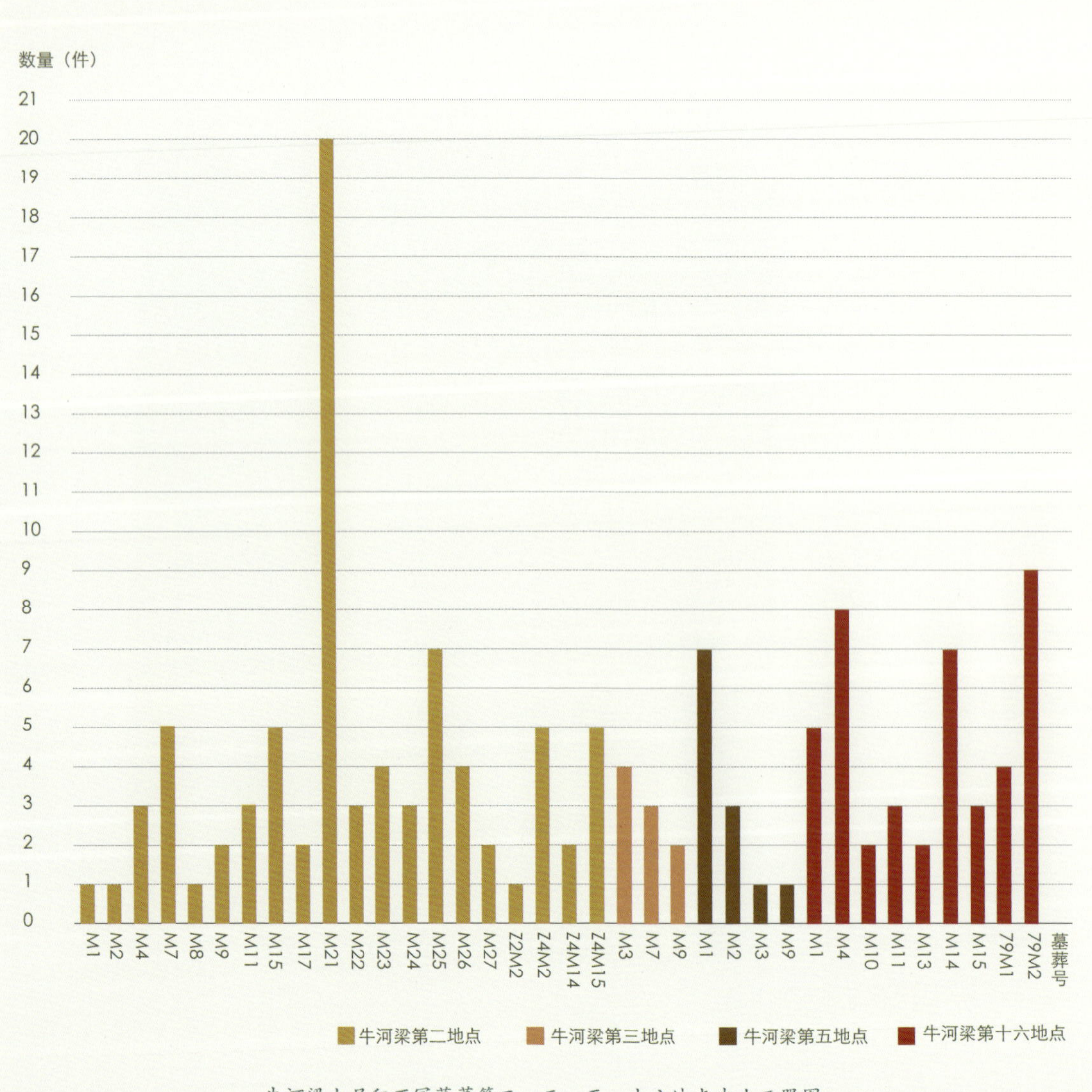

牛河梁上层积石冢墓葬第二、三、五、十六地点出土玉器图

Jade Disc (*Bi*)
玉璧

红山文化
直径 12.9 厘米、孔径 3.3 厘米、厚 0.7 厘米
辽宁省朝阳市牛河梁遗址第五地点一号冢出土(N5Z1M1:2)
辽宁省文物考古研究院(辽宁省文物保护中心)藏

Hongshan Culture
D. 12.9 cm; Bore D. 3.3 cm; T. 0.7 cm
From No.1 Boulder Mound at Locality No.5 in Niuheliang Site of Chaoyang City, Liaoning Province
Collection of Liaoning Provincial Institute of Cultural Relics and Archaeology

●绿色，一侧布满白色斑痕。器形扁薄，呈圆角长方形，中央有大圆孔。肉较宽，内外边缘磨薄似刃。璧体上部近边缘钻有两个小圆孔，中部厚而圆鼓，剖面似柳叶形。此玉璧出土于牛河梁遗址第五地点一号冢1号墓。该墓出土玉璧两件，在墓主人头部左右两侧对称分布，可能是缝缀在神帽上的法器。

●多数红山文化玉璧为方圆形或方形圆角式，且多有钻孔，与各地常见的璧面平整的正圆形璧有较大差异。这种方圆形璧是否可称之为璧，学界尚有不同看法。

●牛河梁遗址第五地点一号冢1号墓为一中心大墓。墓葬规模较大，形制规整，用材考究。地上为土石合筑的封丘，地下由墓圹和石砌墓室组成。墓内葬一成年男性，年龄50岁左右。他头枕双璧，胸部有勾云形玉器，腕佩玉镯，双手握玉龟，可能是掌握神权的巫师。

Jade Ornament in Hooked-Cloud Shape

玉勾云形器

红山文化
长 22.5 厘米、宽 11.2 厘米、厚 0.8 厘米
辽宁省朝阳市牛河梁遗址出土
辽宁省博物馆藏

Hongshan Culture
L. 22.5 cm; W. 11.2 cm; T. 0.8 cm
From Niuheliang Site of Chaoyang City, Liaoning Province
Collection of Liaoning Provincial Museum

●黄绿色，透明度高。器体扁薄，近似长方形。四角作勾云状卷角，中部镂空，器表琢磨浅缓的瓦沟纹。此器雕工精巧，集开片、打洼、镂空等多种技法于一体，是红山文化玉器工艺之集大成者。玉勾云形器造型奇特，在墓中多出土于死者胸部，反面朝上，据推测与通神权杖有关。

Jade Tube with a Slanting Mouth

玉斜口筒形器

红山文化
高 18.6 厘米、斜口端最宽 10.7 厘米、
平口端长径 7.4 厘米
辽宁省朝阳市牛河梁遗址第二地点一号冢出土
（N2Z1M4:1）
辽宁省文物考古研究院（辽宁省文物保护中心）藏

Hongshan Culture
H. 18.6 cm; Slanting Mouth Max W. 10.7 cm;
Flat End D. 7.4 cm
From No.1 Boulder Mound at Locality No.2 in Niuheliang Site of Chaoyang City, Liaoning Province
Collection of Liaoning Provincial Institute of Cultural Relics and Archaeology

●深绿色，质匀净，内外通体磨光，呈扁圆筒形。上端外敞呈斜口，边缘渐薄呈刃状；下端略窄作平口。长面较平而宽，面上稍显内凹。平口两侧近边缘处由外向内各钻一小孔，内壁及上下端缘遗有用线切割法掏空的痕迹。出土时位于墓主头下，长面朝上，紧贴头顶，平口朝左。

●斜口筒形器，又称马蹄形器或箍形器，是红山文化玉器的典型器类。关于其功能学界争议较多，有束发器、供灵魂出入的通天器等说法。因其造型与陶质的斜口器形状相近，有学者推测其为祭祀用的礼器。也有学者推测其与凌家滩文化的玉龟形器一样，是与鬼灵信仰有关的占卜工具。

●牛河梁遗址第二地点一号冢 4 号墓为长方形砌石墓。墓内葬一成年男性，随葬玉器 3 件，玉质上乘。墓主头枕斜口筒形玉器、胸前佩戴一对玉玦形龙。与第二地点中心大墓相比，该墓随葬玉器数量偏少。随葬玉器数量多寡与墓葬等级高低之间的内在联系是当时用玉制度的反映，可能表明巫师内部存在等级划分。

Jade Disc (*Bi*)
玉璧

红山文化
直径 10.95 厘米、孔径 5.21 厘米、厚 0.4 厘米
辽宁省朝阳市牛河梁遗址第十六地点出土（N16M14:2）
辽宁省文物考古研究院（辽宁省文物保护中心）藏

Hongshan Culture
D. 10.95 cm; Bore D. 5.21 cm; T. 0.4 cm
From Locality No.16 in Niuheliang Site of Chaoyang City, Liaoning Province
Collection of Liaoning Provincial Institute of Cultural Relics and Archaeology

●乳白色，表面有土渍和灰渍，内、外缘局部附着烧土痕。平面呈正圆形，中孔较大，内外缘薄磨似刃。出土时立置于头骨和肢骨之间。

Jade Ring (*Huan*)
玉环

红山文化
直径 6.75 厘米、孔径 5.45—5.55 厘米、厚 0.75 厘米
辽宁省朝阳市牛河梁遗址第十六地点出土（N16M14:8）
辽宁省文物考古研究院（辽宁省文物保护中心）藏

Hongshan Culture
D. 6.75 cm; Bore D. 5.45-5.55 cm; T. 0.75 cm
From Locality No.16 in Niuheliang Site of Chaoyang City, Liaoning Province
Collection of Liaoning Provincial Institute of Cultural Relics and Archaeology

●乳白色，表面有褐色附着物，局部玉质已朽蚀成粉末状。平面近圆形，断裂，环体较细。出土于牛河梁遗址第十六地点 14 号墓人骨堆下。

Jade Owl
玉鸮

红山文化
长 4 厘米、宽 2.8 厘米、厚 0.6 厘米
辽宁省朝阳市半拉山墓地出土（K5:4）
辽宁省文物考古研究院（辽宁省文物保护中心）藏

Hongshan Culture
L. 4 cm; W. 2.8 cm; T. 0.6 cm
From Banlashan Cemetery of Chaoyang City, Liaoning Province
Collection of Liaoning Provincial Institute of Cultural Relics and Archaeology

●绿色，微泛白，局部有褐色瑕斑。平面近长方形，中部稍厚，向外边缘渐薄。整体为一只展翼的鸮，以粗线条勾勒出头、躯干、双翼和尾部。细部特征未具体刻画，寥寥两个细缺口和两道细凹槽勾勒出鸮首和颈部，用一道微凸的细棱与两侧宽凹槽组合体现双翼，尾部则用两道斜向凹槽将其与翼分开。左翼外边缘对钻一细孔，腹部横向对钻一牛鼻形穿孔。

Three-Connected Jade Disc (*Bi*)
玉三连璧

红山文化
长 8.96 厘米、宽 4.22 厘米、孔径 1.3—1.5 厘米、厚 0.35 厘米
辽宁省朝阳市半拉山墓地出土（M39:3）
辽宁省文物考古研究院（辽宁省文物保护中心）藏

Hongshan Culture
L. 8.96 cm; W. 4.22 cm; Bore D. 1.3-1.5 cm; T. 0.35 cm
From Banlashan Cemetery of Chaoyang City, Liaoning Province
Collection of Liaoning Provincial Institute of Cultural Relics and Archaeology

●玉质温润莹透，绿色，微泛黄。体扁平、轻薄，形似三璧相连。平面近椭圆形，三内孔近圆形，孔内、外边缘薄磨似刃，横截面近梭形。

●我国新石器时代发现的众多玉器，连璧为数不多，主要发现于红山文化和凌家滩文化。红山文化的连璧常见双连玉璧和三连玉璧，有的连璧顶端还穿琢有便于悬挂或佩戴的小孔。

Stone Wide Axe (*Yue*)

石钺

红山文化

长 13.6 厘米、宽 10.3 厘米、厚 1.3 厘米

辽宁省朝阳市半拉山墓地出土（M12:2）

辽宁省文物考古研究院（辽宁省文物保护中心）藏

Hongshan Culture

L. 13.6 cm; W. 10.3 cm; T. 1.3 cm

From Banlashan Cemetery of Chaoyang City, Liaoning Province

Collection of Liaoning Provincial Institute of Cultural Relics and Archaeology

●淡黄色，一侧有红色土沁斑。质地细腻光滑，略显光泽。体扁平，平面近椭圆形。顶部有打制而成的疤痕面，两侧刃部较厚，端刃稍薄，不锋利，未见使用痕迹。顶部对钻一孔，浑圆规整，便于绑缚木柄。此石钺出土于半拉山墓地 M12 墓主胸部，在墓主双股之间还出土 1 件兽首形柄端饰，根据摆放位置推测二者为同一套石钺组件。这是红山文化墓葬中完整带柄端饰石钺的首次发现。

Jade Axe Hilt Ornament in Beast Head Shape
玉兽首形柄端饰

红山文化
长 6.1 厘米、宽 4.5 厘米、厚 2.4 厘米
辽宁省朝阳市半拉山墓地出土（M12:4）
辽宁省文物考古研究院（辽宁省文物保护中心）藏

Hongshan Culture
L. 6.1 cm; W. 4.5 cm; T. 2.4 cm
From Banlashan Cemetery of Chaoyang City, Liaoning Province
Collection of Liaoning Provincial Institute of Cultural Relics and Archaeology

●乳白色，圆雕，磨制精致。表面光素，头部、双耳和吻部雕刻细致，面中部用一对钻圆孔巧妙表示双目。颈部内收出棱，下接榫头。整器造型独特，颇为生动传神。

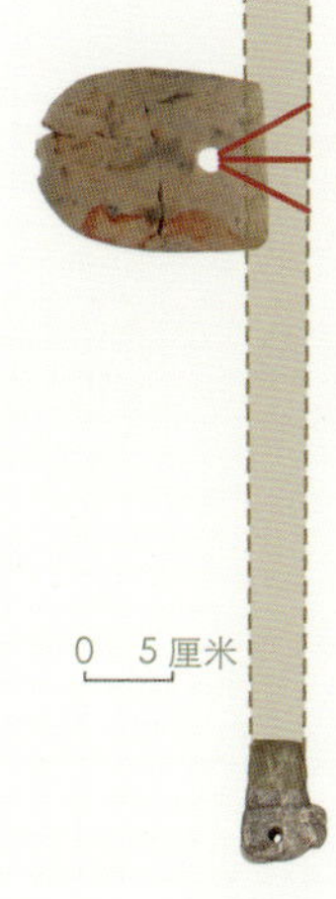

石钺组件推测复原图

半拉山遗址是红山文化晚期的一处墓地遗址，位于辽宁省朝阳市龙城区尹杖子村。该墓地经过精心规划和营建，以石界墙为界，南部为墓葬区，北部为祭祀区。该遗址发现的 12 号墓葬，墓主人为男性，年龄在 30 岁以上，胸腹部出土玉玦形龙、玉璧和石钺各 1 件，在大腿内侧出土玉兽首形柄端饰 1 件，应该是墓主人拥有较高社会地位和军事权力的象征。

二、水乡泽国——良渚

距今5300—4300年，良渚文化时期的环太湖地区聚落林立，等级分明，文化面貌呈现出明显的一致性。以浙江余杭良渚古城为中心，形成了一个以规模宏大的城址、功能复杂的水利系统、分等级墓地、祭坛等一系列相关遗迹为特征的区域性早期国家，实证了中华5000多年的文明史。良渚统治者通过对玉器资源的占用和分配，和以钺、琮、璧为代表的玉礼器制度，以“神徽纹”为代表的精神信仰，强化神权和王权，维系社会运转。

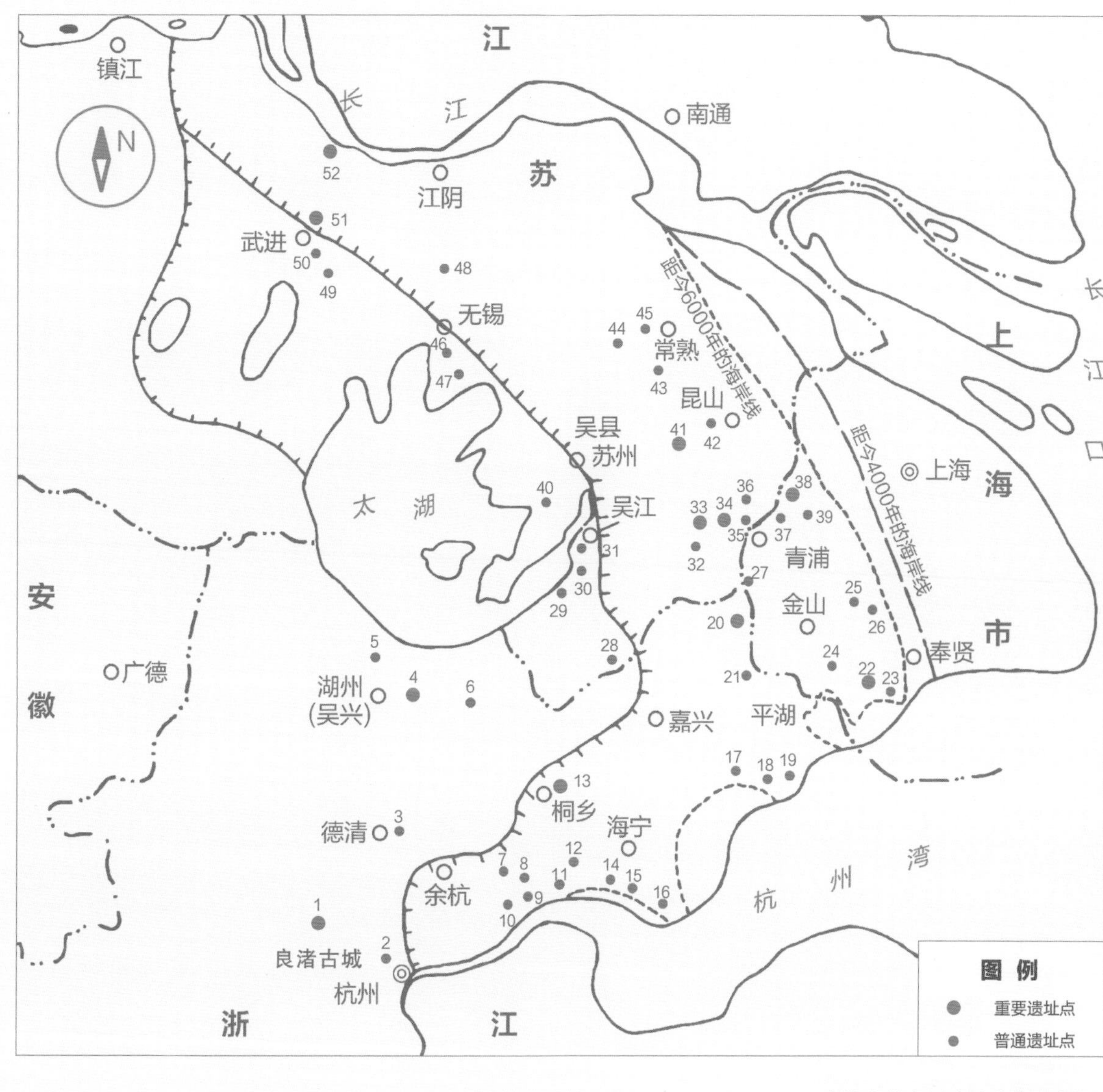

良渚文化主要遗址分布示意图 *

*资料来源：中国社会科学院考古研究所《中国考古学新时期时代卷》

1. 余杭良渚遗址群
2. 杭州水田畈
3. 德清辉山
4. 湖州钱山漾
5. 湖州邱城
6. 湖州花城
7. 海宁荷叶地
8. 海宁郭店
9. 海宁徐步桥
10. 海宁盛家埭
11. 海宁千金角
12. 海宁郭家石桥
13. 桐乡普安桥
14. 海宁郜家岭
15. 海宁坟桥巷
16. 海宁三官墩
17. 嘉兴雀幕桥
18. 嘉兴戴墓墩
19. 平湖平邱墩
20. 嘉兴大坟
21. 嘉兴姚墩
22. 金山亭林
23. 奉贤柘林
24. 青浦金山坟
25. 松江广富林
26. 上海马桥
27. 青浦淀山湖
28. 嘉兴双桥
29. 吴江梅堰
30. 吴江龙南
31. 吴江大三墐
32. 吴县澄湖
33. 吴县张陵山
34. 昆山赵陵山
35. 昆山陈墓
36. 昆山少卿山
37. 青浦千步村
38. 青浦福泉山
39. 青浦果园村
40. 苏州越城
41. 吴县草鞋山
42. 昆山绰墩
43. 常熟黄土山
44. 常熟嘉菱荡
45. 常熟三条桥
46. 无锡仙蠡墩
47. 无锡许巷
48. 江阴顾家村
49. 武进青墩
50. 武进海城墩
51. 武进寺墩
52. 江阴高城墩

1. 聚落繁荣

距今 5500 年前后，长江三角洲地区海平面后退，肥沃而适合耕作的陆地逐渐显露，为稻作农业发展和聚落繁荣提供了绝佳的自然条件。太湖流域和钱塘江流域分布着四百多处良渚文化聚落，其中良渚古城发展程度高、社会组织动员能力强、社会等级分化明显，是良渚文化政治、经济和权力的中心，具有“都城”性质。

Perforated Stone Ploughshare
穿孔石犁铧

良渚文化
长 8.6 厘米、宽 9.1 厘米、厚 0.8 厘米
浙江省杭州市余杭区良渚遗址出土
杭州市临平博物馆（中国江南水乡文化博物馆）藏

Liangzhu Culture
L. 8.6 cm; W. 9.1 cm; T. 0.8 cm
From Liangzhu Site of Yuhang District, Hangzhou Cit
Zhejiang Province
Collection of China Jiangnan Water Town Culture Mu

● 上部残断。平面略呈等边三角形，两侧边开刃
铧中心有一孔，孔上端残。

● 良渚文化石犁铧大致可分为一体式和分体式
类，该件犁铧为一体式。一体式石犁铧在环太湖
应用较早，至迟在崧泽文化晚期就已出现。良渚
中期，组装式的分体石犁铧开始出现，犁头和两
翼分开，增大了石犁体量，耕作面积更大，也方
换损坏的部件。

Stone Sickle
石镰

●扁薄长三角形，弧背，单面刃，左利手。

●崧泽文化晚期至良渚文化时期，石镰出现并逐渐成为最主要的收割农具。与半月形的割穗石刀相比，石镰可将稻穗连秆收割，并且可以将多穗稻谷一次性收回，生产效率明显提高。石镰的普及就是与良渚文化时期水稻生产规模扩大、产量提高状况相适应的产物。

良渚文化
长 17 厘米、宽 6.1 厘米、厚 0.6 厘米
良渚博物院（良渚研究院）藏

Liangzhu Culture
L. 17 cm; W. 6.1 cm; T. 0.6 cm
Collection of Liangzhu Museum

Stone Handled Farming Tool for Plowing
斜把破土器

●器为石质，大致呈三角形。底边开刃，顶部有一斜向的把柄。制作较粗糙，表面凹凸不平。破土器为复合型犁耕工具，使用时需安装木柄，多用于开沟，与石犁配合使用。

良渚文化
长 16.7 厘米、宽 17.3 厘米、厚 1.4 厘米
浙江省杭州市余杭区长命村出土
杭州市临平博物馆（中国江南水乡文化博物馆）藏

Liangzhu Culture
L. 16.7 cm; W. 17.3 cm; T. 1.4 cm
From Changming Village of Yuhang District, Hangzhou City, Zhejiang Province
Collection of China Jiangnan Water Town Culture Museum

Carbonized Rice Grains
炭化稻谷

良渚文化
浙江省杭州市余杭区良渚古城池中寺遗址出土
浙江省文物考古研究所藏

Liangzhu Culture
From Chizhongsi Site of Liangzhu Ancient City of Yuhang District, Hangzhou City, Zhejiang Province
Collection of Zhejiang Provincial Institute of Cultural Relics and Archaeology

●良渚文化时期，水稻已基本完成从野生稻向栽培稻的驯化，稻作生产规模大、产量高，稻米已经成为良渚先民的主要食物来源。池中寺遗址发现了总体积约6000立方米的炭化稻谷堆积，据推算其稻谷储量近20万公斤。

Peach Stone
桃核

良渚文化
浙江省杭州市余杭区良渚古城钟家港遗址出土
浙江省文物考古研究所藏

Liangzhu Culture
From Zhongjiagang Site of Liangzhu Ancient City of Yuhang District, Hangzhou City, Zhejiang Province
Collection of Zhejiang Provincial Institute of Cultural Relics and Archaeology

●椭圆形，翼短小。表面有沟纹，已炭化。经科学检测，该桃属蔷薇科李属毛桃种，已具有人工驯化的特征，与现代毛桃无太大区别。桃核及其他植物种子的发现说明，植物果实采集和瓜果蔬菜种植是良渚先民除稻米之外的重要食物补充。

Choerospondias Axillaris Stones
南酸枣核

良渚文化
长 1.4—2 厘米
浙江省杭州市余杭区良渚古城钟家港遗址出土
浙江省文物考古研究所藏

Liangzhu Culture
L. 1.4-2 cm
From Zhongjiagang Site of Liangzhu Ancient City of Yuhang District, Hangzhou City, Zhejiang Province
Collection of Zhejiang Provincial Institute of Cultural Relics and Archaeology

●椭圆形。南酸枣是漆树科植物，其果实酸甜可口，营养丰富，可鲜食。南酸枣的人工种植技术要求很高，直到现代才较为成熟。因此推测南酸枣核应为良渚先民采集食用后的遗存。良渚先民以种植水稻为主，兼营瓜果蔬菜种植，以采集食物作为补充，这些共同构成良渚先民的植物性食物来源。

Pig Mandible
猪下颌骨

良渚文化
长 29 厘米、宽 14 厘米、高 11 厘米
浙江省杭州市余杭区卞家山遗址出土
浙江省文物考古研究所藏（G2③:49）

●雄性猪的下颌骨。卞家山遗址中发现大量猪的骨骼，占动物遗存总量的93%。从猪骨的特征判断，大部分具有家猪的特征，说明良渚文化时期家猪饲养技术已经出现并得到一定程度的发展，家猪业已成为良渚先民主要的肉食来源。

Liangzhu Culture
L. 29 cm; W. 14 cm; H. 11 cm
From Bianjiashan Site of Yuhang District, Hangzhou City, Zhejiang Province
Collection of Zhejiang Provincial Institute of Cultural Relics and Archaeology

Deer Antler
梅花鹿角

良渚文化
长 41 厘米
浙江省杭州市余杭区良渚古城钟家港遗址出土（T0720 台②层）
浙江省文物考古研究所藏

Liangzhu Culture
L. 41 cm
From Zhongjiagang Site of Liangzhu Ancient City of Yuhang District, Hangzhou City, Zhejiang Province
Collection of Zhejiang Provincial Institute of Cultural Relics and Archaeology

●除猪、狗等家养动物外，良渚文化遗址中还发现鹿、水牛、鸟类等野生动物骨骼，其中以鹿科动物数量为最多。环太湖平原河湖、丘陵、草地交错分布的自然环境为野生动物提供了理想的栖居地，这些野生动物也成为良渚先民肉食来源的有力补充。

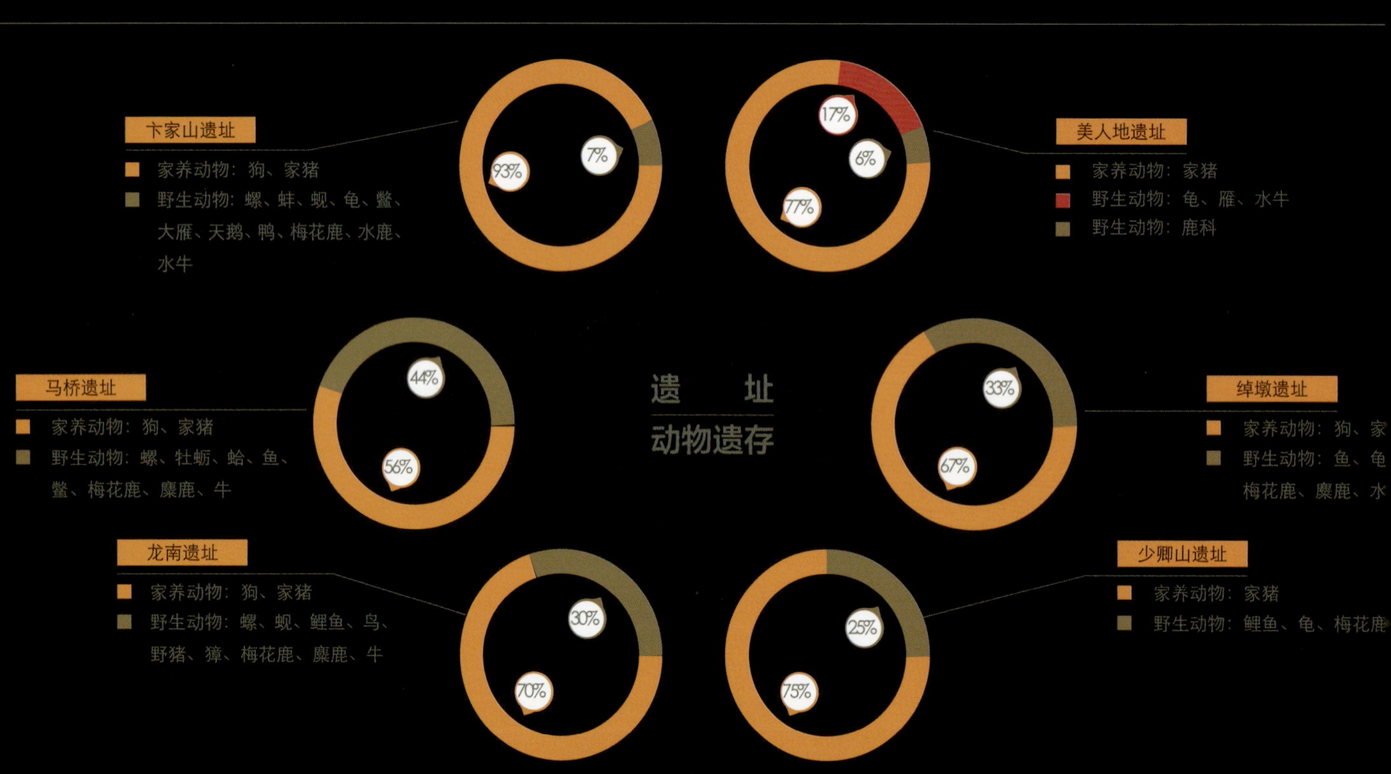

太湖平原良渚文化遗址出土动物遗存★

良渚文化时期形成了以水稻种植业为主，以家畜饲养业为辅，兼营狩猎及瓜果蔬菜种植，并以水生动物捕捞、野生植物采集作为补充的生业经济模式，为文明社会的形成奠定了坚实的物质基础。

★根据袁靖、潘艳、董宁宁、司徒克：《良渚文化的生业经济与社会兴衰》一文中数据汇总。

Pottery Tripod (*Ding*) with Spacer
陶隔档鼎

良渚文化
口径 15.4 厘米、腹径 20 厘米、残高 18.5 厘米
浙江省杭州市余杭区卞家山遗址出土(G2 ② B:13)
浙江省文物考古研究所藏

Liangzhu Culture
Top D. 15.4 cm; Waist D. 20 cm;
Remaining H. 18.5 cm
From Bianjiashan Site of Yuhang District, Hangzhou City, Zhejiang Province
Collection of Zhejiang Provincial Institute of Cultural Relics and Archaeology

● 夹砂褐胎黑皮陶。器表有烟炱，为实用器。器身呈罐形，直领，平折沿，垂鼓腹，"T"形足，足下部残断，足外侧有刻划的线槽。

● 良渚文化日用陶器种类繁多，可分为炊煮器（鼎、鬶、盉）、盛食器（豆、盘、簋）、水酒器（双鼻壶、杯、匜、过滤器）和存储器（罐、瓮）几大类。

Solid-Legged Pottery Cooking Vessel (*Gui*)
陶实足鬶

良渚文化
高 17.7 厘米
浙江省杭州市余杭区良渚古城莫角山遗址西坡 2013C0C0 区 G 块 T0949 ⑥ A 出土
浙江省文物考古研究所藏

Liangzhu Culture
H. 17.7 cm
From Mojiaoshan Site of Liangzhu Ancient City of Yuhang District, Hangzhou City, Zhejiang Province
Collection of Zhejiang Provincial Institute of Cultural Relics and Archaeology

● 器身为泥质黑皮陶，把手及三足为夹细砂陶。素面。侈口，翘流，圆形鼓腹，与流相对的腹背上部安一个半环形把手，锥形足。腹部及足上部有明显烟炱，表明器物为盛装液体后进行加热时所用。

Pottery Wide-Handled Cup
陶宽把杯

良渚文化
底径 9.2 厘米、高 17.9 厘米
浙江省杭州市余杭区良渚古城莫角山遗址西坡
2013C0C0 区 G 块 T0949 ⑥ A 出土
浙江省文物考古研究所藏

Liangzhu Culture
Bot D. 9.2 cm; H. 17.9 cm
From Mojiaoshan Site of Liangzhu Ancient City of Yuhang District, Hangzhou City, Zhejiang Province
Collection of Zhejiang Provincial Institute of Cultural Relics and Archaeology

●泥质黑皮陶。舌形流上翘，流下部有一尖状突起。筒形深腹，矮圈足。器身一侧有宽大的半环形把手。把手上有密集的竖向刻划纹，把手上端装饰六个圆形镂孔。有盖，盖中心有一内凹的圆纽。

●宽把杯是良渚文化晚期常见的水酒器。杯体较大，且带流，可能是分饮器。配盖可用来保温或抑制酒精挥发。

Pottery Cup
陶杯

良渚文化
口径 5.7 厘米、高 9.8 厘米
浙江省杭州市余杭区卞家山遗址出土（G1 ③:155）
浙江省文物考古研究所藏

Liangzhu Culture
Top D. 5.7 cm; H. 9.8 cm
From Bianjiashan Site of Yuhang District, Hangzhou City, Zhejiang Province
Collection of Zhejiang Provincial Institute of Cultural Relics and Archaeology

●泥质黑皮陶。侈口，高领，折肩，腹部有五道瓦楞纹，喇叭口圈足，圈足径小于口径。

●陶鬶、宽把杯和陶杯分别为温酒（煮水）、盛酒（水）、饮酒（水）之用，构成良渚文化一套完整的酒水器。

●豆柄残片，上有刻纹。纹饰主体为交错连续的龙纹，龙身盘曲，内刻环节，龙身周围点缀若干对螺旋纹。

●良渚文化中期开始流行在黑皮陶器上装饰刻划纹饰，多见于高柄豆的盘和柄上，在双鼻壶、宽把杯、罐、圈足盘等器物上也能见到。在良渚古城及其周围的良渚文化核心区范围内，装饰着精美纹饰的黑皮陶一般为良渚贵族的生活用器，这与墓葬中用作明器的陶器有明显区别。

Pottery Shard with Engraved Patterns
刻纹陶片

良渚文化
宽 15.2 厘米、高 9.8 厘米
浙江省杭州市余杭区卞家山遗址出土（G1②:414）
浙江省文物考古研究所藏

Liangzhu Culture
W. 15.2 cm; H. 9.8 cm
From Bianjiashan Site of Yuhang District, Hangzhou City, Zhejiang Province
Collection of Zhejiang Provincial Institute of Cultural Relics and Archaeology

Pottery Shard with Engraved Patterns
刻纹陶片

良渚文化
长 4.9 厘米、宽 3.9 厘米
浙江省杭州市余杭区卞家山遗址出土（G1②:428）
浙江省文物考古研究所藏

Liangzhu Culture
L. 4.9 cm; W. 3.9 cm
From Bianjiashan Site of Yuhang District, Hangzhou City, Zhejiang Province
Collection of Zhejiang Provincial Institute of Cultural Relics and Archaeology

●陶片上刻鸟首蛇身纹。蛇身盘曲，呈中轴对称的双漩状，与玉器上常见的兽面纹的一对兽眼造型相似。蛇身外周遍布尖喙鸟首纹，这种鸟首纹在良渚文化玉器中也多有表现。这是良渚人的精神信仰在不同物质载体上的共同体现。

Pottery Shards with Engraved Marks
刻符陶片

良渚文化

a：底径 9.8 厘米、腹径 11.6 厘米、
残高 14.2 厘米（G1 ②:87）
b：长 8 厘米、宽 16 厘米、厚 0.1 厘米
（G1 ⑥:333、G1 ④:335）
浙江省杭州市余杭区卞家山遗址出土
浙江省文物考古研究所藏

Liangzhu Culture
a: Bot D. 9.8 cm; Waist D. 11.6 cm;
Remaining H. 14.2 cm
b: L. 8cm; W. 16 cm; T. 0.1 cm
From Bianjiashan Site of Yuhang District, Hangzhou City, Zhejiang Province
Collection of Zhejiang Provincial Institute of Cultural Relics and Archaeology

●G1 ②:87 为黑陶双鼻壶残件，壶颈部刻一象形的龟纹和一兽纹；G1 ⑥:333、G1 ④:335 拼合后呈现出一组 5 个抽象刻符。据统计，良渚文化陶器、石器、玉器等载体上共出现了六百多个刻划符号，可分为象形符号和抽象符号两大类。一些器物表面有多个刻划符号有意识组合排列的情况，应表达了某种特定含义，可视为文字的雏形。这些类似文字的表意符号的出现，使得信息的记录与传播更加便利，是良渚时期社会分工复杂化、社会组织动员能力提升的体现。

b

a

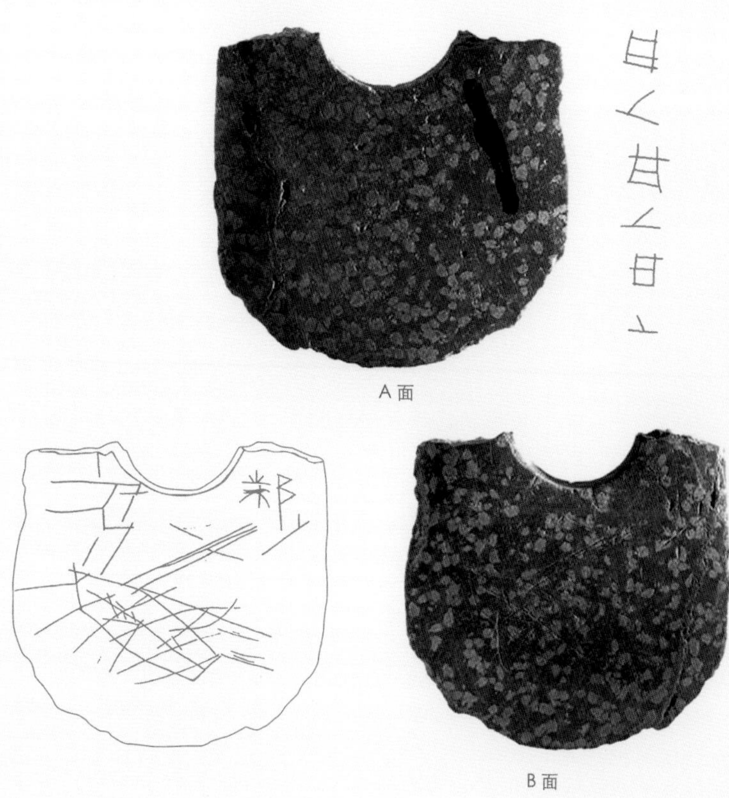

A面

B面

浙江省平湖市庄桥坟遗址 T101 ②:10 刻字石钺

石钺A面有纵向一列共六个符号，布局完整，周围没有别的线条或符号干扰。第一、三、五个是“甘”字形，第二、四、六个是“⊥”字形。“甘”“⊥”的组合重复出现三遍，说明这一组合不是偶然现象；而第二、第四个“⊥”字与第六个“⊥”字的不同，应该表达的是一组相对或相反的意思。

2. 权力信仰

玉器是良渚文化最具特色的物质和精神标识，是良渚文化神权和王权的载体。良渚文化统治阶层创造了一套完整的玉礼器系统，并赋予其明确的使用规范，将玉礼器的种类、数量与适用人群的身份、等级、性别严格对应，使玉器成为强化权力秩序、维系社会统治的手段。玉礼器上一以贯之的“神徽”图案在整个良渚文化分布范围内的高度统一，体现出良渚先民一致的精神信仰。

Jade Tube (*Cong*)
玉琮

良渚文化
射口上径 8.4—8.65 厘米、下径 8.34—8.57 厘米、高 6.8 厘米、孔内径 5.65 厘米
浙江省杭州市余杭区良渚古城反山墓地出土（M20:122）
浙江省文物考古研究所藏

Liangzhu Culture
Top D. 8.4-8.65 cm; Bot D. 8.34-8.57 cm; H. 6.8 cm; Bore ID. 5.65 cm
From Fanshan Cemetery of Liangzhu Ancient City of Yuhang District, Hangzhou City, Zhejiang Province
Collection of Zhejiang Provincial Institute of Cultural Relics and Archaeology

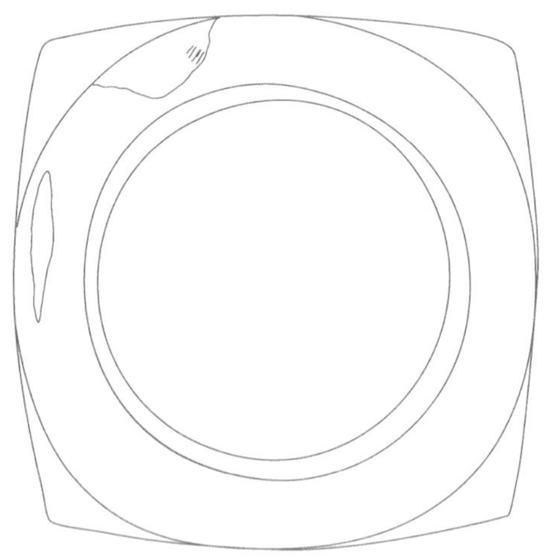

●青白玉，夹青斑，微沁蚀。以四角展开雕琢两节神人兽面纹，纹饰繁缛细密。其中，神人弦纹两组，每组填刻8—10条；兽面弦纹两组，每组填刻6—7条；组间均填以螺旋线加小尖喙的纹饰。神人眼睛为重圈管钻，刻划眼角。兽面眼睛为重圈管钻，眼睑内填刻纹饰。神人和兽面纹的鼻部均为减地凸块，填刻多重椭圆形纹饰。琮下方尚保留有片切割痕迹。

●玉琮是良渚文化成组玉礼器的核心，其用法多样，或作为臂钏佩戴，或置于肢体旁，也有放置于墓主头部的。玉琮的数量与墓葬和聚落的等级密切相关，是权力等级的象征。玉琮也是神人兽面纹的重要载体。玉琮的形制遵循上大下小的规制，以仰视的视角衬托"神徽"至高无上的地位，是良渚文化精神信仰和天地宇宙观的象征。

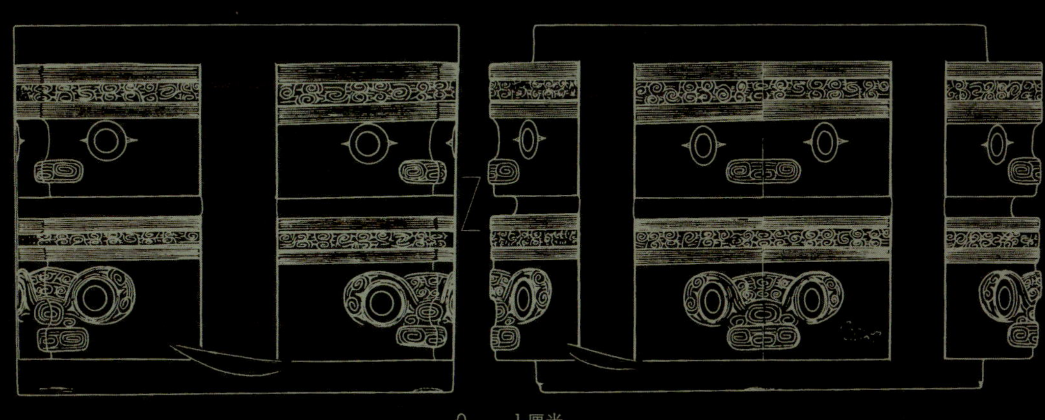

Jade Tube (*Cong*)

玉琮

良渚文化
射口上径 9.7—10.05 厘米、下径 9.7—10.01 厘米、
高 5.2 厘米、孔内径 5.75 厘米
浙江省杭州市余杭区良渚古城反山墓地出土（M20:123）
浙江省文物考古研究所藏

Liangzhu Culture
Top D. 9.7-10.05 cm; Bot D. 9.7-10.01 cm;
H. 5.2 cm; Bore ID. 5.75 cm
From Fanshan Cemetery of Liangzhu Ancient City of Yuhang District, Hangzhou City, Zhejiang Province
Collection of Zhejiang Provincial Institute of Cultural Relics and Archaeology

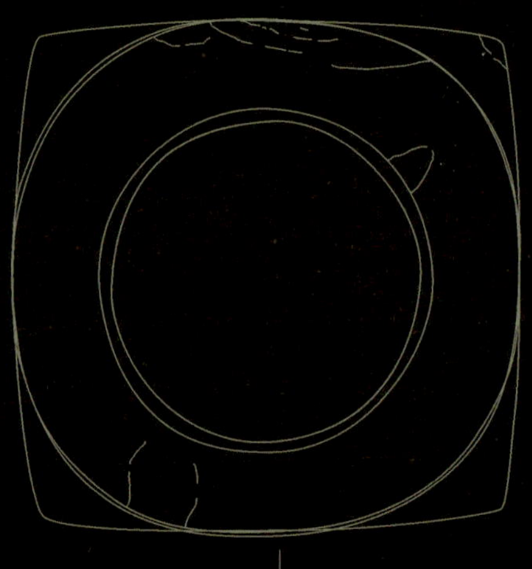

● 以四角展开雕琢一节简化的神人纹。神人面上部刻弦纹带两组，每组 7—8 条。神人眼睛为重圈管钻，两侧刻尖状眼角。鼻为减地凸块，内填刻纹饰。神人面下部两侧各刻划一道弧线，勾勒出脸庞轮廓。

0　2 厘米

Jade Tube (*Cong*)

玉琮

良渚文化
射口上径 8—8.37 厘米、下径 7.92—8.1 厘米、
孔内径 6.5 厘米、高 9.5 厘米
浙江省杭州市余杭区良渚古城反山墓地出土（M20:124）
浙江省文物考古研究所藏

Liangzhu Culture
Top D. 8-8.37 cm; Bot D. 7.92-8.1 cm;
Bore ID. 6.5 cm; H. 9.5 cm
From Fanshan Cemetery of Liangzhu Ancient City of Yuhang District, Hangzhou City, Zhejiang Province
Collection of Zhejiang Provincial Institute of Cultural Relics and Archaeology

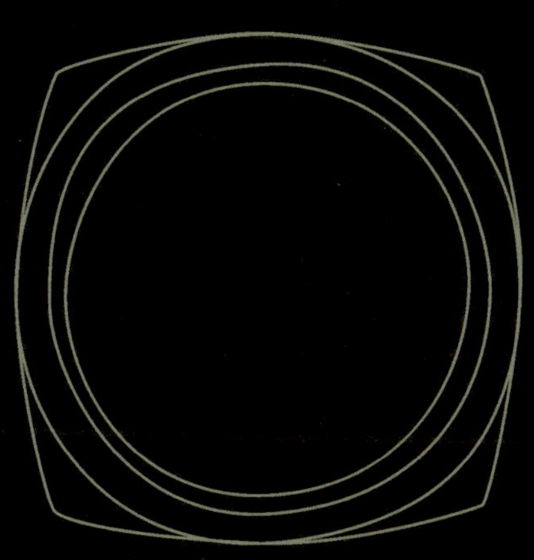

●形制规整，制作精良，光泽感好。以四角展开雕琢两节神人兽面纹。神人面上部有两组弦纹带，每组 6—7 条。神人眼睛单圈管钻，加刻眼角，鼻部为减地凸块。兽面眼睛单圈管钻，月牙形眼睑，不加刻细部纹饰。兽鼻与神人鼻相似。兽面眼睛两侧各有一鸟纹，为鸟的侧面形象。

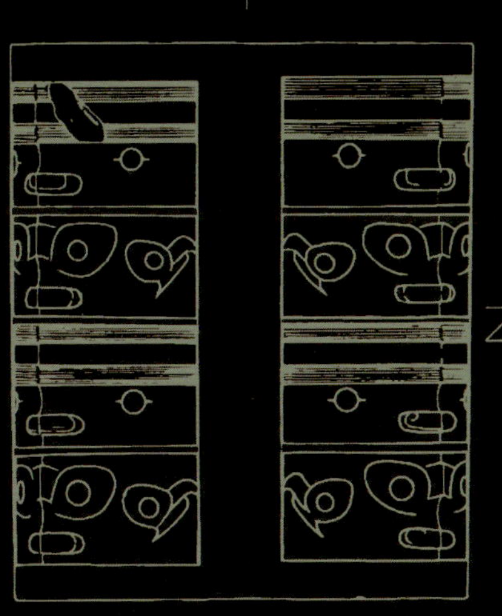

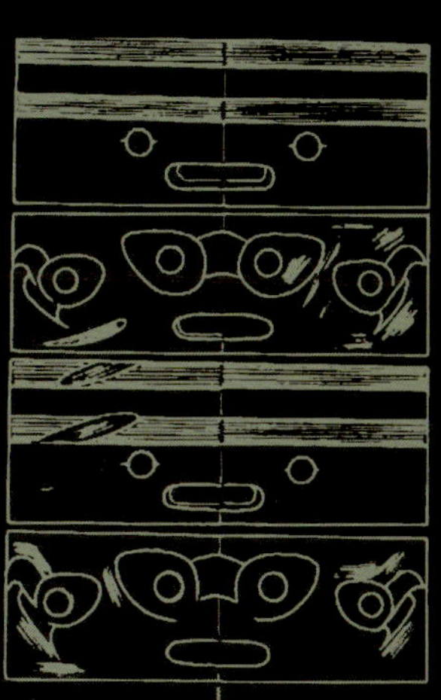

0 2 厘米

Jade Discs (*Bi*)

玉璧

良渚文化

a：直径 15.1—15.2 厘米、孔内径 3.5 厘米、孔外径 3.8—4 厘米、厚 0.9—1.3 厘米（M20:182）

b：直径 13.8—14.5 厘米、孔内径 3.3 厘米、孔外径 3.6 厘米、厚 0.8—1.25 厘米（M20:183）

c：直径 15.9—16.4 厘米、孔内径 3.9 厘米、孔外径 4—4.2 厘米、厚 0.7—1.1 厘米（M20:146）

d：直径 18 厘米、孔内径 4.9 厘米、孔外径 5 厘米、厚 0.8—1.2 厘米（M20:186）

浙江省杭州市余杭区良渚古城反山墓地出土

浙江省文物考古研究所藏

Liangzhu Culture

a: D. 15.1-15.2 cm; Bore ID. 3.5 cm; Bore OD. 3.8-4 cm; T. 0.9-1.3 cm

b: D. 13.8-14.5 cm; Bore ID. 3.3 cm; Bore OD. 3.6 cm; T. 0.8-1.25 cm

c: D. 15.9-16.4 cm; Bore ID. 3.9 cm; Bore OD. 4-4.2 cm; T. 0.7-1.1 cm

d: D. 18 cm; Bore ID. 4.9 cm; Bore OD. 5 cm; T. 0.8-1.2 cm

From Fanshan Cemetery of Liangzhu Ancient City of Yuhang District, Hangzhou City, Zhejiang Province

Collection of Zhejiang Provincial Institute of Cultural Relics and Archaeology

●M20:146 与 M20:186 置于墓主胸腹部位置。其中 M20:146 呈浅褐色，沁蚀。两面留有线切割痕迹，中孔为单面钻。M20:186 呈南瓜黄色，光泽感好，器形较规整，表面留有摩擦痕迹，中孔对钻，打磨精细。M20:182 与 M20:183 置于墓主脚端，均呈墨绿色，夹白色筋状纹理，杂质较多。

●玉璧是良渚玉器中单位面积最大的玉器。早期玉璧形体小而不规整，也未成为大墓的标配；后期逐渐向大而规整发展，并成为大墓中出土数量最多的大型玉器。玉璧中玉质好的一般放置于墓主人胸腹部位，而大量玉质差者则堆叠于脚端。一般认为玉璧是财富的象征，表示的是贵族对玉料的占有。

a

b

c

d

M20:143 底面

Jade Wide Axe (*Yue*), Jade Handle Top Ornament (*Mao*) for Yue, Jade Handle Bottom Ornament (*Dui*) for Yue

玉钺、玉瑁、玉镦

良渚文化

a：钺长 16.6 厘米、宽 4.7—8.2 厘米、厚 0.75 厘米（M20:144—1）
b：瑁高 3—3.65 厘米、厚 1.2 厘米（M20:143）
c：镦高 3.12 厘米、长 7.8 厘米、最宽处 2.5 厘米（M20:144—2）
浙江省杭州市余杭区良渚古城反山墓地出土
浙江省文物考古研究所藏

Liangzhu Culture
a: Yue L. 16.6 cm; W. 4.7-8.2 cm; T. 0.75 cm
b: Mao H. 3-3.65 cm; T. 1.2 cm
c: Dui H. 3.12 cm; L. 7.8 cm; Max W. 2.5 cm
From Fanshan Cemetery of Liangzhu Ancient City of Yuhang District, Hangzhou City, Zhejiang Province
Collection of Zhejiang Provincial Institute of Cultural Relics and Archaeology

●浅黄褐色，钺、瑁、镦组成一套。钺呈长条形，弧刃，两侧刃角不明显。钺身上有两个钻孔，上钻孔小，为单面钻；下钻孔稍大，为对钻。瑁为舰首形，截面呈扁椭圆形，下端由管钻掏膛形成卯孔。镦截面呈扁椭圆形，上端呈榫头状，榫头内掏膛形成卯孔。

●玉钺通过木质或象牙质地的柲，与玉瑁、玉镦共同组成玉钺杖，可视为象征王权、军权的权杖。豪华型玉钺杖通常钺身、瑁、镦俱全，旁侧还有配伍的小琮。这种组合象征着良渚王国显贵阶层掌握的多种权力。

M20:144—2 顶面

b

a

c

Crown-Shaped Jade Ornament

玉冠状器

良渚文化

宽 6.95 厘米、高 4.6 厘米、厚 0.48 厘米

浙江省杭州市余杭区良渚古城反山墓地出土（M20:96）

浙江省文物考古研究所藏

Liangzhu Culture

W. 6.95 cm; H. 4.6 cm; T. 0.48 cm

From Fanshan Cemetery of Liangzhu Ancient City of Yuhang District, Hangzhou City, Zhejiang Province

Collection of Zhejiang Provincial Institute of Cultural Relics and Archaeology

●浅黄褐色，整体呈倒梯形。“介”字形顶，两侧向内斜收。下端有短榫，其上钻有五孔。

●玉冠状器用作梳背，仅出土于贵族墓葬之中，一般一墓仅有 1 件，无性别之分。冠状器顶部有平顶、半圆形顶和“介”字形顶三种形态，其中“介”字形顶贯穿良渚文化始终，可能是神人兽面纹“介”字形冠帽与神人脸型结合的摹写。

Jade Trident Object
玉三叉形器

良渚文化

宽 5.96 厘米、高 4.27 厘米、厚 1.33 厘米
浙江省杭州市余杭区良渚古城反山墓地出土（M20:91）
浙江省文物考古研究所藏

Liangzhu Culture
W. 5.96 cm; H. 4.27 cm; T. 1.33 cm
From Fanshan Cemetery of Liangzhu Ancient City of Yuhang District, Hangzhou City, Zhejiang Province
Collection of Zhejiang Provincial Institute of Cultural Relics and Archaeology

●浅黄褐色。正面略弧凸，背面有上下两组凸块。上部凸块位于三叉的背后，下部凸块与中叉对齐。三叉的端面均有钻孔，其中左右两叉为双面钻孔，中叉为单面钻孔。下部凸块上亦有钻孔且与中叉钻孔垂直贯通。这件三叉形器出土时背面朝上，与一玉长管形成配伍关系。

●玉三叉形器仅出土于良渚文化高等级男性墓葬的头部位置，一般每墓仅 1 件。其形制独特，组装方式复杂。中叉的对钻孔可能是用来穿于杆状物上。中叉上方往往另有一配伍玉管，大大延长了中叉长度。左右两叉有的一面有隧孔，可能用于缀系于头部的有机质物品上。

Semi-Circular Jade Ornaments

玉半圆形饰

良渚文化

宽 8.36—8.85 厘米、高 3.83—4.2 厘米、厚 0.54—0.78 厘米
浙江省杭州市余杭区良渚古城反山墓地出土（M20:44—M20:47）
浙江省文物考古研究所藏

Liangzhu Culture
W. 8.36-8.85 cm; H. 3.83-4.2 cm; T. 0.54-0.78 cm
From Fanshan Cemetery of Liangzhu Ancient City of Yuhang District, Hangzhou City, Zhejiang Province
Collection of Zhejiang Provincial Institute of Cultural Relics and Archaeology

●浅黄褐色。一组 4 件，均呈半椭圆形。正面弧凸，背面弧凹，背面钻有 1—2 对隧孔。出土时除 M20:47 竖置外，其余均平置，且弧边向内，说明原本组合是半圆朝下的。

●玉半圆形饰 4 件为一组，呈圆周状分布于墓主头部，背部有隧孔可连缀在织物上，推测是墓主的额饰。成组半圆形饰仅见于反山、瑶山的高等级墓葬中，不限男女。

M20:45 背面

M20:46 背面

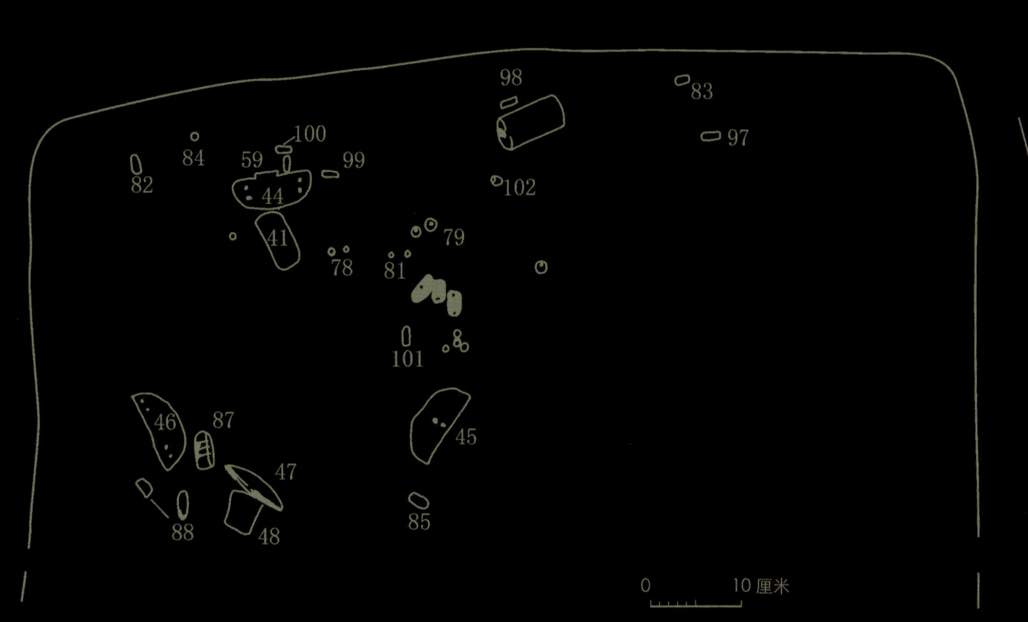

玉半圆形饰出土情况

资料来源：浙江省文物考古研究所《反山》，文物出版社，2005，219 页。

Awl-Shaped Jade Object
玉锥形器

良渚文化
a：长 18.4 厘米（M20:73）
b：长 11.55—12 厘米、最大外径 0.6—0.68 厘米（M20:72）
浙江省杭州市余杭区良渚古城反山墓地出土
浙江省文物考古研究所藏

Liangzhu Culture
a: L. 18.4 cm (M20:73)
b: L. 11.55-12 cm; Max OD. 0.6-0.68 cm (M20:72)
From Fanshan Cemetery of Liangzhu Ancient City of Yuhang District, Hangzhou City, Zhejiang Province
Collection of Zhejiang Provincial Institute of Cultural Relics and Archaeology

●一组 9 件，其中最长的一件编号为 M20:73，其余 8 件编号为 M20:72。出土时位于墓主头部一侧，呈束状，尖端朝外。M20:73 截面近正方形，柄部以转角为中心琢刻两节神人兽面纹。神人简化，突出眼部和鼻部；兽面重圈大眼，有眼睑，方鼻，眼睑内、鼻内和眼鼻之间均填刻线条。下端有小短榫，榫上对钻小孔。M20:72 的 8 件均较短，截面呈圆形，下端有带孔的小短榫，素面。

●玉锥形器仅见于良渚文化男性贵族墓葬中，有成组和单件之分。成组锥形器分布于墓主头部，尖端朝向头外侧，作为男性权贵的头饰。成组锥形器件数基本以 9、7、5、3 奇数个为一组，其中一件与其他略不同，或更长，或刻纹。锥形器数量的多寡与墓地和墓主人等级高低密切相关。

b
a
b

Cylindrical Jade in *Cong* Tube Style

玉琮式柱形器

良渚文化

孔外径 1.6 厘米、高 6.5—6.7 厘米

浙江省杭州市余杭区良渚古城反山墓地出土（M20:1）

浙江省文物考古研究所藏

Liangzhu Culture

Bore OD. 1.6 cm; H. 6.5-6.7 cm

From Fanshan Cemetery of Liangzhu Ancient City of Yuhang District, Hangzhou City, Zhejiang Province

Collection of Zhejiang Provincial Institute of Cultural Relics and Archaeology

●琮式柱形器。雕琢两节简化的神人纹，无直槽，弦纹部位未填刻，仅留出位置。神人纹无眼，鼻部也仅以凸块表示，未填刻细部，似是一件未完成品。有学者推测当时随葬器物的种类、数量已形成了一定的规制，这件应是为了入葬特意赶制的。根据具体出土情况判断，反山M20出土的3件琮式柱形器应置于椁盖之上，可能与葬礼仪式有关。

Cylindrical Jade Object
玉柱形器

良渚文化
直径 4.6 厘米、孔外径 1.1 厘米、孔内径 0.5 厘米、高 4.3 厘米
浙江省杭州市余杭区良渚古城反山墓地出土（M20:43）
浙江省文物考古研究所藏

Liangzhu Culture
D. 4.6 cm; Bore OD. 1.1 cm; Bore ID. 0.5 cm; H. 4.3 cm
From Fanshan Cemetery of Liangzhu Ancient City of Yuhang District, Hangzhou City, Zhejiang Province
Collection of Zhejiang Provincial Institute of Cultural Relics and Archaeology

●圆柱形。中心有对钻孔，孔径较小。与同墓葬出土柱形器 M20:158 原本应为一件，被切割成两半。

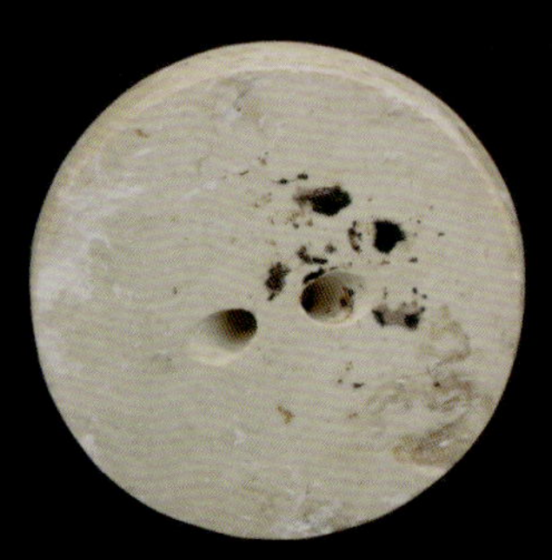

Cylindrical Jade Object with Cover

玉带盖柱形器

良渚文化

直径 4.22—4.3 厘米、孔内径 0.4 厘米、器高 6.2 厘米、盖高 1.15 厘米

浙江省杭州市余杭区良渚古城反山墓地出土（M20:41、59）

浙江省文物考古研究所藏

Liangzhu Culture

D. 4.22-4.3 cm; Bore ID. 0.4 cm; H. 6.2 cm; Cover H. 1.15 cm

From Fanshan Cemetery of Liangzhu Ancient City of Yuhang District, Hangzhou City, Zhejiang Province

Collection of Zhejiang Provincial Institute of Cultural Relics and Archaeology

●圆柱形，中央有孔贯穿。有盖，盖面略弧凸，盖背面有一对隧孔。出土时位于墓主头端。

●由瑶山 M9 出土的兽面纹柱形器和器盖的叠压关系判断，柱形器应置于器盖之上。

瑶山 M9 带盖柱形器及出土情况

Jade Tube in *Cong* Style
玉琮式管

良渚文化
孔外径 0.7 厘米、孔内径 0.5 厘米、上射径 1.5—1.63 厘米、
下射径 1.54—1.65 厘米、高 3.47 厘米
浙江省杭州市余杭区良渚古城反山墓地出土（M20:87）
浙江省文物考古研究所藏

Liangzhu Culture
Bore OD. 0.7 cm; Bore ID. 0.5 cm; Top D. 1.5-1.63 cm;
Bot D. 1.54-1.65 cm; H. 3.47 cm
From Fanshan Cemetery of Liangzhu Ancient City of Yuhang District, Hangzhou City, Zhejiang Province
Collection of Zhejiang Provincial Institute of Cultural Relics and Archaeology

●以四角展开雕琢三节完整的神人兽面纹。神人重圈眼，有眼角，方鼻。兽面多重圈大眼，眼睑内填刻弧线纹，较凌乱；方鼻，鼻内与鼻梁间刻纹。

●琮式管外形、结构、刻纹与琮类似，但体量小。多与玉管、玉珠等同出，可能为串饰的组成部分。

良渚文化“神徽”图案

良渚文化神人兽面纹由上半部分头戴羽冠的神人和下半部分的大眼神兽组成。神人身体隐没，与兽融为一体，象征了王权与神权的统一。神人兽面纹及其简化形态遍布良渚文化的分布范围，并贯穿良渚文化的始终，是良渚人共同的精神信仰，具有“神徽”的性质。

Jade Belt Buckle
玉带钩

良渚文化
长 7.7 厘米、宽 3.23 厘米、高 2.4 厘米
浙江省杭州市余杭区良渚古城反山墓地出土（M20:125）
浙江省文物考古研究所藏

Liangzhu Culture
L. 7.7 cm; W. 3.23 cm; H. 2.4 cm
From Fanshan Cemetery of Liangzhu Ancient City of Yuhang District, Hangzhou City, Zhejiang Province
Collection of Zhejiang Provincial Institute of Cultural Relics and Archaeology

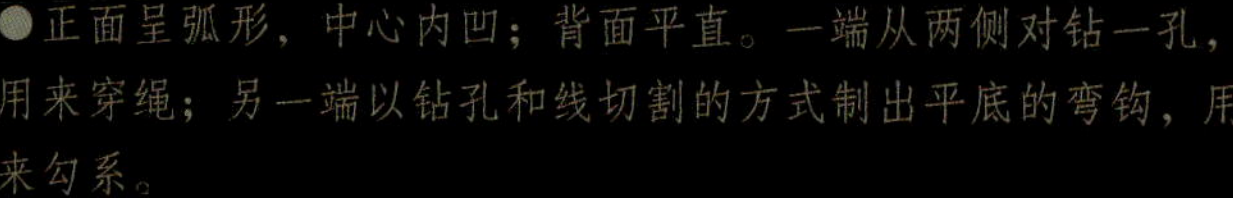

●正面呈弧形，中心内凹；背面平直。一端从两侧对钻一孔，用来穿绳；另一端以钻孔和线切割的方式制出平底的弯钩，用来勾系。

●出土时位于墓主腰部，背面朝上，竖向放置。良渚文化的带钩在使用时钩首向内，平整一面向外，与后世带钩的使用方法有区别。带钩一般出土于男性墓主的腰部，从出土位置和器物相互叠压的情况看，带钩除扣系腰带功能以外，还可能用来钩扣包裹葬具的织物等。

A String of Jade Tubes
玉管串

良渚文化
长 1.2—3.5 厘米、直径 0.7—1.2 厘米
浙江省杭州市余杭区良渚古城反山墓地出土（M20:93）
浙江省文物考古研究所藏

Liangzhu Culture
L. 1.2-3.5 cm; D. 0.7-1.2 cm
From Fanshan Cemetery of Liangzhu Ancient City of Yuhang District, Hangzhou City, Zhejiang Province
Collection of Zhejiang Provincial Institute of Cultural Relics and Archaeology

●由 106 件玉管组成，包含 4 件琮式管。玉管为圆柱形，长短、粗细不一。

●从玉管、玉珠在墓葬中的分布位置来看，良渚贵族下葬时周身多处佩戴串饰，其华丽程度应该超出日常使用范畴。玉管体量小、数量多，制作串饰要耗费相当长的工时，显示出贵族阶层对社会人力、物力资源的广泛占有和强力控制。

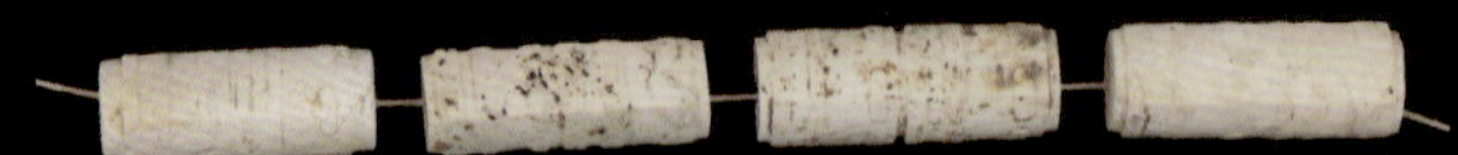

Stone Wide Axe (*Yue*)
石钺

良渚文化
长 14.4 厘米、宽 10.3—11.6 厘米、厚 1 厘米
浙江省杭州市余杭区良渚古城反山墓地出土（M20:33）
浙江省文物考古研究所藏

Liangzhu Culture
L. 14.4 cm; W. 10.3-11.6 cm; T. 1 cm
From Fanshan Cemetery of Liangzhu Ancient City of Yuhang District, Hangzhou City, Zhejiang Province
Collection of Zhejiang Provincial Institute of Cultural Relics and Archaeology

●凝灰岩，青灰色，夹杂黄褐色斑，俗称“花斑钺”。磨制精细，大孔，弧刃，未开刃。

●良渚遗址反山 M20 出土 24 件石钺，材质、形制统一，刃部未开，出土时与玉璧杂置于墓主脚端，是专为葬仪制作的礼器。石钺虽不像玉钺一样是良渚文化男性王者的标志性器物，但石钺的形制、材质仍与墓主的身份等级有关。

三、中土之国——陶寺

距今 4300—3900 年，在晋南地区崛起了以襄汾陶寺为代表的一处超大型中心聚落。陶寺遗址具有内外两重城墙、内城宫殿、多组大型夯土建筑基址、完善的水管理设施、观象授时的“天文台”，以及等级分化显著的墓地和高等级大墓，彰显了其作为区域性政治中心的超然气魄。陶寺文化玉礼器、彩绘陶礼器、铜礼器、乐礼器等，显示出王权与礼制的结合。多元的玉器风格体现出黄河流域内以及黄河流域与长江流域之间文化的广泛交流和深度融合。

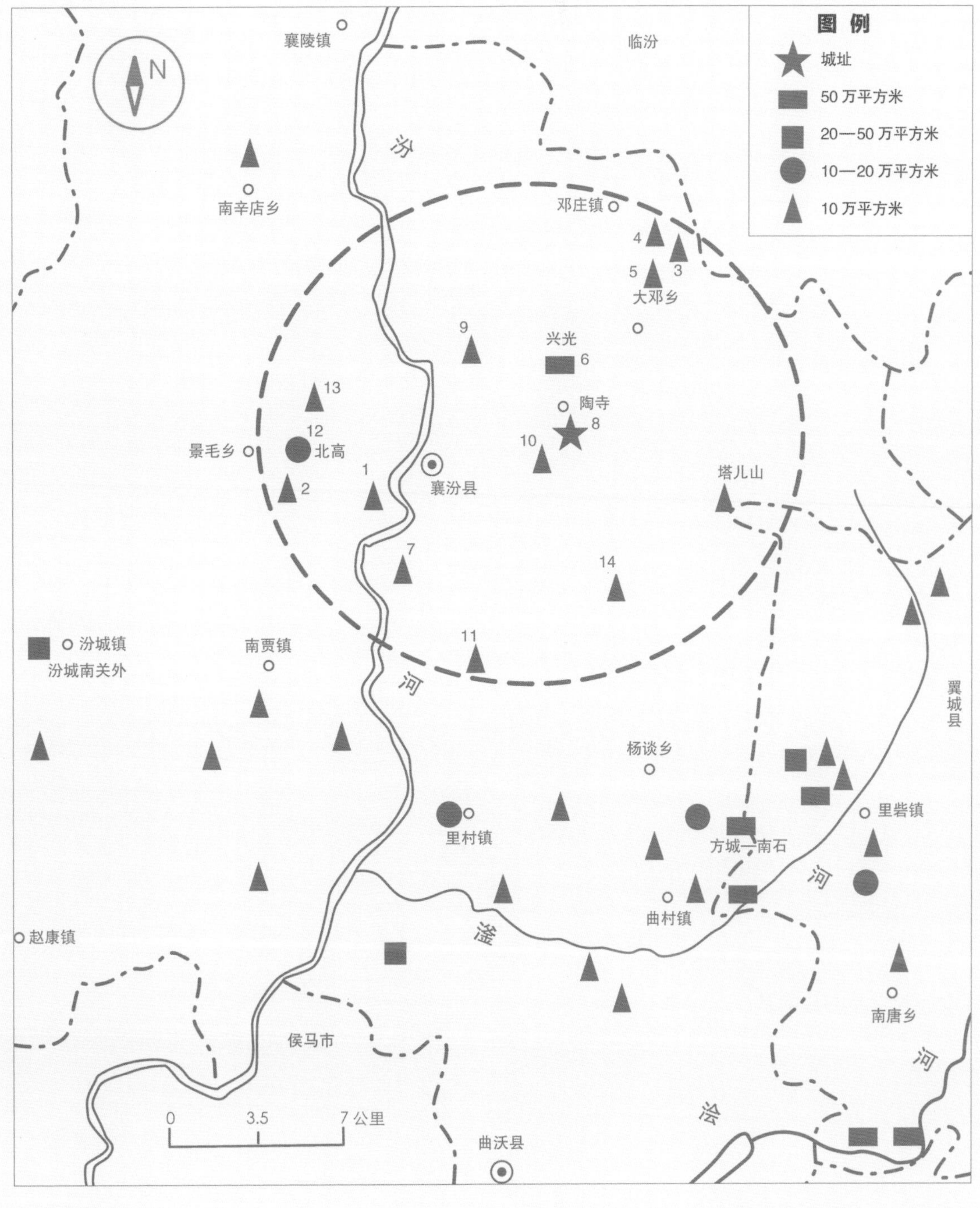

陶寺文化主要遗址分布示意图 *

* 资料来源：高江涛《陶寺遗址聚落形态的初步考察》

1. 襄汾柴寺
2. 襄汾南高村
3. 襄汾段村
4. 襄汾扈村
5. 襄汾吉柴村
6. 襄汾兴光村
7. 襄汾丁村
8. 襄汾陶寺
9. 襄汾李家窑
10. 襄汾孙村
11. 襄汾伯虞村
12. 襄汾北高村
13. 襄汾西郭村
14. 襄汾李家庄

1. 王城气象

陶寺城市规模巨大，规划合理，功能分区完备，表明中国早期都邑建设已发展到了一个新的阶段。从墓葬所反映的迹象看，陶寺社会贫富差异悬殊，阶层分化明显，等级结构分明。这些都表明陶寺统治者可以调动庞大的社会资源，并有能力对社会进行有效管控，预示着以公共管理为主要方式构建起来的权威，正在成为一种更新更强的力量。

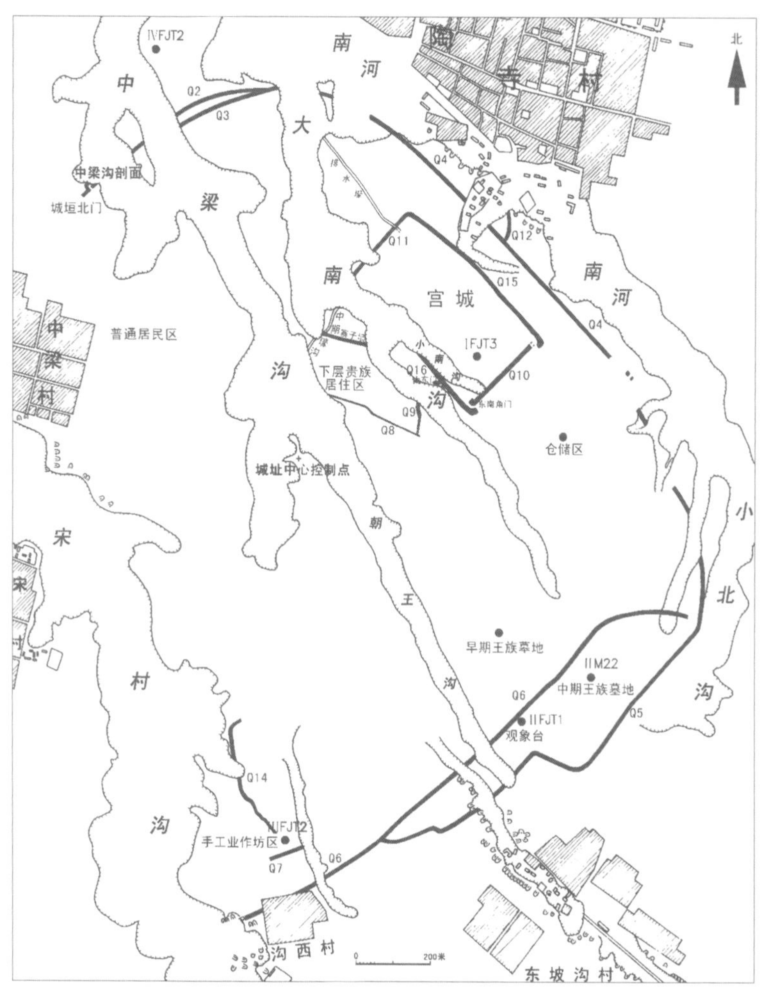

陶寺遗址平面示意图

陶寺文化时期，晋南地区聚落数量显著增长，规模迅速扩大。位于晋南临汾盆地的陶寺遗址，平面呈圆角长方形，由外城和宫城组成，总面积280万平方米，不仅是陶寺文化的中心聚落，也是迄今中原地区同时期规模最大、等级最高的都邑性城址。城内有宫城、外郭城、宫殿区、墓葬王陵区、平民生活区、手工业作坊区、窖穴仓储区和礼制性建筑，功能完备，区划有序。

Stone Axe
石斧

陶寺文化
长 41.6 厘米、宽 9.9 厘米、厚 6 厘米
山西省临汾市襄汾县陶寺遗址出土
［84JS62T378（2）：2］
中国社会科学院考古研究所藏

Taosi Culture
L. 41.6 cm; W. 9.9 cm; T. 6 cm
From Taosi Site of Xiangfen County, Linfen City, Shanxi Province
Collection of Institute of Archaeology, Chinese Academy of Social Sciences

●整器呈长条状。器体厚重，顶部平整，两侧边微外弧，双面刃。磨制而成，仍可见琢制痕迹。

Stone Spade
石铲

陶寺文化
高 15.1 厘米、宽 3.7—4.5 厘米、厚 1.5 厘米、孔径 0.8 厘米
山西省临汾市襄汾县陶寺遗址出土（80JS62T3101M3052:1）
中国社会科学院考古研究所藏

Taosi Culture
H. 15.1 cm; W. 3.7-4.5 cm; T. 1.5 cm; Bore D. 0.8 cm
From Taosi Site of Xiangfen County, Linfen City, Shanxi Province
Collection of Institute of Archaeology, Chinese Academy of Social Sciences

●灰岩，黄白色。平面呈长条形，铲体较厚重，近顶中部有一单面管钻圆孔。顶端略残，两侧缘为直边，双面弧刃，刃部可见使用擦痕。出土时，竖向平置于墓主右手下方，刃部朝下，似握柄于手。

Stone Blade
石刀

陶寺文化
长 10.5 厘米、宽 4.7 厘米、厚 0.5 厘米
山西省临汾市襄汾县陶寺遗址出土（86JS 大柴 T2④:8）
中国社会科学院考古研究所藏

Taosi Culture
L. 10.5 cm; W. 4.7 cm; T. 0.5 cm
From Taosi Site of Xiangfen County, Linfen City, Shanxi Province
Collection of Institute of Archaeology, Chinese Academy of Social Sciences

●暗绿色，间杂条块状黑色斑纹。器表光素无纹，经过打磨。平面呈长方形，器体中间厚，向边缘处变薄，中部对钻一圆孔。单面刃，较为锋利，器体与刃部过渡处呈长棱。

Stone Arrowheads
石镞

陶寺文化
a：长 4.9 厘米（H322:1）
b：长 4.3 厘米（H416:10）
山西省临汾市襄汾县陶寺遗址出土
中国社会科学院考古研究所藏

Taosi Culture
a: L. 4.9 cm(H322:1)
b: L. 4.3 cm(H416:10)
From Taosi Site of Xiangfen County, Linfen City, Shanxi Province
Collection of Institute of Archaeology, Chinese Academy of Social Sciences

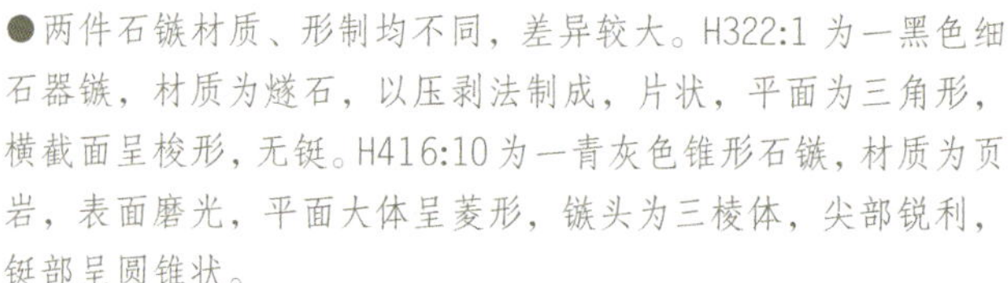

●两件石镞材质、形制均不同，差异较大。H322:1 为一黑色细石器镞，材质为燧石，以压剥法制成，片状，平面为三角形，横截面呈梭形，无铤。H416:10 为一青灰色锥形石镞，材质为页岩，表面磨光，平面大体呈菱形，镞头为三棱体，尖部锐利，铤部呈圆锥状。

●石镞是陶寺遗址石器生产的主要类型，产量很大，且远超自身消费能力，剩余产品有可能输出到其他遗址。这表明以石镞生产为代表的陶寺石器制造业，很有可能已经实现了较高程度的产业化与专业化，其石料资源和产品分配应当受到了陶寺精英阶层的控制和管理，从而也深度影响了陶寺社会的经济发展和军事实力。

a

b

Stone Weapon Head (*Shu*)
石殳

陶寺文化
残长 13.5 厘米、殳体直径 2.9 厘米
山西省临汾市襄汾县陶寺遗址出土（M3002:40）
中国社会科学院考古研究所藏

Taosi Culture
Remaining Part L. 13.25 cm; Body D. 2.9 cm
From Taosi Site of Xiangfen County, Linfen City, Shanxi Province
Collection of Institute of Archaeology, Chinese Academy of Social Sciences

●青灰色，大理石质。大部分有土沁，稍残。整器为圆锥体，峰端呈四棱尖锥状，尾端出粗铤，铤部呈不规则圆锥体。殳体经过磨制抛光，铤部则无，略显粗糙。殳体后半段及铤表面有朱砂痕迹。出土时，尖端冲下插入墓底，推测原应有与铤连接的木柄。

●殳是一种近距离击杀武器，在近身作战时使用。陶寺墓葬中玉石殳的发现十分有限，仅见于大型墓葬，或反映了墓主人与军事权力相关的身份。

Pottery Flat Pot
陶扁壶

●泥质灰陶。侈口，竖领，中腹较宽，底部较小。整器遍施交错粗绳纹，錾面各有两道竖向凹槽。

●陶扁壶是一种汲水器，其造型特点是一面扁平、一面鼓凸，近口部又有便于系绳的领和錾耳。陶寺陶扁壶出土数量极多，在所有居址的水井底部几乎都能见到其碎片成层堆积，其沿用时间与陶寺文化居址相始终，是陶寺文化的典型器物之一。

陶寺文化
口长径 18.5 厘米、底长径 10.5 厘米、腹宽 21 厘米、高 31.2 厘米
山西省临汾市襄汾县陶寺遗址出土（T322 ③ Ⅰ A:5）
山西博物院藏

Taosi Culture
Top D. 18.5 cm; Bot D. 10.5 cm; Waist W. 21 cm; H. 31.2 cm
From Taosi Site of Xiangfen County, Linfen City, Shanxi Province
Collection of Shanxi Museum

Stone Wide Axe (*Yue*)
石钺

陶寺文化
长 12.7 厘米、宽 6.9—7.6 厘米、厚 1 厘米、孔径 0.85—1.05 厘米
山西省临汾市襄汾县陶寺遗址出土（M3227:3）
中国社会科学院考古研究所藏

Taosi Culture
L. 12.7 cm; W. 6.9-7.6 cm; T. 1 cm; Bore D. 0.85-1.05 cm
From Taosi Site of Xiangfen County, Linfen City, Shanxi Province
Collection of Institute of Archaeology, Chinese Academy of Social Sciences

●大理岩，灰白色，磨制而成。平面呈梯形，柄端窄而刃端宽，双面平刃。近柄端中部有一单面钻孔。出土时，石钺横向平放在墓主右股骨上。陶寺墓葬一般随葬 1 件玉石钺，出土这件石钺的墓葬随葬有 2 件石钺，较为少见。

Stone Tube (*Cong*)

石琮

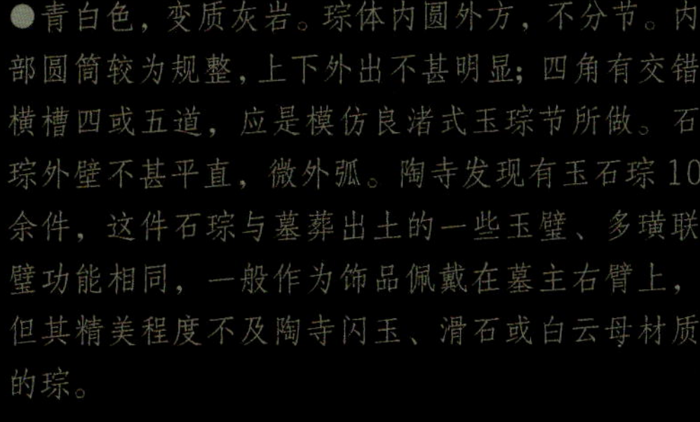
●青白色，变质灰岩。琮体内圆外方，不分节。内部圆筒较为规整，上下外出不甚明显；四角有交错横槽四或五道，应是模仿良渚式玉琮节所做。石琮外壁不甚平直，微外弧。陶寺发现有玉石琮10余件，这件石琮与墓葬出土的一些玉璧、多璜联璧功能相同，一般作为饰品佩戴在墓主右臂上，但其精美程度不及陶寺闪玉、滑石或白云母材质的琮。

陶寺文化

边长6.5—6.8厘米、中线长6.8—7.2厘米、中孔直径6.1—6.6厘米、通高3.5—3.9厘米

山西省临汾市襄汾县陶寺遗址出土（M3448:1）

中国社会科学院考古研究所藏

Taosi Culture

SL. 6.5-6.8 cm; Midline L. 6.8-7.2 cm;
D. 6.1-6.6 cm; H. 3.5-3.9 cm

From Taosi Site of Xiangfen County, Linfen City, Shanxi Province

Collection of Institute of Archaeology, Chinese Academy of Social Sciences

Stone Kitchen Blade
石厨刀

陶寺文化
长 33.6 厘米、高 24.6 厘米、
最宽 12.6 厘米、最厚 0.9 厘米
山西省临汾市襄汾县陶寺遗址出土（M3072:12）
中国社会科学院考古研究所藏

Taosi Culture
L. 33.6 cm; H. 24.6 cm;
Max W. 12.6 cm; Max T. 0.9 cm
From Taosi Site of Xiangfen County, Linfen City, Shanxi Province
Collection of Institute of Archaeology, Chinese Academy of Social Sciences

●青灰色角岩。整器呈扁平状，平面近似“V”字形。刀身甚宽，前、后基本等宽，柄部很窄，不及刀身的二分之一。前部经下缘直至尾尖磨出弧刃，柄部与刀身交角近 60° 。刃部几乎全部残损，使用痕迹明显。

●石厨刀大多与木俎、圆案、猪骨伴出，可以明确为切割牲体的用具。有观点认为，陶寺早期大墓透过丰富的随葬品，包括宴饮类随葬品所显示的葬仪，显示了墓主家族或家庭所具有的超常财富、巨大权力以及高贵的身份和地位。出土石厨刀的 3072 号大墓，随葬礼器群十分壮观，其中的重器有着红彩的大型鼍鼓，磨制最精细、音质最好的特磬，纹饰精美的彩绘蟠龙纹陶盘以及刻划龙鳞纹的土鼓等，显示了这座墓葬非同寻常的规格。

Painted Pottery Jar with Two Ears
彩绘双耳罐

陶寺文化
a：口径8.1厘米、底径4.5厘米、腹径12厘米、高11.5厘米（M26:5）
b：口径8.2厘米、底径4.4厘米、腹径11.5厘米、高12厘米（M26:6）
山西省临汾市襄汾县陶寺遗址出土
临汾市博物馆藏

Taosi Culture
a: Top D. 8.1 cm; Bot D. 4.5 cm; Waist D. 12 cm; H. 11.5 cm
b: Top D. 8.2 cm; Bot D. 4.4 cm; Waist D. 11.5 cm; H. 12 cm
From Taosi Site of Xiangfen County, Linfen City, Shanxi Province
Collection of Linfen Museum

●泥质灰陶，器壁薄，器物上部彩绘纹饰。高领外侈，斜直肩，折腹，小平底。在口部与上腹之间附有一对称大耳。其形制与齐家文化、客省庄二期文化的双大耳罐颇为相似。口内侧绘一道宽带红彩纹，器外领部、肩部以白彩、红彩绘上下两组几何纹饰。

●彩绘陶器是陶寺文化重要的礼器之一，主要出土于早期和中期王族墓地的贵族墓中，器形规整，纹饰精美。这两件彩绘双耳罐出土于陶寺中期的中型墓葬，被放置在墓室北壁的壁龛中。值得注意的是，壁龛中还出土1件玉璧，覆盖在1件彩绘小口折肩罐的口部。玉璧和彩绘陶器的组合在陶寺遗址仅见两例，用法十分特殊。

a

b

Wrist Ornament Inlaid with Turquoise
绿松石镶嵌腕饰

陶寺文化
高 7.8 厘米、宽 10.5 厘米
山西省临汾市襄汾县陶寺遗址出土（M2010:4）
中国社会科学院考古研究所藏

Taosi Culture
H. 7.8 cm; W. 10.5 cm
From Taosi Site of Xiangfen County, Linfen City, Shanxi Province
Collection of Institute of Archaeology, Chinese Academy of Social Sciences

●腕饰原为圆筒状，套在墓主右腕部。出土时已被压扁变形，可见绿松石饰片 100 多枚，推测当初绿松石片应是黏合在皮革一类的衬托物上。绿松石片多数呈绿色，部分颜色稍深，为蓝绿色；表面一般磨光，个别表面有凹窝或穿孔；均作不规则形，大小不等，长、宽多在 0.3—0.5 厘米，错缝排布。整器复原直径在 6—7 厘米之间，同玉、石臂环尺寸相近或略小。

●陶寺盛行腕部装饰，且绿松石腕饰不具性别指示功能，男女皆可用。检测分析显示，陶寺绿松石来源呈现出多样化特征，或能反映陶寺在早期珍稀矿产资源交流中的重要地位。

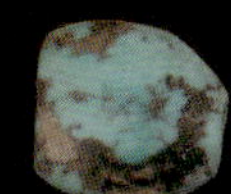

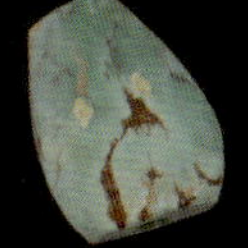
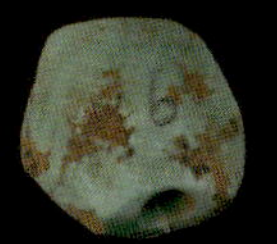

Turquoise Ornaments
绿松石饰品

陶寺文化
长 1.3 厘米、宽 4.7 厘米、厚 0.5 厘米
山西省临汾市襄汾县陶寺遗址出土（M26:12）
临汾市博物馆藏

Taosi Culture
L. 1.3 cm; W. 4.7 cm; T. 0.5 cm
From Taosi Site of Xiangfen County, Linfen City, Shanxi Province
Collection of Linfen Museum

●整组饰品由8颗绿松石珠组成，主体为浅绿色，有两颗为蓝绿色。不规则扁珠状，中心对钻穿孔。

Pottery Shard with Engraved Patterns
刻纹陶片

陶寺文化
长 6.1 厘米、宽 5.1 厘米、厚 1.1 厘米
山西省临汾市襄汾县陶寺遗址出土（TG13H24）
临汾市博物馆藏

Taosi Culture
L. 6.1 cm; W. 5.1 cm; T. 1.1 cm
From Taosi Site of Xiangfen County, Linfen City, Shanxi Province
Collection of Linfen Museum

●此件为陶器口沿残片，泥质灰陶。表面阴线刻划对称几何形纹饰，纹饰由弧线和直线构成。

●此外，陶寺遗址还发现有刻字骨耜和朱书扁壶，这些符号或与甲骨文有一定的渊源关系，对于探索中国文字起源与发展具有重要意义。

2. 王权至上

陶寺玉器所呈现的对良渚、肖家屋脊、山东龙山等文化玉器元素的吸纳，体现出区域间文化交流的频繁，以及其作为大型都邑对多元文化的开放与包容。而作为陶寺集团金字塔形等级社会结构的重要表达方式之一，玉器，特别是以玉钺为代表的玉器，不仅是陶寺贵族身份地位的象征，更彰显了军事力量庇护下的王权至上观念。

Jade Disc (*Bi*) Made up of Four Arc-Shaped Pendan (*Huang*)

四璜联璧

陶寺文化

内径 5.95—6.05 厘米、外径 11.1—12.1 厘米、厚 0.5 厘米

山西省临汾市襄汾县陶寺遗址出土（M2011:6—4）

中国社会科学院考古研究所藏

Taosi Culture

ID. 5.95-6.05 cm; OD. 11.1-12.1 cm; T. 0.5 cm

From Taosi Site of Xiangfen County, Linfen City, Shanxi Province

Collection of Institute of Archaeology, Chinese Academy of Social Sciences

●乳黄色，大理石质。整器由四节璜形玉片组成，中孔及外周呈不规则圆形，中孔内径相当于外径的二分之一。每节璜片大稍有差异，其中一节外缘近似直边。每节璜片两端各有一钻孔，孔为对钻，当是串连线绳或皮条之用。

●出土时，这件四璜联璧套在男性墓主左手肘上，同时，还有件绿色闪玉多璜联璧套在墓主右上臂处，二者明显是作为装饰的随葬玉器。据研究，陶寺多璜联璧的使用者为一般贵族，表多璜联璧仅能在一定程度上反映墓主的身份地位，而非绝对的级标志物。

●多璜联璧是黄河流域上、中游十分常见的玉器种类之一，主要现于陶寺文化、石峁文化、齐家文化遗存中，在不同文化中的途不尽相同。作为配饰戴在上肢的做法，普遍见于陶寺墓葬中显著区别于黄河上游齐家文化多璜联璧的用法。多璜联璧在较广泛地域的流行，体现了不同区域文明间的交流互动。

Jade Wide Axe (*Yue*)

玉钺

陶寺文化
长 12.5 厘米、宽 7.1 厘米、厚 0.15 厘米
山西省临汾市襄汾县陶寺遗址出土（M22 扰坑:3）
临汾市博物馆藏

Taosi Culture
L. 12.5 cm; W. 7.1 cm; T. 0.15 cm
From Taosi Site of Xiangfen County, Linfen City, Shanxi Province
Collection of Linfen Museum

●青灰色，玉质莹润。素面无纹，加工精细，磨制光滑。平面大体呈长方形，刃部外弧，十分锋利。上部中间单面管钻一圆孔。器体极其扁薄，显示出陶寺先民高超的玉器开片工艺。

●出土玉钺的陶寺遗址 22 号墓是目前所知陶寺中期规模最大、等级最高的一座王级墓葬。墓室为圆角长方形，形制规整，出土器物包括彩绘陶器、玉石器、骨镞、漆木器、红彩草编物、整猪、公猪下颌骨等。由此可见，中期墓葬崇尚玉器、漆器和彩绘陶器，不见早期的木、陶、石礼器群。该墓出土玉器有钺、璧、琮、璜、神面等，种类多样。其形制与使用方式显示出陶寺用玉多元融合的特征。

Jade Wide Axe (*Yue*)

玉钺

陶寺文化
上宽 6 厘米、下宽 4.6 厘米、厚 0.4 厘米
山西省临汾市襄汾县陶寺遗址出土（M22:1）
临汾市博物馆藏

Taosi Culture
Top W. 6 cm; Bot W. 4.6 cm; T. 0.4 cm
From Taosi Site of Xiangfen County, Linfen City, Shanxi Province
Collection of Linfen Museum

●浅绿色，有青白色斑纹，透光度较好。器体较厚重，平面近梯形，一面较平，一面微弧。双面刃，较平直。近柄部钻一圆孔，为单面管钻。两侧边缘过渡圆滑，中部一处有浅槽窝。

●陶寺 22 号墓墓室东壁近底部正中放置一公猪下颌骨，其两侧各倒置三把玉钺，倚壁而放，玉钺原带有彩绘漆木柄，柄部装饰扉棱。这件玉钺是 6 件玉钺之一，6 件玉钺均未开刃，为礼仪用器，显示出墓主人集军权与王权于一体的身份地位。

Jade Wide Axe (*Yue*)

玉钺

陶寺文化
长 8.9 厘米、宽 7.9 厘米、厚 0.4 厘米
山西省临汾市襄汾县陶寺遗址出土［02JXT Ⅱ T7254 ④ A（大红花土）:1］
临汾市博物馆藏

Taosi Culture
L. 8.9 cm; W. 7.9 cm; T. 0.4 cm
From Taosi Site of Xiangfen County, Linfen City, Shanxi Province
Collection of Linfen Museum

●墨绿色，密布黄褐色斑纹，透光度较好。素面无纹，磨制光滑。扁薄片状，平面呈梯形。器体中部最厚，逐渐向边缘变薄，刃部较为锋利。中上部单面管钻两个圆孔，孔径一大一小，钻孔方向相对。器表近侧边处有一槽状浅刻痕。

Stone Disc (*Bi*)

石璧

陶寺文化

外径 13.7 厘米、内径 6.7 厘米、厚 0.6 厘米
山西省临汾市襄汾县陶寺遗址出土（79JS62T1201M1411:3）
中国社会科学院考古研究所藏

Taosi Culture
OD. 13.7 cm; ID. 6.7 cm; T. 0.6 cm
From Taosi Site of Xiangfen County, Linfen City, Shanxi Province
Collection of Institute of Archaeology, Chinese Academy of Social Sciences

●青白色，大理岩。素面磨光。外周及中孔均作圆形，内孔径约为直径的二分之一。器体厚薄不均，局部由中孔向边缘变薄。出土时，平置于男性墓主腹部，叠压在有朱砂的玉石钺之下，这种璧钺组合随葬或有特殊内涵。

●玉璧在陶寺遗址较为常见，尤其是陶寺 22 号大墓发现 1 件彩绘小口折肩罐口上盖有 1 件玉璧，这种用法或是对北方陶器上覆石盖的模仿或代用。玉璧在陶寺文化中期已不作为穿戴的佩玉使用，但仍在玉礼器组合中扮演重要角色。

Jade Hairpin
玉笄

陶寺文化
长 10.8 厘米、宽 1.1 厘米、厚 0.4 厘米
山西省临汾市襄汾县陶寺遗址出土（M3185:1）
中国社会科学院考古研究所藏

Taosi Culture
L. 10.8 cm; W. 1.1 cm; T. 0.4 cm
From Taosi Site of Xiangfen County, Linfen City, Shanxi Province
Collection of Institute of Archaeology, Chinese Academy of Social Sciences

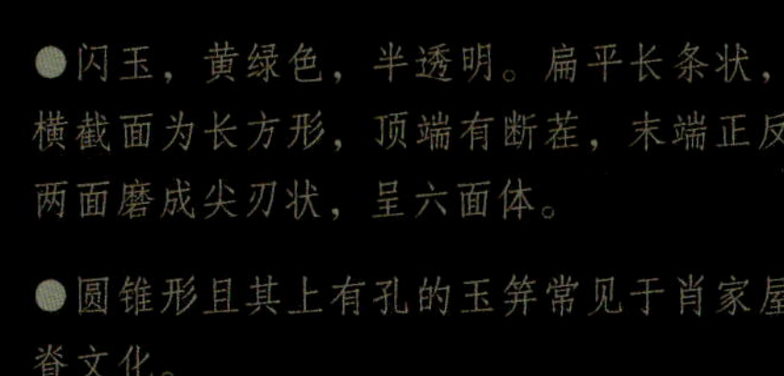

●闪玉，黄绿色，半透明。扁平长条状，横截面为长方形，顶端有断茬，末端正反两面磨成尖刃状，呈六面体。

●圆锥形且其上有孔的玉笄常见于肖家屋脊文化。

A Set of Jade Ornaments for Hairdressing
组合头饰

陶寺文化
a：圭形坠饰长 9 厘米、宽 1.4 厘米、厚 0.3 厘米（M2011:2）
b：环内径 2.6 厘米、外径 4.2 厘米、厚 0.2 厘米（M2011:3）
c：月牙形坠饰长 4.5 厘米、宽 1.1 厘米、厚 0.2 厘米（M2011:4）
山西省临汾市襄汾县陶寺遗址出土
临汾市博物馆藏

Taosi Culture
a: Tablet (Gui)-Shaped Pendant: L. 9 cm; W. 1.4 cm; T. 0.3 cm
b: Ring: ID. 2.6 cm; OD. 4.2 cm; T. 0.2 cm
c: Crescent-Shaped Pendent: L. 4.5 cm; W. 1.1 cm; T. 0.2 cm
From Taosi Site of Xiangfen County, Linfen City, Shanxi Province
Collection of Linfen Museum

●材质皆为闪玉，集中出土于一名男性墓主的头肩部。月牙形坠饰呈灰绿色，密布黑点状斑纹，素面磨光，半透明；圆环呈青绿色，玉质莹润透光，磨制光滑，中间厚，边缘薄；圭形坠饰呈黄绿色，间杂黄白色条形斑纹，透光度好，片状长条，顶部略残，单面管钻一小圆孔，尖端磨成六棱形，对钻一小圆孔，器表一面有切割凹痕。

●陶寺的玉骨组合头饰极具特色，从贵族到一般平民皆可使用，但玉组件的材质有所区别。大墓墓主多使用闪玉，小墓墓主则不用闪玉，常用大理石，甚或普通石料。

a

b

c

Jade Pendant in Arc Shape (*Huang*)

玉璜

陶寺文化

横长 15.5 厘米、体宽 0.9 厘米、厚 0.25 厘米

山西省临汾市襄汾县陶寺遗址出土（M3033:3）

临汾市博物馆藏

Taosi Culture

L. 15.5 cm; W. 0.9 cm; T. 0.25 cm

From Taosi Site of Xiangfen County, Linfen City, Shanxi Province

Collection of Linfen Museum

●青白色，玉质通透莹润。器表打磨光滑，光素无纹。平面呈弧形，扁平条状，一端有对钻小圆孔，其旁有一浅凹窝，一端残断。

Jade Plaque
玉片

陶寺文化
残长 13.6 厘米、宽 3.7 厘米、厚 0.7 厘米
山西省临汾市襄汾县陶寺遗址出土（M1436:1）
中国社会科学院考古研究所藏

Taosi Culture
Remaining Part L. 13.6cm; W. 3.7 cm; T. 0.7 cm
From Taosi Site of Xiangfen County, Linfen City, Shanxi Province
Collection of Institute of Archaeology, Chinese Academy of Social Sciences

●淡绿色闪玉，表面打磨光滑。平面呈片状月牙形，一端稍残，尖端处器体较薄。器体一面近长边处有浅槽。推测此件玉片是从一块磨平的玉料上切割下来的。

Jade Pendant in Arc Shape (*Huang*)
玉璜

陶寺文化
高 4.8 厘米、宽 8.4 厘米、厚 0.4 厘米
山西省临汾市襄汾县陶寺遗址出土（M3172:1）
中国社会科学院考古研究所藏

Taosi Culture
H. 4.8 cm; W. 8.4 cm; T. 0.4 cm
From Taosi Site of Xiangfen County, Linfen City, Shanxi Province
Collection of Institute of Archaeology, Chinese Academy of Social Sciences

●灰绿色蛇纹石。璜形玉片，表面打磨光滑。斜边一侧穿一孔，另一侧穿两孔，孔皆为单面钻。出土时，立置于男性墓主颅顶左后侧，与石钺同出。

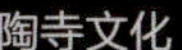

Jade Ring (*Huan*)
玉环

陶寺文化
外径 2.8 厘米、内径 1.6 厘米、厚 0.2 厘米
山西省临汾市襄汾县陶寺遗址出土［M2028:1:(1)］
中国社会科学院考古研究所藏

Taosi Culture
OD. 2.8 cm; ID. 1.6 cm; T. 0.2 cm
From Taosi Site of Xiangfen County, Linfen City, Shanxi Province
Collection of Institute of Archaeology, Chinese Academy of Social Sciences

●青绿色，间杂墨色絮状纹理，透光度极好。磨制精细，器体轻薄。整器呈扁平环状，中孔单面钻。

Jade Ring (*Huan*)
玉环

陶寺文化
外径 2.5 厘米、内径 1.8 厘米、高 1.7 厘米
山西省临汾市襄汾县陶寺遗址出土（M2049:1）
中国社会科学院考古研究所藏

Taosi Culture
OD. 2.5 cm; ID. 1.8 cm; H. 1.7 cm
From Taosi Site of Xiangfen County, Linfen City, Shanxi Province
Collection of Institute of Archaeology, Chinese Academy of Social Sciences

●浅灰色蛇纹石，半透明，素面磨光。形似扳指，外壁竖直，内壁中腰呈弧形鼓凸。出土于墓主左肩外侧。

Jade Ring (*Huan*)

玉环

陶寺文化
外径 10.1 厘米、内径 5.75 厘米、厚度 0.8 厘米
山西省临汾市襄汾县陶寺遗址出土（M3033:7）
中国社会科学院考古研究所藏

Taosi Culture
OD. 10.1 cm; ID. 5.75 cm; T. 0.8 cm
From Taosi Site of Xiangfen County, Linfen City, Shanxi Province
Collection of Institute of Archaeology, Chinese Academy of Social Sciences

●青黄色，有白色絮状纹理，透光性较好，器表光素无纹。扁圆环状，中心较厚，边缘稍薄。中孔对钻，孔壁及外缘打磨光滑。

Jade Ornament
玉饰

陶寺文化
高 3.8 厘米、宽 0.8 厘米、管腔径 0.1—0.5 厘米
山西省临汾市襄汾县陶寺遗址出土（M3015:015）
中国社会科学院考古研究所藏

Taosi Culture
H. 3.8 cm; W. 0.8 cm; Tube ID. 0.1-0.5 cm
From Taosi Site of Xiangfen County, Linfen City, Shanxi Province
Collection of Institute of Archaeology, Chinese Academy of Social Sciences

●青绿色闪玉。素面磨光。四方柱体，一面微外弧，中心纵向对钻出管腔。

Stone Comb
石梳

陶寺文化
高 8.5 厘米、顶端宽 6 厘米、下缘复原宽 8.1 厘米、厚 0.4 厘米
山西省临汾市襄汾县陶寺遗址出土（M1365:1）
中国社会科学院考古研究所藏

Taosi Culture
H. 8.5 cm; Top W. 6 cm; Bot W. 8.1 cm; T. 0.4 cm
From Taosi Site of Xiangfen County, Linfen City, Shanxi Province
Collection of Institute of Archaeology, Chinese Academy of Social Sciences

●蛇纹大理石，浅绿色，局部呈浅褐色。平面为梯形，片状，磨制精细。顶部已残，中部两侧有鞍形对称錾。下缘微外弧，两面切割出竖向短凹槽七道，形成 8 枚粗短的梳齿。出土时，两面残留有朱砂痕迹。

●陶寺墓葬共发现玉、石梳 7 件，其中闪玉 1 件，似玉者 6 件。玉、石梳常与钺、璧、琮同出，多放置在男性墓主的头部。

四、河曲石城——石峁

距今 4300—3800 年，一座超大型、高级别的石峁古城耸立在黄河西岸。城内面积 400 万平方米，是目前发现的中国史前时期最大的城址。三重城垣及城内发现的石雕人像、鳄鱼骨板、彩绘壁画、玉器、铸铜等高等级遗存，彰显出其作为北方区域政体中心的特殊地位。无论是人群来源、丧葬习俗、生业经济，还是玉器成品、玉料来源均体现出石峁文化的多元化特征，反映出农业文明与草原文明的碰撞与交流。“藏玉于墙”的独特习俗，以及高台之上的大型建筑和礼乐奏鸣则反映出其强烈的宗教色彩。

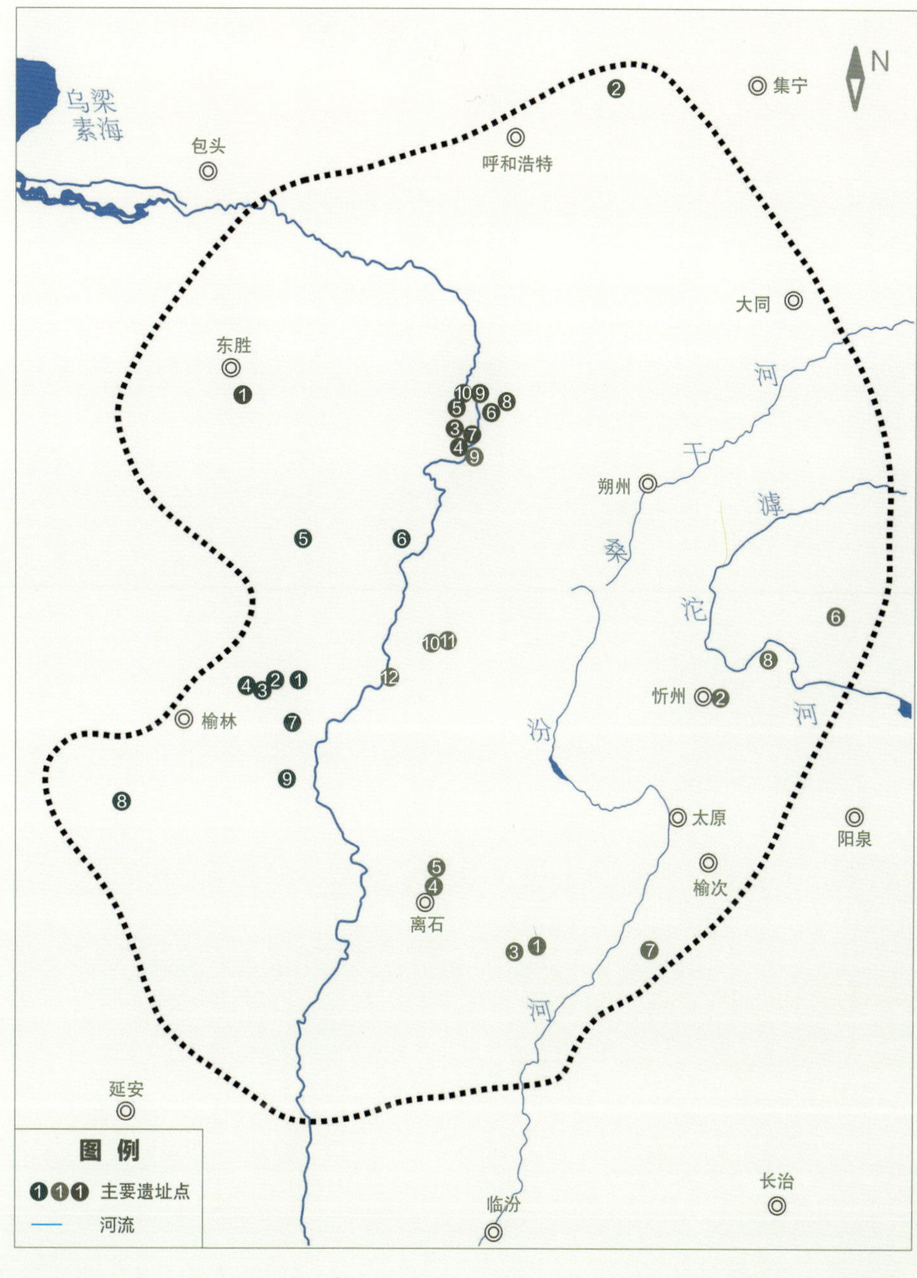

石峁文化主要遗址分布示意图 *

*资料来源：孙周勇、邵晶、邸楠《石峁文化的命名、范围及年代》

陕　西
1. 神木石峁
2. 神木新华
3. 神木柱柱梁
4. 神木圪垯梁
5. 神木寨峁
6. 府谷郑则峁
7. 榆阳寨峁梁
8. 靖边庙梁
9. 佳县石摞摞山

山　西
1. 汾阳杏花
2. 忻州游邀
3. 汾阳峪道河
4. 离石乔家沟
5. 离石双务都
6. 五台阳白
7. 太谷白燕
8. 定襄青石
9. 河曲坪头
10. 岢岚乔家湾
11. 岢岚窑子坡
12. 兴县碧村

内蒙古
1. 伊金霍洛朱开沟
2. 凉城老虎山文化遗址群
3. 准格尔永兴店
4. 准格尔二里半
5. 准格尔白草塔
6. 清水河城嘴子
7. 准格尔大庙圪旦
8. 清水河庄窝坪
9. 清水河西岔
10. 准格尔洪水沟

1. 聚落城防

石峁城址由外城、内城和“皇城台”三部分构成，设计精巧，结构复杂，规模庞大，彰显了其位于等级社会结构的金字塔尖的崇高地位。城内遗迹所体现出的对防御的高度重视和杀戮祭祀行为，是当时文化冲突加剧的反映。制骨、纺织等手工业的高度发展以及呈现出来的多元文化特点，则说明当时文化间的交流和融合已成常态，突破区域限制的文化整合已开始发生。

石峁遗址皇城台位置示意图

“皇城台”是高等级贵族或“王”居住的核心区域。台顶有成组分布的建筑基址，西北侧可见多达九级的堑山砌筑的护坡石墙，层叠包裹。局部墙体有石雕的菱形眼纹装饰，错落有致。作为目前东亚地区保存最好的早期宫城，皇城台层层设防，三面临崖，易守难攻。

Symmetrically Carved Stone Human Face
折角人面石雕

石峁文化
长 21.8—28 厘米、宽 25.5—27 厘米、高 14 厘米
陕西省神木市石峁遗址出土
陕西省考古研究院（陕西考古博物馆）藏

Shimao Culture
L. 21.8-28 cm; W. 25.5-27 cm; H. 14 cm
From Shimao Site of Shenmu City, Shaanxi Province
Collection of Shaanxi Academy of Archaeology

● 砂岩质。出土于外瓮城石墙的倒塌堆积内，应为墙体转角石局部。表面有麻点状琢痕，折角以棱线为中轴对称阴刻菱形双眼，刻痕清晰。

● 石峁遗址出土的石雕风格迥异，有人面、神面、动物、几何图案等多种纹饰，是石峁文化多元因素的体现。

Stone Carving with Beast Face Pattern
兽面纹石刻

石峁文化
长 44.5 厘米、宽 11 厘米、高 9 厘米
陕西省神木市石峁遗址出土
陕西省考古研究院（陕西考古博物馆）藏

Shimao Culture
L. 44.5 cm; W. 11 cm; H. 9 cm
From Shimao Site of Shenmu City, Shaanxi Province
Collection of Shaanxi Academy of Archaeology

●减地浮雕，画面中心为一人脸正面。人面宽扁，额心处有一圆形饰。梭形眼，眼角上挑，蒜头鼻，“一”字形阔嘴。人面左右各有一侧视的兽的形象。兽梭形眼，短吻，张口，面朝人面方向。前爪抓地，弓背，作匍匐状。

●石峁遗址皇城台南护墙及夹道发现了 70 件石雕，图案内容有动物、神兽、人头、符号等。从图案主题和表现手法来看，石峁文化石雕与中国北方地区自红山文化以来形成的石雕传统有着密切的关系，与肖家屋脊文化玉器的造型和纹饰也有相似之处，甚至还可能对二里头文化以及商周青铜器的艺术构思和纹饰风格有所影响。

Mural
壁画

石峁文化
长 28 厘米、宽 26 厘米
陕西省神木市石峁遗址出土
陕西省考古研究院（陕西考古博物馆）藏

Shimao Culture
L. 28 cm; W. 26 cm
From Shimao Site of Shenmu City, Shaanxi Province
Collection of Shaanxi Academy of Archaeology

●壁画成片分布在石峁遗址外城东门址内，由颜料层、白灰层及草拌泥层构成。绘制时先以阴线起稿，再以红色、黄色颜料绘制竖向条带状几何图案。绘画工具可能是软毛类工具。

●在石峁外城东门“内瓮城”的东、西、南三面墙体内侧发现了成层、成片分布的壁画 300 余块。石峁遗址是迄今中国境内数量最多的史前壁画出土地。石峁壁画充分说明，中国传统壁画的基本制作工艺及绘制技法在 4000 多年前就已基本确立。

Stone Blade
石刀

a

石峁文化
a：长 10.9 厘米、宽 5.1 厘米、厚 1.2 厘米
b：长 9.8 厘米、宽 5.4 厘米、厚 1.1 厘米
c：长 9.9 厘米、宽 4.1 厘米、厚 0.3 厘米
d：长 12.3 厘米、宽 6.1 厘米、厚 0.4 厘米
陕西省神木市石峁遗址出土
陕西省考古研究院（陕西考古博物馆）藏

Shimao Culture
a: L. 10.9 cm; W. 5.1 cm; T. 1.2 cm
b: L. 9.8 cm; W. 5.4 cm; T. 1.1 cm
c: L. 9.9 cm; W. 4.1 cm; T. 0.3 cm
d: L. 12.3 cm; W. 6.1 cm; T. 0.4 cm
From Shimao Site of Shenmu City, Shaanxi Province
Collection of Shaanxi Academy of Archaeology

b

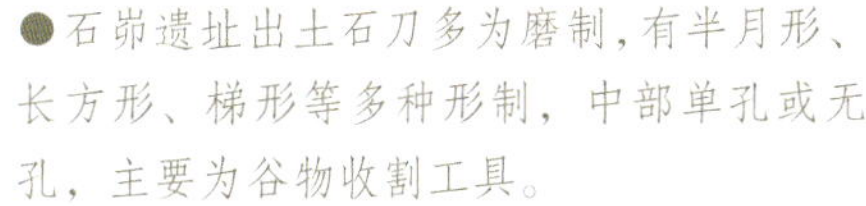

●石峁遗址出土石刀多为磨制，有半月形、长方形、梯形等多种形制，中部单孔或无孔，主要为谷物收割工具。

c

d

Stone Spade
石铲

石峁文化
a：长 9.5 厘米、宽 6.7 厘米
b：长 14.7 厘米、宽 9.2 厘米
陕西省神木市石峁遗址出土
陕西省考古研究院（陕西考古博物馆）藏

Shimao Culture
a: L. 9.5 cm; W. 6.7 cm
b: L. 14.7 cm; W. 9.2 cm
From Shimao Site of Shenmu City, Shaanxi Province
Collection of Shaanxi Academy of Archaeology

●两件石铲皆为生产工具，但形制和大小不尽相同，具体用途可能也有差异。石铲 a 为有肩石铲，肩部以下呈半圆形，表面有石材剥落现象。石铲 b 形状规整，通体磨光，平面大体呈梯形，下端外弧，器表有细密的斜向划痕，应为使用痕迹。

a

b

Stone Axe
石斧

石峁文化
a：长 11.1 厘米、宽 5.8 厘米
b：长 12.4 厘米、宽 5.8 厘米
陕西省神木市石峁遗址出土
陕西省考古研究院（陕西考古博物馆）藏

Shimao Culture
a: L. 11.1 cm; W. 5.8 cm
b: L. 12.4 cm; W. 5.8 cm
From Shimao Site of Shenmu City, Shaanxi Province
Collection of Shaanxi Academy of Archaeology

●石斧磨制而成，器体厚重。平面大体呈椭圆形，刃部外弧。体形较大的石斧器表下部及刃部有砸击剥落的石片疤，应为使用过程中所遗留。

a

b

Jade Spinning Wheel
玉纺轮

石峁文化
直径 3.8 厘米、厚 0.5 厘米
陕西省神木市石峁遗址出土
陕西省考古研究院（陕西考古博物馆）藏

Shimao Culture
D. 3.8 cm; T. 0.5 cm
From Shimao Site of Shenmu City, Shaanxi Province
Collection of Shaanxi Academy of Archaeology

●墨玉质，局部边缘有青灰色纹理。圆盘状，圆整度稍差，中部单面钻一圆孔。

Pottery Spinning Wheels
陶纺轮

石峁文化
直径 2.5—5.1 厘米、厚 0.5—2.3 厘米
陕西省神木市石峁遗址出土
陕西省考古研究院（陕西考古博物馆）藏

Shimao Culture
D. 2.5-5.1 cm; T. 0.5-2.3 cm
From Shimao Site of Shenmu City, Shaanxi Province
Collection of Shaanxi Academy of Archaeology

●这组陶纺轮以灰陶和红陶制作，圆饼状居多，表面光滑，中部穿孔。

●大量陶、石、玉质纺轮的发现，是石峁文化时期纺织业快速发展的物证。

Bone Arrowheads
骨镞

石峁文化
长 4.6—9.5 厘米、直径 0.5—1 厘米
陕西省神木市石峁遗址出土
陕西省考古研究院（陕西考古博物馆）藏

Shimao Culture
L. 4.6-9.5 cm; D. 0.5-1 cm
From Shimao Site of Shenmu City, Shaanxi Province
Collection of Shaanxi Academy of Archaeology

●骨镞一共8件，骨材质密，表面光滑，磨制精细，形制有锥状和扁平状两大类。其中，锥状骨镞的铤部有近柱状和尖锥状之分，扁平状骨镞铤部内收成锥状。骨镞可作为狩猎工具或武器使用，在一定程度上反映了石峁文化的生业经济模式和社会现实中的军事杀伐。

Bone Plates
骨甲

石峁文化
长 3.5—9.8 厘米、宽 1.3—3 厘米
陕西省神木市石峁遗址出土
陕西省考古研究院（陕西考古博物馆）藏

Shimao Culture
L. 3.5-9.8 cm; W. 1.3-3 cm
From Shimao Site of Shenmu City, Shaanxi Province
Collection of Shaanxi Academy of Archaeology

●10 件骨甲皆为残片，平面呈不规则形，局部可见方形轮廓。器体均为薄片状，个体间厚度稍有差异，两侧长边较平直，近短直边处，穿凿两个圆孔，为单面管钻。

●石峁遗址骨器种类较多，数量可观，或可视为黄河中游龙山文化时期骨器制作的小高峰。

Oracle Bones
卜骨

石峁文化
a：长 15 厘米、宽 6.5 厘米
b：长 22 厘米、宽 14 厘米
c：长 25 厘米、宽 15 厘米
陕西省神木市石峁遗址出土
陕西省考古研究院（陕西考古博物馆）藏

Shimao Culture
a: L. 15 cm; W. 6.5 cm
b: L. 22 cm; W. 14 cm
c: L. 25 cm; W. 15 cm
From Shimao Site of Shenmu City, Shaanxi Province
Collection of Shaanxi Academy of Archaeology

a

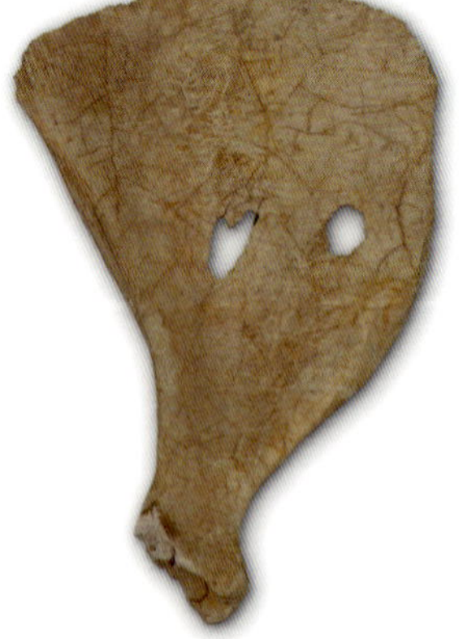
b

c

●卜骨是古代先民占卜用的兽骨，一般选用牛、羊等的肩胛骨。巫师在选好的兽骨上先进行钻、凿、灼，再根据裂纹形态判断吉凶祸福。

●石峁遗址的卜骨出土于皇城台，表明巫师很有可能在此求占问卜，祭拜神明。这为判定皇城台具有宗教礼仪性质提供了佐证。

Bone Needles
骨针

石峁文化
长 2.2—10 厘米
陕西省神木市石峁遗址出土
陕西省考古研究院（陕西考古博物馆）藏

Shimao Culture
L. 2.2-10 cm
From Shimao Site of Shenmu City, Shaanxi Province
Collection of Shaanxi Academy of Archaeology

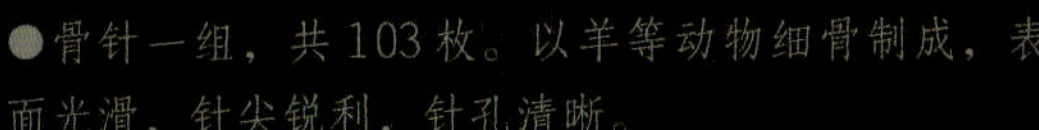

●骨针一组，共 103 枚。以羊等动物细骨制成，表面光滑，针尖锐利，针孔清晰。

●石峁遗址出土上万枚骨针及处于制作过程中的半成品，表明从骨料的处理到骨针成品的制作有严密的生产管理制度。此外，骨针的数量明显超过石峁古城生产生活所需，表明它们可能还被石峁上层管理者用于和周邻区域交换其他资源。研究表明，掌握核心生产技术的手工业者被集中安置于高等级贵族生活区。

Cylindrical Bone Needle Holders
骨针筒

石峁文化
长 8.4—14 厘米、直径 1.5—2 厘米
陕西省神木市石峁遗址出土
陕西省考古研究院（陕西考古博物馆）藏

Shimao Culture
L. 8.4-14 cm; D. 1.5-2 cm
From Shimao Site of Shenmu City, Shaanxi Province
Collection of Shaanxi Academy of Archaeology

●骨针筒一组 3 件。截取自动物肢骨，切割刮磨呈筒形，筒身无纹饰，保存完好。

●石峁遗址骨制品制作工艺精湛，从骨料的处理到成品的加工，分工明确，步骤清晰，是典型的集中生产与管理模式。

Bone Hairpins
骨笄

●骨笄均由动物肢骨制成，素面，磨制精细。尖部尖锐，笄首稍平，笄杆呈圆锥形。

石峁文化
a：长 15 厘米、最大径 0.4 厘米
b：长 15.5 厘米、最大径 1 厘米
c：长 10.8 厘米、最大径 0.35 厘米
陕西省神木市石峁遗址出土
陕西省考古研究院（陕西考古博物馆）藏

Shimao Culture
a: L. 15 cm; Max D. 0.4 cm
b: L. 15.5 cm; Max D. 1 cm
c: L. 10.8 cm; Max D. 0.35 cm
From Shimao Site of Shenmu City, Shaanxi Province
Collection of Shaanxi Academy of Archaeology

Bone Comb
骨梳

石峁文化
长 8.5 厘米、宽 1.65 厘米
陕西省神木市石峁遗址出土
陕西省考古研究院（陕西考古博物馆）藏

Shimao Culture
L. 8.5 cm; W. 1.65 cm
From Shimao Site of Shenmu City, Shaanxi Province
Collection of Shaanxi Academy of Archaeology

●扁平，平面大体为梯形。一端刻数道竖向凹槽，形成梳齿。

Bone Ring
骨戒指

石峁文化
外径 1.9 厘米、内径 1.5 厘米
陕西省神木市石峁遗址出土
陕西省考古研究院（陕西考古博物馆）藏

Shimao Culture
OD. 1.9 cm; ID. 1.5 cm
From Shimao Site of Shenmu City, Shaanxi Province
Collection of Shaanxi Academy of Archaeology

●骨质，器小而扁圆。表面磨光，薄厚均匀，形似指环，可能为装饰品。

Bones for Carving
骨料

石峁文化
长 6.7—12.7 厘米、最大径 0.3—2 厘米
陕西省神木市石峁遗址出土
陕西省考古研究院（陕西考古博物馆）藏

Shimao Culture
L. 6.7-12.7 cm; Max D. 0.3-2 cm
From Shimao Site of Shenmu City, Shaanxi Province
Collection of Shaanxi Academy of Archaeology

●骨料呈长条状，表面可见切割和磨制痕迹，是制作小件骨器的坯料或半成品。

●石峁皇城台出土了数量庞大的骨器，以针、镞、锥等小件工具为主。综合诸多骨料、砺石等制骨原料和工具的出土，推测皇城台台顶曾存在着一处规模较大的制骨作坊。

Reed Instrument (*Kouhuang*)

口簧

石峁文化

长 8.4 厘米、宽 1.1 厘米、厚 0.1 厘米

陕西省神木市石峁遗址出土

陕西省考古研究院（陕西考古博物馆）藏

Shimao Culture

L. 8.4 cm; W. 1.1 cm; T. 0.1 cm

From Shimao Site of Shenmu City, Shaanxi Province

Collection of Shaanxi Academy of Archaeology

●牛肋骨磨制成型，窄长方形薄片，素面，由簧框、簧舌、穿孔、拉绳（不存）等组成。簧框中央剔刻出簧舌，舌根与舌尖等宽。簧框两端有对称亚腰形凹槽，首端钻孔。

●石峁口簧是框舌一体的自体簧，演奏时将绳穿过框首圆孔，通过拉动绳子使簧舌振动，再结合口腔共鸣与舌位的变化，从而形成高低不同的音律。口簧的发现，不仅说明石峁遗址所在的中国北方地区是世界口簧的祖源地，也成为中国北方文化因素沿欧亚草原向西、向北产生影响的重要实证。

Bone Flute
骨笛

石峁文化
长 10 厘米、直径 1 厘米
陕西省神木市石峁遗址出土
陕西省考古研究院（陕西考古博物馆）藏

Shimao Culture
L. 10 cm; D. 1 cm
From Shimao Site of Shenmu City, Shaanxi Province
Collection of Shaanxi Academy of Archaeology

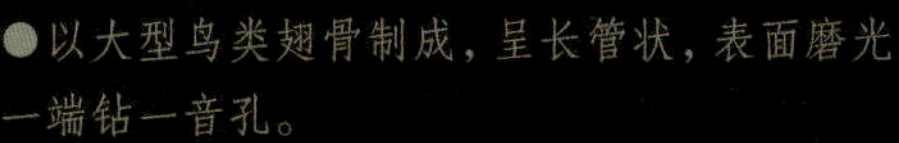

●以大型鸟类翅骨制成，呈长管状，表面磨光，一端钻一音孔。

●石峁出土的骨簧、骨笛、骨管哨、陶球哨，共同组成了石峁文化的乐器系统。音乐作为一种重要的非物质手段，有助于石峁上层管理者教化民众、维持内部社会秩序和区域政体稳定。

Pottery Whistle
陶哨

石峁文化
a：直径 1.8 厘米、孔径 0.3 厘米
b：直径 1.7 厘米、孔径 0.4 厘米
c：直径 1.7 厘米、孔径 0.4—1.2 厘米
陕西省神木市石峁遗址出土
陕西省考古研究院（陕西考古博物馆）藏

Shimao Culture
a: D. 1.8 cm; Bore D. 0.3 cm
b: D. 1.7 cm; Bore D. 0.4 cm
c: D. 1.7 cm; Bore D. 0.4-1.2 cm
From Shimao Site of Shenmu City, Shaanxi Province
Collection of Shaanxi Academy of Archaeology

●灰陶质，小巧精致，器表有两个或三个音孔。

●石峁陶哨可能仍属于“发声器”的性质，但仍反映出石峁先民可能对音乐已具备一定的理解。

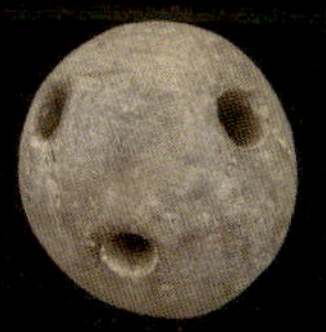
a

b

c

Pottery Shard with Engraved Patterns
刻纹陶片

石峁文化
长 27.5 厘米、宽 14.3 厘米、厚 1 厘米
陕西省神木市石峁遗址出土
陕西省考古研究院（陕西考古博物馆）藏

●灰陶，为一陶盆沿面残片。其上一侧以细线刻绘一具象的动物躯体，动物尾部上扬，爪部锋利，作奔扑状；另一侧刻一眼纹，又似太阳。特殊刻纹陶片极有可能与石峁人的精神信仰有关。

Shimao Culture
L. 27.5 cm; W. 14.3 cm; T. 1 cm
From Shimao Site of Shenmu City, Shaanxi Province
Collection of Shaanxi Academy of Archaeology

Jade Blade
玉刀

石峁文化
长 12.3—14.5 厘米、宽 5 厘米、厚 0.25—0.35 厘米
陕西省神木市新华遗址出土（99K1:25）
陕西省考古研究院（陕西考古博物馆）藏

Shimao Culture
L. 12.3-14.5 cm; W. 5 cm; T. 0.25-0.35 cm
From Xinhua Site of Shenmu City, Shaanxi Province
Collection of Shaanxi Academy of Archaeology

●墨绿色，密布青色和白色斑纹。素面磨光，片状。平面大体呈梯形，一端稍残，厚薄不均，无明显刃部。一侧中部两面对钻一圆孔，下侧直边上的半孔为单面钻，下侧缘平面留有纵向切割的台棱。

●神木新华遗址祭祀坑共出土36件片状玉石器，此件玉刀即为其中之一。这些玉石器有刃部或体薄部向下，竖直侧立于土坑中，被有意摆放成6排，从平面上看与人体轮廓相似，应是作为礼仪用器来使用的。

Jade Shovel
玉铲

石峁文化
长 15.5—16.5 厘米、宽 3.8 厘米、厚 0.2—0.3 厘米
陕西省神木市新华遗址出土（99K1:22）
陕西省考古研究院（陕西考古博物馆）藏

Shimao Culture
L. 15.5-16.5 cm; W. 3.8 cm; T. 0.2-0.3 cm
From Xinhua Site of Shenmu City, Shaanxi Province
Collection of Shaanxi Academy of Archaeology

●青绿色，局部呈黄褐色。器体平薄，细致磨光，呈长条形。顶端两角残，居中管钻一孔，近孔处有一直向片切割痕。刃部斜直，无使用痕迹。

2. 藏玉于墙

石峁文化玉器以刀、铲、钺等片状器为大宗，多数器物可见二次或多次改制现象。从玉料、风格和工艺技术看，玉器呈现出多元化的特点，除本地生产外，还有很多交换或掠夺自其他区域。除高等级墓葬随葬玉器外，石峁文化玉器多发现于墙体倒塌的堆积之内，或石块砌筑的墙体外缘，应是城墙修建过程中有意嵌入墙体的。这种“藏玉于墙”的独特习俗，反映了石峁文化强烈的宗教信仰和“政教合一”的文明形态。

Jade Scepter (*Zhang*)
玉牙璋

石峁文化
长 49 厘米、宽 7.8 厘米、厚 1 厘米
陕西省神木市石峁遗址（征集）
陕西历史博物馆藏

Shimao Culture
L. 49 cm; W. 7.8 cm; T. 1 cm
From Shimao Site of Shenmu City, Shaanxi Province (Collected)
Collection of Shaanxi History Museum

●墨玉质，有灰白色蚀斑。体细长，器首端为“丫”字形歧锋，稍薄但未磨刃。器柄一角微残，其中部有一单面钻成的小孔，柄体结合部两侧有突起的齿形雕饰。雕饰状如水牛额部，又似人面侧像。整器造型庄重，磨制精细，侧饰华丽，堪称石峁玉器之精品。

●牙璋是石峁玉器中最主要的器形，与其他区域出土的牙璋相比，石峁牙璋不仅出土数量多，而且形制多样，体大扁薄，颇具特色。

Jade Blade with Four Perforations
四孔玉刀

石峁文化
长 29.8 厘米、宽 5.4 厘米、厚 0.5 厘米
陕西省神木市石峁遗址（征集）
陕西历史博物馆藏

Shimao Culture
L. 29.8 cm; W. 5.4 cm; T. 0.5 cm
From Shimao Site of Shenmu City, Shaanxi Province (Collected)
Collection of Shaanxi History Museum

●墨玉质，平面呈长条形。背部平直，一侧缘为内凹弧形刃。一端正中钻一圆孔，孔径较大；近背部等距分布三个穿孔。石峁遗址普遍存在玉器改制现象，这件玉刀便是由牙璋改制而成的。

Jade Blade with Three Perforations
三孔玉刀

石峁文化
长 19 厘米、宽 6.5 厘米、厚 0.2 厘米
陕西省神木市石峁遗址（征集）
陕西历史博物馆藏

Shimao Culture
L. 19 cm; W. 6.5 cm; T. 0.2 cm
From Shimao Site of Shenmu City, Shaanxi Province (Collected)
Collection of Shaanxi History Museum

●墨玉质。平面大体呈扁梯形，背部与刃部平直，两侧边一边斜直，一边上端圆弧。近背部钻有两个小圆孔，圆弧侧端钻一大圆孔。

●石峁牙璋和玉刀存世数量可观，国内外很多知名博物馆均有收藏。经学者检测，玉料中铁、锰、镍的含量都比较高，从而呈现出黝黑的色泽。这也成为辨认石峁玉器的重要依据。

Jade Blade with Five Perforations
五孔玉刀

石峁文化
长 54.5 厘米、宽 9 厘米
陕西省神木市石峁遗址（征集）
陕西历史博物馆藏

Shimao Culture
L. 54.5 cm; W. 9 cm
From Shimao Site of Shenmu City, Shaanxi Province (Collected)
Collection of Shaanxi History Museum

●墨玉质，有白色蚀斑，通体磨制光滑。体量较大，器形窄长，一侧开刃，刃部无使用痕迹。近背处钻五孔，其中近窄端的两孔距离较近，窄端的背部有磨损崩缺痕迹。

Jade Blade with Five Perforations
五孔玉刀

石峁文化
长 71 厘米、宽 11.5 厘米
陕西省神木市石峁遗址（征集）
陕西历史博物馆藏

Shimao Culture
L. 71 cm; W. 11.5 cm
From Shimao Site of Shenmu City, Shaanxi Province (Collected)
Collection of Shaanxi History Museum

●墨玉质，色泽黝黑，素面无纹，通体打磨光滑。平面呈窄长梯形，一端宽，一端窄，背部平直，刃部内弧，有磕缺。近背部单面管钻四个圆孔，圆孔等距分布。刀身窄端居中部钻一小圆孔。宽端一侧有浅扉牙。

●石峁文化最具本地特色的玉器，就是这种黝黑的墨玉质多孔玉刀和牙璋，也是最具代表性的有刃器种类。这件玉刀是目前所见石峁遗址征集到的体量最大的玉刀。

Jade Wide Axe (*Yue*)
玉钺

石峁文化
长 14.5 厘米、宽 8 厘米
陕西省神木市石峁遗址（征集）
陕西历史博物馆藏

Shimao Culture
L. 14.5 cm; W. 8 cm
From Shimao Site of Shenmu City,
Shaanxi Province (Collected)
Collection of Shaanxi History Museum

●青玉，内含墨色和灰白色斑。体扁薄，磨制精细。平面近梯形，平背斜直，两侧微外撇，弧刃磨薄，近柄端处有两个单面钻的圆孔。

●从形制上看，石峁玉钺有“风”字形、长方形、细长方形三种，其上均有孔，一孔者居多，这种两孔的较少见。

Jade Wide Axe (*Yue*)

玉钺

石峁文化

长 12.3 厘米、宽 7.2 厘米、厚 0.2 厘米、
孔径 1.2—1.4 厘米
陕西省神木市石峁遗址出土
陕西省考古研究院（陕西考古博物馆）藏

Shimao Culture
L. 12.3 cm; W. 7.2 cm; T. 0.2 cm; Bore D. 1.2-1.4 cm
From Shimao Site of Shenmu City, Shaanxi Province
Collection of Shaanxi Academy of Archaeology

●黄绿色，可见白色和墨色絮状纹理，玉质温润有光泽，透光度好。磨制精细，表面光滑。平面略呈梯形，短边平直，两侧边下部微外弧，双面弧刃，刃部较为锋利。近短边正中有一单面钻孔。

●石峁遗址玉器的出土地点主要包括石砌门址周边、大型土坑墓、祭坛及祭祀坑。

石峁遗址出土玉钺的北墩台东侧护墙

Jade Shovel
玉铲

石峁文化
长 9.9 厘米、宽 7.2 厘米、厚 0.15 厘米、孔径 1—1.1 厘米
陕西省神木市石峁遗址出土（99K1:28）
陕西省考古研究院（陕西考古博物馆）藏

Shimao Culture
L. 9.9 cm; W. 7.2 cm; T. 0.15 cm; Bore D. 1-1.1 cm
From Shimao Site of Shenmu City, Shaanxi Province
Collection of Shaanxi Academy of Archaeology

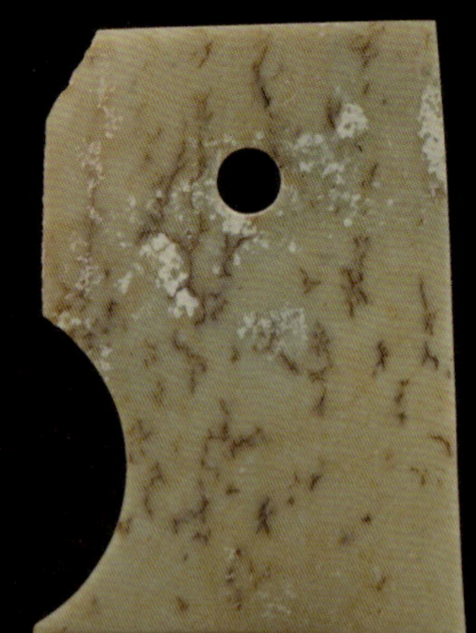

●黄绿色，均匀分布黑色藻丝状纹理。器体十分扁薄，平面大体呈梯形，左侧边轮廓不规则，下部内弧成半圆形，右侧边下端成刃。从这件玉铲的形制看，应是改制而成。

●体型扁薄的端刃器和高频率的玉器改制、再利用，显示出石峁鲜明的风格特点和制玉工艺。

Jade Shovel
玉铲

石峁文化
长 19.5 厘米、宽 8.5 厘米
陕西省神木市石峁遗址（征集）
陕西历史博物馆藏

Shimao Culture
L. 19.5 cm; W. 8.5 cm
From Shimao Site of Shenmu City, Shaanxi Province (Collected)
Collection of Shaanxi History Museum

●青灰色，间有褐色斑纹。素面磨光，形制规整。薄片状，平面呈梯形。上部正中钻一圆孔，孔为单面管钻。器表可见弧形切割痕，从顶端延伸到近底端。

Jade Shovel
玉铲

石峁文化
长 20 厘米、宽 8.5 厘米
陕西省神木市石峁遗址（征集）
陕西历史博物馆藏

Shimao Culture
L. 20 cm; W. 8.5 cm
From Shimao Site of Shenmu City, Shaanxi Province (Collected)
Collection of Shaanxi History Museum

●黄绿色。器呈长条形，体扁薄，保存完整。顶端窄，刃部宽，一侧边略外撇，无明显使用痕迹。顶端居中单面钻一小孔。

Jade Shovel
玉铲

石峁文化
长 25 厘米、宽 9 厘米
陕西省神木市石峁遗址（征集）
陕西历史博物馆藏

Shimao Culture
L. 25 cm; W. 9 cm
From Shimao Site of Shenmu City, Shaanxi Province (Collected)
Collection of Shaanxi History Museum

●褐绿色，有黑色絮状斑纹。薄片状，平面大体呈梯形，上部正中单面管钻二圆孔。器体厚薄不均，右侧边缘及下端局部边缘呈薄刃状。

●石峁遗址外城东门一带的石墙内发现了玉铲、玉璜、玉钺等大型片状玉器，是城墙修建过程中有意嵌入的。有学者推测，这种现象可能与上古文献或神话中提到的玉门、瑶台、璇门有关，或反映了石峁人驱鬼辟邪的观念。

Notched Jade Disc (*Bi*)
玉牙璧

石峁文化
内径 3.45 厘米、厚 0.4 厘米
陕西省神木市石峁遗址（征集）
陕西历史博物馆藏

Shimao Culture
ID. 3.45 cm; T. 0.4 cm
From Shimao Site of Shenmu City,
Shaanxi Province (Collected)
Collection of Shaanxi History Museum

●黄绿色，局部有褐色斑纹，玉质莹润。器由圆璧改制而成，器体厚薄不均，器表保留有切割痕。器呈扁平片状，平面为圆环形，外侧切割出三个同向小牙，三牙形状略有差异。

●石峁文化牙璧多以整璧改刀成形，具有强烈的本土化特点，显示出与海岱地区牙璧截然不同的制作体系。

Jade Human Head

玉人头

石峁文化
高 4.5 厘米、宽 4 厘米、厚 0.5 厘米
陕西省神木市石峁遗址（征集）
陕西历史博物馆藏

Shimao Culture
H. 4.5 cm; W. 4 cm; T. 0.5 cm
From Shimao Site of Shenmu City, Shaanxi Province (Collected)
Collection of Shaanxi History Museum

●乳白色，柔和淡雅，局部有褐色沁斑。头像扁平，以一侧为中轴，用浅浮雕和阴线雕刻手法将人面一分为二，雕于玉片两面。人像头顶有一椭圆形发髻或小冠，正反两面各雕刻一只橄榄形无珠大眼；鹰钩鼻；口外凸而微张，似微笑状；大耳突出于脑后；下颌微收，其下为细短颈。这件玉人头在造型特征、艺术表现手法上，与肖家屋脊文化相关玉器有诸多相似之处，体现了黄河流域与长江流域早期文明间玉文化的互动与交流。

Jade Eagle
玉鹰

石峁文化
长 6.5 厘米、腹径 1.6 厘米
陕西省神木市石峁遗址（征集）
陕西历史博物馆藏

Shimao Culture
L. 6.5 cm; Waist D. 1.6 cm
From Shimao Site of Shenmu City,
Shaanxi Province (Collected)
Collection of Shaanxi History Museum

●青绿色，通体抛光，玉质莹润。器物原件为一圆雕，此件为纵向剖切后的一半玉鹰，呈半圆柱体。整体造型为一立鹰，颈后和尾前各有一凸棱。鹰首圆润饱满，尖勾喙；鹰体以减地阳线雕出翅羽细部；体下部收窄呈锥形，未加施纹，钻有一孔。这件玉鹰造型、纹样、技法与肖家屋脊文化同类器十分相似，应当是石峁文化与肖家屋脊文化互动交流的产物。

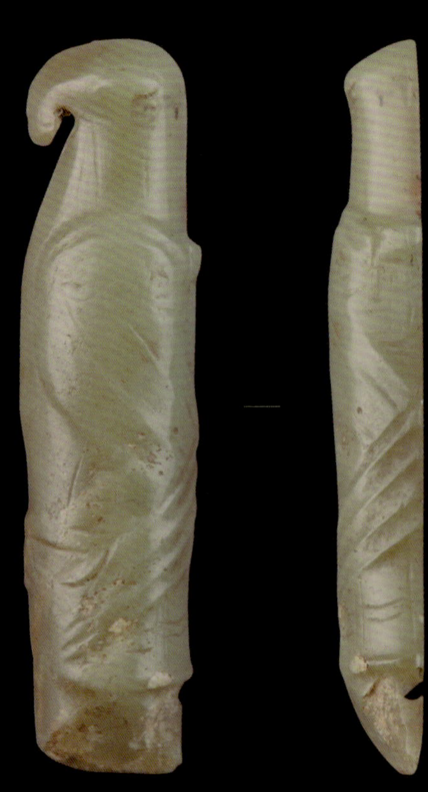

Jade Eagle

玉鹰

石峁文化
长 7 厘米、腹径 1.5 厘米
陕西省神木市石峁遗址（征集）
陕西历史博物馆藏

Shimao Culture
L. 7 cm; Waist D. 1.5 cm
From Shimao Site of Shenmu City, Shaanxi Province (Collected)
Collection of Shaanxi History Museum

●青白色。该器为一站立的鹰形，以圆雕减地手法雕琢而成。琢刻纹样较为轻浅，可辨立鹰轮廓，鹰姿威猛挺拔。鹰首饱满，双翼收于身侧，翼下利爪收起。体下部钻一圆孔贯穿。

●石峁遗址玉器种类繁多，玉料来源多样，兼具南北文化元素。这件玉鹰体现了石峁文化和肖家屋脊文化的交流。

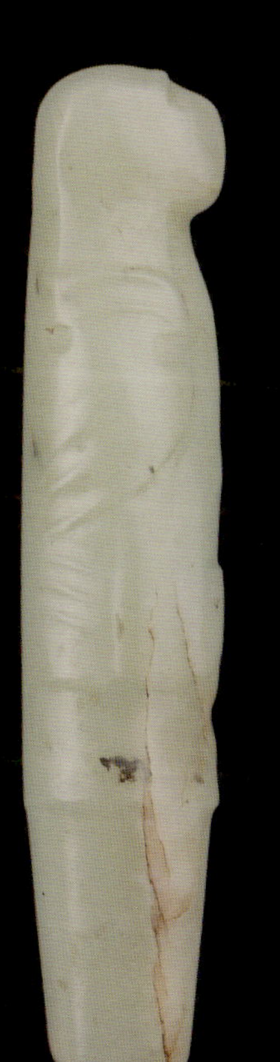
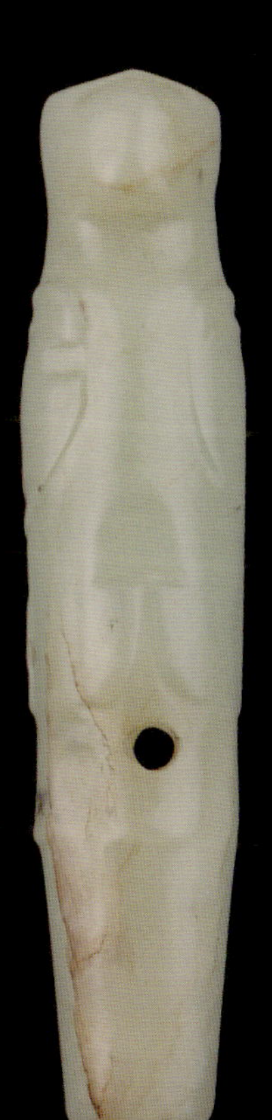
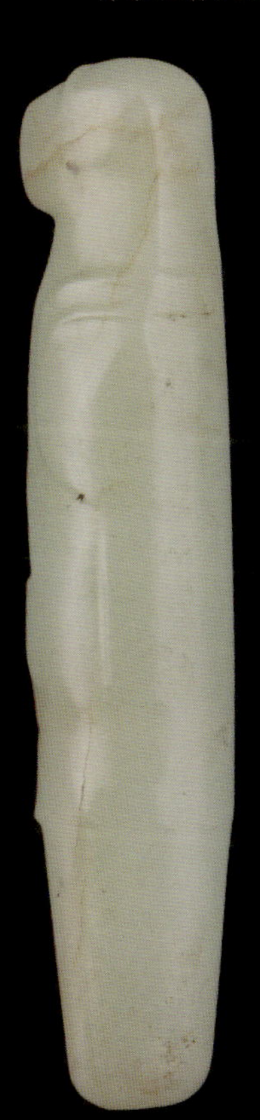

Part Three

Chinese Ritual and Ceremonial Jades

Jade was closely associated with Chinese conceptions of profound ideals and rich contents for its hard quality, unique design and superb craftsmanship, making it a perfect carrier for the long-distance communication and dissemination of both material and spiritual achievements. The extensive and long-term exchanges and mutual influence of civilizations in various regions were fully demonstrated by jade articles found from this period. These in turn, regulated the way people lived and the order of social operation. The freshly-formed Chinese etiquettes and rituals strongly promoted the integration of regional civilizations and the recognition of the core culture, thus turning the "ideal China" into reality.

第三单元

玉礼·中国

材料的坚韧、形制的精巧、工艺的先进，以及所承载思想观念的神秘和丰富，都使得玉器成为最为合适的远距离交流、传播的物质和精神载体。各区域文明大范围、长时间的交流和相互影响，一些共同的认知借由这些莹润通透的美石得以彰显，并经由『藏礼于器』『以器载道』规范着人们的生活方式和社会的运转秩序。刚刚成型的早期中华礼制文明，有力地推动着各区域文明的一体化进程和对核心文化的认同，并逐渐把『理想的中国』变为现实。

一、恭祀天地

祭祀源于古人对自然和生命的敬畏之心。日升月落、斗转星移、四季轮回、生老病死，自然的宇宙规律在古人看来既神秘又神奇，于是万物有灵的观念随之产生，祭祀也相应成为史前社会生活中最为重要的一项内容。闪耀着神秘光泽的“美石”，被古人按照他们所理解的宇宙运行模式来雕琢，以发挥“制器尚象”和“同类感通”的法力，成为巫师手中通天彻地的法器。

1. 璧象天道

中国最古老的璧出土于距今约 9000 多年的黑龙江小南山遗址，之后在红山、良渚、齐家等史前诸文化中屡有发现，形制略有差异，扮演的角色也有不同。随着古人将璧与太阳运行轨迹联系起来，“天道曰圆”的朴素宇宙观得以形成。后经周王朝的发扬光大，璧成为中国古代最重要的祭天礼器。

a

b

c

d

Jade Discs (*Bi*)
玉璧

新石器时代
a：直径6.3厘米、孔径2.2厘米、厚0.4厘米
b：直径5.6厘米、孔径2厘米、厚0.3厘米
c：直径5.2厘米、孔径2.3厘米、厚0.3厘米
d：长径4.6厘米、短径4厘米、孔径1.4厘米、厚0.3厘米
黑龙江省哈尔滨市依兰县倭肯哈达洞穴墓葬出土
辽宁省博物馆藏

The Neolithic Age
a: D. 6.3 cm; Bore D. 2.2 cm; T. 0.4 cm
b: D. 5.6 cm; Bore D. 2 cm; T. 0.3 cm
c: D. 5.2 cm; Bore D. 2.3 cm; T. 0.3cm
d: Long D. 4.6 cm; Short D. 4 cm; Bore D. 1.4 cm; T. 0.3 cm
From Wokenhada Cave Tomb of Yilan County, Ha'erbin City, Heilongjiang Province
Collection of Liaoning Provincial Museum

●这组玉璧出土于倭肯哈达洞穴墓葬内，共4件。平面呈近圆或圆角方形，直径大小不同，从大到小可顺序排列，中间有大圆孔，孔缘和外缘多有磨损痕迹。

●除玉璧外，洞内还发现有玉璜、玉环和玉管等玉器，均分布于人骨附近。结合玉璧内外缘上的磨痕和玉璜等器物上的磨沟推测，该洞穴出土的玉器应为成组佩戴的装饰品。

Jade Discs (*Bi*)
玉璧

良渚文化
a：直径 16.5 厘米（M20:190）
b：直径 16.5—16.9 厘米（M20:191）
c：直径 15.2—15.7 厘米（M20:192）
d：直径 16.3—16.4 厘米（M20:193）
e：直径 14.8—15 厘米（M20:194）
浙江省杭州市余杭区良渚古城反山墓地出土
浙江省文物考古研究所藏

Liangzhu Culture
a: D. 16.5 cm
b: D. 16.5-16.9 cm
c: D. 15.2-15.7 cm
d: D. 16.3-16.4 cm
e: D. 14.8-15 cm
From Fanshan Cemetery of Liangzhu Ancient City of Yuhang District, Hangzhou City, Zhejiang Province
Collection of Zhejiang Provincial Institute of Cultural Relics and Archaeology

●关于良渚文化玉璧的象征意义，有财富说、象天说、象日说等多种观点。有观点认为，玉璧的形制是古人观察天象之后，对其认知中天穹或太阳形态的模拟。以玉璧祭祀或殓葬，具有敬天、引魂升天的功用。这与后世《周礼》中的“以玉作六器，以礼天地四方。以苍璧礼天”是一脉相承的。

a

b

c
d
e

Stone Collared Disc (*Bi*)
有领石璧

陶寺文化
直径 10.5 厘米、孔径 6.1 厘米、厚 2.1 厘米
山西省临汾市下靳墓地出土（M276:1）
山西省考古研究院（山西考古博物馆）藏

Taosi Culture
D. 10.5 cm; Bore D. 6.1 cm; T. 2.1 cm
From Xiajin Cemetery of Linfen City, Shanxi Province
Collection of Shanxi Provincial Institute of Cultural Relics and Archaeology

●黄白色，蚀变大理岩，土沁较重。此件器体厚重，形制特殊，与片状玉璧有别，呈算珠状。中心圆孔贯通，上下外延出筒口。中孔内壁平直。器壁外侧上部外侈，下部内收，形成一周凸棱。横截面大体呈三角形。

●临汾下靳墓地的璧环类玉石器，绝大多数套于或置于墓主右上肢，作为装饰物使用，与良渚文化“苍璧礼天”的礼仪性功能有所不同。

Hexagon-Shaped Stone Ornament
六边形石器

龙山文化时期
最大径 10.3 厘米、孔径 6.7 厘米、高 3.5 厘米
山西省运城市芮城县清凉寺墓地出土（M146:3）
山西省考古研究院（山西考古博物馆）藏

Longshan Age
Max D. 10.3 cm; Bore D. 6.7 cm; H. 3.5 cm
From Qingliangsi Cemetery of Ruicheng County, Yuncheng City, Shanxi Province
Collection of Shanxi Provincial Institute of Cultural Relics and Archaeology

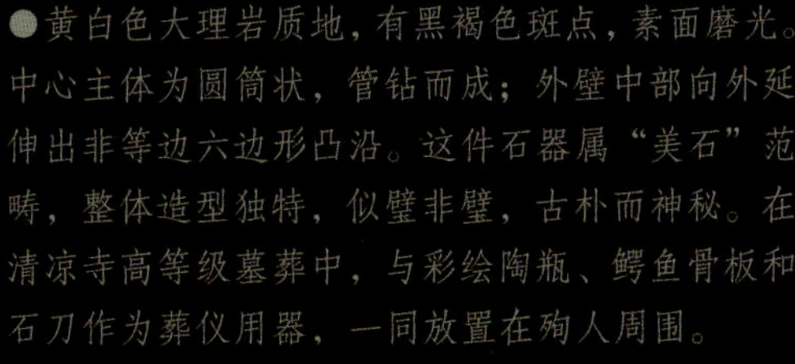

●黄白色大理岩质地，有黑褐色斑点，素面磨光。中心主体为圆筒状，管钻而成；外壁中部向外延伸出非等边六边形凸沿。这件石器属“美石”范畴，整体造型独特，似璧非璧，古朴而神秘。在清凉寺高等级墓葬中，与彩绘陶瓶、鳄鱼骨板和石刀作为葬仪用器，一同放置在殉人周围。

Jade Disc (*Bi*)
玉璧

龙山文化时期
直径 17.9 厘米、孔径 6.8 厘米
陕西省延安市芦山峁遗址（征集）
陕西历史博物馆藏

Longshan Age
D. 17.9 cm; Bore D. 6.8 cm
From Lushanmao Site of Yan'an City, Shaanxi Province (Collected)
Collection of Shaanxi History Museum

●青绿色，通体抛光，素面无纹。器形不甚规整，外轮不圆，局部边缘有损裂。中孔较大，应为管钻而成。

Jade Disc (*Bi*)

玉璧

齐家文化
直径 7.4—8.3 厘米、孔径 3.62—3.89 厘米、厚 0.5—0.86 厘米
青海省海东市民和回族土族自治县喇家遗址出土（QMLF4:5）
青海省文物考古研究所藏

Qijia Culture
D. 7.4-8.3 cm; Bore D. 3.62-3.89 cm; T. 0.5-0.86 cm
From Lajia Site of Minhe Hui and Tu Autonomous County, Haidong City, Qinghai Province
Collection of Qinghai Provincial Institute of Cultural Relics and Archaeology

●浅绿色，间有白色纹理。平面呈方圆形，中孔略微偏向一侧，单面管钻。器体局部由中孔向边缘逐渐变薄。这件玉璧出土时，与两件玉料并排摆放在房址特制的墙壁下，应当有特殊含义。

Jade Disc (*Bi*)

玉璧

齐家文化
直径 25.6 厘米、孔径 5.4 厘米、厚 0.1—1 厘米
陕西省咸阳市武功县胡家底遗址出土
武功县文物旅游服务中心藏

Qijia Culture
D.25.6 cm; Bore D. 5.4 cm; T. 0.1-1 cm
From Hujiadi Site of Wugong County, Xianyang City, Shaanxi Province
Collection of Wugong Cultural Relics Tourism Service Center

●青黄色，有黑色藻丝状斑纹。整器光素无纹，呈圆饼状，厚薄不均。中孔单面管钻，器表留有片切割痕。

Jade Discs (*Bi*)

玉璧

齐家文化

直径 19.2—19.5 厘米、孔径 5.8—6 厘米、厚 0.3—0.45 厘米

陕西省咸阳市武功县胡家底遗址出土

武功县文物旅游服务中心藏

Qijia Culture

D. 19.2-19.5 cm; Bore D. 5.8-6 cm; T. 0.3-0.45 cm

From Hujiadi Site of Wugong County, Xianyang City, Shaanxi Province

Collection of Wugong Cultural Relics Tourism Service Center

●青灰色，密布黑色藻丝状斑纹。素面磨光，器体厚薄不均，中孔单面管钻。

Jade Disc (*Bi*)
玉璧

齐家文化
直径 21 厘米、孔径 5.8 厘米、厚 0.8—1 厘米
征集
长武县博物馆藏

Qijia Culture
D. 21 cm; Bore D. 5.8 cm; T. 0.8-1 cm
Collected
Collection of Changwu Museum

●墨绿色，有浅黄色和黑色斑纹。素面磨光，器体厚薄不均，局部边缘较薄，中孔经过打磨修整。

Jade Disc (*Bi*)
玉璧

春秋时期
直径 16.8 厘米、孔径 4.2 厘米、厚 0.6—0.9 厘米
陕西省宝鸡市秦都雍城遗址出土
宝鸡市凤翔区博物馆藏

Spring and Autumn Period
D. 16.8 cm; Bore D. 4.2 cm; T. 0.6-0.9 cm
From Yongcheng (Capital of the Qin State) Site, Baoji City, Shaanxi Province
Collection of Fengxiang Museum

●玉呈青绿、深绿两色，边缘有受沁白斑。器形规整，薄厚均匀，中孔较小。璧两面均阴刻细密的秦式龙纹，有学者统计整器共刻龙纹 124 条。璧外缘和孔外缘均阴刻两圈细线。此玉璧色泽亮丽，打磨精致，纹饰工整，庄严大气。

Gray Jade Disc (*Bi*) with Rush Mat Pattern

蒲纹青玉璧

汉
直径 18.9 厘米、厚 0.9 厘米
陕西省西安市周至县出土
陕西历史博物馆藏

Han Dynasty
D. 18.9 cm; T. 0.9 cm
From Zhouzhi County, Xi'an City, Shaanxi Province
Collection of Shaanxi History Museum

●该玉璧系周至县农民平整土地时意外发现，疑为墓葬所出。同出的璧有两件，一青一白。两件玉璧大小近似，纹饰相同。正反面均布满蒲纹，大小均匀，排列有序。玉璧自 7000 年前的新石器时代中期即开始流行，至汉代依然盛行不衰。汉代的玉璧多以青、白玉制成，纹饰种类多样，有谷纹、乳钉纹、蒲纹、龙纹等。

Jade Disc (*Bi*)
玉璧

●青灰色，璧两面分别以阴线刻三圈环带状秦式龙纹。从玉料材质、形制特征分析，原物是齐家文化玉工制作的素面玉璧，春秋晚期时秦国玉工又在玉璧表面加刻秦式龙纹，传至新莽时期又被葬入墓中。这件玉璧历世3000余年，承载着每一个时代深邃的文化内涵，彰显着赓续不绝的人文传承。

新莽时期
直径21.9厘米、厚0.5—0.8厘米
陕西省西安市北郊文锦路新莽时期墓葬出土
陕西省考古研究院（陕西考古博物馆）藏

Xin-Mang Period
D. 21.9 cm; T. 0.5-0.8 cm
From Grave of Xin-Mang Period, Wenjin Road in Northern Suburb of Xi'an City, Shaanxi Province
Collection of Shaanxi Academy of Archaeology

2. 琮贯天地

琮广泛分布于黄河流域、长江流域、珠江流域多个史前文化中，形制复杂，用途多样。这种方圆一体、内圆外方的几何体，包含着古人对天地的观察与认知。他们将圆形的天穹、方平的大地视为“天神”和“地祇”的具体形态，从而使琮成为玉礼文化系统的重要组成部分。

Jade Tube (*Cong*)
玉琮

良渚文化
高 1.8—3 厘米、射径 6.2—6.4 厘米、孔径 4.5—4.7 厘米
浙江省杭州市官井头遗址出土（M37:12）
浙江省文物考古研究所藏

Liangzhu Culture
H. 1.8-3 cm; D. 6.2-6.4 cm; Bore D. 4.5-4.7 cm
From Guanjingtou Site, Hangzhou City, Zhejiang Province
Collection of Zhejiang Provincial Institute of Cultural Relics and Archaeology

●坯料形制不规整，下射部高低不平，其中一角明显低于其余三角。以转角为中心，在四角的四个凸块上各琢刻一节人面纹，人面风格与成熟、典型的良渚人面纹不同。眼睛呈橄榄形，眼珠单圈管钻，鼻部刻划出鼻翼，脸颊处装饰卷云纹和双线交叉纹。受玉料限制，四个凸块上的人面纹不尽相同。

●官井头遗址位于大雄山南麓的良渚遗址群的南端，从崧泽文化晚期延续到良渚文化早期。这表明在良渚文化形成之初，琮就已经成为“形”和“纹”的统一体，并在一定范围内成为良渚文化最具特色的文化标识。

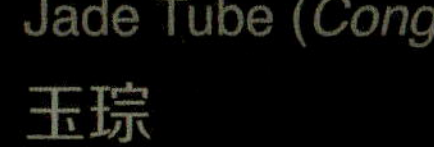

Jade Tube (*Cong*)
玉琮

良渚文化
射径 16.7—17 厘米、高 7.8 厘米
江苏省常州市武进区寺墩遗址出土
（Yu:254）
常州博物馆藏

Liangzhu Culture
D. 16.7-17 cm; H. 7.8 cm
From Sidun Site of Wujin District, Changzhou City, Jiangsu Province
Collection of Changzhou Museum

●墨绿色，体量较大。射口呈弧角方形，琮角接近直角，琮孔对钻，未对齐，琮孔内可见明显台痕。以转角为中心琢刻两节简化人面纹。人面弦纹两组，眼单圈管钻，无眼角。鼻宽扁，内未填刻纹饰。

Jade Tube (*Cong*)
玉琮

良渚文化
射径 6.3—7 厘米、高 31.8 厘米
江苏省常州市武进区寺墩遗址出土（Yu:104）
常州博物馆藏

Liangzhu Culture
D. 6.3-7 cm; H. 31.8 cm
From Sidun Site of Wujin District, Changzhou City, Jiangsu Province
Collection of Changzhou Museum

●墨绿色，夹杂褐斑。长方柱形，上大下小。琮口呈弧角正方形，琮角接近直角，琮孔对钻，未对齐。共十二节，每节以转角为中心，琢刻简化人面纹。人面弦纹两组，眼单圈管钻，无眼角。鼻宽扁，内填刻纹饰。

●琮无疑是新石器时代玉器中发展变化最多、形制纹样最复杂的一类。良渚文化玉琮，从其横截面看，存在一个从圆形到圆弧形再到方形的演变趋势；从其高度看，有一个从单节矮体向多节高体的演变趋势；从纹饰看，有一个从复杂到逐渐简化的趋势。但无论怎样变化，都要确保形制上内圆外方、棱节分明，纹饰线条细密繁复，折角处纹样流畅统一。良渚玉器上主纹、地纹和装饰纹三重组合的表现手法，以及左右对称的构图形式，开创了夏商周三代青铜器纹样装饰的先河。

Jade Tube (*Cong*)

玉琮

龙山文化时期

外径 7.5 厘米、内径 6.2 厘米、高 4.2 厘米

山西省运城市芮城县清凉寺墓地出土（M52:1）

山西省考古研究院（山西考古博物馆）藏

Longshan Age

OD. 7.5 cm; ID. 6.2 cm; H. 4.2 cm

From Qingliangsi Cemetery of Ruicheng County, Yuncheng City, Shanxi Province

Collection of Shanxi Provincial Institute of Cultural Relics and Archaeology

●白色闪玉，间有浅褐色纹理。光素无纹，打磨光滑。整器短矮，外方内圆，上下两端出矮琮口，四角高度不一。每面正中刻两道凹槽，琮身一面有两道较宽的浅刻痕。这件琮出土时套在墓主人左手上，其形制与甘青地区齐家文化的玉琮有诸多相似之处。

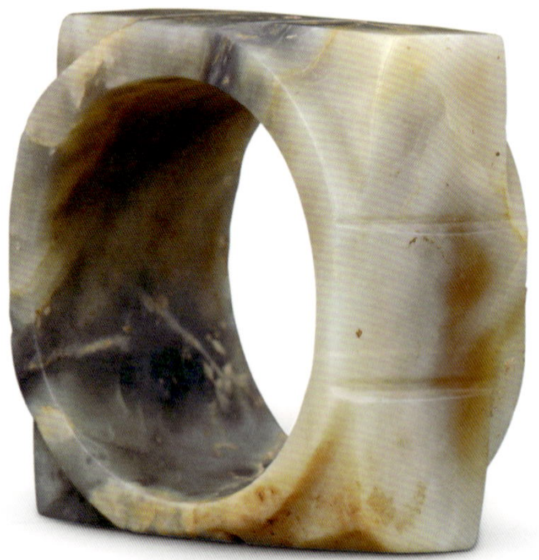

Jade Tube (*Cong*)
玉琮

齐家文化
高 3.8 厘米、边长 3.9 厘米、孔径 3.3 厘米
甘肃省临夏回族自治州广河县齐家坪遗址出土
甘肃省博物馆藏

Qijia Culture
H. 3.8 cm; SL. 3.9 cm; Bore D. 3.3 cm
From Qijiaping Site of Guanghe County, Linxia Hui Autonomous Prefecture, Gansu Province
Collection of Gansu Provincial Museum

●黄绿色，玉质细腻，透光性好。素面磨光，呈四方体形。外方内圆，中孔贯通，单面管钻，上下端平齐。

Jade Tube (*Cong*)
玉琮

齐家文化
高 2.1 厘米、边长 5.8 厘米、孔径 3.5 厘米
甘肃省天水市甘谷县渭水峪遗址出土
甘肃省博物馆藏

Qijia Culture
H. 2.1 cm; SL. 5.8 cm; Bore D. 3.5 cm
From Weishuiyu Site of Gangu County, Tianshui City, Gansu Province
Collection of Gansu Provincial Museum

●深绿色，局部黄白。制作粗糙，素面磨光。琮体短矮，外方内圆，琮口“由方找圆”，切割潦草，外出不甚明显，四角琮体不分节，中孔为单面管钻。

Jade Tube (*Cong*)

玉琮

龙山文化时期
宽 7 厘米、高 4.4 厘米
陕西省延安市芦山峁遗址（征集）
延安市文物研究院藏

Longshan Age
W. 7 cm; H. 4.4 cm
From Lushanmao Site of Yan'an City, Shaanxi Province (Collected)
Collection of Yan'an Institute of Cultural Relics and Archaeology

●青绿色，局部有褐色沁。体较矮，外方内圆，四个边壁略呈圆弧面，四角琢刻一组简化神人兽面纹。纹饰轻浅，可辨神人弦纹，管钻圆眼。器形与纹饰带有鲜明的良渚文化风格，但纹饰构图、细部又与良渚文化神人兽面纹有明显区别。琮底部较平整，似为从大件玉琮上切割下的一节。琮体曾残断为四块，后在断裂处钻孔以缀合。这种玉器改制方式在新石器时代较为常见。

Jade Tube (*Cong*)
玉琮

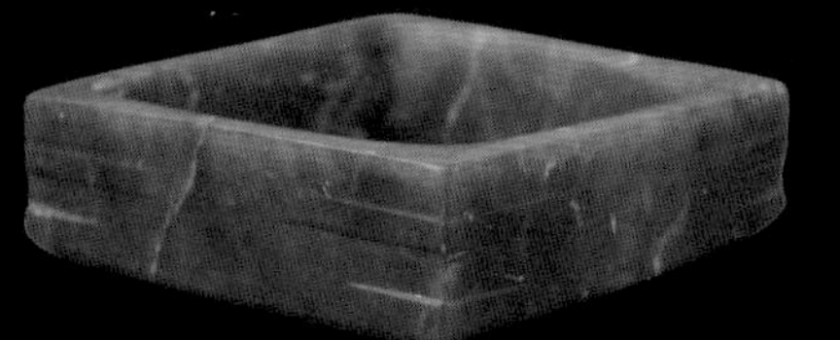

新石器时代晚期
边长 2 厘米、高 2 厘米、厚 0.5 厘米
陕西省铜川市吊咀遗址出土
铜川市耀州区博物馆藏

Late Neolithic Age
SL. 2 cm; H. 2 cm; T. 0.5 cm
From Diaozui Site of Tongchuan City, Shaanxi Province
Collection of Yaozhou Museum

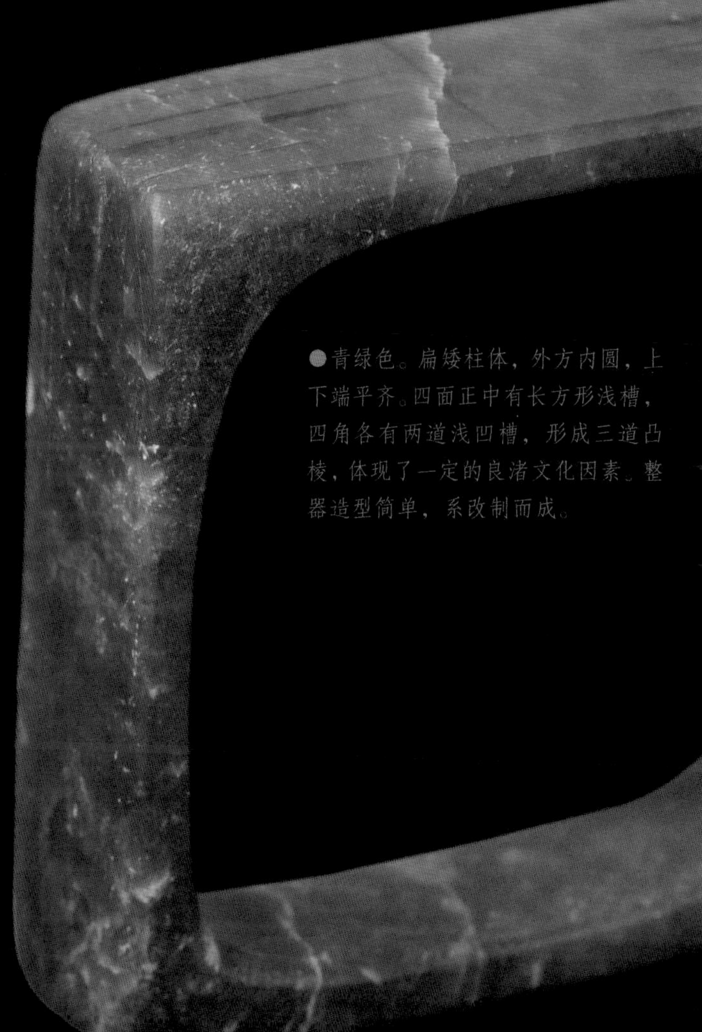

●青绿色。扁矮柱体，外方内圆，上下端平齐。四面正中有长方形浅槽，四角各有两道浅凹槽，形成三道凸棱，体现了一定的良渚文化因素。整器造型简单，系改制而成。

Jade Tube (*Cong*)
玉琮

新石器时代晚期
高 27.9 厘米、上径 7.2 厘米、下径 6.6 厘米
征集
城固县博物馆藏

Late Neolithic Age
H. 27.9 cm; Top D. 7.2 cm; Bot D. 6.6 cm
Collected
Collection of Chenggu County Museum

●墨绿色，呈上宽下窄的方柱形，中心对穿圆孔。每面以较粗的横刻阴线为界将琮身分为十一节，每节均刻兽面纹。此器无论是造型还是纹饰均具有强烈的良渚文化风格，应是良渚文化的玉器作品。

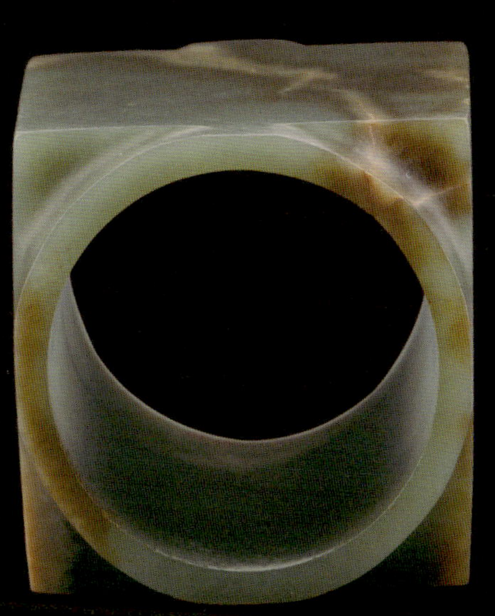

Jade Tube (*Cong*)
玉琮

齐家文化
高 12.7 厘米、孔径 5.2 厘米
陕西省宝鸡市秦都雍城遗址出土
宝鸡市凤翔区博物馆藏

Qijia Culture
H. 12.7 cm; Bore D. 5.2 cm
From Yongcheng (Capital of the Qin State) Site, Baoji City, Shaanxi Province
Collection of Fengxiang Museum

●青绿色，间有褐色纹理。通体磨制精细，光素无纹，质感温润。琮体较高，形制规整，内圆外方。此玉琮虽出土于陕西凤翔秦雍城遗址，但其玉质、形制、风格与齐家文化同类玉器颇为接近，应当是齐家文化的遗物。

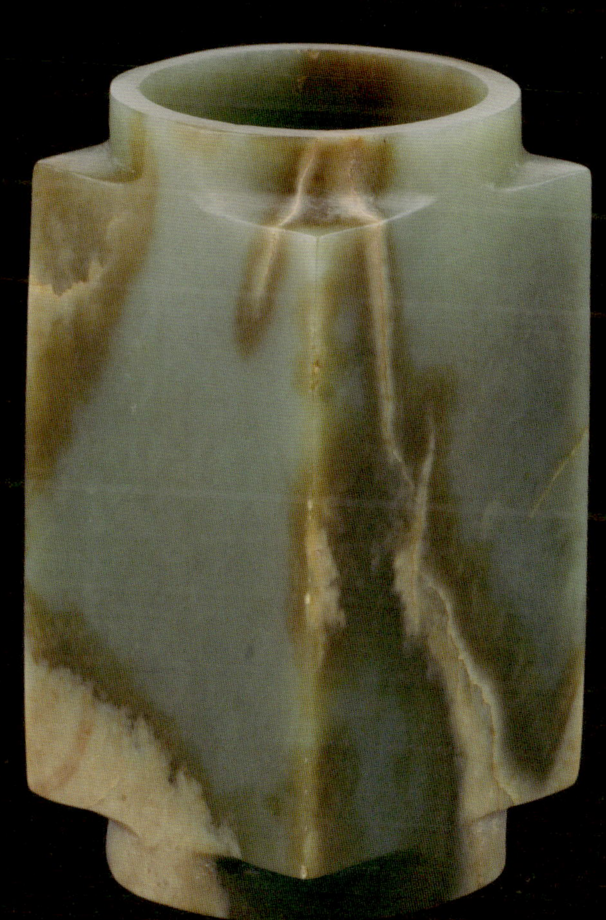

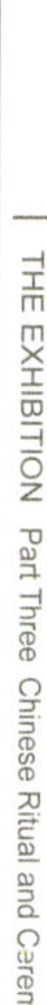

Jade Tube (*Cong*)

玉琮

齐家文化

高 11.2 厘米、孔径 6.1 厘米

陕西省咸阳市武功县胡家底遗址出土

武功县文物旅游服务中心藏

Qijia Culture

H. 11.2 cm; Bore D. 6.1 cm

From Hujiadi Site of Wugong County, Xianyang City, Shaanxi Province

Collection of Wugong Cultural Relics Tourism Service Center

●青灰色，素面磨光。形制规整，制作考究。外方内圆，四面呈长方形，上、下圆形琮口微外侈。

Jade Tube (*Cong*)
玉琮

齐家文化
高 4.8 厘米、孔径 4.8 厘米
陕西省咸阳市武功县胡家底遗址出土
武功县文物旅游服务中心藏

Qijia Culture
H. 4.8 cm; Bore D. 4.8 cm
From Hujiadi Site of Wugong County, Xianyang City, Shaanxi Province
Collection of Wugong Cultural Relics Tourism Service Center

●淡黄褐色，素面磨光。琮体较矮，外方内圆。切割掉上下四角，形成圆形短琮口。

Jade Tube (*Cong*)
玉琮

齐家文化
高 2.7 厘米、孔径 3.8 厘米、外径 4.8 厘米
旧藏
武功县文物旅游服务中心藏

Qijia Culture
H. 2.7 cm; Bore D. 3.8 cm; OD. 4.8 cm
Previous Collection
Collection of Wugong Cultural Relics Tourism Service Center

●青灰色，夹杂黑色斑点。器体较小，器形扁方，上下四角平面有高有低，琮口边缘宽窄不一，均表明此类齐家文化玉琮切割工艺不甚讲究。

Jade Tube (*Cong*)
玉琮

齐家文化
高 3.4 厘米、边长 6.7 厘米
陕西省韩城市梁带村遗址出土（M27:218）
韩城市梁带村芮国遗址博物馆藏

Qijia Culture
H. 3.4 cm; SL. 6.7 cm
From Liangdai Village of Hancheng City, Shaanxi Province
Collection of Hancheng Liangdaicun Ruiguo Ruins Museum

●黄绿色，通体抛光，玉质细腻。琮体扁矮，内圆外方，形制规整，有短射，射一角稍残。

●梁带村 27 号墓出土玉器共计 249 件，其中绝大多数出土于墓主躯干处，其功能有礼玉、佩玉和生活用玉等。

Jade Tube (*Cong*)
玉琮

齐家文化
高 5.4 厘米、宽 7.5 厘米
陕西省韩城市梁带村遗址出土（M27:215）
韩城市梁带村芮国遗址博物馆藏

Qijia Culture
H. 5.4 cm; W. 7.5 cm
From Liangdai Village of Hancheng City, Shaanxi Province
Collection of Hancheng Liangdaicun Ruiguo Ruins Museum

●黄绿色，有褐色斑蚀。器体内外均抛光。单节矮琮，外方内圆，有短射口。琮体四壁刻竖向平行凹槽线纹，将琮面分为等距的三段。其形制是典型的齐家文化玉器风格，但竖向凹槽刻纹粗劣，不排除后代改制的可能。

Bangle-Shaped Jade Tube (*Cong*)
镯形琮

商代晚期
高 3.9 厘米、孔径 6.7 厘米
陕西省西安市老牛坡遗址出土
西安博物院藏

Late Shang Dynasty
H. 3.9 cm; Bore D. 6.7 cm
From Laoniupo Site of Xi'an City, Shaanxi Province
Collection of Xi'an Museum

●青绿色。老牛坡商代遗址出土的这种单节圆角镯式琮，曾是良渚文化玉器中最具代表性的一类，但仔细观察这件琮，器表三个长方弧形琮角净素无纹，不复良渚琮上细密复杂的兽面装饰，商代玉琮于继承中见创新的特点显而易见。

Jade Disc (*Bi*)、Jade Tube (*Cong*)

玉璧、玉琮

齐家文化
玉璧：直径 12.3 厘米、厚 0.7 厘米
玉琮：口径 7 厘米、高 6.7 厘米
陕西省宝鸡市扶风县案板坪村遗址出土
扶风县博物馆藏

Qijia Culture
Jade Disc (*Bi*): D. 12.3 cm; T. 0.7 cm
Jade Tube (*Cong*): Top D. 7 cm; H. 6.7 cm
From Anbanping Village of Fufeng County, Baoji City, Shaanxi Province
Collection of Fufeng County Museum

●璧和琮是中国古代两种重要的礼仪用玉，《周礼·大宗伯》中记载，“以苍璧礼天，以黄琮礼地”，指明了璧和琮在祭祀活动中的作用。这两件玉器出土于陕西扶风案板坪村西周遗址，璧琮同出，璧可套合于琮射口之上，这一发现为璧琮的使用方式研究提供了新的思路。

中国新石器时代晚期玉琮分布示意图（黄翠梅教授提供）

二、龙飞凤舞

史前时期，在“万物有灵”观念主导下，自然界的动物被认为是上天的使者，是它们将生命带给部族祖先。而撷取拼合了多种动物元素的龙凤形象，更被赋予了超乎一般的神性。不同文化之间的交流和融合，让龙凤形象不仅快速成形，而且得以广为认同，进而成为中华民族独特的文化标识。龙凤文化的产生与发展正是中华文明“多元一体化”的真实写照，作为重要载体之一，表现龙凤形象的玉器成为这一过程的生动见证。

1. 龙行天下

龙的形象经历了由简单到复杂的演变过程。仰韶文化时期龙纹以单一动物为原型；龙山文化时期龙纹以鳄、蛇纹为主体，兼容一两种动物特征；夏商时期龙纹以鳄、蛇为主体，兼容鱼、鸟、虎、鹿等多种动物特征。龙纹从孕育到滥觞，经过仰韶和龙山文化时期的发展传承，夏商时期的协和融通，最终风驰雷动，化身成形，奠定了后世龙的基本格制。

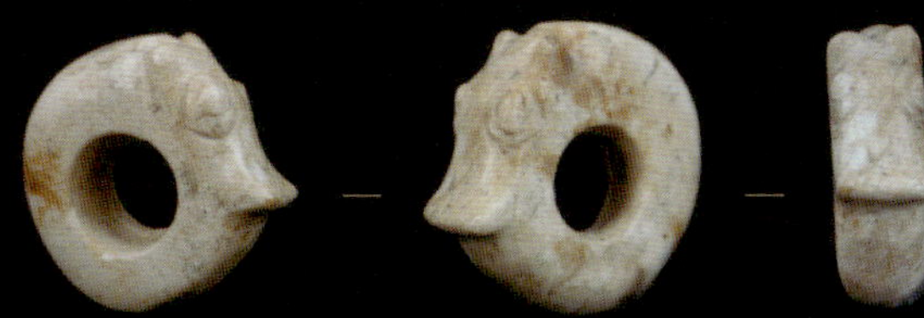

Dragon-Shaped Jade Ring (*Huan*)

龙形玉环

良渚文化

直径 1.6 厘米、孔径 0.6—0.7 厘米

浙江省杭州市官井头遗址出土（M65:20）

浙江省余杭区文物考古研究所藏

Liangzhu Culture

D. 1.6 cm; Bore D. 0.6-0.7 cm

From Guanjingtou Site Yuhang District, Hangzhou City, Zhejiang Province

Collection of Zhejiang Provincial Institute of Cultural Relics and Archaeology

●圆环整体造型构成龙首尾相衔的形态，造型与红山文化玉玦形龙有相似之处。环一侧雕琢龙首，龙尖角上翘，重圈眼外凸，扁突吻。龙形玉环在崧泽文化中也有发现，这种龙首纹被认为与良渚文化的兽面纹具有同源性。

Jade Coiled Dragon with Slot

玉玦形龙

肖家屋脊文化

外径 3.8 厘米、厚 0.8 厘米

湖北省天门市肖家屋脊遗址 6 号瓮棺墓出土（W6:36）

湖北省博物馆藏

Xiaojiawuji Culture

OD. 3.8 cm; T. 0.8 cm

From No.6 Urn Tomb of Xiaojiawuji Site, Tianmen City, Hubei Province

Collection of Hubei Provincial Museum

●龙首尾相衔，在玦口处断开。龙上颌尖凸，下颌短缩，额部有一道凸棱，颈后有披毛，尾为钝尖形。

Jade Coiled Dragon with Slot

玉玦形龙

红山文化

高 2.2 厘米、宽 1.8 厘米、厚 0.6 厘米

陕西省宝鸡市凤翔区南指挥镇战国中期 3 号秦墓出土

陕西省考古研究院（陕西考古博物馆）藏

Hongshan Culture

H. 2.2 cm; W. 1.8 cm; T. 0.6 cm

From No.3 Tomb of the Qin State in Middle Warring States Period of Nanzhihui Town of Fengxiang District, Baoji City, Shaanxi Province

Collection of Shaanxi Academy of Archaeology

●出土于陕西凤翔南指挥镇战国中期秦墓，具有明显的红山文化玉器风格。玉龙双耳上耸，首尾相连；浅浮雕双眼，扁吻部突出，以细阴线表现嘴巴，生动传神。远在北方地区的红山文化玉礼器，数千年后却出现在陕西的秦墓中，玉器及玉文化传承之广博与深远，由此可见一斑。

Jade Coiled Dragon with Slot
玉玦形龙

红山文化
长 14.5 厘米、宽 10.8 厘米、厚 4.3 厘米
陕西省韩城市梁带村遗址出土（M26:162）
韩城市梁带村芮国遗址博物馆藏

Hongshan Culture
L. 14.5 cm; W. 10.8 cm; T. 4.3 cm
From Liangdai Village of Hancheng City, Shaanxi Province
Collection of Hancheng Liangdaicun Ruiguo Ruins Museum

●这是一件典型的红山文化玉玦形龙，出土于陕西韩城梁带村春秋早中期的芮姜夫人之墓。该墓规格颇高，仅玉器出土数量就多达 500 件（组），玉器年代从新石器时代至两周时期不等，应该是芮姜夫人平生的收藏。不同时代的玉器共集一墓，既反映了墓主人生前的地位与财富，也为研究古代玉器的雕琢工艺及流变提供了重要素材。

Jade Plaque with Dragon Pattern
龙纹牌饰

西汉
高 5 厘米、宽 12.4 厘米、厚 0.4 厘米
陕西省西安市雁塔区八里村出土
陕西历史博物馆藏

Western Han Dynasty
H. 5 cm; W. 12.4 cm; T. 0.4 cm
From Bali Village Yanta District, Xi'an City, Shaanxi Province
Collection of Shaanxi History Museum

●青绿色，器体扁平，双面琢纹。龙回首上扬，作盘踞状。龙身蜷曲，尾分双叉。周身阴刻细密谷纹，龙爪刻三道细线纹。除圆形龙眼外，又在龙身、龙爪处钻五个小孔以便缝缀佩戴。这件玉龙雕琢精细，线条流畅利落，气韵生动，是汉代龙纹玉器的经典之作。

2. 凤舞九州

史前时期以鸟为装饰主题的现象很普遍，西辽河流域的红山文化、长江下游的良渚文化和黄河下游的龙山文化，都发现了各式各样雕琢着鸟形纹饰或以鸟为形象的器物。长江中游的肖家屋脊文化将北方猛禽的骁勇、南方小鸟的轻盈和东方长尾鸟的飘逸融于一身，使得作为神鸟的凤脱颖而出。凤鸟舞动九州，对中华文化产生了深远影响。

Jade Ornament in Hooked-Cloud Shape
玉勾云形器

红山文化
长 11.4 厘米、宽 4.3 厘米
陕西省宝鸡市凤翔区上郭店村春秋晚期墓葬出土
宝鸡市凤翔区博物馆藏

Hongshan Culture
L. 11.4 cm; W. 4.3 cm
From Grave in Late Spring and Autumn Period of Shangguodian Village, Fengxiang District, Baoji City, Shaanxi Province
Collection of Fengxiang Museum

●青黄色，一侧受沁发白。整体呈片状，采用了镂雕、打洼、钻孔、抛光多种工艺，卷勾、齿突甚为显露。此勾云形器发现于陕西凤翔上郭店村春秋晚期墓葬，但结合其器形、纹饰、制作工艺看，应是一件红山文化玉器作品。其即使在红山文化分布区发现的玉器中都堪称精品。

Jade Bird
玉鸟

良渚文化
长 4.36 厘米、翼宽 5.33 厘米、厚 0.93 厘米
浙江省杭州市余杭区良渚古城反山墓地出土（M14:259）
良渚博物院（良渚研究院）藏

Liangzhu Culture
L. 4.36 cm; Wing W. 5.33 cm; T. 0.93 cm
From Fanshan Cemetery of Liangzhu Ancient City of Yuhang District, Hangzhou City, Zhejiang Province
Collection of Liangzhu Museum

●玉鸟为鸟的俯视形象。鸟首宽扁，喙部尖凸前伸；重圈眼，外圈减地凸起，内圈管钻；两翼和尾部舒展，似正在翱翔。鸟的背面有一对横向隧孔。

●鸟是良渚文化除神人和兽面以外的又一纹饰母题，既有鸟形的刻划纹饰（如玉璧上的鸟立高台图案），又有鸟形象的小型雕像（如玉鸟饰件）。在瑶山 M2 出土的玉冠状器、反山 M20 出土的玉琮上都有"神人＋兽面＋鸟"的纹饰配置，应是借助鸟能飞翔的自然属性，对神力进行加持。

Jade Pendant (*Pei*) in Phoenix Shape
凤鸟形玉佩

西周
长 4 厘米、宽 2.5 厘米、高 2.6 厘米、厚 1.1 厘米
陕西省宝鸡市岐山县王家嘴 2 号墓出土
岐山县周原博物馆藏

Western Zhou Dynasty
L. 4 cm; W. 2.5 cm; H. 2.6 cm; T. 1.1 cm
From No.2 Tomb of Wangjiazui, Qishan County, Baoji City, Shaanxi Province
Collection of Zhouyuan Museum, Qishan County

●白色，玉质莹润，透明度高。器为一侧立凤鸟形象，圆眼，勾喙，头部雕一与身等长之花冠，花冠与凤身连接处镂空透雕，花冠与鸟身皆阴刻羽纹。鸟尾下垂，刻细密阴线纹。此玉凤造型飘逸流畅，雕工精湛，琢纹规整，富于立体效果，是西周玉凤鸟的典型代表。

Jade Eagle
玉鹰

西汉
长 5.5 厘米、宽 7 厘米、厚 2.5 厘米
陕西省咸阳市汉元帝渭陵建筑遗址出土
咸阳博物院藏

Western Han Dynasty
L. 5.5 cm; W. 7 cm; T. 2.5 cm
From Emperor Han Yuandi's Weiling Mausoleum Site of Xianyang City, Shaanxi Province
Collection of Xianyang Museum

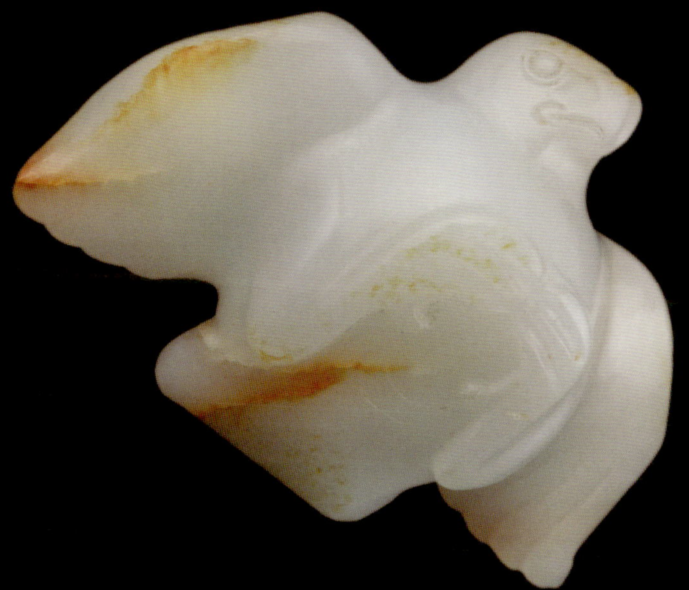

●白色，玉质细腻而温润，有橘色条状斑纹。圆雕飞鹰，展翅侧首，圆眼勾喙，利爪收于胸前，神情威猛专注。以减地阴线刻手法，表现背后层叠的翅羽和尾羽，刻划“V”字形体羽，细致入微。设计精妙，从不同角度都能欣赏到栩栩如生的雄鹰形象；因材施工，赋形以意趣，达到质与色、形与意的完美融合，反映了汉代玉器艺术理念与雕琢工艺的极高水准。偏爱刻画大型禽鸟的审美传统，或承袭自先秦乃至史前时期先民对于飞鸟的崇拜。

Jade Pendant (*Pei*) in Phoenix Shape
凤鸟形玉佩

西汉
a：长4.5厘米、宽1.8–3.5厘米、厚0.1–0.2厘米（M3:36）
b：长4.5厘米、宽1.8–3.5厘米、厚0.1–0.2厘米（M3:40）
陕西省西安市东郊窦氏墓出土
西安博物院藏

Western Han Dynasty
a: L. 4.5 cm; W. 1.8-3.5 cm; T. 0.1-0.2 cm
b: L. 4.5 cm; W. 1.8-3.5 cm; T. 0.1-0.2 cm
From Dou's Tomb of Eastern Suburbs, Xi'an City, Shaanxi Province
Collection of Xi'an Museum

a

b

●青黄色，有褐色斑纹，局部发白。扁平片状，采用透雕和阴线刻手法表现凤鸟造型。凤鸟圆眼勾喙，长冠曲颈，双翅飞舞，大尾回卷，线条流畅。上部依形钻一圆孔。雕工不甚精细，应为葬玉。这对凤鸟形玉佩为墓葬出土玉组佩中的两件，也是考古首次发现西汉时期此类玉器。

Jade Pendant (*Pei*) in Phoenix Shape

凤形玉佩

元代
长 6.5 厘米、高 4.3 厘米
陕西省西安市长安区上塔坡村元墓出土
西安市长安博物馆藏

Yuan Dynasty
L. 6.5 cm; H. 4.3 cm
From the Tomb of the Yuan Dynasty in Shangtapo Village, Chang'an District, Xi'an City, Shaanxi Province
Collection of Chang'an Museum

●玉色洁白，玉质晶莹，透明度佳。双面雕琢相同凤鸟形象，尖喙，圆眼，小冠贴于头顶，羽翼舒展，长尾呈绶带状卷曲，尾梢分叉呈花叶状。鸟身及羽翼以阴线雕琢疏密相间的羽纹，纹饰清晰，飘逸灵动。此类玉佩一般缝缀于冠或幞头后，为冠巾饰。

Jade Pendant (*Pei*) in Dragon Shape
龙形玉佩

肖家屋脊文化
长 9.1 厘米、宽 5.1 厘米
湖南省常德市澧县孙家岗遗址出土（M14:3）
湖南省文物考古研究院藏

Xiaojiawuji Culture
L. 9.1 cm; W. 5.1 cm
From Sunjiagang Site of Li County, Changde City, Hunan Province
Collection of Hunan Provincial Institute of Cultural Relics and Archaeology

●龙透雕在玉片上。龙为小圆目，长颌下勾，额部突出，角中间穿一孔，身体作蜷曲状，短尾，尾上侧穿两小孔。龙背上有大而复杂的羽状饰物，羽毛周边有钮牙。器物一面的镂空处边缘有深色勾线痕迹，为雕刻前的底稿和定位线，表明龙形玉佩在制作前经过精心设计。

●孙家岗遗址14号墓出土1件龙形玉佩和1件凤形玉佩，是研究史前时期龙凤文化的重要资料。

Jade Pendant (*Pei*) in Phoenix Shape
凤形玉佩

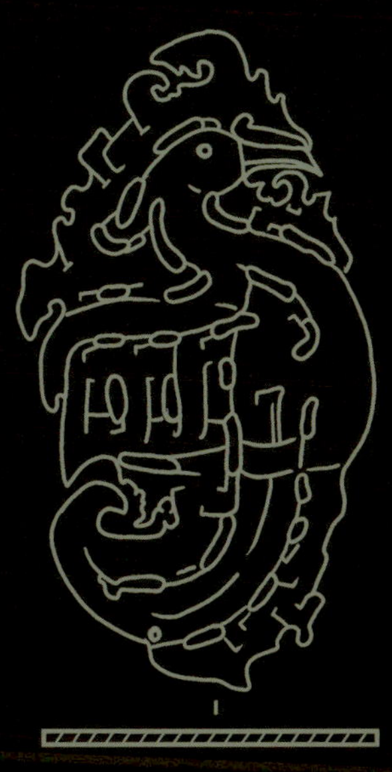

肖家屋脊文化
长 11.6 厘米、宽 6.2 厘米
湖南省常德市澧县孙家岗遗址出土（M14:4）
湖南省文物考古研究院藏

Xiaojiawuji Culture
L. 11.6 cm; W. 6.2 cm
From Sunjiagang Site of Li County, Changde City, Hunan Province
Collection of Hunan Provincial Institute of Cultural Relics and Archaeology

●凤透雕在玉片上。喙长而尖细，圆目，额后有披羽，头戴复杂羽状冠饰，长颈弯曲，展翅于身后，尾羽分三叉，向上勾卷。羽冠和尾羽边缘有钽牙。整体构图繁而不乱，雕工细致。

●肖家屋脊文化中凤形象的玉器虽然数量少，但陶塑中却有很多长尾凤鸟形象，说明凤对肖家屋脊先民可能有着如“崇拜物”般的特殊内涵。有考古资料表明，这类镂空牌饰可能系在柄上，再竖着插在冠或发上使用。

Jade Pendant(*Pei*) with Dragon-Phoenix Pattern

龙凤纹玉佩

红山文化
长 10.3 厘米、宽 7.8 厘米、厚 0.9 厘米
辽宁省朝阳市牛河梁遗址第二地点一号冢出土
（N2Z1M23:3）
辽宁省文物考古研究院（辽宁省文物保护中心）藏

Hongshan Culture
L. 10.3 cm; W. 7.8 cm; T. 0.9 cm
From No.1 Boulder Mound at Locality No.2 in Niuheliang Site of Chaoyang City, Liaoning Province
Collection of Liaoning Provincial Institute of Cultural Relics and Archaeology

●青白色，泛绿。形近长方，长边两侧有红褐色间白色瑕斑，应为原玉料的皮壳部分所遗。体较厚，稍向背面内弯。正面以减地阳纹与较粗的阴线雕出一龙一凤，头部雕刻细致，身体简化。龙双目圆鼓，长吻上翘，双角立起，龙体外卷，额间与吻边饰表现皮毛的短阴线，上颚与角旁的边缘深刻如凹槽，似为系绳的卡槽。凤昂首勾喙，喙端尖锐，圆目外鼓，顶冠丰盈，体亦外卷，与龙体相对相接，合二为一。佩体钻孔较多，均为两面对钻。中心以一尖圆形孔将龙凤体相隔，短边一端有与龙凤卷体相应的二圆孔，另一端钻两小孔。玉佩反面平而无纹，有三组隧孔。

Jade Pendant (*Pei*) with Dragon-Phoenix Pattern
龙凤纹玉佩

●灰褐色，半透光。呈扁平片状、“S”形，两面以减地阴刻和透雕技法表现龙凤合体形象，一端为龙首，一端为凤首。龙张口卷鼻，头上有角，体侧琢刻三层扇形羽翼，龙爪上扬。凤作回首状，圆眼尖钩喙，头上有冠，合体身躯装饰菱形格纹。整器线条流畅，工艺精湛，尤其是五个穿孔完美融合于造型之中。玉器上的龙凤合体形象，其设计理念和审美意趣或可上溯至新石器时代晚期玉器上的龙凤形象，显示出中国玉文化的源远流长、一脉相承。

战国
长 10 厘米、宽 4.9 厘米
陕西省咸阳市秦都咸阳城遗址出土
咸阳博物院藏

Warring States Period
L. 10 cm; W. 4.9 cm
From Xianyang City (the Capital of Qin Dynasty) Site in Xianyang City, Shaanxi Province
Collection of Xianyang Museum

三、礼仪万邦

随着区域间文化交流的日益频繁，多元文化的冲突和融合也愈加强烈。在此过程中，一些成品玉器被剖切改制、移作他用，昭示着其曾经承载的神秘宗教内涵渐趋衰微；而斧、钺、刀等端刃类玉礼器重要性的提升，表明对公共事务的管理上升到更加重要的位置。神灵地位式微，人性光芒初现，玉器正在成为礼仪九州、协和万邦的重要载体。

1. 斧钺王权

斧、钺、锛、铲原本是史前时期常见的生产工具，但随着财富的累积，社会分化日益明显，很多玉质斧、钺在长江流域的良渚大墓，黄河流域的陶寺大墓、新华遗址、芦山峁遗址等均有发现，而且刃口处一般都没有明显的使用痕迹，说明原本砍砸劈斫的工具变成了象征军权王权的符号，只有少数权力阶层才能享有。

Stone Wide Axe (*Yue*)
石钺

凌家滩文化
长 16.1 厘米、刃宽 11.2 厘米、厚 1.2 厘米
安徽省马鞍山市含山县凌家滩遗址出土（98M11:1）
安徽省文物考古研究所藏

Liangjiatan Culture
L. 16.1 cm; Blade W. 11.2 cm; T. 1.2 cm
From Lingjiatan Site of Hanshan County, Ma'anshan City, Anhui Province
Collection of Anhui Provincial Institute of Cultural Relics and Archaeology

●虽为石质，但磨制光滑，色泽呈浅桃红色泛白斑，艳丽悦目。顶部平直，其余三面开刃。靠近顶端有圆形孔洞，系两面管钻而成。刃部无使用痕迹。

Jade Wide Axe (*Yue*)
玉钺

薛家岗文化
长 14.6 厘米、刃宽 10.2 厘米、厚 1.6 厘米
安徽省潜山市薛家岗遗址出土（M8:2）
安徽省文物考古研究所藏

Xuejiagang Culture
L. 14.6 cm; Blade W. 10.2 cm; T. 1.6 cm
From Xuejiagang Site of Qianshan City, Anhui Province
Collection of Anhui Provincial Institute of Cultural Relics and Archaeology

●器体扁平，平面呈梯形。顶部略外弧，两角崩损。弧刃，刃部锋利。近顶部有两个对钻的钻孔，未对齐。器表一面平整，另一面有数道线切割形成的弧形深槽。

Jade Wide Axe (*Yue*)
玉钺

良渚文化
长 15.6 厘米、刃宽 11.6 厘米、厚 0.8 厘米
浙江省杭州市余杭区良渚古城瑶山墓地出土（M9:14）
浙江省文物考古研究所藏

Liangzhu Culture
L. 15.6 cm; Blade W. 11.6 cm; T. 0.8 cm
From Yaoshan Cemetery of Liangzhu Ancient City of Yuhang District, Hangzhou City, Zhejiang Province
Collection of Zhejiang Provincial Institute of Cultural Relics and Archaeology

●略呈长方形，弧刃较宽，顶端留有弧线切割时的崩碴，略经打磨。上端对钻两孔，一大一小。圆孔一侧有直向切割痕，斜切入钺面。下孔两侧至顶端两角处各有一组细线痕，宽约1厘米，顶端缘有斜向的细线痕。

●玉钺是军事统帅权力的象征，后世金文中“王”字的写法最早就是斧钺的形象。良渚文化玉钺的形制来源于崧泽文化的石钺，至良渚时期因材质的改变遂成为显贵阶层特定身份地位的标志，是男性权贵随葬品的最高配置，与玉琮、玉璧一起构成了良渚文化用玉制度的核心。

Stone Wide Axe (*Yue*)
石钺

良渚文化
a：长 18 厘米、宽 13.5—15 厘米、厚 1.1 厘米（M20:24）
b：长 17 厘米、宽 11.5—14.2 厘米、厚 1.1 厘米（M20:27）
c：长 16.2 厘米、宽 12.2—14.6 厘米、厚 1.3 厘米（M20:28）
d：长 15.6 厘米、宽 8.6—10 厘米、厚 1 厘米（M20:29）
e：长 14 厘米、宽 8.5—10.5 厘米、厚 0.9 厘米（M20:25）
f：长 11.3 厘米、宽 9.2—10.6 厘米、厚 1 厘米（M20:26）
浙江省杭州市余杭区良渚古城反山墓地出土
浙江省文物考古研究所藏

Liangzhu Culture
a: L. 18 cm; W. 13.5-15 cm; T. 1.1 cm
b: L. 17 cm; W. 11.5-14.2 cm; T. 1.1 cm
c: L. 16.2 cm; W. 12.2-14.6 cm; T. 1.3 cm
d: L. 15.6 cm; W. 8.6-10 cm; T. 1 cm
e: L. 14 cm; W. 8.5-10.5 cm; T. 0.9 cm
f: L. 11.3 cm; W. 9.2-10.6 cm; T. 1 cm
From Fanshan Cemetery of Liangzhu Ancient City of Yuhang District, Hangzhou City, Zhejiang Province
Collection of Zhejiang Provincial Institute of Cultural Relics and Archaeology

●溶解凝灰岩，颜色呈斑驳的紫褐色或青灰色。通体磨制光滑，呈现出玻璃光泽。器形宽扁、厚重，顶部略外弧，部分有缺损，可能被有意打掉。底部呈舌状弧刃，刃角圆润近无。近顶部钻孔，双面对钻，孔较大。出土时与玉璧交错置于墓主腿脚部位。

●在良渚古城的核心区（余杭一带）和东部郊区（临平一带），可见随葬大量厚重弧刃石钺的墓葬，石钺数量从十几件到上百件不等。石钺的数量与墓葬等级并无对应关系，但石钺的材质和制作精美程度与墓葬等级相关。这类石钺与器形扁薄的普通石钺有别，也与玉钺形制不同，说明其可能具有特殊的内涵和功能。

a b c
d e f

Jade Wide Axe (*Yue*)
玉钺

仰韶文化
a：长 22 厘米、宽 6 厘米
b：长 19 厘米、宽 7.5—10 厘米
陕西省咸阳市尹家村遗址采集
咸阳博物院藏

Yangshao Culture
a: L. 22 cm; W. 6 cm
b: L. 19 cm; W. 7.5-10 cm
From Yinjia Village Site of Xianyang City, Shaanxi Province
Collection of Xianyang Museum

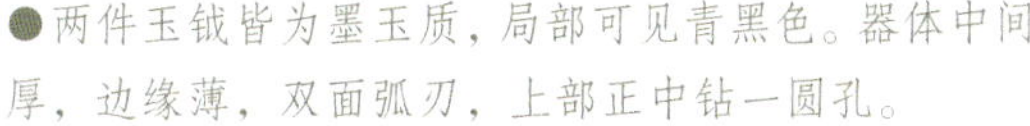

●两件玉钺皆为墨玉质，局部可见青黑色。器体中间厚，边缘薄，双面弧刃，上部正中钻一圆孔。

●黄河中游地区从裴李岗文化、老官台文化开始就出现墓中随葬铲、斧、刀等石质生产工具的现象。陕西南郑龙岗寺遗址出土的仰韶文化早期玉质斧、铲等无使用痕迹，说明已开始脱离实用功能。至仰韶文化中期，玉钺逐渐成为具有礼仪性质的权力符号。尹家村采集的这批玉钺也是迄今国内发现仰韶文化遗址中出土数量最多、保存最完好、体量最大、规格最高的玉礼器群。

a

b

鹳鱼石斧图彩陶缸及彩绘纹饰图

严文明先生认为这件陶缸是部落联盟中酋长的瓮棺。画面中石斧位置突出，绑缚方式考究，说明这件石斧不是一般人使用的普通劳动工具，可能象征着酋长的身份和权力，是其生前所用实物的写照。

Jade Wide Axe (*Yue*)
玉钺

龙山文化时期
宽 8.8—10.1 厘米、厚 0.6 厘米
陕西省延安市芦山峁遗址（征集）
延安市文物研究院藏

Longshan Age
W. 8.8-10.1 cm; T. 0.6 cm
From Lushanmao Site of Yan'an City, Shaanxi Province (Collected)
Collection of Yan'an Institute of Cultural Relics and Archaeology

●黄绿色，器表磨光，局部有裂隙。平面近似梯形，平顶平刃，切割平直。顶部钻有两孔，器身中部亦钻有一孔，均为单面钻，孔壁打磨光滑。刃部无明显使用痕迹。

Jade Axe with Engraved Deity and Serrated Sides (*Qi*)
神面纹玉戚

龙山文化时期
长 20.6 厘米、宽 13.1 厘米、厚 0.4 厘米
山西省长治市黎城县后庄村出土
山西博物院藏

Longshan Age
L. 20.6 cm; W. 13.1 cm; T. 0.4 cm
From Houzhuang Village of Licheng County, Changzhi City, Shanxi Province
Collection of Shanxi Museum

●黄绿色，间杂褐色、白色斑纹，磨制精细。整器呈薄片状，平面为梯形，两侧边下部微外弧，刃部较平直。上部中间单面钻一圆孔。钺体两面，在圆孔两侧阴线刻侧面形象的神面纹，神面纹侧面轮廓依玉钺侧边成形。

●有学者认为，玉戚琢刻的纹饰是“神祖灵纹”，而所谓“神祖灵”指的就是神祇、祖先和神灵动物。在古人的思维中，三者可相互转型，从而形成了中国远古宗教的“三位一体”观。“神祖灵”信仰及其图像形成于华东地区，目前所见的最早形象资料出现在公元前5800—前4500年前的陶器上。到距今3500年以后，主要以玉器为载体，明确地出现了“人脸”的主视觉图像。长江中游的先民多将神祖面纹琢制在嵌饰器或佩饰器上，而黄河流域的先民则多将之雕琢在有刃器上。

Jade Axe with Serrated Sides (*Qi*)
玉戚

夏代早期
高 12 厘米、宽 10.5 厘米、厚 0.4 厘米
陕西省商洛市东龙山遗址 83 号墓出土
商洛市博物馆藏

Early Xia Dynasty
H. 12 cm; W. 10.5 cm; T. 0.4 cm
From No.83 Tomb of Donglongshan Site of Shangluo City, Shaanxi Province
Collection of Shangluo Museum

●灰绿色。器形近似梯形，顶部凹缺不平，中部钻一圆孔，两侧边有不对称扉牙。刃部阔而呈弧形，为两面开刃，一角有豁缺。

●玉戚在龙山晚期至二里头文化早期较为罕见，可能为仪仗用器。

2. 玉刀皇皇

刀是史前重要的生产工具，各区域文化均有发现，多为长方形，背部有孔。龙山文化时期，黄河流域普遍盛行体薄、多孔、形制较大的玉刀，材质精美，且无使用痕迹，反映出当时对大型玉料的开采、切割与磨制工艺已经比较成熟。玉刀的功能也发生了变化，大多作为礼器被用于重大仪式活动中。

Stone Blade with Eleven Perforations
十一孔石刀

薛家岗文化
长 48.2 厘米、宽 7.1—9.9 厘米、厚 0.5 厘米
安徽省潜山市薛家岗遗址出土（M44:12）
安徽省文物考古研究所藏

Xuejiagang Culture
L. 48.2 cm; Blade W. 7.1-9.9 cm; T. 0.5 cm
From Xuejiagang Site of Qianshan City, Anhui Province
Collection of Anhui Provincial Institute of Cultural Relics and Archaeology

Jade Blade with Four Perforations
四孔玉刀

齐家文化
长 54 厘米、宽 10.3 厘米
青海省西宁市大通回族土族自治县上孙家寨墓地出土
青海省博物馆藏

Qijia Culture
L. 54 cm; W. 10.3 cm
From Shangsunjiazhai Tomb of Datong Hui and Tu Autonomous County, Xining City, Qinghai Province
Collection of Qinghai Provincial Museum

●深灰色砂质板岩制成，器体扁薄，平面呈斜梯形，磨制精细。平刃略内凹，刃口锋利，有细小崩口，说明曾经被使用过。背部单面钻十一孔，间距较均匀。孔周围有红色花纹，大多脱落，仅存少量痕迹。

●安徽潜山薛家岗44号墓共出土石刀4件，分别为十三孔、十一孔、五孔和三孔这类奇数，数字背后的内涵尚未可知。安徽潜山薛家岗大型墓葬中除出土有多孔石刀外，还出土有朱绘石钺、玉璜等礼仪性器物，颇具特色。

●黄绿色，有白色片状和褐色絮状斑纹。素面磨光，器体厚重，平面呈梯形。背部平直，顶端平面上有切割痕，刀身两侧边过渡圆滑，双面刃，刃部微内弧，较为锋利。近背部等距钻四个圆孔，孔为单面钻，孔壁旋钻痕迹明显。

●齐家文化和石峁文化均发现有大型多孔玉刀，这种多孔刀的器形应来源于长江流域、黄河流域下游地区，对之后二里头文化多孔玉刀有直接影响。

Jade Blade with Five Perforations
五孔玉刀

齐家文化
长 65.5 厘米、宽 12.5 厘米、厚 1.4 厘米
甘肃省武威市古浪县峡口遗址出土
甘肃省博物馆藏

Qijia Culture
L. 65.5 cm; W. 12.5 cm; T. 1.4 cm
From Xiakou Site of Gulang County, Wuwei City, Gansu Province
Collection of Gansu Provincial Museum

●灰绿色，间有褐色、白色斑纹。器体厚重，片状，平面呈梯形。器长 65.5 厘米，是目前所见甘青地区最大的齐家文化玉刀之一。刀背平直，双面刃，刃部弧长，刀体至刃部过渡明显，形成一道长棱。近背部有两排圆形穿孔，上排四圆孔等距分布，下排设计一小圆孔，单面管钻。表面多处留有切割的凹窝。琢磨规整的玉刀，充分说明齐家文化制玉工艺已从石器加工中彻底分离出来，成为一种独立的技术门类。

Jade Blade with Five Perforations

五孔玉刀

龙山文化时期
长 68.8—77.2 厘米、宽 32.4 厘米、厚 0.9 厘米
陕西省宝鸡市陇县王马嘴遗址出土
陕西历史博物馆藏

Longshan Age
L. 68.8-77.2 cm; W. 32.4 cm; T. 0.9 cm
From Wangmazui Site of Longxian County, Baoji City, Shaanxi Province
Collection of Shaanxi History Museum

●灰绿色，夹杂黑色斑纹。器体硕大，平面近梯形，薄厚均匀。首端和一侧端有刃，刃部锋利。无刃端一侧中部竖行排列两孔，一侧等距钻有三孔，五孔皆为管钻。此件玉器是迄今为止史前时期出土的体型最大的端刃器，刃部虽有碰豁，但这样大体量的玉器可能仍为特殊礼仪活动中使用的礼器。

Jade Blade with Seven Perforations

七孔玉刀

龙山文化时期
长 54.6 厘米、宽 10 厘米、厚 0.4 厘米
陕西省延安市芦山峁遗址（征集）
延安市文物研究院藏

Longshan Age
L. 54.6 cm; W. 10 cm; T. 0.4 cm
From Lushanmao Site of Yan'an City, Shaanxi Province (Collected)
Collection of Yan'an Institute of Cultural Relics and Archaeology

●青灰色，长条形，单面弧刃，略内凹。刀身两侧琢有极为浅细的扉牙，有学者将扉牙的轮廓解读为神祖的侧面剪影形象。刀体上共有七个钻孔，其中背部三个钻孔有豁口，其斜下方各对应钻一圆孔，还有一小孔位于刀身一端中部。这件七孔玉刀为征集所得。近年来在该遗址的房屋奠基坑中发现有同类大玉刀且刃部朝上，似为特意置于坑中。

Ending Remarks

No other material in the world could stand the test of time so well like jade. No other object can make a match with jade to have such a strong significance in Chinese culture that deemed it worthy of being symbolic of ancient Chinese ethics and ideologies. The reverence to Nature and ancestors, the belief of respecting kingship and the remote memories were all embedded in the rustic design and mysterious patterns of these prehistoric jades. They have become a shared identity of all the Chinese for thousands of years.

As time goes by, the charm of Chinese civilization is revealed more fully through these archaic jades.

结语

世界上没有任何物质，如玉石这般经得起岁月的洗礼；也没有任何器物，像玉器一样承载着中国人如此浓厚的情感与深邃的理念。史前玉器借由其古朴的形制和神秘的纹饰，向我们昭示着当时礼敬天地、宗事先祖、尊崇王权的思想观念和远古记忆。虽历经数千年，但这些共同的印记依然在中华文明之海里清晰可辨、生生不息，构建着中华民族长久的集体认同。

斗转星移，万物乾坤；中华文明，玉振金声。

玉器文献目录

A List of Archaeological Literature Works on Exhibited Jades

本文献目录收集了“玉韫·九州——中国早期文明间的碰撞与聚合”展览相关的16个省、自治区、直辖市的重要玉器出土资料，主要引用了文物考古类专业期刊、集刊（辑刊）、少量论文集及专项报告等，其中报纸类仅收《中国文物报》。所有文献按行政区划，并依照文献类型以发表时间先后顺序编排。

＊ 一、河北

◎ 河北省文物研究所：《河北阳原县姜家梁新石器时代遗址的发掘》，《考古》2001 年第 2 期。

＊ 二、山西

＊ （一）调查、发掘简报

◎ 中国历史博物馆考古部、山西省考古研究所、垣曲县博物馆：《1982—1984 年山西垣曲古城东关遗址发掘简报》，《文物》1986 年第 6 期。

◎ 下靳考古队：《山西临汾下靳墓地发掘简报》，《文物》1998 年第 12 期。

◎ 山西省临汾行署文化局、中国社会科学院考古研究所山西工作队：《山西临汾下靳村陶寺文化墓地发掘报告》，《考古学报》1999 年第 4 期。

◎ 中国社会科学院考古研究所山西工作队：《山西垣曲小赵遗址 1996 年发掘报告》，《考古学报》2001 年第 2 期。

◎ 山西大学历史系考古专业：《山西襄汾县丁村曲舌头新石器时代遗址发掘简报》，《考古》2002 年第 4 期。

◎ 中国社会科学院考古研究所山西队、山西省考古研究所、临汾市文物局：《陶寺城址发现陶寺文化中期墓葬》，《考古》2003 年第 9 期。

◎ 山西省考古研究所、山西大学历史文化学院考古系、兴县文物旅游局：《2016 年山西兴县碧村遗址发掘简报》，《中原文物》2017 年第 6 期。

＊ （二）考古报告

◎ 中国社会科学院考古研究所、山西省临汾市文物局：《襄汾陶寺：1978 ～ 1985 年考古发掘报告》，文物出版社，2015 年。

◎ 山西省考古研究所、运城市文物工作站、芮城县旅游文物局：《清凉寺史前墓地》，文物出版社，2016 年。

＊ （三）其他

◎ 王晓毅：《山西吕梁兴县碧村遗址出土玉器管窥》，《故宫博物院院刊》2018 年第 3 期。

◎ 山西省考古研究所、芮城县博物馆：《山西芮城清凉寺墓地玉器》，《考古与文物》2002 年第 5 期。

＊ 三、内蒙古

＊ （一）调查、发掘简报

◎ 中国社会科学院考古研究所内蒙古工作队：《赤峰蜘蛛山遗址的发掘》，《考古学报》1979 年第 2 期。

◎ 中国社会科学院考古研究所内蒙古工作队：《内蒙古敖汉旗兴隆洼遗址发掘简报》，《考古》1985 年第 10 期。

◎ 中国社会科学院考古研究所内蒙古工作队：《内蒙古敖汉旗小山遗址》，《考古》1987 年第 6 期。

◎ 巴林右旗博物馆：《内蒙古巴林右旗那斯台遗址调查》，《考古》1987 年第 6 期。

◎ 中国社会科学院考古研究所内蒙古工作队：《内蒙古敖汉旗兴隆洼聚落遗址 1992 年发掘简报》，《考古》1997 年第 1 期。

◎ 中国社会科学院考古研究所内蒙古第一工作队：《内蒙古赤峰市兴隆沟聚落遗址2002~2003年的发掘》，《考古》2004年第7期。

◎ 内蒙古文物考古研究所：《内蒙古林西县水泉遗址发掘简报》，《考古》2005年第11期。

◎ 内蒙古文物考古研究所：《内蒙古赤峰市哈拉海沟新石器时代墓地发掘简报》，《考古 》2010年第2期。

＊（二）考古报告

◎ 内蒙古自治区文物考古研究所：《白音长汗——新石器时代遗址发掘报告》，科学出版社，2004年。

＊（三）其他

◎ 塔拉、曹建恩、成璟瑭、王春雪：《内蒙古赤峰魏家窝铺遗址2011年发掘成果》，《中国文物报》2012年2月10日第4版。

◎ 李有骞：《小南山遗址2019—2020年度考古发掘新收获》，《中国文物报》2021年3月19日第5版。

＊四、辽宁

＊（一）调查、发掘简报

◎ 方殿春、刘葆华：《辽宁阜新县胡头沟红山文化玉器墓的发现》，《文物》1984年第6期。

◎ 郭大顺、张克举：《辽宁省喀左县东山嘴红山文化建筑群址发掘简报》，《文物》1984年第11期。

◎ 辽宁省文物考古研究所：《辽宁牛河梁第五地点一号冢中心大墓（M1）发掘简报》，《文物》1997年第8期。

◎ 辽宁省文物考古研究所、朝阳市龙城区博物馆：《辽宁朝阳市半拉山红山文化墓地的发掘》，《考古》2017年第2期。

◎ 辽宁省文物考古研究所、朝阳市龙城区博物馆：《辽宁朝阳市半拉山红山文化墓地》，《考古》2017年第7期。

＊（二）考古报告

◎ 辽宁省文物考古研究所：《牛河梁：红山文化遗址发掘报告（1983—2003年度）》，文物出版社，2012年。

◎ 辽宁省文物考古研究所：《查海：新时期时代聚落遗址发掘报告》，文物出版社，2012年。

＊五、黑龙江

◎ 佳木斯市文物管理站、饶河县文物管理所：《黑龙江饶河县小南山新石器时代墓葬》，《考古》1996年第2期。

◎ 黑龙江省文物考古研究所、饶河县文物管理所：《黑龙江饶河县小南山遗址2015年Ⅲ区发掘简报》，《考古》2019年第8期。

＊六、上海

＊（一）调查、发掘简报

◎ 黄宣佩、张明华：《上海青浦福泉山遗址》，《东南文化》1987年第1期。

◎ 上海博物馆考古研究部：《上海金山区亭林遗址1988、1990年良渚文化墓葬的发掘》，《考古》2002年第10期。

◎ 上海博物馆：《上海福泉山遗址吴家场墓地2010年发掘简报》，《考古》2015年第10期。

＊（二）考古报告

◎ 上海市文物保管委员会：《崧泽——新石器时代遗址发掘报告》，文物出版社，1987年。

＊七、江苏

＊（一）调查、发掘简报

◎ 南京博物院：《江苏武进寺墩遗址的试掘》，《考古》1981年第3期。

◎ 常州市博物馆：《常州圩墩新石器时代遗址第三次发掘简报》，《史前研究》1984年第2期。

◎ 常州市博物馆、陈丽华：《江苏武进寺墩遗址的新石器时代遗物》，《文物》1984年第2期。

◎ 南京博物院:《1982年江苏常州武进寺墩遗址的发掘》,《考古》1984年第2期。

◎ 南京博物院、角直保圣寺文物保管所：《江苏吴县张陵山东山遗址》，《文物》1986年第10期。

◎ 陈丽华：《江苏江阴高城墩出土良渚文化玉器》，《文物》1995年第6期。

◎ 常州市博物馆：《1985年江苏常州圩墩遗址的发掘》，《考古学报》2001年第1期。

◎ 江苏省高城墩联合考古队：《江阴高城墩遗址发掘简报》，《文物》2001年第5期。

◎ 祁头山联合考古队：《江苏江阴祁头山遗址2000年度发掘简报》，《文物》2006年第12期。

◎ 南京博物院、张家港博物馆：《江苏张家港东山村遗址M101发掘报告》，《东南文化》2013年第3期。

＊（二）考古报告

◎ 南京博物院、无锡市博物馆、江阴博物馆：《祁头山》，文物出版社，2007年。

＊ 八、浙江

＊ （一）调查、发掘简报

◎ 浙江省文物管理委员会：《浙江嘉兴马家浜新石器时代遗址的发掘》，《考古》1961年第7期。

◎ 北京大学考古学系、浙江省文物考古研究所、日本上智大学联合考古队：《浙江桐乡普安桥遗址发掘简报》，《文物》1998年第4期。

◎ 浙江省文物考古研究所：《浙江嘉兴南河浜遗址发掘简报》，《文物》2005年第6期。

◎ 浙江省文物考古研究所、余姚市文物保护管理所、河姆渡遗址博物馆：《浙江余姚田螺山新石器时代遗址2004年发掘简报》，《文物》2007年第11期。

◎ 浙江省文物考古研究所：《杭州市余杭区良渚古城钟家港中段发掘简报》，《考古》2021年第6期。

＊ （二）考古报告

◎ 浙江省文物考古研究所：《河姆渡——新石器时代遗址考古发掘报告》，文物出版社，2003年。

◎ 浙江省文物考古研究所：《南河浜——崧泽文化遗址发掘报告》，文物出版社，2005年。

◎ 浙江省文物考古研究所：《瑶山》，文物出版社，2003年。

◎ 浙江省文物考古研究所：《反山》，文物出版社，2005年。

◎ 浙江省文物考古研究所：《良渚遗址群》，文物出版社，2005年。

◎ 浙江省文物考古研究所：《卞家山》，文物出版社，2014年。

◎ 浙江省文物考古研究所：《良渚古城综合研究报告》，文物出版社，2019年。

＊ （三）其他

◎ 王明达、方向明、徐新民、方忠华：《塘山遗址发现良渚文化制玉作坊》，《中国文物报》2002年9月20日第1版。

◎ 方向明：《浙江桐庐方家洲：新石器时代玉石器制造场遗址》，《中国文物报》2012年1月6日第5版。

＊ 九、安徽

＊ （一）调查、发掘简报

◎ 安徽省文物考古研究所：《安徽含山凌家滩新石器时代墓地发掘简报》，《文物》1989年第4期。

◎ 安徽省文物考古研究所、含山县文物管理所：《安徽含山县凌家滩遗址第三次发掘简报》，《考古》1999年第11期。

◎ 安徽省文物考古研究所：《安徽含山县凌家滩遗址第五次发掘的新发现》，《考古》2008年第3期。

◎ 凌家滩遗址考古队：《安徽含山县凌家滩遗址新石器时代墓葬的清理》，《考古》2020年第11期。

◎ 凌家滩遗址考古队：《安徽含山县凌家滩遗址第四次发掘简报》，《东南文化》2021年第5期。

＊ （二）考古报告

◎ 安徽省文物考古研究所：《凌家滩——田野考古发掘报告之一》，文物出版社，2006年。

＊ 十、山东

＊ （一）调查、发掘简报

◎ 刘敦愿：《山东五莲、即墨县两处龙山文化遗址的调查》，《考古通讯》1958年第4期。

◎ 中国科学院考古研究所山东队：《山东曲阜西夏侯遗址第一次发掘报告》，《考古学报》1964年第2期。

◎ 山东省博物馆：《山东野店新石器时代墓葬遗址试掘简报》，《文物》1972年第2期。

◎ 昌潍地区艺术馆、考古研究所山东队：《山东胶县三里河遗址发掘简报》，《考古》1977年第4期。

◎ 山东省博物馆、聊城地区文化局、茌平县文化馆：《山东茌平县尚庄遗址第一次发掘简报》，《文物》1978年第4期。

◎ 枣庄市文物管理站：《枣庄市南部地区考古调查纪要》，《考古》1984年第4期。

◎ 山东省文物考古研究所：《茌平尚庄新石器时代遗址》，《考古学报》1985年第4期。

◎ 王洪明：《山东省海阳县史前遗址调查》，《考古》1985年第12期。

◎ 日照市图书馆、临沂地区文管会：《山东日照龙山文化遗址调查》，《考古》1986年第8期。

◎ 山东省文物考古研究所、莒县博物馆：《山东莒县杭头遗址》，《考古》1988年第12期。

◎ 山东省文物考古研究所、广饶县博物馆：《广饶县五村遗址发掘报告》，载张学海主编：《海岱考古（第一辑）》，山东大学出版社，1989年。

◎ 中国社会科学院考古研究所山东工作队：《山东临朐朱封龙山文化墓葬》，《考古》1990年第7期。

◎ 山东省文物考古研究所：《山东枣庄市建新遗址第一、二次发掘简报》，《考古》1995年第1期。

◎ 山东省博物馆：《山东沂南县发现一组玉、石器》，《考古》1998年第3期。

◎ 章丘市博物馆：《山东章丘市焦家遗址调查》，《考古》1998 年第 6 期。

◎ 山东大学考古学与博物馆学系、济南市章丘区城子崖遗址博物馆：《济南市章丘区焦家新石器时代遗址》，《考古》2018 年第 7 期。

◎ 山东大学考古学与博物馆学系、济南市章丘区城子崖遗址博物馆：《济南市章丘区焦家遗址 2016 ~ 2017 年大型墓葬发掘简报》，《考古》2019 年第 12 期。

＊ （二）考古报告

◎ 山东省文物管理处、济南市博物馆：《大汶口：新石器时代墓葬发掘报告》，文物出版社，1974 年。

◎ 山东省博物馆、山东省文物考古研究所：《邹县野店》，文物出版社，1985 年。

◎ 中国社会科学院考古研究所：《胶县三里河》，文物出版社，1988 年。

◎ 山东省文物考古研究所：《大汶口续集：大汶口遗址第二、三次发掘报告》，科学出版社，1997 年。

◎ 中国社会科学院考古研究所：《山东王因——新石器时代遗址发掘报告》，科学出版社，2000 年。

＊ （三）其他

◎ 刘敦愿：《记两城镇遗址发现的两件石器》，《考古》1972 年第 4 期。

◎ 刘敦愿：《有关日照两城镇玉坑玉器的资料》，《考古》1988 年第 2 期。

＊ 十一、湖北

＊ （一）调查、发掘简报

◎ 石龙过江水库指挥部文物工作队：《湖北京山、天门考古发掘简报》，《考古通讯》1956 年第 3 期。

◎ 荆州地区博物馆、钟祥县博物馆：《钟祥六合遗址》，《江汉考古》1987 年第 2 期。

◎ 荆州地区博物馆：《湖北荆门、钟祥、京山、天门四县古遗址调查》，载文物编辑委员会：《文物资料丛刊（10）》，文物出版社，1987 年。

◎ 湖北省文物考古研究所、中国社会科学院考古研究所：《湖北石家河罗家柏岭新石器时代遗址》，《考古学报》1994 年第 2 期。

◎ 荆州博物馆：《湖北荆州观音垱汪家屋场遗址的调查》，《文物》1999 年第 1 期。

◎ 石门县博物馆：《石门发现一件玉人首》，载湖南省文物考古研究所：《湖南考古辑刊（第 8 集）》，岳麓书社，2009 年。

◎ 湖北省文物考古研究所、北京大学考古文博学院：《湖北天门市石家河古城谭家岭遗址 2011 年的发掘》，《考古》2015 年第 3 期。

◎ 湖北省文物考古研究所：《石家河遗址 2015 年发掘的主要收获》，《江汉考古》2016 年第 1 期。

＊ （二）考古报告

◎ 湖北省荆州博物馆、湖北省文物考古研究所、北京大学考古学系（联合）石家河考古队：《肖家屋脊：天门石家河考古发掘报告之一》，文物出版社，1999 年。

◎ 湖北省荆州博物馆：《枣林岗与堆金台——荆江大堤荆州马山段考古发掘报告》，科学出版社，1999 年。

◎ 湖北省荆州博物馆、北京大学考古学系、湖北省文物考古研究所（联合）石家河考古队：《谭家岭》，文物出版社，2011 年。

◎ 中华文明探源研究之长江流域文明进程研究石家河遗址群研究课题组：《石家河发现与研究》，科学出版社，2021 年。

＊ （三）其他

◎ 荆州博物馆：《石家河文化玉器》，文物出版社，2008 年。

◎ 湖北省文物考古研究所、北京大学考古文博学院、天门市博物馆：《石家河遗珍：谭家岭出土玉器精粹》，科学出版社，2019 年。

＊ 十二、湖南

＊ （一）调查、发掘简报

◎ 湖南省文物考古研究所、澧县文物管理处：《澧县孙家岗新石器时代墓群发掘简报》，《文物》2000 年第 12 期。

◎ 湖南省文物考古研究所、澧县文物局：《湖南澧县孙家岗遗址 2016 年发掘简报》，《江汉考古》2018 年第 3 期。

◎ 湖南省文物考古研究所、澧县博物馆：《湖南澧县孙家岗遗址墓地 2016~2018 年发掘简报》，《考古》2020 年第 6 期。

＊ （二）考古报告

◎ 湖南省文物考古研究所：《澧县城头山：新石器时代遗址发掘报告》，文物出版社，2007 年。

十三、陕西

（一）调查、发掘简报

◎ 陕西省文物管理委员会：《陕西咸阳尹家村新石器时代遗址的发现》，《文物参考资料》1958年第4期。

◎ 西安半坡博物馆、临潼县文化馆：《1972年春临潼姜寨遗址发掘简报》，《考古》1973年第3期。

◎ 戴应新：《陕西神木县石峁龙山文化遗址调查》，《考古》1977年第3期。

◎ 西安半坡博物馆：《陕西神木石峁遗址调查试掘简报》，《史前研究》1983年第2期。

◎ 姬乃军：《延安市发现的古代玉器》，《文物》1984年第2期。

◎ 西北大学历史系考古专业82级实习队：《宝鸡石嘴头东区发掘报告》，《考古学报》1987年第2期。

◎ 陕西省考古研究所：《陕西神木新华遗址1999年发掘简报》，《考古与文物》2002年第1期。

◎ 阎瑜：《宝鸡晁峪出土石器》，《文博》2003年第1期。

◎ 陕西省考古研究所、西安市临潼区文化局：《陕西临潼零口北牛遗址发掘简报》，《考古与文物》2006年第3期。

◎ 陕西省考古研究院、榆林市文物考古勘探工作队：《陕西横山杨界沙遗址发掘简报》，《考古与文物》2011年第6期。

◎ 陕西省考古研究院、榆林市文物考古勘探工作队、神木县文体局：《陕西神木县石峁遗址》，《考古》2013年第7期。

◎ 陕西省考古研究院、高陵区文体广电旅游局：《陕西高陵杨官寨遗址庙底沟文化墓地发掘简报》，《考古与文物》2018年第4期。

◎ 陕西省考古研究院、西北大学文化遗产学院、延安市文物研究所：《陕西延安市芦山峁新石器时代遗址》，《考古》2019年第7期。

◎ 陕西省考古研究院、榆林市文物保护研究所、府谷县文管办：《陕西府谷寨山遗址庙墕地点居址发掘简报》，《文博》2021年第5期。

（二）考古报告

◎ 中国科学院考古研究所、陕西省西安半坡博物馆：《西安半坡（原始氏族公社聚落遗址）》，文物出版社，1963年。

◎ 中国社会科学院考古研究所：《宝鸡北首岭》，文物出版社，1983年。

◎ 西安半坡博物馆、陕西省考古研究所、临潼县博物馆：《姜寨——新石器时代遗址发掘报告》，文物出版社，1988年。

◎ 陕西省考古研究所：《龙岗寺——新石器时代遗址发掘报告》，文物出版社，1990年。

◎ 宝鸡市考古工作队、陕西省考古研究所宝鸡工作站：《宝鸡福临堡——新石器时代遗址发掘报告》，文物出版社，1993年。

◎ 陕西省考古研究所、陕西省安康水电站库区考古队：《陕南考古报告集》，三秦出版社，1994年。

◎ 陕西省考古研究所、榆林市文物保护研究所：《神木新华》，科学出版社，2005年。

（三）其他

◎ 戴应新：《回忆石峁遗址的发现与石峁玉器（上）》，《收藏界》2014年第5期。

◎ 戴应新：《回忆石峁遗址的发现与石峁玉器（下）》，《收藏界》2014年第6期。

◎ 韩建武：《石峁遗址出土玉器补遗》，《收藏家》2016年第2期。

◎ 刘云辉：《西安汉墓出土传世玉器的特征与意义》，载杨建芳师生古玉研究会：《玉文化论丛3》，文物出版社、众志美术出版社，2009年。

十四、甘肃

（一）调查、发掘简报

◎ 甘肃省博物馆：《甘肃西汉水流域考古调查简报》，《考古》1959年第3期。

◎ 甘肃省博物馆：《甘肃渭河支流南河、榜沙河、漳河考古调查》，《考古》1959年第7期。

◎ 甘肃省博物馆：《甘肃武威皇娘娘台遗址发掘报告》，《考古学报》1960年第2期。

◎ 中国科学院考古研究所甘肃工作队：《甘肃永靖大何庄遗址发掘报告》，《考古学报》1974年第2期。

◎ 中国科学院考古研究所甘肃工作队：《甘肃永靖秦魏家齐家文化墓地》，《考古学报》1975年第2期。

◎ 甘肃省博物馆：《武威皇娘娘台遗址第四次发掘》，《考古学报》1978年第4期。

◎ 中国社会科学院考古研究所甘肃工作队：《甘肃永靖张家咀与姬家川遗址的发掘》，《考古学报》1980年第2期。

◎ 中国社会科学院考古研究所甘青工作队：《甘肃武山傅家门史前文化遗址发掘简报》，《考古》1995年第4期。

◎ 甘肃省博物馆：《甘肃积石山县新庄坪齐家文化遗址调查》，《考古》1996年第11期。

◎ 甘肃省文物考古研究所、西北大学文化遗产与考古学研究中心：《甘肃临潭磨沟齐家文化墓地发掘简报》，《文物》2009 年第 10 期。

◎ 甘肃省文物考古研究所、北京科技大学冶金与材料史研究所、中国社会科学院考古研究所、西北大学文化遗产学院：《甘肃张掖市西城驿遗址》，《考古》2014 年第 7 期。

◎ 甘肃省文物考古研究所、北京科技大学材料与冶金史研究所、中国社会科学院考古研究所、西北大学文化遗产学院：《甘肃张掖市西城驿遗址 2010 年发掘简报》，《考古》2015 年第 10 期。

◎ 甘肃省文物考古研究所、中山大学地球科学与工程学院：《甘肃敦煌旱峡玉矿遗址考古调查报告》，《考古与文物》2019 年第 4 期。

（二）考古报告

◎ 中国社会科学院考古研究所：《师赵村与西山坪》，中国大百科全书出版社，1999 年。

◎ 甘肃省文物考古研究所：《秦安大地湾：新石器时代遗址发掘报告》，文物出版社，2006 年。

（三）其他

◎ 陈国科：《甘肃敦煌发现旱峡玉矿等三处玉矿遗址》，《中国文物报》2020 年 2 月 21 日第 8 版。

十五、青海

（一）调查、发掘简报

◎ 青海省文物考古队：《青海互助土族自治县总寨马厂、齐家、辛店文化墓葬》，《考古》1986 年第 4 期。

◎ 青海省文物考古研究所、吉林大学考古学系：《青海大通县黄家寨墓地发掘报告》，《考古》1994 年第 3 期。

◎ 青海省文物管理处、海南州民族博物馆：《青海同德县宗日遗址发掘简报》，《考古》1998 年第 5 期。

◎ 中国社会科学院考古研究所甘青工作队、青海省文物考古研究所：《青海民和县胡李家遗址的发掘》，《考古》2001 年第 1 期。

◎ 中国社会科学院考古研究所甘青工作队、青海省文物考古研究所：《青海民和县喇家遗址 2000 年发掘简报》，《考古》2002 年第 12 期。

◎ 中国社会科学院考古研究所甘青工作队、青海省文物考古研究所：《青海民和喇家遗址发现齐家文化祭坛和干栏式建筑》，《考古》2004 年第 6 期。

◎ 杜战伟、汪玑凡、王倩倩、杜玮、甄强、何克洲：《青海民和喇家遗址 2017 年的发掘与认识》，《边疆考古研究》2019 年第 1 期。

◎ 青海省文物考古研究所、四川大学历史文化学院、喇家遗址博物馆：《青海民和县喇家遗址公园排水管道建设区域 2015 年度发掘简报》，《四川文物》2019 年第 4 期。

（二）考古报告

◎ 青海省文物管理处考古队、中国社会科学院考古研究所：《青海柳湾：乐都柳湾原始社会墓地》，文物出版社，1984 年。

（三）其他

◎ 任晓燕：《青海长宁遗址抢救性考古取得重要成果》，《中国文物报》2006 年 12 月 20 日第 2 版。

十六、宁夏

◎ 宁夏回族自治区展览馆：《宁夏固原海家湾齐家文化墓葬》，《考古》1973 年第 5 期。

◎ 宁夏文物考古研究所：《宁夏固原店河齐家文化墓葬清理简报》，《考古》1987 年第 8 期。

◎ 北京大学考古实习队、固原博物馆：《隆德页河子新石器时代遗址发掘报告》，载北京大学考古系：《考古学研究（三）》，科学出版社，1997 年。

EPILOGUE

后记

为展示和活化中华文明探源工程重大考古研究成果，陕西历史博物馆于2017年开始筹划“早期中国”系列展览，试图以彩陶、玉器、冶金三重视角，依次解读中华文明起源与早期发展的伟大进程。其中，第一部“彩陶·中华——中国五千年前的融合与统一”（以下简称“彩陶·中华”）展已于2020年1月—7月成功举办。时隔3年，第二部“玉韫·九州——中国早期文明间的碰撞与聚合”（以下简称“玉韫·九州”）展于2023年1月在陕西历史博物馆顺利开幕，开始接受社会各界的审视和检阅。

玉器是中国传统文化中的瑰宝，其不仅是中华文明多元一体社会格局形成的重要参与者和见证者，还因流传时间久远、文化内涵丰富而成为中华民族最具代表性的文化标识之一。2020年9月28日，中共中央政治局以考古最新发现及其意义为题举行了第二十三次集体学习会，习近平总书记在会议上强调：“要通过深入学习历史，加强考古成果和历史研究成果的传播，教育引导广大干部群众特别是青少年认识中华文明起源和发展的历史脉络，认识中华文明取得的灿烂成就，认识中华文明对人类文明的重大贡献，不断增强民族凝聚力、民族自豪感。”2022年5月27日，在中共中央政治局就深化中华文明探源工程举行的第三十九次集体学习会上，习近平总书记再次强调：“要营造传承中华文明的浓厚社会氛围，广泛宣传中华文明探源工程等研究成果，教育引导群众特别是青少年更好认识和认同中华文明，增强做中国人的志气、骨气、底气。”正是在这样的社会文化背景下，陕西历史博物馆联合全国15个省、自治区、直辖市48家文博单位，精选了450件（组）玉器及相关文物，共同举办了“玉韫·九州”展。该展览是近年来国内涉及史前玉器数量最丰富、分布最广泛、主题最宏大的一次展示，通过探讨史前玉器在不同文化区的发生发展及互动交流，在不同阶段不同区域对文明起源发展模式的影响，在中华传统礼制文明起源和发展中的作用，呈现了九州韫玉山辉水润，华夏文明玉汝于成的宏大主题。其中，第一单元“技术·流变”通过解读玉器加工技术，展示中华大地各区域玉文化异彩纷呈、交相辉映、各美其美、相互融通的多元气象；第二单元“区域·文明”将以红山、良渚、陶寺、石峁为代表的区域文明间的交流互动作为叙述核心，揭示玉器在多元一体中华文明形成关键过程中的重要作用；第三单元“玉礼·中国”以玉礼器承载的深邃理念与浓厚情感为线索，展现中华民族独特的精神标识，诠释中华礼制文明的史前基础。“玉韫·九州”展不仅对中华文明起源所昭示的中华民族共同体发展路向和中华民族多元一体演进格局进行了阐释，还通过对珍贵文物的多维度解读回应了大众对考古最新研究成果的热切关注与对自身民族文化根脉的不断探求。

作为“玉韫·九州”展览的配套图录——《玉韫·九州：中国早期文明间的碰撞与聚合》与展览同名，而篇章设置、艺术风格、设计用材则与第一部“彩陶·中华”展览图录一脉相承。全书依然由序言、学术专文、展览巡礼、文献目录四个部分构成。开篇以主策展人对展览内容策划的解读作为序言，目的是帮助读者概览性了解展览策划的背景及展览的主要内容和逻辑架构。学术专文部分收录了六篇与展览主题、核心内容高度契合的研究型文章，包括刘国祥先生对红山文化玉礼制内涵的探讨，刘斌先生有关良渚玉器神灵信仰与高超艺术的研究，高江涛等三位先生有关陶寺早期大墓玉石器的分析，孙周勇先生对石峁文化玉器的深度解读，邓聪等两位先生对芦山峁制玉技术的考察，邓淑苹女士对中国玉礼制的史前探源。六篇文章中的绝大多数篇章都是相关学者的最新研究成果，其中前四篇文章对应的是展览最为核心的第二单元，目的是通过学者们对红山、良渚、陶寺、石峁四个区域文明中心玉文化内涵的深度剖析，帮助读者更深入地理解史前玉器在不同阶段、不同区域对文明起源发展模式的不同影响；邓聪先生的文章对应的是展览第一单元第一节的“美玉良工”，以对芦山峁两件玉琮制玉技术的解读，具体阐释这两件玉琮的风格特征、使用痕迹及制作方法；邓淑苹女士的文章对应的是展览的第三单元，以对中国玉礼制的史前探源，深度分析史前玉器在中华传统礼制文明起源和发展中的奠基作用。六篇文章既有对史前代表性玉文化的深度剖析，又有对制玉工艺及玉器文化内涵的宏观审视，从深度、广度和高度上都有助于读者建立起对史前玉器的全貌认知。展览巡礼部分除展览大纲文本外，还收录了340件（组）文物，包括上展文物及较为重要但未能参展的部分文物。在图文编排上，文物照片、解读文字、辅展信息的密切关联，使展品与文化内涵、背景信息的呈现比展览更具优势。文献目录部分收集了展览涉及的16个省、自治区、直辖市的玉器出土资料，以满足读者对原始资料检索的需求。此外，为了打造“永不落幕”的展览，图录还在明显部位标注出二维码，链接了此次展览的数字展资源，希望读者以更加便捷的方式重回展览情境中，进而获得更加丰富立体的阅读体验。

毫无疑问，“早期中国”系列展览第一部“彩陶·中华”展获得的认可和取得的成功，一方面为我们留下了一笔丰厚的工作遗产，另一方面也为“玉韫·九州”展在无形中预设了一个很高的起点，让我们不管是在策展中还是在图录编撰中都心怀敬畏、不敢懈怠。令人欣慰的是，这笔工作遗产继续通过策展团队相关制度的实行及展览主项目带动相关子项目的形式，有力地推动着策展团队组建、展品调研与遴选、展览内容与形式设计、学术活动举办、观众调查、公众宣传、社会教育、文创产品研发等各项工作的顺利开展。此次展览虽然在展品的规模与数量、展览内容架构的复杂程度上都超过了“彩陶·中华”展，但在所有团队成员“动手动脚找东西”的共同努力下及“玉不琢不成器”的坚定信念下，我们怀着忐忑的心情终于向大家交出了“玉韫·九州”展览和配套图录这两份答卷。

一个展览、一本图录从幕后走到台前，都经历了从无到有、从稚拙到完善的过程，除了策展团队的付出，更离不开各方给予的大力支持。感谢来自国家文物局和陕西省文物局的专业指导和资金支持，感谢全国48家文博单位的展品支持和资料共享，感谢王炜林、徐天进两位先生对展览的学术指导。感谢撰写六篇学术专文的多位学者，他们的真知灼见让这本图录锦上添花。感谢两度合作的陕西师范大学出版总社，使得“早期中国”系列展览图录能在质量与艺术品位上一如既往地保持着较高的水准。

我们希望，这些坚韧而莹润的玉石及其所承载的丰富内涵，能滋养今天的我们更加坚定起文化自信的磅礴力量。

编委会

2023 年 3 月

图书代号　SK23N0274

图书在版编目（CIP）数据

玉韫·九州：中国早期文明间的碰撞与聚合 / 庞雅妮主编；陕西历史博物馆编. — 西安：陕西师范大学出版总社有限公司，2023.10

ISBN 978-7-5695-3520-4

Ⅰ. ①玉…　Ⅱ. ①庞… ②陕…　Ⅲ. ①古玉器—文化研究—中国　Ⅳ. ①K876.84

中国国家版本馆CIP数据核字(2023)第013278号

玉韫·九州：中国早期文明间的碰撞与聚合
YUYUN · JIUZHOU: ZHONGGUO ZAOQI WENMING JIAN DE PENGZHUANG YU JUHE
庞雅妮　主编
陕西历史博物馆　编

出 版 人　刘东风
选题策划　姚蓓蕾　郭永新
责任编辑　张　佩
责任校对　彭　燕　王淑燕
装帧设计　合和工作室
出版发行　陕西师范大学出版总社
（西安市长安南路199号　邮编710062）
网　　址　http://www.snupg.com
印　　刷　北京雅昌艺术印刷有限公司
开　　本　889 mm × 1194 mm　1/16
印　　张　28.25
插　　页　4
字　　数　672千
版　　次　2023年10月第1版
印　　次　2023年10月第1次印刷
书　　号　ISBN 978-7-5695-3520-4
审 图 号　GS（2023）038号
定　　价　590.00元